KB142537

오래된
미래교육

초판 1쇄 인쇄   2010년 12월 2일
초판 1쇄 발행   2010년 12월 12일

지은이   정재걸
펴낸이   김승희
펴낸곳   도서출판 살림터

기획   정광일
편집   조현주
디자인   썸앤준
필름출력   딕스
인쇄 제본   (주)현문
종이   월드페이퍼(주)

주소   서울시 마포구 서교동 395-27
전화   02-3141-6553
팩스   02-3141-6555
출판등록   2008년 3월 18일 제313-1990-7호
이메일   gwang80@hanmail.net

ISBN   978-89-94445-06-9   03370

* 가격은 뒤표지에 있습니다.
* 잘못된 책은 바꿔드립니다.
* 이 책은 저작권법에 의하여 보호를 받는 저작물이므로 무단 전재와 복제를 금합니다.

오래된 미래교육

自我 자기 안에 있는 궁극적 진리를 발견하도록 도와주는
만두모형 교육관

정재걸 지음

살림터

　이 책은 2001년 출판된 교육신문사의 『만두모형의 교육관』의 개정증보판입니다. 1999년부터 2년간 저는 『새교육』에 한국의 전통교육과 한국의 근현대 교육에 대한 글을 썼었습니다. 그 후 『새교육』에서는 연재된 내용이 괜찮다고 판단하여 이를 묶어 책으로 냈던 것입니다. 하지만 출판사의 기대와는 달리 이 책은 그리 많이 팔리지는 못했던 모양입니다. 그래서 계약기간이 끝나기가 무섭게 절판이 되었습니다. 올해 초 살림터 출판사 정광일 사장님의 제안으로 이 책을 다시 출판하기로 하였습니다. 그런데 10년 전에 출판된 책이라 시의에 뒤떨어지는 내용도 많고 그동안 저의 생각이 바뀐 부분도 있어 많은 손질이 필요하였습니다. 먼저 제1부를 새로 추가하여 '만두모형 교육관'이 무엇인지 좀 더 자세히 밝힐 필요가 있었습니다. 제2부에서는 한국의 전통교육을, 제3부에서는 한국의 근현대 교육을 넣기로 하고 작업을 진행하였습니다.

　저는 1996년부터 대구에 있는 홍승표, 이승연, 이현지, 백진호 선생님 등 훌륭한 학자들과 함께 동양사상 속에서 탈현대 문명의 구조를 설계하는 공부 모임을 계속하고 있습니다. 만두모형 교육관은 우리의 전통교육사상을 기반으로 탈현대 교육의 구조를 설계하려는 그동안 노력의 결과입니다.

제가 생각하는 탈현대는 크게 두 가지 변화를 포함하고 있습니다. 그 한 가지는 노동 중심의 사회에서 여가 중심의 사회로의 변화이고, 또 한 가지는 분리 독립된 개체로서의 세계관에서 통일체적 세계관으로의 변화입니다. 전자의 변화는 필연적인 것입니다. 정보화라는 커다란 물결은 인류의 오랜 염원인 노동 없는 삶을 가능하게 할 것입니다. 후자의 경우는 우리의 선택 사항입니다. 우리는 현재와 같이 자아를 분리 독립된 개체로 간주하여 자아 확대를 위한 투쟁으로서의 삶을 살아갈 것인지 아니면 모든 존재와 그물망처럼 연결되어 있는 우주적 존재로서의 '나'를 발견하기 위한 삶을 살아갈 것인지 선택해야 합니다. 만두모형 교육관은 후자의 삶을 실현하기 위한 것입니다.

아직 분명한 청사진을 제시할 수준은 못되지만 같은 고민을 하고 있는 많은 사람들에게 조그마한 도움이라도 드리고자 이번에 개정 증보판을 내기로 결정하였습니다. 여러분들의 많은 지적과 질책을 기다릴 뿐입니다.

끝으로 이 책의 내용을 꼼꼼히 읽고 문장을 가다듬어준 대구교육대학교 국어교육과 진선희 선생님과 출판사 관계자들께 감사의 말씀을 드립니다.

2010년 가을

정재걸

오래된 미래교육

| 차례

제3부 한국의 근현대 교육

만두모형 교육관

지난 100년간의 우리 역사는 서구화의 역사였습니다. 그 결과 우리는 전과는 비교할 수 없을 만큼 많은 물질적 소비를 하게 되었습니다. 이러한 물질적 소비의 증대는 인간 욕망의 무한한 확대와 함께 지구 환경에 치유할 수 없는 상처를 주고 있습니다. 그러나 서구의 현대 이성은 인간 욕망의 증대와 자연 파괴의 속도를 조금도 늦추지 않고 있습니다. 우리는 어디로 향하는지도 모르는 기차를 타고 어둠 속을 질주하고 있는 것입니다. 우리가 알고 있는 유일한 사실은 종착역의 이름이 '인류의 공멸'이라는 것입니다.

서구화에서 비롯된 죽음에 이르는 병을 서구의 사상으로 치료하려는 것은 어리석은 일입니다. 이제 새 천년부터 우리는 서구화의 역사에서 벗어나 우리 자신의 역사를 만들어가야 합니다. 그리고 우리 자신의 역사는 100년간 단절되었던 우리의 전통문화를 되돌아보면서 만들어가야 할 것입니다. 교육 역시 마찬가지입니다.

1

현대 문명의 세 가지 기둥

우리가 살고 있는 현대 문명이 저절로 이루어진 것은 아닌 것처럼 탈현대 문명도 저절로 도래하지는 않습니다. 탈현대 문명은 우리가 꿈꾸는 대로, 우리가 설계하는 대로 만들어집니다. 다만 과거 문명의 설계와 다른 점은 탈현대 문명의 설계는 단순히 인류의 삶만을 대상으로 하지 않고 지구상의 모든 존재의 삶을 담보로 하고 있다는 것입니다. 그런 만큼 탈현대의 설계는 보다 더 절박합니다.

탈현대의 설계를 위해서는 우리가 살고 있는 현대 문명이 어떻게 설계되었는지 알아야 합니다. 현대 문명은 근대 계몽주의자들의 설계에 따라 만들어졌습니다. 그들은 현대 문명을 세 가지 축으로 설계했습니다. 그것은 분리 독립된 개체로서의 개인과 그 개인이 가지고 있는 최고의 능력으로서의 이성, 그리고 개인이 이성을 활용하여 자아를 실현하는 수단으로서의 노동이었습니다. 각각을 좀 더 구체적으로 살펴보겠습니다.

개인, 이성, 노동

분리 독립된 개체로서의 개인은 현대 문명 속에서 사는 사람들에게는 지극히 당연한 현상입니다. 누구나 '나'라는 개체가 있고 그 개체는 어느 누구, 어떤 사물과도 구별되는 독자적인 존재라고 생각합니다. 이러한

'개인'이라는 의식은 인류 문명과 함께 발달해온 것입니다. 헤겔이 동양의 전체주의 국가에서는 오직 왕 한 사람만이 자유롭고, 그리스 로마 사회에서는 소수만이 자유롭고, 근대 시민사회에서는 모든 사람이 자유롭다고 한 것은 잘 알고 있을 것입니다. 여기서 '자유롭다'라는 의미는 자기 자신에 대한 대자적 의식, 즉 요즈음 말로 자아정체감을 가지고 있다는 뜻입니다.

문명 이전의 인류는 '나'라는 분리 독립된 개체라는 의식을 가지고 있지 않았습니다. 여러분은 천수만 가창오리의 군무群舞를 보신 적이 있습니까? 수십, 수백만 마리가 한꺼번에 날면 하늘이 어두워질 정도로 장관을 이룹니다. 그런데 그렇게 하늘을 날다가 부딪쳐 떨어지는 가창오리를 보신 적이 있습니까? 인간은 어떻습니까? 상암 운동장에서 축구 경기를 관람하고 밖으로 나올 때, 우리는 누구나 사르트르가 말한 "타인은 지옥이다"라는 말을 떠올리게 됩니다. 자연 상태에서의 생물은 '나'라는 자아정체감을 갖고 있지 않습니다. 문명의 출현과 함께 개인의식이 형성되었고 개인의식은 현대 문명에 이르러 최고조에 다다랐습니다. 우리는 지금 다도해에 점점이 떠 있는 섬과 같은 분리 독립된 개체로서 살아가고 있습니다.

두 번째 기둥인 이성 역시 문명 발달과 궤를 같이합니다. 인류는 나무에서 내려온 후 자신의 생존을 위해 지속적으로 이성을 발달시켜왔습니다. 그리고 마침내 이성을 인간이 가진 최고의 능력으로 인정하게 되었습니다. 근대 계몽주의자들은 인간의 이성을 활용하여 과거 불합리한 제도와 관습을 철폐하고, 과학 기술을 발달시켜 인간의 욕망을 충족하도록 하면 인류의 행복은 보장된다고 생각하였습니다. 그러나 과연 이성이 인간이 가진 최고의 능력일까요? 그리고 사회의 합리적 운용과 물질적 풍요가 과연 인간을 행복하게 만들었을까요?

현대 과학은 정의를 내리고 측정할 수 없다면 어떤 것도 사실적이지 않으며 가공적이라고 주장하였습니다. 따라서 사랑과 연민, 아름다움, 용서, 영감, 믿음, 우정, 성실, 감사, 희망, 행복 등 인간의 존재와 행위에 앞선 동기의 핵심이자 실체인 모든 것의 가치에 대한 어떤 진지한 연구나 조사도 무가치한 것으로 만들어버렸습니다. 사랑과 행복에 대해 아무 말도 할 수 없는 과학이라면 그것이 진정으로 가치가 있는 것일까요?

세 번째 기둥인 노동은 앞의 두 가지와 약간의 차이가 있습니다. 약간의 차이란 노동은 개인이나 이성과는 달리 근대 계몽주의자들이 현대 문명을 설계할 때 참조했던 그리스 로마 문명에서는 찾을 수 없는 것이기 때문입니다. 주지하다시피 그리스 로마 문명이나 기독교 문명에서의 노동은 부정적인 것, 원죄에 대한 벌의 의미로 받아들여졌습니다. 그러나 근대 계몽주의자들은 노동을 인간이 개체로서의 자신을 실현하는 수단인 동시에 사회적 연대의 토대가 되는 것으로 삼았습니다. 따라서 현대 문명에서 노동이란 단순한 생계수단이 아니라 개인이 자신의 정체성을 확립하는 가장 중요한 수단이 되었던 것입니다.

이러한 세 가지 기둥을 통해 설계된 현대 문명은 과연 근대 계몽주의자들이 의도한 대로 실현되었을까요? 과연 인류는 이전의 삶보다 더 행복한 삶을 누리게 되었을까요?

영국의 신경제재단이 매년 실시하는 국민들의 행복지수에 따르면, 2006년 세계에서 가장 행복한 국민은 남태평양의 작은 섬나라인 바누아투 사람들이었다고 합니다. 우리나라 국민 소득의 10분의 1도 되지 않는 작은 섬나라가 가장 행복한 나라가 된 것은 행복지수의 주관적 성격에 기인하는 것입니다. 신경제재단의 행복지수 산출 공식은 복잡하지만, 단순화해보자면 분자가 욕망의 충족이고 분모가 욕망이라고 할 수 있습니다. 즉 우리는 원하는 것이 달성되었을 때 행복을 느낀다는 것입니다.

당시 우리나라의 행복지수 순위는 세계 170여 개국 중에서 102위이고 미국은 150위였습니다. 현대 사회에서 욕망의 충족은 곧 소비를 의미합니다. 소비 수준에서 보자면 바누아투 국민들은 미국이나 우리나라 국민들보다 훨씬 낮지만, 문제는 분모입니다. 즉 바누아투 국민들이 행복을 느끼는 것은 분모, 즉 욕망이 작기 때문입니다. 근대 계몽주의자들이 다시 태어나 그들의 설계 결과를 본다면 어떤 느낌이 들까요? 자신들의 설계가 잘못되었음을 충분히 인정하지 않을까요?

노동을 통한 자아실현

우리가 누리고 있는 현대 공교육은 앞의 세 가지 기둥 중 노동과 밀접하게 관련되어 있습니다. 즉 교육이 자신의 노동력의 가치를 높이는 일, 국가나 사회의 입장에서는 노동력을 양성하는 것과 동의어가 되었던 것입니다. 이를 교육사에서는 '교육의 세속화'라고 부릅니다. 교육의 세속화란 전근대 사회에서의 '종교 중심의 보편교육'에 대비되는 말입니다. 수메르 문명의 쐐기문자를 해석해보면 학교에 대한 기록이 나오듯이, 인류가 학교라는 제도 교육기관을 만들어 운영한 지 오천 년이 넘었습니다. 이 오천 년 중에서 현대 공교육 시행 이전까지 대부분의 학교에서 이루어지는 교육은 경전과 그 해설서, 그리고 경전 공부를 위한 문자교육이 중심이었습니다. 그러나 근대 계몽주의자들은 인간의 이성으로는 접근할 수 없는 종교를 과감하게 교육에서 제외하였습니다. 그리고 그 자리를 직업교육으로 대체하였습니다.

하지만 산업혁명에 뒤이은 정보혁명의 결과로 인해 노동에 대한 수요는 급격하게 감소하고 있습니다. 제리미 리프킨의 '노동의 종말'에 대한 주장은 많은 비판을 받고 있음에도 불구하고 점차 현실화되고 있습니다. 산업화에 있어서는 서구에 비해 이삼백 년이나 뒤떨어진 우리나라는 정보화에 있어서는 선진국들과 어깨를 나란히 하고 있습니다. 2009년 말 미국발 금융 위기에 따른 전 세계적인 경기 침체가 해소되더라도 향후 고용 없는 성장, 나아가 고용이 줄어드는 성장으로 정규직 일자리는 더욱 감소할 것으로 전망됩니다.

현대 문명에서 노동이란 개인이 자신의 자아정체감을 형성하는 가장 중요한 수단이라고 하였습니다. 따라서 노동의 종말이 가져올 문제는 단순히 생계수단의 박탈이 아니라 개인의 자아정체감 형성 수단이 사라지는 것을 의미합니다. "당신은 누구입니까?"라고 물으면 우리는 누구나 자신의 직업, 자신이 하고 있는 일에 대하여 대답합니다. 이러한 노동이 사라지면 무엇으로 대답을 하겠습니까?

노동력의 가치를 높이는 현대 교육은 생산 방식의 변화에 따라 두 가지 형태로 나타났습니다. 소품종 대량생산을 위주로 하는 현대 전기의 교육은 주물모형의 교육으로, 다품종 소량생산을 위주로 하는 후기의 교육은 도토리모형으로 전개되었습니다. 전자는 학생들에게 주입하는 교육내용에, 후자는 학습자의 흥미와 소질을 계발하는 데 중점을 두었습니다. 그러나 양자 공히 사회가 요구하는 노동력을 양성한다는 측면에서는 동일하다고 할 수 있습니다. 그렇다면 노동의 종말에 대응하는 교육은 어떤 것이어야 할까요?

인류 문명은 중요한 기로에 서 있습니다. 수백만 년 전 원숭이가 땅 위에 내려와 문명을 이룩한 이후, 인류는 지구상의 다른 모든 생명과 함께 공멸하느냐 아니면 새로운 존재로 재탄생할 것인가의 기로에 놓여 있습니다. 여기서 우리는 근대 계몽주의자들이 설계한 근대의 세 가지 기둥을 면밀히 검토해보고 새로운 문명을 위한 설계를 해야 할 것입니다.

먼저 분리 독립된 개체로서의 개인을 살펴봅시다. 우리는 아무런 의심 없이 '나'는 '내'가 아닌 것들과 분리 독립되어 있다고 생각합니다. 이러한 생각을 '피부 밑 자아'라고 합니다. 즉 이 피부까지가 '나'이고 이 옷부터는 내가 아니라고 생각합니다. 그러나 나는 태어날 때는 3킬로그램이었지만 지금은 76킬로그램입니다. 그렇다면 73킬로그램은 무엇인가요? 그것은 내가 섭취한 음식과 물과 공기와 햇빛과 기타 등등일 것입니다. 물론 수정 당시의 나로 거슬러 올라가면 현재의 내 몸은 모두 내가 아닌 것들로 구성되어 있습니다. 이를 불교에서는 '무아無我'라고 표현합니다. 무아란 내가 없다는 말이 아니라 나는 우주 삼라만상의 모든 것으로 이루어져 있다는 뜻입니다. 불교에서는 모든 존재의 구성 요소를 지수화풍地水火風이라고 합니다. 즉 땅과 물과 태양과 바람이 모든 존재를 형성하였다는 것입니다. 내가 섭취한 음식은 모두 땅과 물과 태양과 바람이 만든 것입니다. 그렇기 때문에 나는 '피부 밑 자아'인 에고가 아니라 '우주적 존재'인 것입니다.

그렇다면 나의 마음이 나라고 할 수 있지 않을까요? 많은 공상과학 영화에서는 개인이 가진 모든 기억을 디스크에 담아 줄기세포로 증식한 몸에 이식함으로써, 새로운 '내'가 다시 태어날 수 있다고 말하고 있습니다. 이러한 아이디어는 내 마음, 즉 나의 기억의 총체가 곧 자아정체감이라는 주장과 같다고 할 수 있습니다. 그러나 자아정체감의 형성은 조건화의 결과에 지나지 않습니다. 갓 태어난 아기는 자아정체감이 없습니다. 하지만 결핍감을 통해 어머니와 분리되어 있다는 느낌을 갖게 되고, '누구야'라고 부르는 이름을 통해 점차 분리된 자아정체감을 형성하게 됩니다. 이후 아이는 부모와 가족, 친구, 매스컴, 학교를 통해 점차 강화된 자아정체감을 형성하게 됩니다. 이러한 자아정체감의 형성과정은 파블로프의 개와 다르지 않습니다. 즉 자아정체감이란 수많은 조건화의 결과에 지나지 않는 것입니다.

요컨대 내 몸과 내 마음은 분리 독립된 개체도 아니고 또한 진정한

'나'라고도 할 수 없습니다. 융은 망망대해에 점점이 떠 있는 섬을 에고 ego라고 부르고, 각각의 섬들이 바닷속에서 서로 연결되어 대륙을 형성 하고 있는 것을 진정한 자아인 셀프self라고 불렀습니다. 즉 에고를 버려 야 진정한 나를 얻을 수 있다는 것입니다. 불교에서는 에고와 셀프를 파 도와 바다에 비유하여 설명합니다. 즉 일어났다 스러지는 파도가 진정 한 내가 아니라 그 깊이와 넓이를 알 수 없는 바다가 진정한 나라는 것 입니다.

두 번째 기둥인 이성 또한 그것이 인간이 가진 최고의 능력인지는 검 토해보아야 합니다. 이성은 인간의 중요한 능력이고 이성이 현대 문명에 미친 영향력은 매우 중요합니다. 이성을 통한 과학 기술의 발전과 물질 적 풍요는 인류의 삶에 매우 큰 영향을 미쳤기 때문입니다. 그러나 이성 의 한계 또한 명백합니다. "나는 생각한다. 고로 존재한다"는 데카르트 의 말을 생각해봅시다. 데카르트를 근대 철학의 아버지라고 부르는 것 은 그가 이 말을 통해 생각하는 나, 즉 이성을 모든 지식의 토대로 만들 었기 때문이며, 또한 이 말을 통해 생각하는 나, 즉 탐구하는 주체와 존 재하는 나, 즉 탐구의 대상을 분할하였기 때문입니다. 하지만 분리 독립 된 개체로서의 나라는 관점에서 보면 다수의 대상이 존재하는 것처럼 보 이지만, 우주적 나라는 관점에서 보면 다수가 동시에 모든 곳에 존재하 기 때문에 여기와 저기, 과거와 미래라는 이분법적인 도식은 존재할 수 없습니다. 시간이라는 것도 빛의 속도와 마찬가지로 일종의 자의식적인 관찰점입니다. 따라서 대상을 설명하려는 이성의 시도는 사실 대상에 대 한 설명이 아니라 자의적인 관찰점에 대한 설명이나 자신의 마음이 작동 하는 방식에 대한 설명에 불과한 것입니다.

빅뱅이론이나 블랙홀과 같은 우주의 기원에 대한 현대 과학의 설명 은 객관적이고 독립적으로 존재하는 우주가 아니라, 그 주장을 하는 과

학자의 정신 기능의 여러 범주 내지는 연속적인 마음의 진행과정의 구조나 형태에 불과하다고 할 수 있습니다. 이처럼 근대 과학의 한계는 지각에 의한 이원적인 세계가 갖는 한계에 의해 결정된 셈입니다. 지각은 무엇무엇에 대해서만 알 수 있으므로 스스로 제약하는 한계를 갖고 있기 때문입니다. 물론 근대 과학이 지각의 한계 너머에 있는 세계를 다룰 필요도 없고 그렇지 못하다고 해서 비난할 수는 없습니다. 그렇지만 과학의 한계는 분명히 지적되어야 합니다. 과학은 단지 우리를 앎의 문턱까지만 인도해줄 수 있다는 한계 말입니다.

궁극적인 진리는 지각에 의존하지 않습니다. 진리는 비이원적인, 즉 불이不二의 세계에 속한 것입니다. 불이의 세계에서는 아는 자도 아는 대상도 존재하지 않습니다. 그 둘이 하나가 되었기 때문입니다. 진리의 본질은 주관적이며 주관성은 이원성을 넘어선 것이면서 이원성과 그 너머의 것 사이에 다리를 놓아주는 역할을 합니다.

우리는 이성이 자신의 한계 너머에 있기 때문에 내팽개쳐버렸던 부분을 다시 한 번 고려해보아야 합니다. 신과 인간 존재의 의미, 삶과 죽음의 문제, 신비주의, 자연의 장엄한 아름다움, 사랑 등이 그것입니다. 인간의 이성은 이러한 문제에 대해 침묵할 수밖에 없습니다. 이성이 불합리한 영역으로 분류하여 추방해버렸던 종교의 경전 속에는 이러한 문제에 대한 깊은 통찰이 있습니다. 그리고 이러한 경전은 인간에게는 이러한 문제에 접근할 수 있는 능력이 있다고 말하고 있습니다. 그러한 능력을 '영성靈性'이라고 부릅니다.

영성은 단순히 기독교에 한정되는 용어가 아닙니다. 원래 영성은 불교에서 마음의 영묘한 본성을 가리키는 말이었습니다. 유학에서도 마음의 속성을 허령지각虛靈知覺이라고 하여 마음의 신령스러운 작용을 영성이라고 합니다. 그렇지만 기독교에서 영성이란 말을 주로 사용하기 때문에, 특정 종교의 용어라는 오해를 피하기 위해 영성 대신 '종교성'이라는 말을 쓰기도 합니다. 탈현대 사회에서의 종교성을 연구하는 '미래사회와 종교성연구원'이라는 기관의 이름도 아마 이런 오해를 피하기 위해 영성 대신 종교성이라는 말을 사용하고 있는 듯합니다. 어쨌거나 현대 문명 이전에는 영성 혹은 종교성이 인간의 가장 중요한 능력이었고, 이성은 기껏해야 이를 보조하는 능력에 한정되어 있었던 것입니다.

노동의 종말

유학에서는 공부를 두 가지로 구분합니다. 자기를 위한 공부와 다른 사람을 위한 공부가 그것입니다. 자기를 위한 공부는 위기지학爲己之學이라고 하고 다른 사람을 위한 공부는 위인지학爲人之學이라고 합니다. 말만 보면 위기지학은 이기적인 공부인 것 같고, 위인지학이 이타적인 공부라고 생각할 수 있습니다. 그렇지만 유학에서는 위기지학만이 진정한 공부라고 합니다. 위기지학이란 공부를 통해 자신의 삶의 태도나 가치관이 변화한 것을 말합니다. 그 공부를 통해 자신이 인격적으로 보다 성숙해진 것을 말합니다. 반면 위인지학은 남에게 보이기 위한 공부, 돈과 지위와 명성을 얻기 위한 공부를 말합니다. 『맹자』에 반구저기反求諸己라는 말이 있습니다.

인한 자는 활 쏘는 것과 같으니 활을 쏘는 자는 자신을 바로 한 후에 발사하여 발사한 것이 맞지 않더라도 자신을 이긴 사람을 원망하지 않고 돌이켜서 자신에게서 찾을 뿐이다.

이것이 위기지학의 태도입니다. 활을 쏘아 과녁을 빗나가면 많은 사람들은 날씨를 탓하고 활과 화살을 탓하고, 주변에 있는 사람들을 탓합니다. 그러나 이렇게 잘못을 밖에서만 찾을 경우 나는 결코 더 나은 인간으로 성장할 수가 없습니다. 왜냐하면 잘못된 밖의 것만 바꾸면 되지 나 자신이 바뀔 필요가 없기 때문입니다.

위기지학은 이와 같이 어떤 문제가 발생할 때 그 원인을 자신에게서 찾는 공부입니다. 그런데 현대 학문은 항상 그 원인을 대상에서 찾습니다. 그것은 앞에서도 언급한 바와 같이 현대 학문은 연구자와 대상을 분리하는 것, 즉 객관성을 기본 원리로 삼고 있기 때문입니다. 그렇기 때문에 현대 학문을 연구하는 사람들은 그 연구와 자신의 삶이 괴리될 수밖에 없습니다. 아무리 훌륭한 연구 업적을 쌓은 사람이더라도 그 업적과 그 사람의 됨됨이는 일치하지 않습니다. 그리고 사람들은 현대 학문을 연구하는 사람들에게 그 인격적 고매함을 기대하지도 않습니다. 그렇기 때문에 오늘날 우리 사회에 더 많은 해악을 끼치는 사람들은 공부를 적게 한 사람이 아니라 공부를 많이 한 사람들입니다.

현재 우리가 살고 있는 사회는 노동, 즉 직업 활동과 시민권을 중심으로 건설되었습니다. 현대 문명에 있어서 노동은 물질적 생활을 보장하고, 시간과 공간을 조직화하는 수단이며, 자기 자신의 존엄성과 사회적 교환의 표현 공간이 되었습니다. 노동은 개인의 자아정체감 확립과 자아실현에 가장 중요한 수단이 되었던 것입니다. 그리하여 직업과 관계된 노동시간은 우리 인생의 여타 순간들에까지 그 의미를 부여해주고 있습니다. 이처럼 노동을 중심으로 조직된 현대는 제국주의와 함께 전 세계로 확대되었습니다. 이제는 유럽뿐만 아니라 전 세계의 모든 인간은 오직 노동을 통해 자기 자신을 실현하고, 오직 노동을 통해 자신의 자아정체감을 확립하게 되었습니다.

이처럼 현대 문명을 형성하는 데 토대가 된 노동은 점차 사라지고 있습니다. 19세기 산업혁명의 첫 단계에서 대폭적인 생산성 향상으로 주

80시간 노동이 60시간으로 단축된 후, 20세기에서도 석유 및 전기 기술이 증기 기술을 대체하면서 급속한 생산성 증대가 이루어졌고, 노동 시간도 주 60시간에서 40시간으로 단축되었습니다. 그러나 이러한 노동의 감소는 정보화라는 새로운 물결이 초래한 것에 비하면 극히 사소한 것에 지나지 않습니다. 국제 기계공 노동조합 위원장이었던 윈피싱어(William Winpisinger)는 제네바에 있는 국제 금속노련의 연구를 인용하여 "향후 30년 이내에 세계 전체 수요에 필요한 모든 재화를 생산하는 데 현재 세계 노동력의 단지 2%만 필요하게 될 것이다"라고 하였습니다. 또한 일본의 컴퓨터 정보화 사회의 주창자인 마수다(Yoneji Masuda)는 "조만간 모든 공장들이 완전히 자동화될 것이고, 아마도 향후 20~30년 내에 사람을 전혀 필요로 하지 않는 공장들이 출현하게 될 것이다"라고 하였습니다. 이러한 주장은 리프킨이 내세우는 '노동의 종말'의 중요한 증거가 되고 있습니다.

일부에서 지적하는 바와 같이 리프킨의 '노동의 종말'이라는 주장이 과장된 것이고 또 교육과 복지 분야와 같은 영역에서 새로운 노동의 요구가 늘어나더라도, 정보화가 가속화되면 노동이 큰 폭으로 감소할 것이라는 주장에는 누구나 동의합니다. 정보화 사회의 첨단을 달리고 있는 우리 사회의 경우도 예외가 될 수 없습니다. 정보화로 인한 노동의 감소가 가장 먼저 나타나는 분야는 주로 대학 졸업자들이 취업하는 사무직 분야입니다. 대졸 실업의 증가는 이러한 정보화의 필연적 결과인 것입니다. 오늘날 대학 졸업자가 원하는 공기업, 대기업, 공무원 등의 안정적인 일자리는 수많은 경쟁을 뚫고 올라온 상위 20%만이 차지할 수 있게 되었습니다.

정보화에 따른 사무직 노동의 감소는 물론 우리나라만의 문제는 아닙니다. 우리나라에 '88만 원 세대'가 있듯이 미국에는 '빈털터리 세대

(Strapped)'가 있습니다. 또 일본에는 정규직에 진입하지 못하여 파트타임 잡이나 아르바이트로 힘들게 살아가는 젊은 세대를 '하류사회' 혹은 '비참세대'라고 부르기도 합니다. 마찬가지로 유럽에서는 월 120만여 원으로 힘들게 살아가는 젊은 세대를 '1,000유로 세대(Generazione 1,000Euro)'라고 부릅니다.

정보화 사회의 노동의 종말, 혹은 노동의 대폭적인 감소와 관련하여 일차적으로 인류가 대처할 수 있는 방안은 둘 중의 하나입니다. 그 한 가지는 소수의 일자리를 소수의 정보 엘리트들이 독점하는 것이고, 또 한 가지는 임금이 대폭 감소되는 것을 감수하더라도 그 줄어드는 노동을 골고루 나누어 가지는 것입니다. 전자의 방안은 장기적으로는 불가능합니다. 인류의 역사를 살펴보면 항상 일하는 다수가 일하지 않는 소수를 먹여 살렸지, 일하는 소수가 일하지 않는 다수를 먹여 살린 경우는 없기 때문입니다. 또한 후자의 방안도 궁극적인 해결 방법이 될 수는 없습니다. 사람들이 여전히 노동을 자아실현의 수단으로 생각하는 한, 줄어드는 노동과 줄어드는 수입에 불만을 느낄 것이기 때문입니다. 또한 실업은 현대인에게 단순히 생계수단의 박탈만을 의미하는 것이 아니기 때문입니다. 필리프 쁘띠는 이를 다음과 같이 말하고 있습니다.

실업자의 경우는 사정이 다르다. 그가 굴욕감을 느끼는 까닭도 거기에 있다. 그는 지루하다. 왜냐하면 시간이 파괴적이기 때문이다. 사실 그에게 시간감각을 부여하는 것은 직업 활동의 수행이다. 실업자이기 때문에 일자리가 없는 것은 휴가 중이거나 여가를 갖는 것과는 다르다. 실업자는 자신이 휴가 활동을 취할 권리가 있다고 여기지 않는다.

2008년 시작된 전 세계적 금융 위기는 즉각적으로 실물 경제의 위축으로 이어졌습니다. 이로 인해 새로이 직업전선에 뛰어든 젊은이들의 취업은 더더욱 어려워지고 있습니다. 이런 상황에 직면하여 세계 각국은 새로운 일자리 창출을 위해 막대한 자금을 쏟아붓고 있습니다. 하지만 소비 위축에 따른 기업들의 어려움으로 이러한 노력은 크게 효과를 보지 못하고 있습니다. 결과적으로 각국 정부에서 새로이 창출한 일자리는 과거 자원봉사자들이 담당했던 소외 계층과 노인 복지를 위한 소위 '사회적 노동'이 대부분을 차지하고 있습니다. 이러한 비지불非支拂 노동으로서의 사회적 노동을 지불支拂 노동으로 전환하는 것에 대해서는 비판적인 견해도 많이 있습니다.

정보화로 인한 노동의 종말이 필연적인 것이라면 우리는 이러한 변화에 어떻게 대처해야 할까요? 거시적으로 볼 때 노동의 종말은 노동으로부터의 해방이라는 인류의 오랜 염원을 실현하는 희망적인 것임에 분명합니다. 그러나 노동에 대해 너무나 많은 의미를 부여한 현대 문명은 '노동=자아실현', '실업=낙오자'라는 낙인을 찍고 있어, 이러한 이데올로기에서 벗어나기가 쉽지 않습니다. 취업에 실패한 청년 실업자들에게 "당신은 이제 노동으로부터 해방되었으니 자유다. 이제 당신이 하고 싶은 것을 마음대로 하고 살아라"라고 한다면 과연 그들이 기뻐하겠습니까?

현대 문명에서의 노동을 통한 자아실현은 '자아'라는 분리 독립된 개체의 자기 확인과 확대를 의미합니다. 실업이란 이런 자아실현의 가장 강력한 수단을 상실했음을 의미합니다. 따라서 노동의 종말과 청년 실업에 대한 대책에서 가장 중요한 것은 노동을 통한 자아실현을 대체할 수 있는 수단을 제공해주는 것입니다. 그것은 무엇일까요?

2

통일체적 세계관

거인의 어깨 위에 올라탄 난쟁이

이제 탈현대의 청사진은 어느 정도 윤곽이 드러났다고 생각합니다. 탈현대 사회 건설의 핵심은 분리 독립된 '나'라는 생각을 극복하는 것입니다. 그리고 이러한 극복을 위해서는 인간의 이성보다 높은 능력인 영성, 혹은 종교성을 계발하는 것이 중요하며, 이것이 자신의 몸값을 높이는 것을 대체할 교육의 목적이 되어야 합니다.

근대 계몽주의자들이 현대 문명을 설계할 때 백지 상태에서 청사진을 마련한 것은 아닙니다. 그들은 그리스 로마 문명에서 중요한 아이디어를 발견하였습니다. 그래서 당시 계몽주의자들은 자신들을 '거인의 어깨 위에 올라탄 난쟁이'로 묘사하곤 했습니다. 그렇다고 해서 그들이 그리스 로마 사회로 돌아가려 했던 것은 결코 아닙니다. 비록 중세 사회가 암흑기라고 해도 중세가 이룩한 생산력의 발전이라는 물질적 토대를 버릴 수는 없었기 때문일 것입니다.

탈현대의 청사진을 분리 독립된 '나'의 극복이라고 할 때 우리는 동양 사상에서 많은 아이디어를 찾을 수 있습니다. 나는 내가 아닌 모든 것으로 구성되어 있다는 불교의 무아설이나 자기를 극복하여 예禮로 돌아가면 인仁이 된다는 유학의 인설仁說 등은 모두 분리 독립된 나를 극복하기 위한 중요한 언설이기 때문입니다.

통일체적 세계관이란 시공을 초월하여 모든 존재들 간의 근원적 통일성을 전제하고서 세계를 인식하는 관점을 말합니다. 동양사상에는 이러한 통일체적 사유의 전통이 풍부하게 내장되어 있습니다. 통일체적 세계관은 분리 독립된 개체로서의 나를 극복할 때 가능한 세계관입니다.

앞에서 가창오리에 대해 이야기하였지만 인간과 가창오리의 차이점은 무엇일까요? 가창오리에게는 '나'라고 하는 의식이 없습니다. 무리 전체가 하나의 통일체인 것입니다. 반면 인간은 지구상의 생명체 중에서 유일하게 자연을 대상으로 여기는 존재입니다. 자연을 내가 아닌 내 밖의 타자로, 나는 자연으로부터 분리 독립된 개체로 여기는 최초의 생명체입니다. 인간의 불행과 인간의 위대성은 바로 여기에서 출발합니다. 불행이란 인간이 자신을 분리 독립된 개체로 인식함으로써 서로 다가갈 수 없는 외로운 바위섬 같은 존재로 여기기 때문이고, 위대성이란 이런 외로움을 넘어 가창오리와 같은 통일체를 다시 회복할 수 있는 존재이기 때문입니다. 이런 존재를 동양사상에서는 성인聖人, 부처, 지인至人이라고 부릅니다.

그렇다면 가창오리와 성인은 어떤 차이가 있을까요? 가창오리는 자신이 통일체임을 자각하지 못한 통일체입니다. 성인은 자신이 통일체임을 자각하고 있는 통일체입니다. 이것은 재벌 2세로 태어나 평생 가난함을 모르고 살다가 죽는 사람과, 모든 것을 잃었다가 다시 부자가 된 사람이 부에 대해 느끼는 의미의 차이와 같다고 할 수 있습니다. 사실 이것은 엄청난 차이입니다. 가난함을 경험하지 못한 재벌 2세는 결코 부의 의미를 알 수 없습니다.

문명 이전의 삶 속에서 인간은 소수를 제외하고는 가창오리와 같은 존재였습니다. 중세 봉건사회에서 대부분의 사람들은 주인과 토지에 예속된 존재였습니다. 근대 계몽주의자들은 이런 봉건적 질곡을 파괴하기 위해 인간을 분리 독립된 개체로 견인해내고, 분리 독립된 개체로서의 개인에게 그 누구도 침해할 수 없는 권리를 부여하였던 것입니다. 천부인권과 자유, 민주, 평등과 같은 권리가 그것입니다. 그러나 우리는 언제 이러한 권리를 인식하고 주장합니까? 이를테면 부부가 사랑하고 있을 때는 어느 누구도 이러한 권리를 인식하고 주장하지 않습니다. 이런 주장이 나오게 되는 것은 서로 갈등하고 대립할 때입니다.

분리 독립된 개인을 극복하여 통일체를 다시 회복하는 것을 불교의 화엄사상에서는 일즉다—即多, 다즉일多即—이라고 표현합니다. 비유하자면 개체는 기둥, 기와, 서까래와 같은 것이고 전체는 집이라고 불리는 것이라는 뜻입니다. 즉 모든 개체들은 여러 인연 조건들의 화합에 의해 생겨난 것으로 모든 개체들이 서로 의지해 존재합니다. 서까래가 곧 집입니다. 서까래가 없으면 집이 없고 집이 없으면 기둥, 기와 등의 이름도 없습니다. 이처럼 모든 존재가 보이지 않는 그물로 연결되어 있고, 내 속에 우주가 있고 우주 속에 내가 있다는 생각이 통일체적 세계관인 것입니다. 탈현대적 삶이란 이런 통일체적 세계관을 체득한 삶을 살아가는 것입니다. 나와 너는 분리 독립된 존재가 아니라 보이지 않는 그물로 연결되어 있으며, 나의 존재 속에는 다른 모든 존재가 공존하고 있음을 깨닫고 상생과 조화 속에서 살아가는 것입니다.

태어남의 두 종류

태어남에는 두 종류가 있습니다. 하나는 다른 사람 즉 부모를 통해 태어나는 것입니다. 이것은 육체적인 태어남입니다. 다른 하나는 자기 자신에게서 태어나는 것입니다. 이것이 진정한 태어남입니다. 자기 자신에게서 태어나기 위해서는 스스로 자궁이 되어야 하며, 부모가 되어야 하며,

다시 어린아이가 되어야 합니다. 인류는 다시 태어나기 위해 스스로 죽어야 합니다. 장자莊子는 잠에서 깨어남을 각覺이라 하고, 참된 깨어남을 대각大覺이라고 하였습니다. 각이란 현대 문명이 실현한 바와 같이 미신과 이데올로기의 속박에서 벗어나는 것이라고 한다면, 대각을 통해 우리는 현대 문명과 그 속에 있는 우리의 삶이 한바탕의 커다란 꿈임을 깨닫게 될 것입니다.

참된 깨어남을 위해 우리가 배워야 할 것은 듣는 법입니다. 듣는 법을 배우지 못하면 그 어떤 것도 배울 수 없습니다. 때때로 듣는 법을 배우기 위해 몇 년이 걸리기도 합니다. 왜 그리 오랜 시간이 걸릴까요? 왜냐하면 오직 학습자의 마음이 완전히 침묵했을 때만이 비로소 들을 수 있기 때문입니다. 마음속으로 이야기를 하고 있으면 스승의 말을 들을 수 없습니다. 우리 마음은 라디오와 같습니다. 주파수를 마음속 이야기에 맞추고 있으면 아무리 스승의 말에 열중해도 모든 것이 뒤죽박죽되어버립니다. 올바른 배움, 올바른 듣기를 위해 첫 번째로 해야 할 것은 자신을 비우는 것입니다. 그러나 현대 교육은 이와 정반대로 마음을 채우는 것을 목표로 삼고 있습니다.

듣는 법을 배운 다음에는 무엇을 배워야 할까요? 사랑입니다. 사랑을 배워야 합니다. 사랑은 창조적인 기술입니다. 사람은 사랑을 가지고 있으나 사랑할 수 있는 능력을 갖고 태어나지는 않습니다. 그래서 사랑은 인간이 이룰 수 있는 가장 훌륭한 성취이고 매우 위대한 도약이라고 할 수 있습니다. 사랑을 통해 나는 더 이상 내가 세상의 중심이 아님을 알게 됩니다. 사랑을 통해 내가 아니라 사랑하는 사람이 세상의 중심이 되고, 나는 그저 사랑하는 사람의 그림자에 불과하다는 것을 깨닫게 됩니다. 사랑을 통해 이제 온통 사랑하는 사람만이 의미를 갖게 되고, 자신이 아니라 사랑하는 사람을 돌보는 것이 행복이 됩니다.

우리의 삶에는 가장 깊은 비밀이 있습니다. 그것은 내가 누군가를 위해 존재할 때 나는 처음으로 존재하게 된다는 것입니다. 나 자신만을 위해 존재할 때 나는 쓸데없이 존재하는 것입니다. 사랑하는 사람을 위해 존재할 때 나는 비로소 자신의 존재를, 그 존재 의미를 확인할 수 있는 것입니다. 그러나 유감스럽게도 현대 사회에서 사랑을 가르치는 학교는 없습니다. 모든 학교에서는 오직 생각만을 가르칩니다. 이제 우리의 학교에서도 학생들에게 사랑하는 법을 가르쳐야 합니다.

듣는 법과 사랑을 통해 영성이 자라납니다. 영성의 자라남과 씨앗의 자라남은 다릅니다. 씨와 나무 사이에는 거리가 있습니다. 시간의 거리가 있습니다. 그 거리는 건너가야 할 공간입니다. 그러나 학생에게는 씨앗과 같은 성장 수단이 없습니다. 학생은 이미 자라남 그것입니다. 자라남은 현현顯現하고 있습니다. 학생과 깨달음 간에는 거리가 없습니다. 깨달음은 이미 거기에 있고 있어왔습니다. 따라서 깨달음은 성장, 자라남의 문제가 아니라 현현, 나타남의 문제입니다. 그것은 발견입니다. 학생은 '잃어버렸던' 어떤 것이 아니라, '잊고 있었던' 어떤 것을 문득 깨닫게 되는 것입니다.

인류가 새로운 존재로 다시 태어나기 위한 두 가지 길이 있습니다. 그 한 가지는 진리의 길입니다. 진리의 길은 붓다의 길입니다. 붓다는 많은 사람들을 진리로 깨우쳤습니다. 붓다의 제자들은 학식 있고, 고결하고, 세련된 사람들이었습니다. 그렇기 때문에 그들은 붓다의 설법을 쉽게 이해할 수 있었습니다. 그러나 학식 있는 사람들이 붓다의 말을 쉽게 이해했다고 해서, 그 이해가 아인슈타인의 일반상대성이론을 이해하는 것과 같지는 않습니다. 붓다는 아인슈타인의 지식을 모릅니다. 그렇지만 붓다는 한 사람의 '아는 자'입니다. 그는 자신의 존재를 알았고, 그 존재가 온 우주에 편재한다는 것을 알았습니다. 붓다가 발견한 이러한 진리는 과학보다 심오합니다. 붓다의 실험은 외부의 대상이 아니라 '실험자 자신에 대한 실험'이기 때문입니다. 붓다의 실험에서는 자신과 분리된 어떤 도구도 없습니다. 붓다는 실험 도구이며 대상이며 방법입니다. 그리고 실험은 곧 체험입니다. 이 실험을 통과하고 나면 누구든 새롭게 태어날 수 있습니다.

붓다의 진리는 교과서 속에 있는 객관적 지식과 다릅니다. 객관적 지식은 계량하고, 비교하고, 추론한 결과물입니다. 그러나 진리란 결코 대상화할 수 없습니다. 진리가 대상이 된다는 것은 나는 그 진리 밖에 있다는 뜻입니다. 그것이 만약 진리라면 나는 결코 진리 밖으로 벗어날 수 없습니다. 한 물고기가 철학적인 물음을 갖게 되었다는 힌두교의 우화가 있습니다. "바다는 어디에 있는 것일까?" 자기들이 바다에서 태어났으며 바다로 사라진다는 것을, 바다는 자기들의 원천이며 목적이라는 것을, 바다는 곧 신이라는 것을 어디선가 들었기 때문일 것입니다. 인간은 신을 파악할 수 없습니다. 신을 벗어난 공간은 없기 때문입니다. 진리도 마찬가지입니다. 진리에 들어가게 되면 그 이전에 미美라고 불렀던 것은 다만 정욕에 불과했음을 알 수 있습니다. 그리고 선善이라고 불렀던 것은 통제된 도덕이었으며, 진리라고 불렀던 것은 말과 사물이 일치하는 것에 불과했음을 깨닫게 됩니다. 진리는 나무와 산들 바람과 모든 것들 안에 숨겨져 있는 것을 의미합니다. 그 숨겨져 있는 것이 드러나게 되면 우리는 진리에 다가간 것입니다.

진리는 인간의 이성이 아니라 그보다 높은 능력, 즉 영성靈性에 의해 드러납니다. 영성은 특정한 교리를 따름으로써 얻어지는 것이 아니고, 존재와 직접적이고 즉각적인 관계를 가짐으로써 얻을 수 있습니다. 전체와 조화를 이루고 여기 존재함으로써 생기는 기쁨, 순수한 축복의 느낌이 영성입니다. 나와 존재 사이에 직접적인 교감이 있을 때, 내가 갑자기 전체에 의해 소유될 때, 분리 독립된 개체로서 내가 사라지는 곳에서, 전체는 나를 통해 말하기 시작합니다. 그것이 영성입니다.

동서양을 막론하고 현대 이전 시기 교육의 궁극적인 목표는 영성의 계발이었습니다. 그리고 이성은 영성을 보좌하는 하인에 불과했습니다. 계몽주의자들이 영성을 내버린 이후, 주제넘게 왕좌를 차지한 이성은 영성과 관련된 모든 것들을 종교적인 것, 신비주의적인 것으로 몰아 우리의 세속적 삶에서 제거하였습니다. 그러나 이성만으로는 결코 우주적인 나, 진정한 나를 발견할 수 없습니다. 현대 교육에서 어린 아이들의 영성은 이성 중심의 교육과정 속에서 점차 시들어갑니다. 이성의 비대화는 필연적으로 영성의 쇠약을 부르기 때문입니다. 우주적인 존재로서의 자신을 발견하기 위해서는 반드시 영성을 계발해야 합니다.

새로운 존재로 태어나기 위한 두 번째 길은 사랑의 길입니다. 사랑의 길은 예수의 길입니다. 예수는 평범하고 교육받지 못한 가난한 사람들 사이에서 살았습니다. 가난한 사람들은 부자들보다 많은 사랑을 가지고 있습니다. 왜냐하면 돈과 사랑은 함께할 수 없기 때문입니다. 또한 가난한 사람들은 머리, 즉 이성을 성장시키지 않아 그 에너지가 가슴에 있기 때문입니다. 사랑은 자신의 전 존재를 내어 맡기는 것입니다. 사랑은 사랑할 대상을 따로 두지 않습니다. 참된 사랑은 사랑하는 대상과 하나가 된 까닭입니다. 이러한 사랑을 통해 우리는 창조자와 하나가 될 수 있습니다. 왜냐하면 참된 사랑을 통해 '자아'가 사라지고 그 사라진 자리를 성령이 채우기 때문입니다. 성령이 가득 찬 사람은 비로소 창조자가 곧 창조물이라는 것을 깨닫게 됩니다. 사랑을 할 때 우리는 사랑하는 사람을 자신과 동떨어진 누군가가 아니라 자신의 확장으로 여깁니다. 나의 심장이 그녀와 함께 고동치고, 나의 숨과 그녀의 숨이 같은 리듬으로 움직이고, 나의 존재와 그녀의 존재 사이에는 아무런 벽이 없습니다.

꽃을 볼 때도 마찬가지입니다. 나는 한 송이 꽃을 봅니다. 꽃은 거기에 있고 나는 여기에 있습니다. 서서히 둘 다 사라져서 마침내 꽃의 체험만이 남게 됩니다. 이것이 궁극적인 봄입니다.

　진리의 길은 사랑으로 통하고 사랑의 길은 진리로 통합니다. 서로 반대되는 것은 반드시 서로 연결되어 있습니다. 그것은 음양陰陽과 같이 양극을 이루고 있습니다. 진리를 통해 깨달음을 얻게 되면 온통 자비심으로 가득 찬 세상을 보게 되고, 사랑의 길을 통해 깨달음을 얻게 되면 존재계 전체가 진리임을 알게 됩니다. 사랑을 궁극적인 봄이라고 합니다. 그것은 사랑의 순간에 보는 자와 보이는 것이 하나가 되기 때문입니다.

3

만두모형 교육관

서구의 근대적 마음관

우리나라 근대교육의 기점起點에 대한 주장에는 여러 가지가 있고 그 중에는 자생적 근대화를 주장하는 논의도 있지만, 근본적으로 우리 교육에 있어서 근대화란 곧 서구화를 의미하는 것이었습니다. 교육이라는 현상을 학문의 대상으로 삼는 교육학이라는 것도 개화기에 '완제품'으로 수입되었습니다. 개화기 교육학 도서의 하나인 『간명교육학簡明教育學』에서는 교육의 정의를 다음과 같이 내리고 있습니다.

> 교육은 성숙자가 미성숙자로 ᄒ야금 도덕적 생활을 완성케 ᄒ기 위ᄒ야 일정 시기간에 유의성안적有意成案的으로 보편적 도야를 행하는 작업이라……

이 정의는 서양의 근대적 교육관을 잘 표현해주고 있습니다. 주지하다시피 서양의 근대적 세계관은 인간 이성에 대한 무한한 신뢰를 바탕으로 인간과 세계를 완벽하게 설명할 수 있다는 믿음에서 출발하였습니다. 서양 근대과학의 토대를 마련한 뉴턴은 어떤 물체든지 그것의 질량과 그것에 가해지는 힘과 그 방향을 알면 물체의 움직임을 완벽하게 알 수 있다고 생각하였습니다. 그리고 그의 이러한 믿음은 프랑스의 수학자인 라플라스(Laplace P. S.)에게 이어져 그는 다음과 같은 유명한 말을 남겼습니다.

어떤 주어진 순간에 자연에서 작용하고 있는 모든 힘을, 그리고 이 세계를 구성하고 있는 모든 것들의 위치를 알고 있는 지성은 가장 거대한 우주와 가장 미세한 원자들의 운동을 똑같은 공식으로 파악할 것이다. 즉 그에게는 불확실한 것은 아무것도 없을 것이며, 미래도 과거와 같이 그 눈앞에 보일 것이다.

이 지성은 물론 인간의 이성입니다. 이와 같이 모든 것을 물질로 분해하여 물리적 법칙으로 완벽하게 설명할 수 있다는 생각을 '기계론적 세계관'이라고 부릅니다. 이러한 기계론적 세계관의 형성에 결정적인 영향을 미친 사람은 데카르트(René Descartes)였습니다. 데카르트는 "나는 생각한다. 고로 존재한다"는 유명한 말을 통해 자연을 마음(res cogitans)과 물질(res extensa)이란 두 개의 독립적인 영역으로 분할하였습니다. 이러한 분할을 통해 인간은 물질을 죽은 것으로 그리고 자신들과는 완전히 분리된 것으로 취급할 수 있게 되고, 물질 세계를 하나의 거대한 기계로 조립된 것으로 볼 수 있게 되었던 것입니다.

그렇다면 이러한 세계관에 따른 인간의 모습은 어떤 것일까요? 이상하게도 기계적 세계관 속에서 모든 것을 알고 있는 위대한 이성은 그것이 스스로 탐구의 대상이 되자 한없이 초라한 모습으로 전락하였습니다. 라일(G. Ryle)이 데카르트의 심신이원론을 '기계 속의 귀신(Ghost in the Machine)'이라고 비판했듯이, 인간의 몸은 자연과학의 법칙의 지배를 받기 때문에 완벽한 설명이 가능하지만, 그 속에 들어 있다고 가정되는 마음은 마치 유령처럼 알 수 없는 존재로 되어 탐구의 대상에서 점차 배제되기 시작하였던 것입니다. 그리고 마침내 행동주의 심리학이라는 '마음을 배제한 마음에 대한 연구'가 나타나게 되었던 것입니다.

행동주의 심리학은 실증주의라는 철학적 사조의 궁극적인 귀결점이라고 할 수 있습니다. 실증주의는 말 그대로 실제로 증명할 수 있는 것만을 학문의 대상으로 삼아야 한다고 하여 인간을 대상으로 하는 사회과학 혹은 인문과학도 자연과학과 마찬가지로 경험적 방법을 통해 증명되어야 한다고 주장하였습니다. 인간의 마음도 마찬가지입니다. 그렇다면 귀신과 같이 알 수 없는 인간의 마음을 경험적 방법을 통해 증명할 수 있는 방법은 무엇일까요? 행동주의 심리학은 그것이 바로 행동이라고 생각하였습니다. 소위 'S-R 이론'이라고 불리는 스키너(B. F. Skinner)의 행동주의 이론에서는 자극과 반응이라는 행동을 관찰함으로써 인간의 마음을 과학적으로 설명할 수 있다고 주장하고 있습니다. 즉 $S1 \rightarrow R1$, $S2 \rightarrow R2$, $S3 \rightarrow R3$ …… $Sn \rightarrow Rn$이라는 자료를 통해 $S \rightarrow O \rightarrow R$의 관계에서 O라고 하는 인간의 마음을 밝혀낼 수 있다는 것입니다.

행동주의 심리학이 교육학에 커다란 영향을 미친 것은 이러한 이론을 통해 인간의 학습이 가능하다는 것을 증명하였기 때문이었습니다. 즉 학습이란 결국 어떤 자극을 통해 어떤 반응을 획득하는 것을 의미한다고 하였습니다. 이를 조건화(conditioning)라고 합니다. 교육이란 결국 학습자를 원하는 방향으로 조건화시키는 것에 다름 아니라는 것입니다. 예컨대 학습자에게 한 자릿수 덧셈을 학습시키고자 하면 한 자릿수 덧셈에 필요한 조건을 제시하고 여기에 원하는 반응을 보이면 그 반응을 강화하기 위한 정적강화(Positive Reinforcement)를 하고, 원하지 않는 반응을 보이면 부적강화(Negative Reinforcement)를 하여 조건화가 가능하게 된다는 것입니다. 실제로 스키너는 이러한 공식을 통해 비둘기에게 한 자릿수 덧셈을 가르쳤다고 하는데, 이러한 성공을 통해 자신만만하게 "나에게 건강한 어린아이를 데리고 오면 당신이 원하는 어떤 인간이든 만들어주겠다"고 소리쳤다고 합니다.

주물모형과 도토리모형

미국의 행동주의 심리학을 최초로 우리나라에 도입한 정범모는 그의 대표적인 저서인 『교육과 교육학』이라는 책에서 교육을 "인간 행동의 계획적 변화"라고 정의하였습니다. 이러한 행동주의 심리학의 교육에 대한 정의에서 우리가 눈여겨보아야 할 것은 그것이 가정하고 있는 학습자관입니다. 행동주의 심리학에서는 학습자를 어떤 모양으로든지 주형 가능한 진흙이나 무슨 그림이든지 그릴 수 있는 백지로 봅니다. 앞서 스키너가 "당신이 원하는 어떤 인간이든지 만들어주겠다"고 장담하였다고 했듯이, 행동주의 심리학에서는 아동의 가소성可塑性을 무엇보다도 중요하게 생각하고 있습니다. 그렇기 때문에 행동주의자들은 극단적인 환경론자들이라고도 말할 수 있습니다. 즉 인간은 태어날 때 아무것도 가지지 않고 태어나며, 어떤 인간이 되는가는 전적으로 그 인간이 처한 환경에 의해 결정된다는 것입니다.

영국의 경험론자인 로크(J. Locke)도 아동은 태어날 때 백지(Tabula Rasa)와 같다는 말을 했습니다. 그와 같이 인간이 태어날 때 아무런 본유관념(innate ideas)도 갖지 않으며, 따라서 그 인간의 선악은 어떠한 의도된 환경, 즉 교육에 의해 결정된다는 생각은 서양 교육의 초창기부터 지배적인 흐름으로 전개되어왔습니다. 이러한 교육관을 '주물모형'이라고 부릅니다. 주물이 쇳물을 부어 넣어 일정한 모양을 만들어내는 것이듯이, 교육이란 아동에게 일정한 교육내용을 전달하여 그 사회에 적합한 인간으로 만들어내는 것이라는 교육관입니다. 물론 이 모형에서 교육내용이란 인류의 문화적 유산, 그중에서도 핵심적이라고 할 만한 것을 간추린 것을 말합니다.

주물모형 교육관에서 가장 중요한 것은 물론 어떤 모양으로 만들기 위한 '틀'입니다. 그 틀을 어떤 모양으로 만드느냐에 따라 교육받은 인간상이 달라지기 때문입니다. 예컨대 그 틀을 붕어빵 모양으로 만들면 붕어처럼 생긴 모양이 만들어지며, 그 틀을 국화빵 모양으로 하면 국화꽃 모양의 빵이 만들어지는 것입니다. 이 틀을 교육학에서는 교육목표 혹은 교육적 인간상이라고 부릅니다. 그 다음으로 중요한 것이 그 틀을 채우는 내용물, 즉 교육내용입니다. 이 모형에서는 누가(교사) 누구에게(학생) 그 내용을 전달하느냐는 부차적인 것이 될 수밖에 없습니다. 그래서 이 모형을 '교육내용 중심 교육관'이라고 부릅니다. 흔히 교육의 삼요소를 교사, 학생, 교육내용이라고 하는데, 이 모형에서는 교육내용을 가장 중요한 요소로 생각하기 때문입니다. 주물모형 교육관은 근대 자본주의의 이념적 토대가 되는 자유주의 사상과 결합하여 자유주의 혹은 인문주의(Liberalism) 교육으로 정착되었습니다.

서양의 근대교육에서 또 하나의 중요한 특징은 아동의 발견입니다. 전근대교육에 있어서 아동은 구약 잠언 편 23장 13~14절에 의거 학대와 훈육의 대상이었습니다. 또한 르네상스 시대에는 성 도미니크가 쓴 『가정의 규칙』에 의거 아동은 부모의 소유물로 간주되었습니다. 1400년경에 쓰인 이 책은 피렌체의 거부인 안토니오 알베르티라는 사람의 부인이 자녀교육에 대한 조언을 도미니크에게 구한 데서 비롯되었습니다. 도미니크는 이 부인의 요구에 응하여 예의범절을 가르치는 방법, 가정교사 고르는 방법, 장래의 진로를 선택하는 방법 등에 대한 상담 내용을 중심으로 이 책을 구성하였습니다. 이 책에서 도미니크는 "부모의 소유물인 자녀들을 부모 마음대로 할 수 있는 것이다", 혹은 "자녀들은 부모의 덕택으로 태어났다. 따라서 자녀들은 오직 주인의 혜택으로 빵을 먹는 노예나 하인보다 훨씬 엄격한 의무를 부모에 대해 지게 되는 것이다", "부모가 필요하다면 그의 자녀를 파는 것도 가능한 것이다"라는 말을 되풀이하여 소유물로서의 아동관을 분명히 보여주고 있습니다.

루소(J. J. Rousseau) 이후 아동은 비로소 하나의 인격체를 가진 존재로 점차 인식되어 교육에 있어서도 교육내용이 아니라 아동의 내적 자연을 중심으로 해야 한다는 생각이 점차 확산되기 시작하였습니다. 이러한 교육관을 '아동 중심 교육관'이라고 부릅니다. 이 교육관에서 가장 중요한 것은 바로 학습자 자신입니다. 이 교육관에서는 학습자를 무한한 성장 가능성이 있는 존재로 여깁니다. 즉 인간은 태어날 때 아무것도 없는 백지 상태가 아니라 이미 특정한 능력이나 소질을 가지고 태어난다는 것입니다. 교육이란 따라서 이러한 아동의 성장 가능성을 최대한 신장시켜주는 것이라고 정의됩니다. 이러한 교육관을 주물모형에 대비하여 '도토리모형'이라고 부릅니다. 즉 도토리 속에는 이미 커다란 참나무로 자랄 가능성이 들어 있으므로 교사는 그 도토리가 잘 자랄 수 있도록 물도 주고, 거름도 주고, 가지도 쳐주고 해야 한다는 것입니다.

서양 교육의 전통에서 도토리모형의 원조는 소크라테스라고 합니다. 그런데 주지하다시피 소크라테스의 교육관은 그 당시에는 비주류였습니다. 주류는 역시 당시 사회가 바람직하다고 생각하는 지식을 전달해주는 소피스트의 교육관이었습니다. 이후 그의 교육관은 오랜 암흑기를 거쳐 루소의 자연주의 교육관으로 전개되었습니다. 그리고 루소의 아동 중심 교육관은 페스탈로치와 프뢰벨을 거쳐 마침내 미국의 존 듀이로 계승되었던 것입니다.

서양 근대교육의 두 가지 전통은 서로 영향을 주고받으면서 계속 이어져왔습니다. 그렇기 때문에 영국의 서머힐이나 미국의 행동주의와 같은 극단적인 사조를 제외하면 대부분의 교육사조는 두 가지 교육의 전통을 어느 정도 절충한 형태로 나타납니다. 그렇지만 어떤 교육사조이든지 간에 궁극적으로는 두 가지 교육전통의 어느 한 부분에 치우쳐 있게 마련입니다. 이 경우 우리는 그 사조가 주물모형에 가까운 경우 그것을 '인문주의' 혹은 '자유주의' 교육이라고 부르고, 그것이 도토리모형에 가까운 경우 '낭만주의 교육'이라고 부르고 있습니다.

만두모형 교육관

그렇다면 우리의 전통교육에서는 인간의 마음을 어떻게 보고 있을까요?

유불선儒佛仙을 통합한 사상체계로 여겨지는 성리학에서는 우주 삼라만상은 기氣의 응집에 의해 형성된다고 정의하고 있습니다. 인간도 예외가 아니어서 인간은 기의 집적에 다름 아니라고 합니다. 그렇다면 인간을 구성하고 있는 기는 동물이나 식물, 혹은 바위와 같은 무생물과 같은 것일까요? 물론 성리학에서는 같은 것이라고 합니다. 그러나 기는 그 정밀성이나 순도에 차이가 있습니다. 즉 기는 그 성분에 있어서 상대적으로 맑고, 밝고, 가볍고, 깨끗한 기가 있는 반면 또 상대적으로 탁하고, 어둡고, 무겁고, 더러운 기가 있다고 합니다. 인간을 구성하고 있는 기는 동물이나 식물, 무생물에 비해 상대적으로 밝고, 맑고, 가볍고, 깨끗한 기로 구성되어 있다고 합니다. 마찬가지로 동물은 식물에 비해, 그리고 식물은 무생물에 비해 그 순도와 정밀성이 상대적으로 뛰어나다고 할 수 있습니다.

순도와 정밀성에서 가장 뛰어난 인간은 신체의 모든 부위가 동질의 기로 구성되어 있을까요? 인간의 마음도 물론 우주 삼라만상의 일부분인 이상 역시 기로 구성되어 있습니다. 그러나 인간과 동물의 차이와 같이 인간의 몸과 마음도 그것을 구성하고 있는 기의 순도와 정밀성에 있어서 차이가 있습니다. 즉 인간의 마음은 인간을 구성하고 있는 기 중에서 가장 맑고, 밝고, 가볍고, 깨끗한 기로 구성되어 있다고 합니다. 아니 성리학의 정의상 인간을 구성하고 있는 기 중에서 가장 순도와 정밀성이 높은 부분을 일컬어 바로 '마음'이라고 이름을 붙인 것입니다. 그 마음이 어디에 있는지는 아무도 모릅니다. 어떤 사람은 가슴에 있다고도 하고 어떤 사람은 머리에 있다고도 합니다.

마음에 대한 정의가 이와 같기 때문에 성리학에서는 인간의 마음속에 우주 삼라만상에 관한 모든 진리가 다 들어 있다고 주장하고 있습니다. 조선조 성리학의 기초를 마련한 양촌陽村 권근權近은 그의 주저이자 이후 성리학의 입문서가 된 『입학도설入學圖說』이라는 책에서 마음을 다음과 같이 정의하고 있습니다.

마음이라고 하는 것은 인간이 하늘로부터 부여받은 것으로서 몸의 주인이 된다. 마음은 리理와 기氣가 신묘하게 결합되어 있어, 비어 있는 듯하면서도 영묘한 작용을 하며 어느 것이나 꿰뚫고 들어가기 때문에 신명神明의 집이 된다. 또한 마음은 성性과 정情을 통괄하고 있기 때문에 밝은 덕明德이라고 일컬으며, 수많은 이치를 그 속에 구비하고 있기 때문에 모든 일에 다 감응하는 것이다.

이 정의는 그 속에서 '리', '신명', '성', '정', '밝은 덕' 등과 같은 개념이 사용되기 때문에 오히려 마음에 대한 본래의 정의보다 더욱 어렵다고 하겠습니다. 그렇지만 한 가지 분명한 것은 마음이 많은 이치를 그 속에 구비하고 있다는 것입니다. 이 밖에도 마음에 대한 수많은 정의가 있지만 이 부분에 관한 한 모두 공통적이라고 할 수 있습니다. 그렇다면 마음속에 존재한다고 하는 이치(理)는 무엇이며 그것은 어떻게 발견할 수 있을까요?

성리학에서는 우주 삼라만상을 구성하고 있는 기 속에는 그것의 존재혹은 작동 원리로서의 리理가 내재되어 있다고 합니다. 인간도 기로 구성되어 있는 이상 그 속에 리를 가지고 있음은 당연합니다. 문제는 인간의 마음입니다. 인간의 마음도 기로 구성되어 있으니 당연히 그 속에 리가 들어 있다고 할 수 있습니다. 그러나 앞에서 언급한 바와 같이 인간의 마음이 가지고 있는 리는 마음 그 자체의 리뿐만 아니라 우주 삼라만상의 모든 리라는 것입니다. 따라서 저 밖에 서 있는 소나무의 리를 탐구하기 위해서는 소나무 그 자체를 연구하는 방법 말고도 인간의 마음속에 있는 소나무의 리를 탐구해도 되는 것입니다.

인간의 마음이 가지고 있는 리를 최초로 탐구한 인물은 맹자입니다. 맹자는 우물가에서 놀고 있는 어린아이가 우물에 빠지려고 할 때 사람들이 어떻게 반응하는가를 관찰함으로써 마음의 리를 탐구하였습니다. 그 결과 그는 자신이 관찰한 모든 사람이 달려가 아이를 끌어안는다는 것을 발견하였습니다. 이 정도라면 그의 발견은 행동주의와 별반 다를 바가 없다고 할 것입니다. 맹자는 한발 더 나아가 사람들이 그러한 행동을 할 때 어떤 마음을 가지게 되는지를 탐구하였습니다. 결론적으로 그는 사람들이 달려가 어린아이를 끌어안을 때 모두가 다 마음속에 측은한 생각이 들어 그러한 행동을 취하게 되었음을 알게 되었습니다. 그리고 맹자는 마침내 이러한 측은한 생각이 우리 마음속에 들어 있는 리의 존재를 발견케 해주는 단서(端)가 됨을 깨닫게 되었던 것입니다. 즉 측은한 마음(惻隱之心)은 우리 마음속에 들어 있는 인仁이라는 리를 발견케 해주는 단서가 된다는 것이었습니다. 그 밖에 맹자는 유사한 실험을 통하여 부끄러워하는 마음(羞惡之心)과 사양하는 마음(辭讓之心), 그리고 옳고 그름을 가리는 마음(是非之心)이라는 단서를 통해 인간의 마음속에 의義와 예禮, 그리고 지智라고 하는 리가 들어 있음을 발견하게 되었습니다. 이것을 네 가지 리를 발견케 해주는 단서가 된다고 하여 사단四端이라고 부르는 것입니다.

우리 교육의 또 하나의 전통인 불교교육에서도 인간의 마음속에 우주의 궁극적인 진리가 들어 있다고 간주합니다. 사람을 포함한 우주 삼라만상은 무엇이나 불성을 가지고 있다고 하듯이 불교교육에서도 학습자의 마음속에 우주 삼라만상의 모든 진리가 이미 들어 있다고 가정하고 있는 것입니다.

그렇다면 학습자의 마음속에 우주 삼라만상의 모든 진리가 들어 있다는 교육관은 어떤 것일까요? 이것을 일단 "만두모형"이라고 부르기로 하겠습니다. 우리의 전통적인 교육모형을 만두모형이라고 한 것은 주자가 마음을 만두로 비유한 것에서 따온 것입니다. 즉 주자는 습개경襲蓋卿이라는 제자에게 "마음은 본성을 본체로 삼으니, 마음은 본성을 떠나 만두의 알갱이처럼 가지고 있다. 생각건대 마음이 이치를 갖추고 있는 까닭은 본성이 있기 때문이다"라고 말하였습니다. 즉 우리 마음은 만두와 같이 그 속에 온갖 잡다한 이치를 가지고 있다는 것입니다. 따라서 만두모형 교육에서 교육이란 외부의 지식을 교사로부터 전달받는 것도 아니요, 학습자 자신의 잠재능력을 최대한 신장시키는 것도 아닙니다. 만두모형 교육에서 교육이란 학습자가 자신의 마음을 탐구하여 우주 삼라만상의 진리를 깨닫는 것을 말합니다.

교육의 중심으로서의 교사

이러한 만두모형 교육관은 일견 서양의 교육전통 중 도토리모형과 유사하게 보입니다. 그러나 만두모형은 도토리모형과 근본적인 차이점이 있습니다. 어떤 점에서 차이가 있는지 살펴보기로 하겠습니다. 먼저 도토리모형과 만두모형은 전자가 점진적이고 누적적이라는 데 반해 후자는 돌발적이고 순간적이라는 측면에서 차이가 있다고 할 수 있습니다. 도토리 싹이 한참 동안 웅크리고 있다가 어느 한순간 커다란 참나무로 훌쩍 자라는 일은 없습니다. 이와는 대조적으로 만두모형 교육관에서는 씨앗과 나무 사이의 거리가 없습니다. 학습자는 이미 거대한 참나무이고, 성인聖人이고, 부처입니다. 다만 그것을 자각하지 못하고 있을 뿐입니다. 그래서 만두모형 교육관에서는 학습자를 잠자는 성인, 잠자는 부처라고 합니다.

또 도토리모형의 교육목표는 도토리가 자신의 성장 가능성을 최대한 실현하여 커다란 참나무로 자라는 것입니다. 이를 자아실현(Self Realization)이라고 부릅니다. 학습자들은 누구나 자신의 특기와 소질을 가지고 있습니다. 교육은 이것을 최우선적으로 고려해서 그 특기와 소질을 최대한 발현하도록 도와주는 것입니다. 반면에 만두모형에서는 도토리모형의 자아를 극복해야 할 대상으로 간주합니다. 도토리모형의 자아란 분리 독립된 개체로서의 자아입니다. 즉 학습자를 원자와 같은 개인(individual)으로 간주합니다. 그러나 만두모형에서는 분리 독립된 개체란 우리가 극복해야 할 허상이라고 봅니다. 우리는 분리 독립된 개체라는 허상을 넘어서 모든 존재가 서로 연결되어 있음을 깨달아야 한다고 합니다. 융(C. G. Jung)은 자아를 에고ego와 셀프self로 구분하여 에고를 극복하여 셀프를 얻는 것을 자기실현(self Realization)이라고 하였습니다. 융의 입장에서 보면 도토리모형의 교육목표는 셀프의 실현이 아니라 에고의 실현에 지나지 않는 것입니다. 그래서 만두모형 교육은 그 목표를 자기극복自己克服 혹은 극기克己로 표현하고 있는 것입니다.

도토리모형과 만두모형의 또 한 가지 차이점은 교사관에 있습니다.

도토리모형의 교사관을 설명하기에 앞서 먼저 주물모형의 교사관을 살펴봅시다. 주물모형의 전형적인 교사는 아테네의 가정교사인 교복教僕(Paidagogos)입니다. 교육을 영어로 'pedagogy'라고 하는데 이 말의 어원이 바로 교복인 것입니다. 교복은 말 그대로 '가르치는 노예'입니다. 페르시아 전쟁을 위시하여 많은 전쟁을 승리로 이끈 아테네는 정복지로부터 많은 부와 함께 많은 노예들을 데리고 왔습니다. 대부분의 노예들은 생산 활동에 종사했지만 일부 학식 있는 노예들은 집안에서 아이들 가정교사로 활용되었는데, 이들이 바로 교복입니다. 교복은 아이들이 어느 정도 자라서 음악과 체육을 배우는 김나지움에 갈 때까지 아이들의 교육을 담당했습니다. 당시의 도자기 파편에 남아 있는 문양 중에는 편안히 앉아 있는 학생과 서서 가르치는 교사의 모습이 있는데 이를 통해 그들의 처지를 짐작해볼 수 있습니다.

교복이 주물모형 교사의 전형이라는 것은 이 모형에서는 가르치는 사람의 신분이나 위세는 전혀 중요하지 않다는 것을 말하기 위한 것입니다. 이 모형에서 가장 중요한 것은 가르치는 사람이 배우는 사람이 필요로 하는 교육내용, 즉 지식을 소유하고 있느냐라고 할 수 있습니다. 이 점에서는 최초의 직업적 교사라고 하는 소피스트들도 마찬가지였습니다. 그들은 학생들이 필요로 하는 지식, 즉 웅변술을 소유하고 있어 수업료를 받고 이를 가르쳤던 것입니다. 어쨌거나 교복이나 소피스트들은 주물모형의 전형적인 교사상으로서, 이들에게 중요한 것은 그들이 소유하고 있다고 가정되는 '교육내용 그 자체'였던 것입니다.

그러면 도토리모형에서 전형적인 교사는 어떤 존재일까요? 에밀의 가정교사인 루소의 경우를 살펴보겠습니다. 루소는 번잡한 도시를 떠나 조용한 시골에 있는 성으로 에밀을 데리고 갑니다. 에밀로 하여금 사회의 나쁜 영향을 받지 않도록 하기 위해서입니다. 이 성에서 에밀의 교육은 철저하게 에밀의 본성에 따라 이루어집니다. 예컨대 5살까지 에밀은 동물적 본능을 최대한 발현할 수 있도록 교육받습니다. 걸어가다가 넘어져도 그대로 놓아둡니다. 위험에 대한 본능적 반응을 키워주기 위한 것입니다. 이러한 교육을 후세의 교육자들은 '소극적 교육(negative education)'이라고 불렀습니다. 이는 주물모형의 교육에서 지식을 적극적으로 주입하는 것과 대비시키기 위한 것입니다.

소극적 교육에서 교사는 학습자의 주어진 잠재능력을 최대한 발현하도록 도와주는 조력자 역할을 담당합니다. 그러나 조력자로서의 교사 역할도 지식의 전달자로서의 교사보다 교사의 처지를 향상시키지는 못했습니다. 학습자 개개인의 흥미와 관심을 존중하고 학생들의 욕구와 필요를 이해하기 위해서 교사의 손에서 회초리가 사라지게 되었기 때문입니다. 그리고 교사는 교실 바닥에 앉아서 학생들과 같이 놀아주는 처지로 전락하고 말았던 것입니다.

조력자로서의 교사관이 확대되는 데에는 아동을 보는 관점의 변화도 중요한 역할을 하였지만 이와 함께 교육방법, 혹은 교육공학의 발전도 실질적으로 중요한 역할을 담당하였습니다. 주물모형에서 교육내용으로서의 지식은 교사의 전유물이었던 데 반해, 교육방법의 발전은 교사이외에도 다양한 교육매체들을 통해 지식의 획득을 가능하게 했기 때문입니다. 그리고 논리적으로 보더라도 전달자로서의 교사에 비해 조력자로서의 교사는 그 책무성 면에서 훨씬 부담이 줄어들게 되었습니다. 왜냐하면 결국 학생의 개인적 혹은 사회적 성취는 교사의 책임보다는 학생이 가지고 있는 선천적 능력의 문제가 더 크게 작용한다고 볼 수 있기 때문입니다.

그렇다면 만두모형에서 교사의 역할은 어떤 것일까요? 학습자의 마음속에 우주 삼라만상에 관한 모든 지식과 정보가 다 들어 있다면 교사는 무엇을 하는 존재인가요? 교사는 학습자를 도와 학습자 스스로 자신이 마음속에 가지고 있는 진리를 깨우치도록 하는 존재인가요? 그렇다면 그것은 소크라테스의 '산파술'과 무엇이 다른가요?

깨달음이 책이나 교사로부터 전달될 수 있는 것이 아니라 자신의 마음을 탐구하여 스스로 깨닫는 것이라면 교사의 존재는 무의미한 것일까요? 결코 그렇지 않습니다. '군사부일체君師父一體'라는 말이 있듯이 전통교육에서는 교사를 교육의 삼 요소 가운데 가장 중요시하였습니다. 조선시대의 교육적 인간상이 "경전에 밝고 행실을 닦아 가히 남의 스승이 될 만한 자(經明行修 道德兼備 可爲師範者)"라고 했듯이 교육의 목표는 곧 자신이 스승이 되는 것이었습니다. 왜 그런 것일까요?

전통교육의 핵심적인 공부 방법은 마음공부를 통한 깨달음이라고 할 수 있습니다. 그런데 마음공부란 그것을 하는 학생의 입장에서 보면 지극히 불분명하고 불투명한 것입니다. 도대체 한 가지 일에 집중한다는 것이 어떻게 하는 것인가? 혹은 한 가지 일에 집중하면 마음이 어느 순간 활연관통豁然貫通하게 되어 우주 삼라만상의 원리를 꿰뚫게 된다고 하는데 그것은 얼마나 해야 달성될 수 있는가? 그리고 나아가 내가 지금 깨달은 것이 바로 그것인가 아닌가? 이러한 의문이 공부의 과정에서 끊임없이 일어날 것입니다. 스승은 바로 이런 암중모색에 있어서 안내자요 등불인 것입니다. 스승의 현존 바로 그 자체가 자신이 나아가야 할 방향을 알려주고 또 그것이 달성 가능한 것임을 분명하게 보여주기 때문입니다.

이와 같은 스승의 존재는 불교에서도 마찬가지입니다. 불교에서는 학생의 자세를 '찬탄讚歎', '권청勸請', '수희隨喜'라고 합니다. 찬탄은 스승의 말씀이 끝나면 "아, 정말 좋은 말씀입니다." 하는 식으로 찬사를 보내는 것이고, 권청은 그 말에 이어 "한 말씀만 더 해주십시오"라고 청하는 것이며, 수희는 스승이 즐거워하면 따라서 즐거워해야 한다는 것입니다. 이것으로 볼 때 불교에서도 여전히 스승에 대한 존경을 교육의 핵심적인 요소로 보고 있다는 것을 알 수 있습니다.

따라서 만두모형 교육관에서 가장 중요한 것은 교사에 대한 존경일 수밖에 없습니다. 교육의 시작도 스승에 대한 존경(尊師)이고 교육의 마지막도 스승에 대한 존경인 것입니다. 『여씨춘추呂氏春秋』에서는 이를 다음과 같이 표현하고 있습니다.

> 배움에 힘쓰는 것은 스승을 존경함에 있고, 스승이 존경을 받으면 사람들이 스승의 말을 믿고 따르며, 스승의 도를 밝혀내게 된다. 그러므로 스승이 찾아가서 가르치거나(往敎), 스승을 불러서 배우거나(召師), 스스로를 낮추어 가르치거나(自卑), 스승을 낮추어 배우거나(卑師) 하는 것은 교육이 될 수 없다(孟夏紀, 勸學).

이러한 교사관에 있어서 학습자의 흥미나 관심을 우선적으로 고려한다든지 교사가 아동의 수준으로 내려가는 소위 '눈높이 교육'은 비집고 들어가기 어려울 것입니다. 오히려 학생들은 끊임없이 교사의 눈치를 보며 어떻게 하면 교사를 기쁘게 할 수 있을지 끊임없이 노력해야 할 것입니다. 도토리모형이나 주물모형 교육관으로 보면 도대체 교사가 학생을 위해 존재하는지 학생이 교사를 위해 존재하는지 구별할 수 없는 지경입니다. 하지만 우리의 전통적 교육관에서 가장 중요한 요소가 교사이고, 오늘날 학교 붕괴의 핵심이 교사에 대한 존경의 소멸에서 비롯되었다는 것은 우리에게 어떤 시사를 하고 있는 것은 아닐까요?

4

도량모형의 학교

"마음은 허령하여 온갖 진리를 갖추고 있다"는 유학의 주장이나, "마음 밖에서 부처를 찾지 마라"라는 불교의 주장은 모두 전형적인 만두모형 교육관입니다. 모든 궁극적인 진리가 우리 마음속에 있다면 우리는 어떻게 해야 할까요? '나는 누구인가?'라고 물어야 하지 않을까요? 나는 분리 독립된 개체가 아닙니다. 나는 졸졸졸 흐르는 시냇물이고, 한가로이 떠도는 구름이며, 장엄하게 떨어지는 낙조이고, 밤하늘에 반짝이는 별입니다. 나의 참존재는 고요하고 평화로운 가운데 존재하는 모든 것입니다.

학교의 본질

학교의 본질적인 역할은 무엇인가요? 학교는 자기의 내면을 성찰하는 곳, 깨달음을 얻는 곳, 수행하는 곳입니다. 오늘날 우리나라의 학교교육 위기는 주물모형 교육관에서 도출되는 공장모형의 학교로부터 도토리모형 교육관에서 도출되는 시장모형의 학교로 이전하는 가운데 발생하였습니다. 지금 우리의 학교는 공장에서 똑같은 물건을 대량으로 생산하는 것처럼 잘 훈련된 노동력을 양산하는 공장모형의 학교에서, 학생들이 가진 능력을 최대한 발휘하도록 다양한 교육내용을 마련하여 학생들이 선택하여 공부하도록 하는 시장모형의 학교로 변모하는 과정에 있습니다. 정부와 학계에서는 이러한 변모만이 정보화 사회, 지식기반 사회에서 경쟁력을 갖춘 창의적인 인간을 양성하는 유일한 방법이라고 주장하고 있습니다. 그러나 시장모형의 학교에서 학생들에게 요구하는 창의성은 극히 한정된 것에 불과합니다. 그것은 가장 낮은 차원의 창의성인, 기술적 창의성에 지나지 않습니다. 더구나 학교에서 요구하는 기술적 창의성은 오직 시장에 나가 부가가치를 생산할 수 있는 상품성을 가진 것에 한정됩니다.

기술적 창의성보다 높은 단계의 창의성은 예술적 창의성입니다. 시인이나 화가, 작곡가들의 창의성은 한층 더 우리의 존재에 가까이 다가서 있습니다. 그들은 가끔 종달새처럼 하늘 높이 솟아올라 진리의 세계를 일별하곤 합니다. 그렇지만 그것은 말 그대로 일별일 뿐입니다. 항상 진리의 세계에서 소요逍遙하는 가장 높은 단계의 창의성은 종교적 창의성입니다. 종교적 창의성은 자신이 누구인지를 아는 것입니다. 물론 이러한 종교적 창의성은 현실의 제도적 종교와는 아무 관계도 없습니다. 제도화된 종교적 의식들은 우리들이 자신을 찾는 데 오히려 장애만 될 뿐입니다.

성장에는 두 가지 유형이 있습니다. 하나는 무의식적인 자연적인 성장입니다. 상황이 주어지면 저절로 자라나는 것입니다. 도토리모형에서 가정하는 학생들의 성장이 그런 것입니다. 그러나 영혼은, 아트만은, 내면의 존재는, 내 속에 있는 신성神性은 성장의 다른 유형에 속합니다. 그것은 오직 의식을 통해서만 성장합니다. 그것은 자연적이지 않고 초자연적입니다. 자연 그 자체로 내버려두면 그것은 성장하지 않습니다. 의식적인 노력을 통해서만 자라기 시작합니다.

도량모형의 학교

이제 우리의 학교는 이처럼 우리의 영혼을 성장시키는 곳이 되어야 합니다. 지금 이 시점에서 도토리모형 교육관이나 시장모형 학교를 받아들이는 것은 시대착오적이고 종속적인 것입니다. 이제 우리의 학교는 공장모형도 아니고 시장모형도 아닌, 도량道場 모형으로 돌아가야 합니다. 도량모형의 학교는 우리가 추구해야 할 '오래된 미래(Ancient Future)'입니다.

인류가 학교라는 제도를 만들어 운영한 지 오천 년이 넘습니다. 중국의 경우 기원전 11세기에 성립된 주周나라에 잘 정비된 학교가 있었습니다. 공자의 말대로 주대의 제도가 상商대의 제도를 본받고 또 상대의 제도가 하夏대의 제도를 본받았다고 한다면, 중국의 학교 제도는 기원전 20세기로 거슬러 올라갑니다. 또한 수메르 문명에서의 학교는 기원전 삼천 년까지 거슬러 올라갑니다. 인류가 학교라는 기관을 만들어 운영한 그 오랜 기간 동안의 대부분 학교는 경전과 그 해설서, 그리고 이를 위한 문자를 공부하는 곳이었습니다.

경전이란 무엇인가요? 그것은 인류의 성인이라고 하는 석가, 예수, 공자 등의 체험과 지혜를 기록한 것입니다. 이러한 경전 공부는 머리와 지성만을 통해서도 전달될 수 있는 일반 기술지식과는 다릅니다. 경전에 실려 있는 정신의 지혜는 우리의 온 존재, 즉 마음과 머리, 육체와 정신이 한 덩어리가 되어 경험되고 터득되어야 합니다. 그래서 학교는—최근 200년을 제외하면—지난 오천 년 동안 자신의 내면을 성찰하는 곳, 깨달음을 얻는 곳이었습니다. 학교는 지식을 배우는 곳이 아니라 진리를 체험하는 곳이었습니다.

시체를 해부해서는 영혼을 발견할 수 없습니다. 그런데 오늘날 학교에서는 학생들에게 교과라는 시체만을 해부하도록 하고 있습니다. 달개

비꽃은 그 자체로 학생들에게 기쁨과 경탄을 줍니다. 그러나 학교에서는 그 껍질을 벗겨 염색을 해서 현미경으로 관찰하게 합니다. 교사는 교과서에 있는 지식을 마른 뼈다귀를 던지듯 학생들에게 던집니다. 그러나 진리는 언제나 주관적입니다. 진리는 우리 존재의 가장 깊은 곳, 아무도 들어올 수 없는 곳에서 체험됩니다. 오직 혼자 있을 때에만 진리는 찾아옵니다.

우리는 학생들로 하여금 몸 안에서 몸을, 느낌 안에서 느낌을, 마음 안에서 마음을, 마음의 대상 안에서 마음의 대상을 지켜볼 수 있도록 해야 합니다. 몸 안에서 몸을 지켜본다는 것은 그것을 지켜보기 위해 몸 밖으로 나와서는 안 된다는 뜻입니다. 지켜봄이란 지켜보는 것과 지켜봄의 대상이 하나가 되는 것을 말합니다. 이러한 지켜봄을 통한 이원성二元性의 극복이야말로 만두모형 교육의 핵심입니다.

공장모형의 학교는 불과 200여 년의 역사에 지나지 않습니다. 더구나 시장모형의 학교는 극히 최근의 일입니다. 이제 우리의 학교는 경건한 쉼터가 되어야 합니다. 학교는 공장모형처럼 두려운 곳이 되어서는 안 되고, 또 시장모형처럼 재미만 추구하는 곳이 되어서도 안 됩니다. 학교는 즐거우면서도 경건하고 엄숙한 곳이 되어야 합니다. 학교는 우리의 이웃을 내 몸과 같이 사랑하는 것을 배우는 장소가 되어야 하고, 인간과 자연에 대한 개방된 감수성으로서의 인仁을 배우는 장소가 되어야 하며, 무엇보다도 살아 있음의 의미를 깨닫는 곳이 되어야 합니다.

동양의 전통적인 세계관에서 발전은 물질적인 것이 아니라 상호 교감交感을 통한 인간의 변화를 의미합니다. 『주역周易』의 '택산함澤山咸' 괘에서는 "하늘과 땅이 교감하여 만물이 화생化生하고, 성인聖人이 사람의 마음을 감동시켜 천하가 화평和平하나니, 그 교감하는 바를 관찰하면 천지와 만물의 정을 볼 수 있을 것이다"라고 말하고 있습니다. 성인이란 오늘날의 교사를 의미합니다. 즉 상생相生과 조화調和를 통한 발전은 교사와 학생의 교감을 통해 이루어져야 함을 말하고 있는 것입니다.

진리는 복잡하고 어려운 곳에 있는 것이 아닙니다. 진리는 가장 쉽고 가까운 곳에 있습니다. 현실을 복잡하고 이해하기 어렵게 만드는 사람들은 가깝고 쉬운 주장을 비현실적이라고 몰아붙입니다. 그러나 가장 근본적이고 본질적인 것은 쉽고 가까운 것입니다. 근본적인 것은 비현실적인 것이라고 주장하는 사람들은 거짓말을 하고 있는 셈입니다. 교육에 대한 주장도 마찬가지입니다. 우리는 교육의 본질이 학생들로 하여금 자신의 내면에 있는 진리를 체험하게 하는 것이고, 그것은 교사와의 인격적 교감을 통해 이루어질 수 있음을 잘 알고 있습니다. 그럼에도 불구하고 우리는 교육이 좋은 상품가치를 지닌 학생들을 양성하는 곳이고, 그러기 위해서는 학생들이 상호 경쟁해야 하는 현실이 불가피하다고 생각합니다. 그래서 교육에 대해 본질적인 주장을 하는 사람들을 비현실적인 신비주의자로 몰아붙입니다. 혹자는 말합니다. "이처럼 타락한 사회에서 그런 본질적인 교육이 가능하겠는가?" 또 이렇게도 말합니다. "이처럼 영악한 아이들이 그런 교육을 받을 수 있겠는가?"

그러나 타락하고 영악한 것은 사회와 어른이지 교육과 아이들은 아닙니다. 여전히 우리 아이들의 눈은 열려 있고 무엇이든지 받아들일 준비가 되어 있습니다. 아이들의 눈은 언제나 놀라움으로 가득 차 있고 작은 것에도 신비를 느낍니다. 어른들은 푸른 하늘의 아름다움을 즐기기 위해 특별한 노력을 해야 하지만, 아이들은 그것을 그저 즐길 수 있습니다. 오늘도 아이들은 해가 떠오르는 광경을 보고 아름다움을 느끼고, 담벼락에 핀 장미를 보고 신비를 느낍니다.

아이들은 상품이 아닙니다. 생명은 결코 누구에게 소유될 수 없는 것이기 때문입니다. 세상의 부모들은 아이들에 대한 소유권을 주장하면서 아이들을 파괴해왔습니다. 부모들은 아이를 사랑하기 때문이라고 말합니다. 그러나 그것은 사랑이 아니라 욕망입니다. 사랑은 욕망과는 다릅니다. 욕망은 맹목적이지만 사랑은 맹목적이지 않습니다. 사랑은 가장 분명한 통찰력, 신선한 눈을 줍니다. 삶이란 사랑 속에서 존재하고, 삶은 창조적인 일 속에 있으며, 또한 학생들이 자신의 내면의 존재를 이해하는 가운데에 있습니다. 아이는 부모를 통해 세상에 나왔지만, 부모는 단지 통로일 뿐입니다. 칼릴 지브란이 말하듯이, 아이들의 영혼은 내일의 집에 살고 있습니다. 부모들은 결코 찾아갈 수 없는, 꿈속에도 찾아갈 수 없는 내일의 집에. 그래서 부모는 활이요, 그 활에서 아이들은 살아 있는 화살처럼 미래로 날아갑니다.

전체와 성스러움

교육의 본질은 무엇을 아는(knowing something) 데 있는 것이 아니라 무엇이 되는(becoming something) 데 있습니다. 진리는 내가 진리가 됨으로써 알 수 있는 것입니다. 우리 마음이 무엇을 알고 있다고 생각한다면 그것은 무엇에 '대해' 아는 것에 지나지 않습니다. 참으로 안다는 것은 그 아는 대상이 됨을 뜻합니다. 내가 사랑에 대해 모든 것을 다 안다고 해도 내가 사랑이 되는 것은 아닙니다. 내가 사랑이 되어야만 비로소 참으로 사랑을 안다고 말할 수 있는 것입니다. 아이들을 사랑하는 마음은 노력을 통해 가질 수 있는 것이 아닙니다. 내가 사랑이 되었을 때 그 사랑은 마르지 않는 샘과 같이 모든 아이들에게 흘러갈 수 있습니다.

라즈니쉬가 주장하듯 가을에 낙엽이 떨어질 때 학생들은 그 노래를 들을 수 있어야 합니다. 그리고 비가 올 때 학생들은 비를 맞으며 춤출 수 있어야 합니다. 또한 틱낫한이 『평화로움』이라는 책에서 말하듯, 학생들은 종이 속에서 구름이 떠 있는 모습을 볼 수 있어야 합니다. 구름 없이는 물이 없고, 물 없이는 나무가 자랄 수 없으며, 나무가 없이는 종이를 만들 수 없기 때문입니다. 또한 종이 안에 햇빛도 있고, 나무꾼도 있고, 나무꾼이 먹은 빵이 있고, 나무꾼의 아버지도 있음을 보아야 합니다. 이런 교육을 통해 학생들은 분리된 자아를 비울 수 있고, 전 우주에 가득 찰 수 있습니다.

우리는 말로만 전인교육을 부르짖어왔습니다. 그러나 정말로 전인교육이 무엇인지 모릅니다. 전체(whole)와 성스러움(holily)은 같은 어원에서 왔습니다. 성스럽다는 말은 곧 전체의 경지에 있음을 의미합니다. 서구 근대가 주장하는 개인과 자아의식이 존재하는 한 나는 전체가 될 수 없습니다. 개인과 자아란 더 이상 나눠지지 않는(In-dividual) 분리성을 띠고 있기 때문입니다. 자아의식은 분열로 이루어져 있으며 나를 계속 쪼개며 분리시킵니다. 자아의식이 사라짐으로써 분열 또한 사라집니다. 그래서 자아는 일종의 사회 제도일 뿐이라고 합니다. 만일 자신이 진정 누구인가를 알고자 한다면 먼저 자신의 자아를 부수는 근본적인 변화를 거쳐야만 합니다. 자아를 부수어 영혼을 발견하지 않는다면 결코 우주 삼라만상과 하나가 될 수 없기 때문입니다.

주역에는 화천대유괘火天大有卦가 있습니다. 대유는 소유의 도입니다. 작은 소유(小有)가 아니고 큰 소유(大有)여야 소유의 도가 된다는 뜻입니다. 크게 소유함이란 무엇일까요? 그것은 모든 것을 소유하는 것을 말합니다. 작은 소유는 내 집과 내 차와 내 돈을 소유하는 것이지만 큰 소유는 우주 삼라만상 모두를 소유하는 것입니다. 우주 삼라만상을 모두 소유하는 방법은 무엇일까요? 그것은 아무것도 소유하지 않는 것입니다. 법정 스님의 말과 같이 '무소유'란 아무것도 소유하지 않아도 부족함이 없는 것이니 곧 모든 것을 소유하는 것입니다. 자기 수중에 있는 것만을 자신의 소유라고 생각하는 사람은 항상 부족합니다. 자기 땅의 주변에 있는 땅을 더 소유하기 위해 눈에 불을 켭니다. 그러나 천지 자연을 누가 소유할 수 있을까요? 정말로 큰 것을 소유하고 있는 사람은 부족함이 없는 사람입니다.

5

수행과 낙도로서의 자기실현

사지食志 노동과 사공食功 노동

유학에서는 노동을 두 가지로 구분하였습니다. 생활에 필요한 재화나 용역을 생산하는 노동과 자기 수행을 위한 노동이 그것입니다. 『맹자』에는 이를 다음과 같이 말하고 있습니다.

맹자의 제자인 팽경彭更이 물었다. "뒤에 따르는 수레가 수십 대이며, 종자從者 수백 명을 거느리고 제후諸侯에게 밥을 얻어먹는 것이 너무 지나치지 않습니까?" 맹자께서 말씀하셨다. "그 도道가 아니라면 한 그릇의 밥이라도 남에게 받아서는 안 되지만, 만일 그 도道라면 순舜 임금은 요堯 임금의 천하天下를 받으시되 지나치다고 여기지 않으셨으니, 그대는 이것을 지나치다고 여기는가?" 팽경이 대답하였다. "아닙니다. 선비가 일없이 밥을 얻어먹는 것이 불가하다는 말입니다." 맹자께서 말씀하셨다. "자네는 집을 짓는 목수와 수레를 만드는 장인에게는 밥을 먹일 것이다. 그런데 들어오면 효도하고 나가면 어른에게 공경하며 인의仁義를 행하는 사람은 자네에게 밥을 얻어먹지 못할 것이다. 그대는 어찌하여 목수와 장인은 높이고 인의를 행하는 자는 가볍게 여기는가?" 팽경이 말하였다. "목수와 장인은 그 뜻이 밥을 구하는 것이거니와 군자가 도를 행하는 것이 과연 밥을 구해서 그런 것입니까?"

(중략)

맹자가 말씀하셨다. "밥을 먹이는 것에는 두 가지가 있다. 공이 있어서 밥을 먹이는 것과 뜻이 있는 자에게 밥을 먹이는 것이 그것이다(滕文公章 句 下)."

그것을 필요로 하는 사람에게 공功이 있어서 밥을 먹이는 것을 사공食 功이라고 하고, 뜻이 있는 자에게 밥을 먹이는 것을 사지食志라고 합니다. 이것이 유학의 두 가지 노동입니다. 사지와 사공으로 노동을 이원화한 유학의 노동관은 불교에서의 법시法施와 재시財施의 교환을 의무화한 붓다의 실험과 유사합니다. 즉 수행을 하는 승려는 자신의 수행을 통한 깨달음을 나누어주고, 이러한 수행승들로부터 깨달음을 전해 받는 신자들은 이들에게 공양을 제공하는 사회적 교환을 말합니다. 물론 유학에서는 사지와 사공의 교환을 의무화한 것이 아니고, 각 개인이 아니라 국가가 사지에 대한 지불을 담당했으므로 붓다의 실험과는 차이가 있다고 말할 수 있습니다.

그러나 불교와 마찬가지로 유학교육의 궁극적인 목표는 일상생활에 필요한 노동력의 양성이 아니라 도를 닦고 실천하는 자를 양성하는 것이었습니다. 그래서 공자는 농사짓는 법을 묻는 어리석은 제자 번지樊遲를 나무라기도 했고, 또 군자는 그릇이 아니라고(君子不器) 하여 군자는 한 분야의 전문가가 되어서는 안 된다고 주장하기도 하였습니다.

유학의 이념을 실천하기 위해 조선을 건국한 성리학자들은 이러한 유학의 두 가지 노동관을 그대로 받아들였습니다. 그래서 유학의 도를 닦고 실천하여 다른 사람에게 모범을 보이는 자를 국가가 응당 먹여야 한다고 주장하였습니다. 조선시대 소위 '선비'라고 불리는 '수행 전문 노동자'는 이러한 조선 건국의 이념을 통해 양성되었습니다. 물론 이들 유학자들의 이상이 현실 정치에서 그대로 실현되었던 것은 아닙니다. 조선 초기 문과 시험방법을 둘러싼 소위 강제시비講製是非에서 경전에 밝고 행실을 닦은 사람을 평가하기에 적합한 강경시험 대신 평가의 객관성과 실용성이라는 측면을 강조하여 문장력을 평가하는 제술시험을 지지하는 집단이 여전히 큰 영향력을 미친 것이나, 같은 성균관 입학자격이지만 생원보다는 진사를 높게 평가한 것 등은 현실 정치에서는 여전히 사지보다는 사공을 중요시했음을 보여주는 사례입니다.

어느 사상이나 이념이든 그것을 수용한 후에는 그 사상이나 이념의 발생지보다도 더 철저하고 근본적으로 그것을 수용하고 실천하였던 우리나라의 지식인들은 이념적으로는 여전히 두 가지 노동의 구분을 철저하게 지키려고 노력하였습니다. 그래서 조선시대 바람직한 인간상은 역시 "경전에 밝고 행실을 닦아 도덕을 겸비해서 스승이 될 만한 자"였으며, 이러한 인간상은 고려시대의 이상적 인간상인 "문장으로 나라를 빛내는 선비(文章華國之士)"를 대체하였던 것입니다.

조선시대의 유학은 사공 노동의 의무가 없어 무위도식無爲徒食하는 유한계급의 공부였습니다. 따라서 계급적 관점에서 보자면 조선시대 유가儒家의 담론은 철저하게 신분에 의존해 있었고, 이기론理氣論, 심성론心性論 등의 형이상학은 당시의 불평등한 현실을 은폐하고 왜곡하는 데 기여했습니다. 그렇지만 이러한 유학사상에서 역사적·시대적 한계를 덜어내고 나면 그 본질적 이념은 탈근대 사회를 디자인하는 데 커다란 시사점을 줍니다. 특히 현대 문명에서 말하는 사공 노동을 통한 자아실현(ego realization)이 아니라, 사지 노동을 통한 자기실현(self realization)의 구체적 방법을 제시하고 있다는 점에서 시사하는 바가 큽니다.

자아ego란 더 이상 나눠지지(divide) 않는(in) 분리 독립된 개체(individual)

를 뜻합니다. 현대 교육은 이런 자아의 정체성 확립과 확장을 목적으로 삼고 있습니다. 그리고 앞에서도 언급하였듯이 이런 자아의 확립과 확장의 가장 강력한 수단이 노동입니다. 그러나 유학에서는 '나'를 분리 독립된 개체로 보지 않고 우주적인 존재로 이해합니다. 장횡거는 『서명西銘』에서 다음과 같이 말했습니다.

하늘을 아버지라고 부르고 땅을 어머니라고 부른다. 나의 이 조그만 몸이 그 가운데 뒤섞여 있다. 그러므로 천지에 가득 찬 것이 나의 몸이요, 천지를 이끄는 것이 나의 본성이다. 세상 사람들은 나의 동포요, 모든 식물과 동물들은 나와 함께 사는 무리이다.

정명도程明道 역시 "인자仁者는 천지만물을 한 몸으로 보므로 나에게 속하지 않은 것이 없다"라고 하였습니다. 이처럼 유학은 인권人權보다는 자연권自然權을, 평등(同)보다는 조화(和)를 중요시합니다(和而不同). 또 생산력의 증대보다는 욕심을 줄이는 것(寡慾)을 목표로 삼고, 제도나 구조의 변화보다는 '나'의 변화를 근원적인 것으로 봅니다(反求諸己).

수행을 통한 자기실현

따라서 유학의 관점에서 보면 현대 문명에서의 '개아個我로서의 나'는 극복해야 할 허상일 뿐입니다. 우주적인 존재로서의 '나'를 융의 표현을 빌려 '자기self'라고 한다면, 유학은 자아ego를 극복하여 진정한 '나'인 자기를 실현하는 것을 목표로 삼습니다. 그리고 이러한 자기실현의 방법으로 수행을 제시하고 있습니다. 따라서 수행은 현대 문명에서 자아를 실현하는 가장 강력한 수단인, 직업으로서의 노동을 대체할 수 있는 가장 현실적인 대안이라고 볼 수 있습니다.

조선시대 유학자들의 수행은 곧 '경敬'의 실천을 의미하였습니다. 퇴계가 죽기 2년 전에 선조 임금에게 올린 『성학십도聖學十圖』는 퇴계 평생의 학문적 노력이 담겨 있는 책입니다. 이 책에서 퇴계는 10개 그림을 한 글자로 표현하면 곧 '경'이라고 하였습니다. 이처럼 경은 조선 유학자들에게 성인이 되는 가장 중요한 수행으로 간주되었습니다. 그렇다면 경은 무엇이며 어떻게 실천하는 것일까요?

퇴계는 『성학십도』의 「대학장大學章」에서 경敬을 주일무적主一無適, 정제엄숙整齊嚴肅, 상성성常惺惺, 기심수렴불용일물其心收斂不容一物의 네 가지로 설명하였습니다. 주일무적이란 마음을 전일하게 하여 다른 잡념이 들어오지 못하게 하는 수행입니다. 따라서 이는 마음을 수렴하여 한 물건도 마음에 들어오지 않도록 하는 기심수렴불용일물과 동일한 수행이라고 할 수 있습니다. 정제엄숙은 몸가짐을 바르고 엄숙하게 하여 몸의 움직임 하나하나에 모두 자신의 마음이 실려 있도록 하는 수행을 말합니다. 상성성은 이 모든 수행방법을 포괄하는 것으로서 마음이 항상 깨어 있도록 하는 것입니다.

이러한 경의 실천을 퇴계는 제9도인 「경재잠도敬齋箴圖」와 제10도인 「숙흥야매잠도夙興夜寐箴圖」에서 자세히 설명하고 있습니다. 경재잠도에서는 공간적 상황에 따른 경의 실천 방법을, 숙흥야매잠도에서는 시간적 상황에 따른 경의 실천을 설명하고 있습니다. 경재잠도는 일상생활에서 공간적으로 경敬하는 방법을 설명한 그림입니다. 여기서 퇴계는 경이란 몸과 마음을 하나로 하는 방법(敬則心便一)이라고 하였습니다. 우리의 몸과 마음은 구별될 수 없습니다. 그래서 몸이라고 합니다. 우리의 몸은 하나로 하기 어렵습니다. 잠시 사이에 두 가지 세 가지(便時二三个)로 갈라집니다. 몸을 하나로 하는 방법은 오직 한 가지입니다. 바로 지켜보는 마음(照心)을 유지하는 것이 그것입니다. 지켜보는 마음은 항상 지금, 여기에 있습니다. 내 마음이 어제에 있든 콩밭에 가 있든, 그리고 나의 몸이 무의식적으로 행위하더라도 지켜보는 마음은 항상 지금, 여기에 있습니다. 경이란 이런 지켜보는 마음을 끊임없이 작동시키는 것입니다.

숙흥야매잠도에서는 시간의 흐름에 따라 항상 깨어 있는 방법을 설명하고 있습니다. 이렇게 하면 번잡한 일상에서 "이 마음을 거둬 환하기가 떠오르는 태양과 같게 하고 엄숙하게 정제하여 허명하고 정일하게" 할 수 있게 됩니다. 닭이 울 때 깨어나 생각이 점차 달리기 시작할 때 그 마음을 담연하게 정돈하는 것부터, 밤에 잠자리에 들 때 야기夜氣를 모으는 행위에 이르기까지 경을 놓치지 말아야 합니다. 따라서 퇴계가 말하는 경은 모든 일상생활에서 자신의 몸과 행동과 마음의 움직임을 하나도 놓치지 않고 살펴보는 것이라고 할 수 있습니다.

퇴계의 경 수행

퇴계는 이러한 경을 통한 수행을 구체적으로 실천하였습니다. 퇴계의 제자인 간재艮齋 이덕홍李德弘이 퇴계가 66세 되던 해에 월란암月瀾菴에서 함께 지내면서 남긴 기록을 통해 퇴계의 경의 실천을 살펴보겠습니다.

새벽 동틀 무렵 일어나 세수하고 의관을 갖추고 꼿꼿이 앉아 글을 읽었다. 둘째 손자 순도純道에게 사서史書를 가르치다가, 측천무후와 양귀비의 일에 이르자 거듭 탄식하였다. 이덕홍이 『심경心經』의 「수신재정기심修身在正其心」 등의 장에 대해 질문하였다. 주자서를 가지고 응사대凝思臺에 올라 한 식경 앉아 있다가 낭영대朗詠臺에 올랐는데, 그곳에 오르기가 불편하여 중에게 돌을 져다가 계단을 만들게 하였다. 어린 소나무를 사랑하여 그 가지를 솎아주면서 그 경치가 빼어남을 감탄하였다.

새벽에 일어나 등불을 밝히고 주자서를 읽었다. 둘째 손자 순도가 강학하는 것이 능통하지 못하였으나 선생께서 친절하고 자세하게 일깨워주셨다. 식후에 날씨가 춥다고 하면서 정상에서 낭영대를 쌓는 사람들에게 일을 중단하도록 지시하였다. 이덕홍에게 『심경』을 강의하였다. 이날 오후 바람이 잠잠해졌다. 이때 주자서를 한 권 가지고 가서 소나무 밑에서 강독하였다. 식후에 고반대考槃臺에 나가서 낭영대를 바라보다가, 동아와 방에 들어가 저녁이 되도록 위좌危坐하였다. 해시亥時가 되기 전에 잠자리에 들었다가 자시子時에 일어나서 이덕홍에게 '경' 자의 의미를 설명하였다.

조선시대 선비들이 일상생활에서 경을 실천한 것은 퇴계와 그 제자들에게만 국한되는 것은 아닙니다. 남명 또한 경의 실천에 평생을 걸었습니다. 깨끗한 대접에 물을 가득 담고 두 손을 받들어 밤새도록 엎지르지 않도록 뜻을 지키는 공부를 하기도 하고, 언제나 마음이 깨어 있도록 하는 성성자惺惺子라는 방울을 허리에 차고 다녔습니다. 제자들에게는 언제나 "공부는 경敬을 지키는 것보다 중요한 것이 없다. 따라서 주일하는 공부에 힘을 쏟아 마음이 성성하게 깨어 있어 어둡지 않게 함이 마땅하다"고 하였으며, 자신이 존경하는 선성先聖과 주돈이, 정자, 주자의 화상을 스스로 모사하여 감실에 모셔두고 아침마다 첨배하기도 하였습니다.

이처럼 조선시대 선비들은 일상생활의 시간과 공간 속에서 항상 깨어 있음을 실천하였습니다. 행주좌와行住坐臥의 모든 행동에 있어서 자신의 몸뿐만 아니라 대상과의 응대에서 발생하는 마음의 변화를 놓치지 않고 지켜보려 하였습니다.

우유함영의 공부

일상생활의 모든 국면에서 자신의 행동과 생각과 느낌을 깨어서 지켜

보는 것은 지난至難한 일입니다. 그것이 정제엄숙整齊嚴肅이 되었든 주일무적主一無適이 되었든 상성성常惺惺이든 간에 일상에서의 깨어 있음은 고도의 집중력을 요하기 때문입니다. 그래서 퇴계는 『성학십도』의 제8도인 「심학도心學圖」에 대한 설명에서 아성亞聖으로 불리는 안회도 석 달에 한 번은 마음이 흩어졌음을 지적하고 있습니다. 따라서 이러한 수행을 위해서는 잠깐씩이라도 몸과 마음을 이완하는 시간이 필요하게 됩니다. 이를 우유함영優游涵泳이라고 합니다. 우유함영은 퇴계가 서원을 설립하여 공부하도록 할 때 독서와 궁리로 집중된 마음을 이완하기 위해 고안한 공부 방법입니다. 즉 동재와 서재에서 경전 공부를 하면서 생긴 팽팽한 긴장을 이완하기 위해서 자연을 이리저리 소일하면서 문득 깨닫는 공부 방법으로서 우유함영을 제안하였던 것입니다. 성현의 가르침은 집중해서 경전을 읽는다고 저절로 깨우쳐지는 것은 아닙니다. 오히려 긴장을 풀고 몸과 마음을 충분히 이완한 상태에서 문득 성현의 말씀이 체득되는 경우도 있는 것입니다. 서원에서 반드시 사우와 함께 정자를 설치하는 이유는 바로 이러한 우유함영의 공부 방법을 위한 것이었습니다.

우유함영과 같이 수행을 통하여 긴장된 몸과 마음을 이완하는 공부를 낙도樂道라고 합니다. 조선시대 선비들은 깨어 있는 일상으로서의 수행 노동 중 틈틈이 자연 속을 소일하며 도를 즐기는 것을 여가로 삼았습니다. 남명은 우유함영하며 자연을 즐김을 다음과 같이 노래하였습니다.

> 아름다운 풀로 봄 산에 푸르름 가득한데
> 옥 같은 시냇물 사랑스러워 늦도록 앉아 있노라.
> 한 세상 살아가노라면 세상 얽매임 없을 수 없기에
> 물과 구름을 다시 물과 구름에 돌려보낸다.

두 가지 즐김

낙도樂道가 도를 즐기는 것이라고 할 때 도는 무엇이고 즐긴다는 것은 어떻게 하는 것일까요? 『논어論語』에는 즐김(樂)을 두 가지 형태로 구별하여 말하고 있습니다. 먼저 한 가지는 공자의 수제자인 안회顏回가 곤궁한 생활 속에서도 고치지 않았던 즐김입니다. 즉 「옹야장雍也章」에서 공자는 "어질다, 안회여. 한 그릇의 밥과 한 표주박의 물(一簞食 一瓢飮)로 누추한 시골에 있는 것을, 딴 사람들은 그 근심을 견디어내지 못하는데, 안회는 그 즐김을 변치 않으니, 어질다, 안회여"라고 하였습니다. 여기서 물론 안회가 누추하고 가난한 생활 그 자체를 즐겼다는 의미는 아닙니다. 그렇다면 안회는 무엇을 즐긴 것일까요? 주돈이周惇頤는 제자인 이정二程에게 '공자와 안회가 즐겼던 것(孔顏樂處)'을 찾도록 가르쳤는데, 이후 많은 유학자들이 이 즐김을 찾기 위해 노력하였습니다.

또 한 가지의 즐김은 「선진장先進章」에서 증점曾點이 대답한 "늦봄에 어른 5, 6명과 동자 6, 7명과 함께 기수沂水에서 목욕하고, 무우無雩에서 바람 쐬고 노래하며 돌아오는" 즐김입니다.

안회의 즐김과 증점의 즐김은 어떻게 다른 것일까요? 안회의 즐김은 "자기를 이겨 예로 돌아가서 인이 되는(克己復禮爲仁)" 즐김입니다. 일상생활 속에서 분리 독립된 '나'라는 생각을 극복하고 천지 자연의 질서와 하나가 되는 즐김입니다. '인이 된다(爲仁)'는 것은 물론 내 밖에 있는 그 어떤 것을 내면화하는 것은 아닙니다. 인이 된다는 것은 진정한 나의 본성인 사랑(仁)을 실현하는 것입니다. 이러한 나의 본성으로서의 인을 실현할 때 생활의 곤궁함조차 편안하게 여길 수 있다는 것입니다.

반면 증점의 즐김은 내 밖에 있는 외적 본성, 즉 자연을 즐기는 것입니다. 아름다운 산과 강과 들판과 계곡과 구름과 계절을 즐기는 것이 증점의 즐김입니다. 이 두 가지 즐김에 대한 평가를 통해 후대의 유학자들은 두 가지 계열로 구분됩니다. 두 가지 즐김 모두 중요시하는 계열과 안회의 즐김은 높이 평가하지만, 증점의 즐김은 폄하하는 계열이 그것입니다. 전자의 계열에 속하는 유학자는 주돈이, 소옹, 명도明道, 양명陽明 등이고 후자의 계열에 속하는 사람은 이천伊川, 주자朱子 등입니다. 주돈이의 광풍제월光風霽月, 소옹의 소요안락逍遙安樂, 정호의 음풍농월吟風弄月은 전자의 계열에 속하는 주장들입니다. 반면 주자는『논어집주論語集註』에서는 증점의 즐김을 "가슴속이 느긋하여 곧장 천지만물과 아래위로 함께 흐르는 것(胸次悠然 直如天地萬物上下同流)"이라고 비교적 긍정적으로 평가하였지만, 다른 곳에서는 "안회의 즐김은 평담平淡하고 증점의 즐김은 힘들고 번잡하다(勞攘)"고 하였습니다. 주자가 이처럼 증점의 즐김에 대해 부정적으로 보는 것은 그것이 성인의 우환의식과 양립하기 어렵다고 보았기 때문입니다. 하지만 성인의 우환의식은 '사람들이 고통에서 벗어나기를 바라는 마음'이기 때문에 근원적으로 사랑으로서의 인仁과 다르지 않습니다. 주자는 아마 이 점에 대한 이해가 부족하였다고 생각됩니다.

결론적으로 인이라고 하는 것이 나의 본성이고 그 본성 역시 자연의 하나라면 안회의 즐김은 내적 본성인 인仁을 즐기는 것이고, 증점의 즐김은 외적 본성인 자연을 즐기는 것이라고 정리할 수 있습니다.

자발적 백수

자발적 가난에 이어 요즈음 '자발적 백수'라는 말이 유행하고 있습니다. 2010년 3월 10일 고려대 경영학과 3학년에 재학 중이던 김예슬 학생이 자퇴 선언을 하였습니다. 그는 "대학은 자본과 대기업에 '인간제품'을 조달하는 가장 효율적인 하청업체가 되었다"고 하였습니다. 그의 말과 같이 오늘날 우리의 대학은 소위 '정규직'이라고 하는 대기업과 공기업, 공무원이 되기 위한 준비 장소가 되었습니다. 대학뿐만이 아닙니다. 초등학교부터 이루어지는 모든 공부는 얼마 남지 않은 정규직을 차지하기 위한 만인에 대한 투쟁의 장이 되었습니다. 김예슬 학생의 자퇴 선언이 주는 파장은 그러한 투쟁의 한복판에서 자발적으로 뛰쳐나왔다는 것입니다. 이러한 '자발적 백수'의 선택은 앞으로 더욱 증가할 것입니다. 20 대 80이라는 현재와 같은 정규직과 비정규직 비율이 향후 10 대 90으로, 나아가 5 대 95로 바뀌면 절반 이상의 학생들이 초등학교 시절부터 정규직 경쟁에서 뛰쳐나와 자발적 백수의 길을 선택하게 될 것입니다.

따라서 지금 이 시점에서 중요한 것은 노동을 대신해서 진정으로 자기를 실현할 수 있는 대안을 제시해주는 것입니다. 즉 노동이 아니라 수행과 낙도를 통해 진정한 자기를 실현할 수 있음을 보여주어야 할 때라는 것입니다. 물론 이것은 탈현대의 전체적인 청사진의 실현과 맞물려 있습니다. 그 중심에 있는 것이 교육입니다. 현대 문명의 실현은 제도적·구조적 장치를 통해 이루어졌지만, 탈현대의 실현은 감동을 통한 인간의 변화를 통해 실현될 것이기 때문입니다. 『중용中庸』에서는 "성실하면 드러나고 드러나면 더욱 드러나고 더욱 드러나면 밝아지고 밝아지면 감동시키고 감동시키면 변하고 변하면 화할 수 있다"고 하였습니다. 궁극적인 변화는 나의 변화에서 시작되어 다른 사람에 대한 감동으로 확대된다는 것입니다. 이러한 교육은 초등학교에서부터 시작되어야 합니다. 그리고 이런 교육을 담당할 교사를 양성하는 것이 무엇보다도 시급합니다.

청년 실업 문제 해결과 탈현대 실현을 위한 교사 양성과 관련하여 한 가지 제안을 하고 싶습니다. 그것은 조선시대의 선비와 같이 수행과 낙도를 위한 프로그램에 참여하는 사람들에 대해서는 국가나 사회가 적극 지원해주는 것입니다. 예컨대 청년 실업자들이 단기 출가와 같은 수행 프로그램에 참여하는 것에 국가나 사회가 지원하는 것이 그것입니다. 그리고 이러한 프로그램을 통하여 수행과 낙도로서의 자기실현을 이룬 사람들이 교사가 될 수 있도록 하는 것입니다. 이것이 노동의 종말에 대응하는 가장 구체적이고 현실적인 대안이 될 수 있을 것입니다. '일자리 백만 개 창출'을 위해 무의미하게 사용하는 예산을 '청년 수행자 백만 명 양성'을 위해 사용한다면, 우리가 지향하는 탈현대 사회는 멀지 않을 것입니다.

6

종교교육과 죽음교육

내 몸은 내가 아니다

분리 독립된 개체로서의 나는 내 몸과 내 몸 안에 있다고 여겨지는 나의 마음이 '나'라고 생각하는 것입니다. 내 몸과 내 마음이 내가 아니라면 나는 누구일까요? 불교 설화에 나오는 한 가지 예화를 들어보겠습니다.

옛날 한 나그네가 숲 속에서 길을 잃었습니다. 밤이 깊어 나그네는 한 오두막을 발견하고 들어가 잠을 자려 하였습니다. 그때 도깨비 하나가 갓 장사 지낸 시체를 메고 집 안으로 들어왔습니다. 곧이어 다른 도깨비가 따라 들어왔고, 둘은 시체를 놓고 싸움을 벌였습니다. 한참 동안 싸우던 도깨비는 방구석에서 오돌오돌 떨고 있는 나그네를 발견하고는 시체의 임자가 누구냐고 물었습니다. 나그네는 시체를 메고 먼저 들어온 도깨비의 손을 들어주었습니다. 그러자 뒤따라 들어온 도깨비가 화가 나서 나그네의 팔을 뽑아 던졌습니다. 그러자 앞의 도깨비가 시체의 팔을 뽑아 나그네에게 붙여주었습니다. 다시 뒤의 도깨비가 나그네의 다리를 뽑아버리자 앞의 도깨비는 시체의 다리를 뽑아 나그네에게 붙여주었습니다. 이번에는 머리를 뽑자 다시 시체의 머리를 뽑아 붙여주었습니다. 이렇게 한참 동안 놀던 도깨비는 둘이 왜 싸웠는지 잊어버리고, 흩어진 시체 조각을 사이좋게 나누어 먹고는 입을 닦고 나가버렸습니다. 밤새 오두막에서 떨던 나그네는 아침에 오두막을 나서면서 물었습니다. 나는 누구인가? 나는 시체인가 나인가?

여러분은 어떻게 생각하십니까? 나그네는 시체일까요 아니면 나그네 그 사람 맞을까요? 이 이야기는 단순한 설화에 불과한 것일까요? 그렇지 않습니다. 몇 년 전 전 황우석 박사 파동으로 잘 알려진 줄기세포 연구는 머지않아 이러한 설화가 현실이 될 것임을 말해주고 있습니다. 줄기세포란 어떤 장기든지 만들어낼 수 있는 세포로서, 줄기세포를 이용하여 인공적으로 배양된 장기를 언제든지 이식할 수 있는 날이 곧 올 것입니다. 그렇다면 모든 병든 기관을 떼어내고 새로운 기관으로 교체해도 나라는 동일성을 유지할 수 있을까요?

생각과 느낌과 기억의 총체로서의 나

혹자는 다른 신체 기관은 다 바꾸어도 나라는 자기 동일성을 유지할 수 있지만 머리를 바꾸면 자기 동일성을 유지할 수 없다고 생각할 것입니다. 이것은 나의 자기 동일성이 신체가 아니라 마음에 있다고 생각하기 때문일 것입니다. 최근에 크게 흥행한 영화 「아바타」를 보면 그런 생각이 지배적인 것임을 잘 알 수 있습니다. 마지막 장면에서 주인공은 하체를 못 쓰는 자신의 몸을 버리고 생명의 나무로부터 도움을 받아 자신의 마음을 아바타의 몸으로 옮기게 됩니다. 그렇다면 주인공이 아바타의 몸으로 옮기는 마음은 어떤 것일까요? 다른 SF 영화를 보면 배양된 몸에 옮기는 것은 기억의 총체입니다. 즉 자신이 태어나서 겪었던 모든 경험을 디스크에 담아 새로운 몸에 옮기면 자기 동일성을 잃지 않는다고 생각하는 것입니다.

이런 생각에는 두 가지 반론이 가능합니다. 그 한 가지는 기억상실증

에 걸린 사람은 자기 동일성을 잃어버린 것인가 하는 것이고, 또 한 가지
는 나의 기억이라는 것이 과연 나의 것인가 하는 것입니다. 전자의 경우
부터 살펴봅시다. 최근 종영된 TV 일일드라마에서 기억을 잃어버린 남편
의 이야기가 나옵니다. 사고로 기억을 잃어버린 남편은 다른 여자와 결
혼하여 새 가정을 꾸립니다. 그러나 자식의 결혼 문제로 과거의 아내를
만나게 되고 다시 기억을 되찾는다는 내용입니다. 만약 이 남자가 끝까
지 기억을 찾지 못했다면 이 남자는 다른 사람이 되는 것일까요?

자기 동일성의 형성

나의 기억이 과연 나인가 하는 후자의 질문이 보다 더 중요합니다. 후
자의 경우를 통해 우리는 '나'라고 하는 자기 동일성이 어떻게 만들어지
는 것인지 생각해볼 수 있기 때문입니다. 데카르트는 "나는 생각한다. 고
로 존재한다"는 유명한 말을 했습니다. 여기서 이 '생각하는 나'라는 생
각이 사실은 현대 문명의 중요한 초석이 되고, 또 현대 문명의 파멸을 낳
는 궁극적인 원인이 되었습니다. 이 문제는 뒤에 다시 살펴보기로 하고
여기서는 '나'라는 자기 동일성이 어떻게 형성되는지 살펴보도록 합시다.

먼저 알아야 할 것은 갓 태어난 아이에게는 엄마의 뱃속에 있을 때와
마찬가지로 분리 독립된 '나'라는 생각이 없다는 것입니다. 아이가 '나'라
는 감각, 즉 자아감각을 가지게 되는 것은 배고픔과 기저귀에 싼 배설물
로 인해서 일어나는 불쾌감을 통해서입니다. 즉 배고픔과 불쾌감을 울
음을 통해 표현하고, 그것이 해소되는 반복적인 경험을 하게 되면서 '나=
배고픔' 혹은 '나=불쾌감'이라는 자아감각을 형성하게 되는 것입니다.

이 부분이 중요합니다. 우리의 최초의 자아감각은 결핍으로부터 비롯
되는 것이고 따라서 충만태가 아니라 결여태로서 형상을 갖게 되는 것입
니다. 자기 자신이 지금 이대로 완전하지 못하고 따라서 다른 무엇인가

가 되려고 끊임없이 노력하는 것은 최초의 자아가 이러한 결여태로서 형성되었기 때문입니다. 또한 현재의 자아를 형성하도록 한 과거를 탓하고 온통 미래의 자아에 대한 희망으로 살아가는 것도 역시 이러한 결여태로서의 자아 형성에 그 원인이 있습니다. 이처럼 현재의 자아에 만족하지 못하고 새로운, 더욱 확장된 자아를 만들려고 하는 노력을 에고의 자기 확장 투쟁이라고 부릅니다.

자아감각 형성의 다음 단계는 '누구야'라고 반복적으로 부르는 이름을 듣고 그 이름과 자신을 동일시하게 되는 것입니다. "호랑이는 죽어서 가죽을 남기고 사람은 죽어서 이름을 남긴다"는 말은 이름이 갖는 자기 동일성의 효력을 말하고 있습니다. 그 다음에 자아감각은 소유에 의해 확대 재생산됩니다. 아이들은 장난감을 '나의 것'이라고 규정하고 그것을 빼앗기지 않으려고 합니다. 이처럼 아이들은 나와 나의 것을 동일시함으로써 소유를 통한 자신의 자아정체성 형성을 완성하게 되는 것입니다.

'나'라는 자아감각이 형성됨에 따라 아이는 마음속에서 일어나는 감정과 욕망, 생각을 자신의 것이라고 여기게 됩니다. 그러나 그것이 과연 자신의 것일까요? 파블로프의 개에서 알 수 있듯이 우리의 모든 감정과 욕망, 생각은 자극에 대한 조건화의 결과입니다. 장난감을 빼앗겼을 때 아이가 느끼는 분노는 자기 동일시에 대한 훼손에서 비롯되는 것입니다. 무엇을 가지려고 하는 아이의 욕망은 자신의 자아를 확장시키려는 자기 확장 투쟁의 일환입니다. 자신의 감정과 욕망을 실현하기 위한 아이의 생각은 부모나 TV, 학교, 친구들에게서 주입된 것입니다.

그렇게 볼 때 '자신의' 생각이란 애초부터 존재하지 않았던 것입니다. "아담 이후에 새로운 말은 없다"는 말이나 "햇빛 아래 새로운 것은 없다"는 말이 있듯이, 내가 지금 나의 생각이라고 하는 것은 모두 외부로부터 주입된 것입니다. 지금 여러분이 읽고 있는 저의 글도 사실은 모두 다른 사람들이 이미 했던 말을 주워 모은 것에 지나지 않습니다. 그럼에도 불구하고 우리는 자신의 생각이나 의사가 상대방으로부터 무시당하면 불쾌감을 느낍니다. 그것이 '나의' 생각이나 주장이라고 착각하기 때문인 것입니다.

마음과 그 내용물은 몸과 마찬가지로 이 세상의 소산물입니다. 마음은 생각, 관념, 의미, 기억, 계획, 걱정, 의심, 반복, 엉뚱한 말이 끝없이 이어지는 기계에 불과합니다. 우리의 마음은 정서와 감정, 편견, 부정, 투사, 편집증, 공포증, 두려움, 후회, 자책감, 근심, 걱정 등으로 오염되어 있습니다. 또 가난과 노화, 질병, 죽음, 실패, 거부, 상실, 재난과 같은 무서운 망령으로 더럽혀져 있습니다. 이렇게 오염된 마음은 결코 나의 선택 사항이나 결정 사항이 아닙니다. 그럼에도 불구하고 만약 마음을 나의 것이라고 생각하신다면, 그 마음을 한번 멈추어보도록 하십시오. 당신은 필요할 때 그 마음을 작동시키고 필요가 없을 때 그 마음의 작동을 멈출 수 있습니까?

우주적 나

분리 독립된 개체로서의 '나'라는 생각, 즉 나는 내 몸이나 나의 마음이라는 생각이 잘못된 것이라면 진정한 나는 어디에 있는 것일까요? 진정한 나는 어디에도 존재하지 않습니다. 동시에 모든 곳에 편재遍在합니다. 이 말이 무슨 뜻일까요? 불교에서는 이를 공空이라고 부릅니다. 공이란 존재하지 않는다는 뜻이 아니라, 모든 존재하는 것은 그것이 아닌 모든 것으로 이루어져 있다는 뜻입니다. 종이를 예로 들어 설명해보겠습니다. 종이는 무엇으로 만들어졌나요? 종이는 나무로 만들어졌습니다. 그렇다면 나무는 무엇으로 만들어졌나요? 나무는 햇빛과 공기와 물과 바람, 흙 등으로 만들어졌습니다. 종이는 종이가 아닌 모든 것으로 이루어져 있는 것입니다. 나의 몸도 마찬가지입니다. 나의 몸은 나의 몸이 아닌 모든 것으로 이루어져 있습니다. 우리는 나뭇잎을 녹색이라고 인식합니다. 그런데 녹색이란 햇빛이 가지고 있는 모든 색을 나뭇잎이 흡수하고 녹색만을 반사하는 것입니다. 그러니 나뭇잎의 색깔은 녹색이 아닌 모든 색이라고 해야 맞는 말입니다.

진정한 나는 나의 이 작은 몸에 한정되어 있지 않습니다. 우주의 모든 구성 요소가 나의 몸을 이루고 있기 때문입니다. 이를 분리 독립된 개체로서의 나, 즉 에고ego에 대비할 때 '우주적 나'라고 부를 수 있을 것입니다. 틱낫한 스님은 『태양은 나의 심장』이라는 책을 썼습니다. 이 책의 제목에서 말하는 것은 태양이 있어야 모든 생명체가 존재할 수 있다는 뜻이기도 하고, 또 우주적 존재로서의 진정한 나의 관점에서 보면 태양은 말 그대로 나의 심장이라는 뜻입니다.

틱낫한 스님은 대구 지하철 화재로 수백 명의 아까운 생명이 사라졌을 때 마침 대구를 방문하였습니다. 스님은 참사가 일어난 중앙로 역에서부터 사람들과 걷기 명상을 하고, 경북대 강당에서 강연을 하였습니다. 강연에서 스님은 종이를 한 장 태웠습니다. 그리고 청중들에게 물었습니다. "이 종이가 죽었습니까?" 종이는 죽지 않았습니다. 종이가 타면서 나타난 뜨거운 열기는 하늘로 올라갔고, 재는 땅으로 돌아갔습니다. 이처럼 우주적 존재로서의 진정한 나에게는 죽음이 없습니다. 죽음은 분리 독립된 개체로서의 나, 즉 에고에만 존재하는 것입니다.

나는 누구인가?

우리의 영성은 끊임없이 '나는 누구인가'라고 묻고 있습니다. 그렇다면 나는 누구일까요? '나는 누구인가'라는 물음에 대한 가장 분명한 답은 『성경』출애굽기에 있습니다. 모세가 유대인을 학대하는 감독관을 죽이고 미디안으로 탈출하여, 양을 치면서 생활하다가 어느 날 호렙산에 이르렀습니다. 그때 그는 불붙지 않는 떨기나무를 보았습니다. 하나님이 떨기나무 가운데서 모세를 불러 이스라엘 백성을 애굽 땅에서 구해내라고 하니, 모세가 하나님께 말하되 "그들이 내게 묻기를 그의 이름이 무엇이냐 하리니 내가 무엇이라고 그들에게 말하리이까?(3:13)"하였습니다. 이에 하나님이 모세에게 이르시되 "나는 스스로 있는 자니라(3:14)"라고 하였습니다. 이 구절은 영어로 "I AM WHO I AM"이라고 되어 있습니다. 우리말 성경에는 이 구절을 "나는 스스로 있는 자이니라"로 번역하고 있습니다. 그러나 이 말의 정확한 의미는 "나는 '나는 누구인가'라고 묻는 자이다"라는 뜻입니다.

진정한 나는 끊임없이 '나는 누구인가'라고 묻고 있습니다. 그 밖에 '나'라고 인식되는 모든 것은 진정한 내가 아닙니다. '나는 누구인가'라는 끝없는 질문은 결국 내가 나라고 생각하는 것을 소멸시키기 위한 것입니다. 나를 소멸시킨 자리에 세계와 나의 괴리감은 존재하지 않습니다. 존재감이 사라진 자리에는 흐리멍덩함, 불투명함, 그리고 혼돈이 대신합니다. 우리는 나와 어머니가 구별되지 않았던 어린아이의 상태로 다시 돌아가게 됩니다.

우리는 생각을 통해서는 결코 영성을 계발할 수 없습니다. 영성은 오히려 생각이 멈춘 그 자리에 있습니다. 우리의 머릿속에서는 끊임없이 이야기를 하는 자가 있습니다. 이 자는 호수에서 헤엄을 치는 물고기와 같습니다. 영성은 물고기가 아니라 그 물고기가 헤엄치는 물입니다. '나는 누구인가?'라는 물음은 물고기가 물을 의식할 때 나타나는 질문입니다. '나는 누구인가?'라는 질문 자체는 물고기, 즉 생각이 하는 것이지만 그 연원은 생각 밖에 있다는 뜻입니다.

공교육과 종교교육

영성을 계발하기 위한 교육을 위해 종교교육을 다시 교육에 도입할 필요가 있습니다. 물론 이때의 종교교육은 각 종교기관의 제도화된 교리나 의례를 배우는 것과는 아무 관련이 없습니다. 또한 교회나 사찰과도 아무 관련이 없습니다. 오늘날의 사찰과 교회는 사후 세계에서의 안락을 위한 보험과 같은 것이기 때문입니다. 자신이 모태신앙임을 자랑으로 이야기하는 사람들이 있습니다. 그러나 이것은 결코 자랑할 만한 것이 못됩니다. 모태신앙이란 어머니 뱃속에 있을 때부터 조건화되었음을 뜻하기 때문입니다. 자신의 신앙, 자신의 종교만이 진리라고 주장하는 사람들은 결코 종교에 대해 알 수 없습니다. 종교란 배타성과 분노와 정의를 넘어선 곳에 있기 때문입니다.

다만 각 종교에서 활용되고 있는 경전 가운데서 가장 중요한 구절을 모아 하나의 교재로 엮을 필요는 있을 것입니다. 예컨대 『성경』 중에서 가장 중요한 구절이라고 생각되는 「산상수훈」과 『논어論語』에서 공자가 70세 이후에 제자들과 나누었을 것으로 짐작되는 구절만을 발췌하여 넣고, 『금강경金剛經』의 제3분인 「대승정종분大乘正宗分」을 넣어 하나의 교재로 엮으면 좋은 교재가 될 것으로 생각됩니다.

그러나 공교육에서의 이러한 종교교육은 편협해진 신도들 간의 갈등을 불러올 수 있습니다. 자신의 종교만이 진리라고 주장하는 사람들이 과연 공통의 종교교육 교재를 만들 수 있을지 의문스럽습니다. 이러한 문제를 극복하기 위한 한 가지 대안은 종교교육 대신 죽음교육을 실시하는 것입니다.

삶의 세 가지 신비

우리의 삶에 존재하는 세 가지 중요한 신비는 삶과 죽음과 사랑입니다. 우리의 일상은 삶과 죽음이라는 양 둑을 사랑이라는 강이 흐르는 것입니다. 그러나 이 세 가지는 오늘날 어느 학교에서도 가르치고 있지 않습니다. 탈현대를 실현하기 위해서는 학교에서 깨달음을 위한 이 세 가지 신비를 가르쳐야 합니다. 삶을 가르치기 위해서 우리는 아이들에게 꽃 주위를 돌며 춤추고 노래하는 법을 가르쳐야 합니다. 소나기가 올 때 발가벗고 소나기 속을 걷도록 해야 합니다. 나무를 안고 대화하는 법을 가르쳐야 합니다. 또한 사랑을 가르쳐야 합니다. 아이들에게 사랑은 자아를 벗어나는 최초의 경험이 될 수 있습니다. 사랑에 빠진 연인의 마음은 자신의 자아가 아니라 온통 상대방으로 가득 차 있습니다. 그러므로 깨달음을 위한 교육, 진정한 교육은 지식이 아니라 사랑을 나누어주는 것입니다. 교사의 사랑이 교실을 가득 채우면 그것이 바로 교육입니다. 이러한 사랑 속에서 깨달음의 또 하나의 계기인 죽음을 가르친다면 그 효과는 얼마나 클까요?

7

한국 전통교육의 탈현대적 의미

회광반조와 자유

누가 저에게 당신이 가장 좋아하는 말을 딱 한 가지만 들라고 하면, 저는 주저없이 '회광반조廻光反照'라는 말을 선택합니다. 이 말은 서산대사西山大師가 지은 『선가귀감禪家龜鑑』에 나옵니다.

상념을 끊고 인연을 잊은 자는 바로 마음에서 그것을 얻나니, 그를 우리는 한가한 도인(閑道人)이라고 부른다. 아아! 그 사람됨이 본래 인연이 없으며 본래 일이 없거늘, 배고프면 먹고 피곤하면 잠을 자며, 녹수청산綠水靑山에 유유자적 소요하고, 번잡한 거리에서 스스로 편안하고, 한가하여 세월을 알지 못하지만, 봄이 오면 다시 옛과 같이 풀은 푸르도다. 이것이 바로 회광반조하는 사람의 모습인 것이다.

회광반조란 마음이 일어날 때마다 그 마음이 일어나는 곳에 빛을 거꾸로 비추어 살펴보라는 뜻입니다. 우리 마음은 끊임없이 사방으로 뛰어다닙니다. 마음은 결코 한자리에 가만히 있지 않습니다. 마음의 생명은 끊임없이 내달리는 데에 있습니다. 바람에 일렁거리는 물이 주위의 풍경을 있는 그대로 드러낼 수 없듯이, 끊임없이 내달리는 마음도 세상을 있는 그대로 받아들일 수 없도록 합니다. 아니 오히려 증폭하는 경우가 많습니다. 마음을 조용히 가라앉히는 유일한 방법은 그것을 있는 그대로 주시하는 것입니다. 이것이 바로 회광반조입니다. 회광반조를 오래 계속한 사람은 마음이 거울처럼 맑고 깨끗하게 됩니다. 그는 마치 거울이 사물을 왜곡 없이 있는 그대로 반영하듯이 세상을 있는 그대로 받아들이게 됩니다. 그리고 거울이 외물外物 앞에 있을 때는 그것을 있는 그대로 비추지만 그것이 지나가버린 후에는 그것에 대한 어떠한 자취도 남기지 않듯이, 세상의 어떤 고난도 그 마음에 자취를 남기지 못합니다.

　거울과 같은 마음을 가지게 될 때 나는 비로소 자유를 얻게 됩니다. 물론 여기서 말하는 자유는 정치·경제·사회적인 것이 아니라 시간과 마음, 욕망으로부터의 자유를 의미합니다. 자유를 얻게 되면 나는 나의 주인이 될 수 있습니다. 마음과 욕망에 이끌려 다닐 때 나는 나의 주인이 아닙니다. 나는 수많은 욕망과 생각, 상상의 노예인 것입니다. 나는 이리저리 끌려 다니며 내가 누구인지, 어디로 가고 있는지 모릅니다. 마음으로부터 자유로워질 때 나는 비로소 잠에서 깨어나게 됩니다. 물론 이러한 깨어남은 즉각적이고 돌발적으로 일어납니다. 깨달음은 단계적으로 도달하는 것이 아닙니다. 깨달음은 부분으로 나눌 수 없습니다. 나는 깨달았거나 깨닫지 못했거나 둘 중의 하나입니다. 『법구경法句經』의 다음 구절은 자유의 궁극적인 모습을 잘 보여주고 있습니다.

　　주인된 자, 여정의 끝에서 자유를 찾아내리.

　　욕망과 슬픔, 모든 구속에서 자유로우리.

　　깨어난 자는 한 곳에 머물지 않는다.

　　호수를 버리고 날아오르는 백조처럼.

　　그들은 공중으로 날아올라 보이지 않는 길을 떠난다.

아무것도 갖지 않고 아무것도 모으지 않은 채.

그들은 지식을 먹으며 허공 중에 산다.

그들은 자유롭게 되는 법을 알았다.

누가 그들을 따를 수 있겠는가?

오직 주인된 자, 그렇게 순수한 자만이.

새처럼, 그는 끝없는 공중으로 치솟아 보이지 않는 길을 날아간다.

그는 아무것도 원하지 않는다.

그는 지식을 먹으며 허공 중에 산다.

(오쇼 라즈니쉬의 『법구경』 중에서)

『선가귀감』에서 말하고 있듯이, 회광반조를 하는 사람은 비록 저잣거리에 있어도 깊은 산중에 있는 수행승과 같습니다. 그리고 회광반조를 계속하는 한 나는 진정한 자유인인 것입니다.

자증분과 인성교육

불교의 유식학에서는 인간의 인식을 네 가지 과정으로 설명합니다. 먼저 외부의 사물이 내 마음에 와 닿는 단계가 있습니다. 이를 상분相分이라고 합니다. 현대 대뇌생리학자들의 표현대로 하자면, 인간의 대뇌중추신경이 만든 뇌상腦相이 마음에 전달된 것을 말합니다. 예컨대 길가에서 구걸하는 노인을 보고 불쌍하다고 생각하는 마음이 상분입니다. 물론 외부의 사물뿐만 아니라 자기 내부에서 떠올린 마음도 상분이 될 수 있습니다. 어제 저녁 친구와 싸운 생각이 들어서 우울해지는 마음도 상분입니다. 이런 측면에서 상분은 가장 원초적이고 본능적인 마음이라고 할 수 있습니다. 상분을 보는 마음을 견분見分이라고 합니다. 견분의 입장에서 보면 상분은 소연경所緣境이 됩니다. 소연이란 능연能緣에 대비되는 개념으로 인식의 시점에 놓여 있는 대상을 의미하며, 능연이란 그것을 인식하는 마음을 의미합니다. 그리고 경境이란 인식의 객관을 말하며, 그것을 인식하는 것을 식識이라고 하고, 또 그것을 매개하는 것을 근根이라고 합니다.

상분과 견분을 비교해보면 견분은 상분에 비해 보다 합리적이고 현실적이라고 할 수 있습니다. 구걸하는 노인을 불쌍히 여기는 마음을 보고, '저 노인에게 돈을 줄까? 준다면 얼마를 줄까?'라고 생각하는 마음이 바로 견분입니다. 또 어제 친구와 싸운 것을 생각해 우울해지는 마음에 대해 '그 친구와 앞으로 어떻게 지내야 할까?' 하고 이리저리 궁리하는 마음이 견분입니다.

견분의 다음 단계를 자증분自證分이라고 부릅니다. 자증분은 상분과 견분을 동시에 보는 마음입니다. '내가 구걸하는 노인을 보고 불쌍하다는 생각을 하고, 그리고 그 노인을 어떻게 도와줄까 생각하고 있구나.' 하는 마음이 바로 자증분입니다. 또 '내가 어제 친구와 싸운 일이 생각나서 우울해하고, 앞으로 그 친구와 어떻게 지내야 할까 걱정하고 있구나' 라고 생각하는 마음이 바로 자증분입니다. 자증분이 바로 '관조하는 마음'입니다. 상분이든 견분이든 마음에 일어나는 상념을 있는 그대로 볼 수 있는 마음이 바로 자증분인 것입니다.

이렇게 볼 때 앞에서 언급한 회광반조도 사실은 자증분의 한 가지 형태라고 할 수 있습니다. 또 성리학의 공부 방법에서 자신의 마음속에 들어 있는 리를 탐구하는 마음 혹은 서원의 정좌법을 통해 마음이 발하려고 하는 기미를 살피는 마음도 바로 자증분이라고 할 수 있습니다.

물론 유식학에서는 이러한 자증분을 보는 마음, 즉 증자증분證自證分을 상정하여 상분·견분·자증분과 함께 '사분四分'이라고 말하고 있습니다. 증자증분을 자증분을 관조하는 마음이라고 한다면, 계속하여 증자증분을 관조하는 증증자증분證證自證分을 또 상정해볼 수도 있을 것입니다. 그러나 유식학에서는 증자증분을 관조하는 마음은 자증분이 할 수 있다고 하여 증증자증분은 불필요하다고 말하고 있습니다. 이것을 그림으로 나타내면 다음과 같습니다.

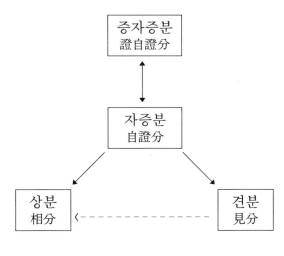

〈그림〉 마음의 사분설四分說

자증분의 개념을 교육에 도입할 때 우리의 인성교육, 혹은 도덕교육은 근본적으로 바뀔 수 있습니다. 현재 우리의 도덕교육은 견분을 강화시키는 교육으로 일관하고 있습니다. 왜 수돗가에서 줄을 서야 하는가? 왜 남의 물건을 훔치면 안 되는 것일까?라는 것을 학생들로 하여금 합리적으로 생각하여 판단하도록 하는 것이 오늘날 도덕교육입니다. 견분을 강화하는 것은 물이 먹고 싶은 본능적 마음을, 그리고 가지고 싶은 물건에 대한 본능적 욕심을 합리적 사고를 통해 억제하기 위한 것입니다. 그러나 견분을 강화시킨다고 해서 상분이 사라지는 것은 아닙니다. 프로이트가 지적했듯이 이성에 의해 억압된 본능은 결국 무의식 속에 저장되어 있다가, 기회만 주어지면 언제든지 밖으로 표출될 수 있기 때문입니다. 이러한 상분의 표출을 막기 위해 견분을 지나치게 강화하면 노이로제나 정신분열로 나타날 수도 있습니다.

견분과 상분을 모두 소멸시키는 가장 확실한 방법은 자증분을 강화시키는 것입니다. 견분과 상분이 일어남을 가감 없이 바라볼 수 있을 때 우리는 정말로 평정한 마음을 가질 수 있습니다. 이것이 자증분과 회광반조가 우리에게 주는 가장 중요한 시사점입니다.

미래교육과 공교육

향후 교육이 어떻게 바뀔 것인가 하는 문제는 지금까지 온전히 미래학자들의 몫이었습니다. 그들은 주로 기술적인 진보를 토대로 변화를 예측합니다. 예컨대 통신수단의 발전과 인터넷의 확대로 향후 교육은 학교와 교실이라는 고정된 장소가 필요하지 않게 되리라고 주장합니다. 지금까지 우리는 학교라고 하면 으레 교실에 모여 공부하고 운동장에서 뛰어노는 학생을 연상했지만, 미래학자들은 이런 형태의 학교는 20년 후면 사라질 것이라고 주장합니다. 영국 '전기공학연구소'의 보고서에 따르면 2020년에는 모든 학생들이 자신의 집에서 게임기와 휴대전화, 계산기, 녹음기 등이 결합된 '학습기기'를 이용하여 공부하게 될 것이라고 합니다. 물론 시험도 이 기기를 이용하여 치르고, 점수도 선생님이 아니라 이 기계가 매길 것입니다.

그렇다면 학교는 아예 없어질까요? 현재와 같은 학교는 없어질 것입니다. 그러나 학생들은 이따금씩 예절교육과 운동회 등에 참가하기 위해 함께 모이게 되는데, 이것이 오늘날 학교의 유제遺制가 될 것이라고 이 보고서에서는 밝히고 있습니다. 이와 관련하여 영국의 교육학자 트레버 캐리도 20년 후에 나타날 교육의 네 가지 특징을 ① 가르치는 것보다 배우는 것의 강조, ② 노트북 컴퓨터에 의한 어디에서도 가능한 교육, ③ 교사들의 학습관리자로의 전환, ④ 교육관료들의 영향력 증대라고 주장하였습니다.

학교가 단순히 운동회나 예절교육을 하기 위해 모이는 장소로 전락하고, 오늘날 학교교육의 핵심인 교과교육을 학습기기가 대신한다면 그 학습기기는 누가 관리하게 될까요? 프로그램의 제공과 평가는 누구에게 맡겨야 할까요? 물론 대부분의 미래학자들은 사교육이 이를 담당하게 될 것이라고 예상하고 있습니다. 왜냐하면 공교육은 '효율성'이 떨어지기 때문이라고 합니다.

초등 대안학교를 운영하고 있는 김희동 교장은 미래의 학교는 크게 세 가지 형태로 나뉠 것이라고 주장한 바 있습니다. 먼저 오늘날의 학교는 인간으로서의 기본자질을 가르치는 공교육기관과 대형화된 사교육기관으로 분화됩니다. 물론 대형화된 사교육기관은 오늘날의 학원과 같이 학생들을 대규모로 모아 강습하는 곳이 아니고, 각 교과에 대한 학습 프로그램을 제작·판매·관리하는 기관입니다. 학생들은 자신의 경제적 능력에 따라 이러한 프로그램을 구입하여 3차원의 시뮬레이션 공간에서 학습하게 될 것입니다. 이러한 학습은 학원에서 이루어질 수도 있고 집에서 이루어질 수도 있겠지만, 그러한 학습의 과정은 철저히 개인적으로 이루어지게 됩니다.

향후 인간으로서의 기본 자질을 담당할 공교육기관을 김희동 선생은 '보건소 학교'라고 불렀습니다. 즉 대형 병원들이 즐비한 오늘날의 사회에서도 국민의료, 특히 하층민 보건의 가장 기초적인 부분을 담당하는 곳이 보건소이듯이, 미래의 학교에서는 현재 학교가 갖는 대부분의 교육기능이 학원과 같은 사교육으로 이관되고, 읽고 쓰고 셈하는 등의 가장 기본적인 교육과 공동체교육, 환경교육, 세계시민교육 등 말 그대로의 공교육, 즉 공공의 정의正義를 위한 것만이 보건소 학교의 교육내용이 될 것이라고 봅니다.

그리고 이 두 가지 형태의 교육기관 사이에 공교육과 사교육의 중간 형태인 '민교육民教育'이 나타날 것이라고 주장합니다. 민교육은 시민들이 자발적으로 조직하여 운영하는 교육 공동체입니다. 환경운동단체에서 운영하는 '환경교실', 종교단체에서 운영하는 '요가강좌' 등이 민교육입니다. 민교육은 상설 강좌가 아니고 필요에 따라 즉각적으로 조직됩니다. 지리산 댐 건설이 문제가 되면 바로 '지리산의 자연'을 주제로 하는 민교육 모임이 결성될 수 있습니다. 이러한 강좌나 조직은 벌써 우리 주위에 많이 운영되고 있습니다. 지금의 민교육은 참가자들의 회비로 운영되지만 미래의 민교육은 그 비용을 모두 국가에서 부담합니다. 왜냐하면 민교육의 내용은 개인이나 집단의 사적인 이익이 아니라, 시민들의 '공적' 필요에서 이루어지기 때문입니다. 그러나 민교육은 국가의 간섭이 최대한 배제되고 철저히 시민의 요구와 운영에 의해 이루어진다는 측면에서 사교육이기도 한 것입니다.

공교육의 성립 이후 가장 중요하게 전개되는 논쟁은 평등과 수월성입니다. 수월성을 주장하는 사람들의 경우 교육이란 학생들이 가진 능력을 최대한 발현시켜야 하는 것이며, 이를 통해 국가와 사회의 경쟁력을 높일 수 있다고 주장합니다. 반면 평등을 견지하는 사람들은 교육이란 모든 사람들에게 가급적 동등한 기회를 제공해야 하며, 나아가 약자에게 더 많은 교육을 베푸는 것이 오히려 국가와 사회의 이익에 부합한다고 주장합니다. 그런데 이 두 가지 입장에 공통되는 면이 있습니다. 그것은 교육이 결국 사람들에게 보다 많은 이익을 주는 것이 되어야 한다는 관점입니다.

이러한 공리주의적 교육관은 서구 현대 공교육 형성과정의 기형성에서 비롯된 것입니다. 서구 근대 공교육은 순치된 노동력의 양성과 사회적 비용 감축이라는, 자본과 국가의 이익이 맞아떨어진 데에서 비롯된 것입니다. 즉 자본은 구빈법救貧法에 의한 무의미한 재정지출보다는 노동자 자녀들에게 최소한의 교육을 시켜 노동 생산성을 높일 수 있음을 기대하였고, 국가는 노동자 자녀들을 강제로 수용하여 교육과 노동을 시킴으로써 사회적 비용을 줄일 수 있다고 생각하였던 것입니다. 이러한 과정을 통해 보다 적은 비용으로 보다 많은 학생들을 가르치는, 값싼 대중교육으로서의 공교육이 출현하였던 것입니다.

　그런데 우리의 교육전통에서는 교육을 공공의 이익(이익 패러다임)이 아니라 공공의 정의(공의 패러다임)라는 관점에서 보았습니다. 즉 교육은 공익이든 사익이든 이익을 추구하는 활동이 아니라, 무엇이 옳고 무엇이 그른지를 확인하는 활동이라고 본 것입니다. 현재 우리의 공교육을 둘러싼 논쟁은 이러한 공의公義 패러다임과는 무관하게 사적인 이익을 극대화하는 데에 초점을 두고 있습니다. 이러한 이익 패러다임 속에서는 공교육의 문제를 결코 해결할 수 없습니다. 공교육은 우리의 교육전통인 공의 패러다임으로 전환되어야 합니다. 개인의 사익이든 국가의 공익이든 사적이익을 추구하는 활동은 더 이상 공교육의 대상이 되어서는 안 됩니다. 예컨대 대학입시와 같이 개인의 출세와 영달을 위한 교육이나, 국가나 정권의 사적인 이해관계, 예컨대 유신정권과 같이 정당성 없는 정권의 정당성 창출을 위해 교육을 이용하거나, 일부 대학에서 실시하고 있는 주문형 교육과 같이 자본의 이익을 위해 자본이 요구하는 인력을 양성하는 것은 공교육의 범주에서 제외되어야 합니다.

　자신의 내면을 주시함으로써 욕망을 다스리고 피부 밑 자아를 극복하도록 하는 인성교육, 자연과 내가 하나임을 깨닫도록 하는 환경교육,

남북한의 대립과 갈등을 넘어서 평화와 공존을 배우는 통일교육, 세계시민으로서 자국의 문화적 전통을 체득하고 나아가 상대 문화의 장점을 이해하는 세계시민교육, 삶과 죽음이 하나임을 깨닫는 죽음교육 등이 공공의 정의를 위한 교육이며, 이러한 공공의 정의를 위한 교육만이 공교육의 범주에 포함되어야 합니다.

이런 측면에서 나는 미래교육의 가장 유사한 모습을 조선시대의 서원교육이나 불교의 승려교육에서 찾을 수 있으리라고 생각합니다. 왜냐하면 21세기는 '마음교육의 세기'가 될 것이기 때문입니다. 지금 막 시작된 21세기는 사이버 공간 말고도 사람들의 정기와 마음을 뺏는 환경들로 가득 찰 것입니다. 이러한 환경 속에서 마음을 잃지 않고 지키기 위해서는 자신의 마음을 관觀하는 공부가 무엇보다도 필요하게 됩니다. 따라서 공교육이나 민교육이 담당해야 할 가장 중요한 부분이 바로 마음교육이 될 것입니다. 우리의 지각을 밖으로 이끌어내는 원심력의 교육이 아니고, 자신의 마음속으로 끝없이 침잠해 들어가는 구심력의 교육이 공공의 교육이 담당해야 할 몫입니다. 어쩌면 우리 자손들은 절이나 서원 혹은 기도원과 같이 깊은 산 속에 있는 학교에 아이들을 보내게 될지도 모르겠습니다.

현재의 공교육은 의료기관과 마찬가지 상황에 처해 있습니다. 만약 우리가 현재와 같이 계속하여 과외와 학원에 의존하게 되면, 20년 후의 공교육은 오늘날의 보건소보다도 못한 기관으로 전락해버릴 것입니다. 만약 우리가 학생들에게 조화와 상생을 가르치지 않고 자유와 인권만을 가르친다면, 민교육도 거의 발붙이기 어려워질 것입니다. 우리의 가난한 부모들은 값비싼 CAI 교육 프로그램을 사주지 못해 절망하게 될 것입니다. 뿐만 아니라 대형 학원이 연합해서 교육 서비스를 중단하면 어떻게 할 것인가요? 그때가 되어도 우리의 매스컴은 여전히 애꿎은 국민만 고통을 당하고 있다고 할 것인가요? 결국 미래는 미래학자가 아니라 우리가 만들어나가는 것입니다.

상생과 조화의 교육관

해방 후 서양에서 유입된 두 가지 교육사조, 즉 도토리모형의 교육이나 주물모형의 교육은 모두 개인과 사회, 인간과 인간, 인간과 자연을 대립된 관계로 파악하고 있습니다. 도토리모형의 경우 사회란 원자적 개인의 집합으로 간주하여, 이러한 개인의 이익을 최대한 실현하도록 하는 사회를 바람직한 사회로 간주합니다. 이를 우리는 자유주의 사회라고 부릅니다. 반면 주물모형의 관점에서는 사회는 단순히 개인의 총합이 아니라 독자적인 목적을 가지고 있으며, 이러한 목적에 부응하는 인간을 만들어내야 한다고 주장합니다. 이른바 파시즘이나 사회주의 국가 혹은 60~70년대 우리나라의 발전교육론이 그것입니다.

인간과 인간의 관계도 마찬가지입니다. 도토리모형의 개인과 개인의 관계에서 가장 중요한 것은 자유입니다. 자유란 개인이 국가권력이나 타인들의 부당한 강압이나 간섭에서 벗어나, 자신의 행위를 자율적으로 결정할 수 있는 상태를 말합니다. 자유주의 전통에서는 개인의 자유가 다른 어떤 규범적 가치보다도 중요시되므로, 한 개인이 다른 사람의 자유나 이익을 침해하지 않는 한 어느 누구도 개인의 자유로운 활동을 방해해서는 안 된다는 '불간섭의 원칙(the principle of non-interference)'이 입법이나 정책 수립의 기본 준칙이 되어왔습니다.

자유주의가 출발점으로 삼는 인간은 한편으로는 각자 자기의 이익에만 관심을 가지고 이웃이나 공동체 전체의 복지에 대해서는 무관심한 이기적 존재입니다. 그리고 이러한 개개인의 사익 추구는 자본주의의 성장과 함께 더욱더 정당한 권리로 인정받게 되었습니다. 근대 경제학의 창시자 아담 스미스는 시장의 원리를 통해 인간의 경제 행위를 설명했습니다. 스미스가 상정한 시장은 서로 간에 무관심한 이성적 개체들이 각자 사익을 추구하기 위해 자유롭게 상호 경쟁하는 곳으로 간주됩니다. 완벽하고 단순한 역학이론으로 물리현상을 설명한 뉴턴 물리학을 고전물리학이라 부르듯, 시장의 합리성과 완벽성에 바탕을 둔 초기 근대 경제학을 고전경제학이라 부릅니다. 고전경제학이 바탕을 둔 시장의 합리성과 완벽성은 '자유' 경쟁을 그 전제로 하고 있습니다. 즉 어느 누구에게도 인신적으로나 정치적으로 예속되지 않는 '자유'라는 것이 전제되어야, 합리적인 경제행위가 가능하고 또 이를 물리학의 법칙과 같이 과학적으로 설명할 수 있다는 것입니다. 그래서 고전경제학을 '자유주의 경제학'이라고도 부릅니다.

그런데 이러한 합리적 시장원리로 해명되지 않는 사태가 등장하였습니다. 1930년대의 대공황이 바로 그것입니다. 대공황의 사례에서 알 수 있듯이 시장기능이 합리적으로 작동하지 못하는 상황은 광범위하게 존재하며, 이런 상황에서는 누군가의 개입이 필수적입니다. 또 불확실한 시장에서의 비용절감과 위험 회피를 위해 거래를 내부화하려는 경향으로 인해 자유경쟁시장에서의 적정수준보다 규모가 큰 대기업이 만들어지게 됩니다. 이러한 거대 기업의 등장과 국가 개입의 확대는 이른바 '복지국가'라는 이름으로 정당화되었습니다. 이러한 상황 속에서 개인의 자유는 국가나 사회의 이익을 위해 희생될 수밖에 없는 것입니다.

자유주의적 도토리모형이나 전체주의적 주물모형을 막론하고 서구의 인간관에서 자연은 인간에 대해 대립적인 것으로 간주됩니다. 자연은 인간이 극복해야 할 대상이기도 하며 또 인간을 위해 봉사해야 할 자원이기도 한 것입니다. 그 주인공이 도토리모형에서는 개인이고, 주물모형에서는 사회나 국가인 차이가 있을 뿐입니다.

상생相生과 조화가 21세기 인류가 추구해야 할 이념이라면 그 이념은 인간과 인간, 인간과 사회, 인간과 자연이 상호 침윤되는 만두모형 교육 관을 통해 길러질 수 있습니다. 만두모형 교육관에서는 '너' 속에 '내'가 있고 '내' 속에 '네'가 있습니다. 이를 우리는 '우리'라는 말로 표현합니다. 우리 남편, 우리 아내라는 의미 속에는 나라고 하는 원자적 개인은 존재 하지 않습니다. 원자적 개인을 전제로 이루어진 서양의 자유와 인권은 필연적으로 대립 관계에 있는 둘 이상의 개인이나 단체를 전제로 합니다. 예컨대 사랑에 빠진 두 남녀에게 자유와 인권은 아무런 의미를 갖지 못 합니다. 자유와 인권이 등장하게 되는 것은 두 사람 간의 사랑이 깨졌을 때, 재산이나 자식의 양육을 둘러싸고 서로 대립할 때입니다. 그래서 마 르크스도 인간의 권리니 기본권이니 하는 논의는 인간과 인간을 적대 관 계로 만들고, 개인을 그가 속한 공동체로부터 이간질시켜버린다고 지적 하면서, 권리란 이기적인 부르주아들의 전유물이라고 비판한 바 있습니 다. 즉 자유와 인권은 인간과 인간을 서로 떼어놓으려는 고립성에 그 기 반을 두고 있지, 인간과 인간을 결합시키려는 화합성에 그 기반을 두고 있지는 않은 것입니다.

만두모형 교육관에서는 사회 속에 내가 있고 내 속에 사회가 있습니 다. 사회는 나의 외연이고 나는 사회의 내포입니다. 이러한 사회관에서 한 개인의 자아는 자신을 타인으로부터 분리 고립시킴으로써 추출되는 것이 아니라, 타인과의 관계 속에서 차지하는 자신의 위치를 확인함으로 써 얻어집니다. 따라서 이런 전통 속에서는 자기만의 이익을 추구하는 것 은 결코 정당화되기 어렵습니다. 그래서 사익을 희생하여 공동선을 따르 고 추구하는 자를 군자君子라고 하고, 서양의 원자적 개인과 같이 사익 만을 추구하는 인간을 소인小人이라고 합니다. 한마디로 자유란 공공의 정의를 위한 한 가지 수단일 뿐입니다. 그렇기 때문에 만두모형 교육관에서 추구하는 자유는 주어진 공동체 안에서 존재하는 도덕규범을 자기 내부의 도덕과 일치시켜, 객관적 도덕규범과 자기 내부의 도덕이 하등의 괴리감 없이 혼연일치된 상태를 지칭합니다. 이것은 개인들이 타인의 부당한 간섭에서 벗어나 가급적 더 많은 자율적 선택을 넓히려는 서양의 소극적 자유에 비교하여 '적극적 자유'라고도 말할 수 있습니다.

인간과 자연과의 관계도 마찬가지입니다. 만두모형 교육관에서는 우주 삼라만상 속에 내가 있고, 동시에 내 속에 우주 삼라만상이 다 들어 있다고 주장합니다. 그렇기 때문에 자연은 인간이 정복하거나 이용하는 대상이 아닐 뿐만 아니라, 보호해야 할 대상도 아닙니다. 자연은 인간과 조화롭게 공존해야 하고, 서로 살리는(相生) 존재가 되어야 합니다.

상생과 조화를 위한 노력은 우리만의 문제는 아닙니다. 이러한 노력은 지금 전 세계적으로 이루어지고 있습니다. 신자유주의에 저항하는 국제연대가 이미 구성되어 있듯이, 세계 도처에서 상생과 조화를 위한 교육이 활발하게 전개되고 있습니다. 『오래된 미래』라는 책으로 잘 알려진 헬레나 노르베리 호지가 이끄는 북인도의 '라다크 환경개발 프로그램', 1958년부터 시작된, 우주적 깨달음(사르보다야)과 개발(슈라마다나)을 결합한 스리랑카의 공동체 운동인 '사르보다야 운동', 일본인 농부 야마기시 미요조가 자연계의 태양, 공기, 물, 흙, 인간, 동물, 식물이 서로 도우며 함께 번영해가는 진실세계를 깨닫게 하기 위해 시작한 '야마기시즘 공동체 마을' 등이 그것입니다. 그뿐이 아닙니다. 지금 우리나라와 전 세계에서 운영되고 있는 수많은 대안학교들은 바로 상생과 조화를 그들의 주요 이념의 하나로 삼아 신자유주의의 거대한 물결에 저항하고 있는 것입니다.

만두모형 교육관은 단순히 우리의 전통교육의 바람직한 측면을 계승하자는 주장은 아닙니다. 그것은 서구의 현대적 교육관이 초래한 개인과 개인 간의 무한 경쟁, 인간과 사회와의 갈등, 인간의 자연 파괴로 인한 인류 공멸의 위기를 극복하기 위한 것입니다. 그리고 이러한 위기의 극복은 다른 무엇보다도 교육에서부터 시작되어야 하기 때문입니다. 그 극복의 대안을 멀리서 찾을 필요는 없습니다. 지금 바로 우리 곁에 남아 있는 우리의 전통교육을 두고 어디서 그 대안을 찾겠습니까?

제2부

한국의 전통교육

본원적 교육 양식과 제도적 교육 양식

탈학교 교육desc023chooled education

최근에 우리나라에서도 대안학교 운동과 함께 탈학교 운동이 본격적으로 전개되고 있습니다. 탈학교 운동의 기원은 잘 알려져 있듯이 일리치Ivan Illich의 『탈학교 사회』라는 책입니다. 일리치는 이 책에서 비효율적이고 관료주의적인 기존의 학교를 모두 없애고 이를 대안적 교육망(Educational Network)으로 대체하자고 주장하였습니다. 대안적 교육망 속에서는 학교가 따로 존재하지 않습니다. 우리가 사는 생활 공간 모두가 바로 학교라고 봅니다. 그리고 이러한 생활공간에서 무엇을 배우려고 할 때, 가장 좋은 교사는 직접 그 일에 종사하는 사람입니다. 대안적 교육망이란 이와 같은 가정 하에 학습자에게 교육내용과 교사에 대한 정보를 제공해주고, 교사와 학습자, 그리고 학습자 상호 간을 직접 연결해주는 네트워크를 말합니다. 예를 들어 누군가 포켓볼을 배우고 싶어 이 네트워크에 접속한다고 합시다. 그러면 대안적 교육망에서는 즉시 그가 살고 있는 곳에서 가장 가까운 당구장과 그 당구장에서 포켓볼을 가르쳐줄 유능한 교사를 소개해줍니다. 교습비는 어떻게 할까요? 대안적 교육망에서는 기존의 모든 학교를 없애버렸기 때문에 막대한 교육 예산이 그대로 남아 있게 됩니다. 대안적 교육망에서는 바로 이 돈을 쿠폰으로 지급하자고 주장합니다. 정말 이렇게만 된다면 사람들은 말 그대로 누구나 '원하는 시기'에 '원하는 교육'을 받을 수 있을 것입니다. 그러나 과연 이러한 교육이 바람직한 것일까요?

대안적 교육망에서 주장하는 '탈학교 교육(deschooled education)'은 전혀 새로운 것이 아닙니다. 사실 이러한 교육은 바로 학교교육이 발생하기 전의 교육과 정확하게 일치합니다. 그렇다면 학교 이전의 교육은 구체적으로 어떤 모습일까요? 교사는 누구며 학생은 누구였을까요? 그리고 무엇을 어떻게 가르치고 배웠을까요?

본원적 교육 양식과 성년 입사식

인류 최초의 사회라고 하는 원시 공동체 사회에서 교육은 삶과 완전한 일치를 이루고 있었습니다. '삶'이라고 하는 말에서 '앎'이라는 말과 '삶'이라는 말이 유래되어 나왔다고 하듯이, 이 시기의 교육은 '앎=삶', 즉 생활과 완전히 일치된 형태로 전개되었습니다. 부모나 연장자를 따라 사냥과 낚시를 하고 또 열매를 따는 것을 배우며, 저녁에는 모닥불을 피워 놓고 둘러서서 춤을 추는 것이 바로 교육이었던 것입니다. 교사라고 불리는 특정 집단도 없고, 교실이라고 하는 일상생활과 분리된 공간도 없으며, 생활과 동떨어진 교육내용도 결코 존재하지 않았던 것입니다. 이만규는 『조선교육사』라는 책에서 이러한 원시 공동체교육의 특징을 다음과 같이 정리하였습니다.

1) 미신: 미신은 교육의 근본이었다. 미신은 원시조상의 철학이며, 종교이며, 인생관의 기초이며, 도덕의 연원이며, 죽음과 삶, 화와 복, 모든 사건의 의혹에 해답하는 과학이었다.

2) 경험: 경험은 교육의 방법이었다. 필요에서 얻는 경험은 그들의 지식

이었으니 다시 말하면 생활습관을 경험하는 것이 곧 지식이며 교육이었다.

3) 학과: 늘 하는 생활행위의 종목이 그들의 학과이었으니 흙, 나무, 돌, 뼈, 뿔의 생산도구와 일용품을 만드는 것, 고기잡이, 사냥, 농사, 바느질, 베짜기 등의 일을 하는 것, 전쟁과 잡가와 무희가 다 그것이다.

4) 교사(師長): 생활에 경험이 많은 어른이 그들의 스승이었다.

5) 학교: 장소와 시기가 일정하지 않았으니 산천과 들판이 그들의 교실이었고 생활과 전쟁, 오락 어느 때든지 학습시간이었다.

6) 책임자: 교육을 오로지 맡은 이가 없었으며 집단 가운데 연장자가 당시 교육장관이었다.

이러한 교육 양식을 '본원적 교육 양식'이라고 부릅니다. 여기서 '본원적'이라고 하는 말에는 두 가지 뜻이 있습니다. 그 한 가지는 물론 그것이 인류 '최초의' 교육 양식이라는 것입니다. 그리고 또 한 가지 의미는 제도 교육이 전 생애를 포괄하는 현재에 이르기까지, 삶 그 자체가 교육인 이러한 형태의 교육은 여전히 우리 교육에서 가장 중요한 기능을 한다는 것입니다. 후자의 의미를 좀 더 자세히 살펴보겠습니다.

본원적 교육이 '생활=교육'의 특징을 가진다면 그것은 바로 오늘날의 교육에서 '무형식 교육(non-formal education)'에 해당된다고 할 수 있습니다. 무형식 교육이란 교육을 형식화의 정도에 따라 구분할 때 가장 형식이 결여된 교육 양식입니다. 이것은 형식 교육(formal education)과 비형식 교육(informal education)과의 비교를 통해 보다 분명하게 드러납니다. 형식 교육은 학교교육과 같이 특정 자격을 갖춘 교사가, 일정한 연령층의 학생에게, 일정한 기준을 갖춘 교육기관에서, 인가를 받은 교육내용을 가르치는 교육을 말합니다. 그리고 비형식 교육은 교사와 학생, 교육기관과 교육내용에 대한 형식은 있되, 형식 교육만큼 그 기준이 엄격하지 않은 교육을 지칭합니다. 예컨대 백화점이나 언론기관에서 주관하는 문화강좌나 기업체에서 실시하는 신입사원 연수와 같은 것이 바로 그것입니다.

그러나 우리는 학교나 문화강좌뿐만 아니라 박물관을 견학하여 선사시대의 유물들을 공부하기도 하고 극장이나 야외 공연장에서 영화나 연극을 관람함으로써 배우기도 합니다. 공자가 "세 사람이 가면 그중에는 반드시 나의 스승이 있다(三人行 必有我師)"라고 했듯이, 심지어 친구 따라 술집이나 당구장에 가서 술과 당구를 배우는 것도 교육이라고 할 수 있습니다. 가정교육의 핵심이 아이들이 부모를 보고 배우는 것이듯이, 생활 속에서 이루어지는 무형식 교육이 바로 본원적 교육이라고 할 수 있습니다. 한데 이와 같이 본원적 교육이 모든 교육의 근본을 이룬다면, 학교는 도대체 왜 만들어졌을까요?

학교가 왜 생겼는지에 앞서 우리가 알아보아야 할 것이 있습니다. 그것은 본원적 교육 속에서 최초로 형식화된 교육이라고 할 수 있는 성년식 혹은 성년 입사식(initiation)입니다. 성년식은 오늘날에도 아프리카나 아마존 지역의 원시 부족들에 의해 중요한 의례로 행해지고 있습니다. 문화인류학자들은 세계의 모든 종족은 문명화 이전 단계에 이러한 의례를 행하였을 것이라고 추측하고 있습니다. 성년식은 일반적으로 일정 연령에 달한 청소년들을 한데 모아 혹독한 훈련을 거치게 하여 이 과정을 통과한 청소년들에게만 성인으로서의 자격을 부여하는 의례로 정의됩니다. 아프리카 부족 중에는 돌을 뜨거운 불에 달구어 이를 맨발로 지나가게 하는 경우도 있고, 또 번지점프처럼 칡넝쿨과 같은 것으로 몸을 묶고 높은 곳에서 뛰어내리도록 하는 풍속도 있습니다.

우리 조상들의 풍습을 기록한 것으로 알려진 『삼국지三國志』「위지魏志

동이전東夷傳」에는 "관가에서 성곽을 쌓게 되자 젊은이들의 등가죽을 뚫어 여기에 밧줄을 꿰어 넣어 그곳에 통나무를 매달고 걸어가도록 하였는데 온종일 환호하여 힘을 써도 아프다고 하지 않았다"고 기록되어 있습니다. 또 『후한서後漢書』「동이전」에도 "사람됨이 몹시 씩씩하고 용맹스러워, 소년 시절에 집을 지을 때 밧줄로 등의 가죽을 꿰어 이것을 큰 나무에 붙들어매고 소리를 지르면서 잡아당겨 힘을 시험한다"고 기록하고 있습니다. 이 기록에 대해 일부 학자들은 중국 사람들이 그들에게는 생소한 '지게'를 잘못 보고 기록한 것이라는 주장도 하지만, 대부분의 학자들은 이것을 고대 우리 사회의 성년식을 기록한 것으로 보고 있습니다.

그렇다면 왜 원시사회에서는 성인이 되는 데 이러한 고통을 감내하도록 하였을까요? 성년식은 한 인간이 태어나서 자란 가족의 품을 벗어나 부족의 성원으로 다시 태어남을 의미합니다. 대부분의 부족에서 성년식을 마친 청년들은 다시 가족의 품으로 돌아가지 않고, 배우자를 찾아 결혼하기까지 성년식을 마친 다른 청년들과 공동으로 생활합니다. 이들은 함께 사냥과 전투 훈련을 하며 다른 부족과의 각종 분쟁에서 전위대 역할을 하게 됩니다.

이런 맥락에서 우리는 단군 신화를 일종의 성년식으로 재해석할 수 있습니다. 단군 신화는 종전에는 정치학적 혹은 경제학적으로만 해석되어 왔습니다. 예컨대 곰과 호랑이의 얘기를 곰을 토템으로 하는 부족과 호랑이를 토템으로 하는 부족 간의 투쟁에서 마침내 곰을 토템으로 하는 부족이 승리하였다는 것으로 보는 것은 정치학적 해석이고, 환웅이 인간 세계에 내려올 때 풍백風伯, 운사雲師, 우사雨師를 거느리고 곡식, 수명, 질병, 형벌, 선악 등 무릇 360여 가지 일을 맡아서 다스렸다는 기록은 당시 고조선 사회가 농경사회였음을 나타낸다고 보는 것은 경제학적 해석입니다.

교육학적으로 해석하면 단군 신화는 당시 고조선 사회에서 이루어지던 성년식이 언어화된 것이고, 그 내용은 당시 성년식을 마친 청소년들이 집단으로 교육을 받던 교육내용이 된다고 봅니다. 이러한 해석에 따라 이계학은 당시 이루어졌던 성년식의 절차를 다음과 같이 재구성하였습니다.

1) 곰과 호랑이의 형상을 하고 청년들은 "사람이 되고 싶다"고 외치며 성년식이 벌어지는 장소로 네 발로 기면서 입장한다.
2) 풍악을 울리면서 천부인天符印 3개를 들고 여러 신하들을 거느리고 환웅이 입장한다.
3) 풍악이 그치면서 환웅이 외친다. "너희들은 듣거라! 내가 주는 이 쑥과 마늘을 먹고 동굴에서 100일을 지내라. 그리하면 너희들은 사람이 되리라."
4) 청년들은 엉금엉금 기어 나와 쑥과 마늘로 된 음식을 받아 가지고 각자 정해진 밀폐된 장소로 기어들어간다.
5) 쓰고, 맵고, 어두운 인고의 기간이 21일 동안 계속된다.
6) 3×7일 후에 요란한 풍악이 울리면서 환호성을 지르며 동굴에 갇혀 있던 청년들이 밝은 광장으로 뛰어나온다.
7) 이것을 축복하기 위해 마련한 술과 음식을 함께 즐기며 축제가 펼쳐진다.
8) 다음 날부터 숲 속에 따로 마련된 남성가옥에서 단군 신화를 중심으로 한 교육이 펼쳐진다.

학교 발생의 기원과 전통교육의 세 유형

그렇다면 학교는 왜 생겼을까요? 무언가 본원적 교육으로는 충분하지 않다는 상황이 학교를 발생케 했을 것입니다. 본원적 교육으로 충분치 않은 상황은 어떤 것일까요? 상식적으로 생각해볼 수 있는 것은 사회가 복잡해짐에 따라서 배워야 할 것이 많아져서 더 이상 일상생활 속에서 배우는 것만으로는 사회생활을 하기에 부족하다는 생각이 들게 되고, 그래서 보다 체계적이고 효과적으로 가르칠 수 있는 교육 장소가 생겨났으리라고 생각해볼 수 있습니다. 예컨대 사회 분업이 확산되어 농사짓는 사람뿐만이 아니라 농기구를 전문적으로 만드는 사람, 사냥을 전문으로 하는 사람, 장사를 전문으로 하는 사람이 나타남에 따라, 농사꾼 집안에서 태어나면 장사나 사냥을 전문적으로 배울 수 없기 때문에, 이 모든 것을 동시에 효과적으로 배우기 위해 학교가 생겼으리라는 추측입니다. 그러나 이러한 추측은 사실과는 다릅니다. 왜냐하면 최초의 학교에서는 그와 같은 생산 활동과 관련된 내용은 가르치지 않았기 때문입니다.

영어의 school이나 독일어의 schule, 불어의 ecole의 어원은 모두 라틴어의 schola입니다. 스콜라는 그 의미가 '여가'라는 뜻이라고 합니다. 왜 여가라는 의미에서 학교라는 말이 파생되었을까요? 학교의 발생은 여가계급, 즉 지배계급의 형성과 밀접히 관련됩니다. 모든 사회 구성원이 모두 생산 활동에 종사해야 생존할 수 있는 사회, 즉 생산력이 지극히 낮은 사회에서는 학교가 발생할 수 없습니다. 그러나 생산력이 일정 수준 발달하고 사회 구성원 중 일부는 일을 하지 않아도 먹고살 수 있는 사회가 되면, 이들 여가계급을 중심으로 학교가 나타나게 된다는 것입니다. 그렇다면 이들 여가계급은 왜 학교를 만들게 되었을까요?

어느 시대 어느 사회를 막론하고 여가계급은 인구의 10% 미만이었습니다. 그렇기 때문에 이들 여가계급은 생산 활동에 종사하는 대부분의 사회 구성원들에 대해 자신들이 무언가 중요한 일을 하고 있다는 것을 보여주어야 했을 것입니다. 그리고 이들이 담당했던 일은 앞의 본원적 교육에서 '미신'이라고 했던 '과학'이었습니다. 왜 해는 동쪽에서 떠서 서쪽으로 지는가, 천둥과 번개는 왜 치는가, 밤하늘의 별자리는 무엇을 뜻하는가, 홍수와 가뭄과 같은 자연재해는 왜 생기는가 등등 직접적인 생산 활동과 관련이 없는 많은 질문들에 대한 답변과 해결이 이들의 임무였던 것입니다. 이러한 답변과 해결책이 어느 정도 쌓이면 이를 기록할 필요성이 나타나고 따라서 문자가 발생하게 됩니다. 그리고 이러한 문자로 기록된 내용을 다음 후계자에게 전달하기 위해서 학교라는 기구가 발생하였던 것입니다. 따라서 최초의 학교에서 가르쳤던 교육내용은 생산 활동과 전혀 무관한 것이었습니다. 고대 그리스 로마 사회의 교과목으로 정착된 '7자유학과(seven liberal arts)'나 중국 주나라의 교육과정이라고 하는 '예악사어서수禮樂射御書數' 등은 생산 활동과는 무관한 교육내용으로 구성되었던 것입니다.

본원적 교육에서 학교교육으로의 이행기, 즉 시기적으로는 고조선에서 삼국시대에 이르는 기간에서 우리가 주목해야 할 교육현상은 바로 화랑도 교육입니다. 화랑도 교육은 본원적 교육에서 학교교육으로 이행하는 과도기적 교육 형태로 규정할 수 있습니다. 일반적으로 고대 사회에서는 정복과 피정복의 전쟁이 일상화되어 있고 이를 위한 무사교육이 필수적이었습니다. 이러한 무사교육은 학교가 제도화되기 전의 과도기적 교육 형태로 남아 있었습니다. 서구의 경우 아테네와 스파르타의 교육에서 우리는 무사교육의 전형을 엿볼 수 있습니다. 아테네에서는 도시국가 방위를 위해 청소년들에게 5종 경기(경주, 레슬링, 높이뛰기, 원반 던지기, 창 던지기)를 훈련하는 김나지움을 만들고, 18~20세의 청년들은 의무적으로 군사훈련을 받도록 하였습니다. 스파르타에서도 지배계층의 자녀들에게 6~18세까지 공동 교육장에서 5종 경기 훈련을 받도록 하고, 18세에 군대에 입대하여 군사훈련을 받고 30세까지 실제로 전투에 참가하였던 것입니다.

화랑도 교육도 이런 의미에서 서구의 무사교육과 동일한 형태의 과도기적 교육이라고 할 수 있습니다. 그리고 과도기적인 교육이기 때문에 화랑도 교육은 본원적 교육과 학교교육의 양 측면을 동시에 가지고 있습니다. 김대문金大問의 『화랑세기花郞世紀』에서는 화랑도를 "도의로써 서로 연마하고, 노래와 가락으로써 서로 기뻐하며, 산수를 유람하여 즐기되 아무리 먼 곳이라도 찾아다니며, 그 사람의 올바름과 그릇됨을 살펴 그중 선한 자를 가려 조정에 천거한다(相磨以道義 相悅以歌樂 遊娛山水 無遠不至 知其人邪正 擇其善者 薦之於朝)"고 하였는데, 이 중에서 서로 연마한다든지 산수를 즐기는 것은 본원적 교육의 특징에 해당되고, 조정에 천거하여 관리가 되도록 하는 것은 제도 교육의 특징에 해당된다고 볼 수 있는 것입니다.

신채호는 신라의 화랑도 교육이 신라만의 고유한 제도가 아니라 고구려에도 화랑도와 유사한 '조의선인皂衣仙人'이 있었다고 주장하고 있으며, 최남선은 한韓의 소도를 지키는 무사인 '부루교단'도 화랑도와 유사한 무사집단으로 보고 있습니다. 따라서 화랑도 교육은 신라만의 특징적인 교육이 아니라 우리나라 삼국시대를 통틀어 본원적 교육에서 제도 교육으로 넘어가는 과도기의 교육이라고 할 수 있습니다.

학교교육의 성립 이후 전통교육은 세 가지 형태로 구분됩니다. 앞서 학교교육이 지배계급의 전유물이었다고 했지만, 근대 공교육체제의 성립 이전까지 피지배계급은 독자적인 학교를 갖지 못하였습니다. 그러나 그렇다고 해서 피지배계급에 대한 교육이 없었다고는 할 수 없습니다. 그것은 두 가지 형태로 이루어졌습니다. 그 한 가지는 지배계급이 피지배계급에 대해 실시한 일종의 이데올로기 교육으로 그 사회의 지배적인 이데올로기를 일반 백성들에게 주입하는 것을 말합니다. 이를 우리 전통 사회에서는 '교화敎化'라고 불렀습니다. 교화는 주로 불교나 유교의 이념을 다양한 방법을 통해 일반 백성들에게 전파하여, 백성들로 하여금 부지불식간에 이러한 이념에 동화되도록 하는 것을 의미합니다. 이것은 지배계급의 자기교육, 혹은 지배집단의 구성원이 되기 위한 교육으로서의 '교학敎學'과 대비됩니다. 교학이란 신라와 고려 사회에서 승려가 되기 위한 교육, 조선 사회에서 선비가 되기 위한 교육을 말합니다.

교화로서의 대서민교육을 일종의 이데올로기 교육이라고 했지만, 이것은 오늘날의 이데올로기 교육과 크게 다르지 않습니다. 현재 우리의 체제가 다른 어떤 체제보다도 우월하다는 것을, 아니 적어도 견딜 만하다는 생각을 불어넣는 것을 이데올로기 교육이라고 할 때, 이는 계급 성립 이후에 일관되게 지속되어왔던 것입니다. 앞서 지배계급의 비율이 전체 인구의 10%를 넘지 않는다고 했듯이 이러한 소수의 지배계급이 그들의 지배를 영속화하기 위해서는 무엇보다도 그들의 지배를 정당화할 수 있어야 했습니다. 이러한 지배질서의 정당화를 위해 반드시 필요한 두 가지가 바로 물리적 강제력과 이데올로기 창출, 즉 교화인 것입니다. 모든 지배집단은 반대 세력을 억제할 수 있는 물리적인 힘을 가져야 합니다. 그러나 물리적인 힘만 가지고는 그 체제의 안정을 꾀할 수 없습니다. 최초로 중국을 통일한 진秦나라가 불과 15년 만에 멸망했던 것은 이러한 물리적 강제력만 가지고 지배질서를 유지하려고 했기 때문이었습니다. 반면에 진나라보다 물리적 강제력에 있어서 열등했던 한漢나라가 400년 이상 존속할 수 있었던 것은 소위 덕치德治라고 하여 이데올로기를 통한 일반 백성들의 동의 창출을 성공적으로 수행했기 때문이라고 하겠습니다.

이러한 교학과 교화 이외에 전근대교육의 또 하나의 교육 형태로 피지배계급의 자기교육이 있습니다. 피지배계급의 자기교육은 종래의 본원적 교육과 같이 일상생활을 통해 생산 활동과 관련되는 지식을 배우는 것으로 이를 민중교육이라고도 부릅니다. 이러한 민중교육은 평상시에는 생산 활동에 직접 참가하면서 오늘날 각종 직업교육에 해당되는 지식을 배우는 것으로 이루어지지만, 사회 변혁기에는 새로운 대항 이데올로기를 전파하고 습득하는 활동으로 전개되기도 합니다. 고려 말의 미륵신앙의 전파나 한말의 동학이 그 대표적인 예라고 할 수 있습니다.

이처럼 우리의 전통교육을 지배계급의 자기교육으로서의 교학과 지배계급의 피지배 계급에 대한 교화, 그리고 피지배 계급의 자기교육인 생산교육으로 구분할 때, 많은 불필요한 논쟁을 줄일 수 있습니다. 예컨대 얼마 전 공자를 살리느냐, 죽이느냐 하는 논쟁으로 대표되는 전통에 대한 계승 논쟁은 이러한 측면에서 볼 때 전통교육의 한 단면만을 부각시키고 있는 것으로 볼 수 있습니다. 즉 전통의 계승을 주장하는 쪽에서는 주로 교학의 측면에서, 그리고 폐기 내지는 극복을 주장하는 사람들은 교화의 측면에서 논의를 전개하고 있는 것입니다. 교학과 교화는 동전의 양면과 같아 어느 한 측면만을 계승하거나 폐기하는 것은 불가능합니다. 전통에 대한 논의는 항상 양 측면을 균형 있게 바라보는 시각을 필요로 합니다.

학교 붕괴 촉진론과 학교 성역화론

최근에 학교 붕괴가 심각한 문제로 거론되고 있습니다. 학교 붕괴는 현상적으로 학생들이 수업을 회피하거나 거부하고, 교사들의 통제에 대해 불응하거나 저항함으로써 정상적인 학교교육이 이루어지지 못하는 상황을 말합니다. 구체적으로는 수업과 과제에 대한 태업, 교사의 지도에 대한 불응과 공공연한 저항, 일상적인 부등교不登校나 불출석의 증가로 나타납니다. 한마디로 학생들에 의해 교사의 지도력이나 통제권이 거부, 회피당함으로써 나타나는 교육과정의 파행현상인 것입니다. 그러나 이러한 현상에 대해 뜻밖에도 많은 식자들이 오히려 "붕괴되어야 할 것은 빨리 붕괴되어야 한다(붕괴 촉진론)"고 주장하여 우리를 놀라게 하고 있습니다.

'붕괴 촉진론'을 주장하는 사람들은 아이들과 어른들의 삶의 분화가 심해지고 사회변화의 속도가 빨라지면서 더 이상 획일적인 대량생산에 맞추어 만들어진 학교가 학생들의 다양한 요구를 수렴할 수 없기 때문에 가급적 빨리 붕괴되어야 한다고 주장합니다. "19세기 교실에서 20세기 교사가 21세기 학생들을 지도한다"는 말이 지난 세기 유행했듯이, 학교 붕괴의 기본적인 책임과 원인이 이러한 변화를 수용하지 못하는 학교와 교사에 있다고 보는 것입니다. 따라서 당연히 그 해결책도 학교 이외의 새로운 대안을 찾거나(대안학교나 가정학교), 붕괴된 학교체제 위에 경쟁과 수요자의 선택권이 보장되는 새로운 학교체제를 구축해야 한다고 봅니다. 공교육을 축소하여 상당 부분을 민영화하고 축소된 공교육도 수요자의 기호에 따라 재구조화해야 한다는 것입니다. 아마도 이들이 바라는 궁극적인 모습은 탈학교 교육일 것입니다.

이러한 주장에 대해 비판적인 견해도 있습니다. 이 견해에 따르면 학교 붕괴는 반공동체적인 소비문화가 학교에까지 침투하면서 나타난 현상이라고 봅니다. 이러한 소비문화에 길들여진 일부 학생들이 교육내용을 오직 재미를 기준으로 파악하고, 교사를 식당 웨이터로 이해하면서 공동체 문화와 권위를 주장하는 교사들과 갈등을 빚는 현상이라는 것입니다. 특히 최근의 신자유주의적 교육개혁의 슬로건인 '소비자 중심의 교육'은 이러한 개인주의적 학생들의 입장을 강화시켜 학교 붕괴를 가속화하였다고 보는 것입니다. 일부 교사들의 경우에도 학습자의 흥미와 욕구에 따른 '재미 위주의 교육(edutainment)'을 유능한 교사를 판가름하는 유일한 준거로 삼으면서, 사제관계의 전통적 끈을 놓아버렸다고 보는 것입니다. 따라서 이 관점에 서 있는 사람들은 학교 붕괴는 공동체적 소유구조의 회복과 공교육의 강화를 통해 해결해야 한다고 주장합니다.

저는 물론 후자의 입장을 지지합니다. 오늘날의 사회는 '생활=교육'으로 가기에는 너무나 타락했기 때문입니다. 이런 황량한 사회에서 아이들에게 사회 속에서 배우라고 하는 것은 그들을 버리는 것과 같습니다. 지금은 탈학교 교육이 필요한 시기가 아니라 오히려 학교를 성역화해야 할 때입니다. 학교는 소비 중심의 문화가 침투할 수 없는 도량道場이 되어야 합니다. 이런 관점에서 보면 학교 붕괴라는 사회적 이슈는 트로이 목마와 같이 자본이 우리를 현혹하는 '가짜 이데올로기'인지도 모릅니다. 지난 세기 동안 인류가 구축한 공교육체제는 자본이 침투하기 어려운 것이었습니다. 왜냐하면 학교에서는 항상 '물건을 아껴 써라.' 하고 가르치기 때문이었습니다. 그런데 이제는 가짜 이데올로기에 의해 이런 학교를 없애고 시장논리에 따른 새로운 학교체제를 만들어야 한다고 합니다. 정말 그래야 할까요?

마음공부로서의 불교교육

21세기=마음교육의 세기

폴 바호벤 감독의 「토탈리콜」이라는 영화에서는 리콜이라는 시뮬레이션 장치로-주인공뿐만 아니라 관중들도-어느 것이 현실이고 어느 것이 가상인지 구별할 수 없도록 만들고 있습니다. 마치 장자가 꿈을 꾸었는데, 깨고 나니 장자가 나비 꿈을 꾼 것인지 나비가 장자 꿈을 꾼 것인지 구별되지 않는다고 하는 것과 같습니다. 영화만큼은 아니지만 요즈음은 컴퓨터를 잘 모르는 사람일지라도 가상현실, 버추얼 리얼리티, 사이버 스페이스 등의 단어를 알고 있습니다. 그리고 오락실에 가서 손의 움직임을 그대로 반영해주는 데이터 장갑(Data Glove)과 헤드셋(VR Head Set)이라는 장비를 이용하여 현실과 동일한 가상세계를 즐길 수 있게 되었습니다.

가만히 돌이켜 생각해보면 사이버 세계란 결국 우리의 마음이 만들어낸 허상에 지나지 않습니다. 어둑어둑한 저녁 숲 속을 걸어가다가, 길에 떨어진 새끼줄을 뱀으로 보고 놀라는 것과 무엇이 다른가요? 새끼줄을 뱀으로 만드는 것은 결국 우리의 마음입니다. 그렇다면 우리 마음은 왜 새끼줄을 뱀으로 보는 것일까요? 그것은 우리의 마음이 허하기 때문입니다. 이때에는 조용히 눈을 마음속으로 돌려 무엇이 뱀을 만들었는지 살펴보아야 합니다.

21세기를 정보화 사회, 정보 사회, 혹은 지식기반 사회 등 다양한 이름으로 부르고 있습니다. 이러한 사회에서 교육의 궁극적인 모습은 가상공간 속에서의 체험이 될지도 모릅니다. 학생들은 아마존의 환경을 공부하기 위해 가상공간 속에서 실제보다도 더 생생한 아마존의 자연을 체험할 수 있을 것입니다. 또 조선시대의 정치사를 알기 위해 피비린내 나는 사화士禍를 사이버 공간에서 직접 경험할 수도 있을 것입니다. 이러한 사이버 공간에서의 체험이『아마존의 자연환경』이나『조선시대의 사화』라는 책을 읽고 생각하는 것과 같은 것일까요? 얼핏 생각하면 사이버 공간 속의 체험은 직접 경험과 같기 때문에 간접 경험인 책보다 훨씬 효과적일 것이라고 생각하기 쉽습니다. 그러나 책과 사이버 체험의 차이점은, 전자가 우리의 마음을 내부로 향하도록 한다면 후자는 외부로 향하도록 한다는 데 있습니다. 따라서 이러한 가상공간 속의 체험이 어떤 방식으로든 내 마음속에 거꾸로 비춰지지 않는 한, 그것은 숲 속의 뱀처럼 '헛것'에 지나지 않을 수가 있습니다. 백 년 묵은 여우가 아름다운 여자로 변신하여 우리의 정기를 빼앗아 가듯이, 자신의 마음을 관觀하지 않는 사이버 체험은 우리의 마음을 더욱더 허하게 만들 뿐입니다.

사이버 공간 말고도 21세기는 사람들의 정기, 마음을 뺏는 환경들로 가득 찰 것입니다. 이러한 환경 속에서 마음을 잃지 않고 지키기 위해서는 자신의 마음을 관하는 공부가 무엇보다도 필요합니다. 그래서 21세기를 '마음교육의 시대'가 될 것이라고 합니다. 그리고 이러한 마음교육은 우리의 전통적인 불교교육에서 그 전형을 찾을 수 있습니다.

불교교육의 출발＝중생심

불교교육은 유교교육과 함께 우리 전통교육의 양대 기둥이라고 할 수 있습니다. 그러나 어느 교육사 책을 보아도 유교교육에 대해서는 상세히 다루고 있지만, 불교교육이 어떻게 이루어졌는지 소개하고 있는 책은 찾아보기 어렵습니다. 그 이유에는 여러 가지가 있겠지만, 그중의 한 가지는 불교교육은 유교교육과는 달리 교육내용이나 교육기관 등에 있어서 그 정형을 찾기 어렵기 때문이라고 볼 수 있습니다. 왜냐하면 불교교육의 목적은 결국 자신의 마음공부를 통하여 깨달음에 이르는 것이고, 그 경지에 이르는 길은 헤아릴 수 없이 많기 때문입니다. 하지만 마음이 깨달음에 이르는 주체이고 동시에 수단인 까닭에-비록 그 수행과정은 다양하다고 할지라도-불교교육의 출발과 끝은 결국 자신의 마음이라고 할 수 있습니다.

불교의 입문서라고 할 수 있는 『대승기신론大乘起信論』에서는 교육의 출발을 중생심衆生心이라 하고, 또 이를 '큰 수레(大乘)'라고 하고 있습니다. 큰 수레란 물론 '작은 수레(小乘)'에 대비되는 말로, 자신만의 깨달음이 아니라 여러 중생들을 함께 깨닫게 한다는 의미입니다. 그렇다면 이 수레는 어디로 가는 수레일까요? 이 수레는 깨달음의 세계, 해탈의 세계로 갑니다. 문제는 깨달음으로 가는 수레, 즉 중생심이 두 측면으로 구성되어 있다는 것입니다. 그 한 가지는 진여眞如입니다. 진여는 다른 말로 불성佛性이라고도 합니다. 즉 '모든 생명체는 부처가 될 씨앗을 가지고 있다'고 할 때의 씨앗이 바로 불성인 것입니다.

중생심의 또 다른 측면은 생멸生滅입니다. 생멸이란 우리 마음이 끊임없이 상념想念에 시달리는 측면을 지칭하는 것입니다. 모든 생명체는 생로병사生老病死라는 과정을 끊임없이 반복합니다. 그리고 모든 무생물들은 이루어지고(成), 진행하고(住), 쇠퇴하고(壞), 사라지는(空) 과정을 끊임없이 반복합니다. 그리고 우리의 마음은 뭉게구름처럼 피어나고(生), 그 생각이 한동안 머물며(住), 다른 생각으로 변했다가(異), 사라지는(滅) 과정을 끊임없이 반복하게 됩니다. 생멸이란 바로 우리 마음의 피어나고 사라지는 측면을 나타낸 것입니다.

상념은 깨닫지 못함에서 피어납니다. 깨닫지 못함을 무명無明이라고 합니다. 즉 무명에서 우리의 온갖 상념이 나타나는 것입니다. 상념 중에서 가장 근본적인 상념을 업식業識이라고 합니다. 생전 처음 만난 사람인데 전에 어디선가 꼭 만난 것 같은 느낌이 들 때가 있습니다. 혹은 처음 간 곳인데 전에 꼭 한 번 와본 것 같은 느낌이 들 때가 있습니다. 심리학에서는 이를 기시감既視感이라고 합니다. 불교에서는 이를 전생의 업으로 설명합니다. 즉 많이 본 것 같은 사람이나 장소는 전생에 함께 만났거나 살았던 사람이나 장소라는 것입니다. 업식은 이와 같이 전생의 업에 의해 발생하는 상념이며, 따라서 가장 근원적인 상념인 것입니다.

업식 다음에 생기는 상념을 전식轉識이라고 합니다. 전식은 한마디로 '나'라고 하는 상념입니다. 우리는 태어날 때에는 '나'라는 생각이 없지만 점차 다른 어떤 것과 구별되는 나라고 하는 상념을 갖게 됩니다. 가령 아무리 얇고 몸에 착 붙는 옷을 입고 있어도, 그 옷을 나라고는 생각하지 않습니다. 나는 그 옷 속에 있는 그 무엇이라고 생각하는 것입니다. 그런데 과연 나라고 하는 항상적恒常的인 존재가 있기는 있는 것일까요? 내 몸은 나일까요? 아니면 나라고 생각하는 것이 나일까요? 내 몸이 나라면 아침에 먹은 밥은 나일까요, 아닐까요? 그것이 소화되기 전이면 내가 아니고 소화되었다면 나일까요? 그러나 나라고 생각하는 내 몸은 끊임없이 생겨나는 세포와 끊임없이 소멸하는 세포의 연속선상에서 어느 지점에 불과합니다. 즉 항상적인 나는 존재하지 않으며 따라서 그것이 존재한다고 생각하는 것은 잘못된 상념인 것입니다.

전식에 이어 나타나는 상념이 현식現識입니다. 현식은 인식 대상에 대한 상념입니다. 즉 나와 구별되는 어떤 인식 대상이 있다는 상념이 바로 현식인 것입니다. 현식 다음에 나타나는 상념이 지식智識입니다. 지식은 현식에서 한걸음 더 나아가 인식 대상을 서로 구별하려는 상념입니다. 저 앞에 있는 나무가 이 앞에 있는 나무와 서로 다르다든지, 같은 나무라고 해도 이것은 줄기이고 저것은 잎이라든지 하는 식으로, 인식 대상을 서로 구별하는 상념이 지식인 것입니다. 지식에서 한발 더 나아간 상념은 상속식相續識입니다. 상속식은 말 그대로 특정한 인식 대상에 대한 상념이 지속되는 것을 말합니다. 내가 이 사람과 저 사람을 구별한다고 할 때, 다른 사람이 아닌 바로 그 사람에 대한 생각이, 공부를 할 때나 밥을 먹을 때나 계속될 때, 그것이 바로 상속식인 것입니다. 그리고 이러한 상속식이 계속되다 보면 그 상속식의 대상을 소유하려는 생각, 집착하는 마음이 나타나게 됩니다. 이를 집취식執取識이라고 부릅니다.

집취식이 계속되면 어떻게 될까요? 집취식이 계속되면 우리의 삶은 번뇌의 지옥이 됩니다. 백팔번뇌라는 말도 있듯이 인간의 모든 번뇌는 상념에서 비롯됩니다. 따라서 우리가 번뇌에서부터 벗어나려면 이러한 상념을 끊어버려야 합니다. 집취식에 이어 상속식을 끊어버리고 다시 지식을 끊어버리고 현식, 전식 그리고 마침내 업식까지 끊어버리면 우리는 깨달음의 경지에 도달할 수 있습니다. 상념을 끊어버리는 것과 관련하여 앞의 세 가지, 즉 업식·전식·현식을 가는 상념(細念)이라고 하고 뒤의 세 가지, 즉 지식·상속식·집취식을 굵은 상념(麤念)이라고 부릅니다. 상속식이나 집취식은 워낙 강렬하기 때문에 쉽게 끊을 수 없을 것처럼 보입니다. 그러나 굵은 상념은 굵기 때문에 오히려 우리 자신이 쉽게 알아차릴 수 있습니다. 그래서 오히려 쉽게 끊어버릴 수도 있습니다. 반면 가는 상념은 가늘기 때문에 쉽게 알아차릴 수가 없습니다. 우리가 어떤 생각을 할 때 '나'라고 하는 것을 빼고 생각할 수 있나요? 물론 불교의 한 갈래 중에는 우리의 일상적인 상념에서 '나'를 빼고 생각하는 것을 수련의 주요 방법으로 삼는 종파도 있습니다. 그러나 그러한 방법은 상념을 끊어버리기 위한 일반적인 방법은 아닙니다.

상념을 제거하기 위한 일반적인 방법을 선정禪定이라고 합니다. 선정은 고요히 정좌하고 앉아 상념을 한 군데 집중했다가 그 집중된 생각마저 끊어버리는 것입니다. 벽을 마주하고 9년간이나 앉아 있거나(面壁九年), 밤이고 낮이고 일체 눕지 않은 채 수행하는 것(長坐不臥)은 모두 상념을 끊어버리기 위한 것입니다. 이러한 선정을 통해 모든 상념을 제거하면 마음은 거울처럼 맑아지고 우주 삼라만상의 진리가 있는 그대로 마음에 드러나게 됩니다. 마치 숲 속에 있는 호수에 바람이 불면 물결이 일어 주위의 모습이 드러나지 않지만, 바람이 그쳐 수면이 거울처럼 잔잔해지면 주위에 있는 나무와 풀, 그리고 하늘의 별이 있는 그대로 비춰지는 것과 같습니다. 가야산 해인사의 이름인 '해인海印'이 바로 이러한 비유에서 나온 이름이라고 합니다. 즉 숲 속의 호수가 잔잔해지면 주변의 모습만이 비춰지지만, 만약 넓은 바다가 말 그대로 거울처럼 잔잔해지면 우주 삼라만상의 모습이 있는 그대로 바다(海)에 찍히게 된다(印)는 것입니다.

우리의 마음이 잔잔해지면 모든 진리를 깨우칠 수 있게 된다는 것은 불교의 마음관 중에서 팔식설八識說에 근거하고 있습니다. 팔식설은 우리의 마음이 여덟 가지 구조로 되어 있다는 주장인데 지금까지 동서양을 통틀어 마음에 대한 연구 중 가장 깊이 있는 것으로 알려져 있습니다. 팔식설에 따르면 인간의 의식은 전오식前五識, 의식意識, 말나식末那識, 아뢰야식阿賴耶識으로 구성되어 있습니다. 먼저 전오식은 우리의 감각적인 의식입니다. 우리가 흔히 오감이라고 하는 눈으로 보고(眼), 귀로 듣고(耳), 코로 냄새 맡고(鼻), 혀로 맛보고(舌), 피부로 느끼는(身) 마음이 전오식입니다. 제6식인 의식은 우리의 일상적인 사고과정을 말합니다. 즉 생각하고 판단하고 추론하는 마음이 의식입니다. 제7식인 말나식은 자기중심적인 사고를 말합니다. 그래서 말나식은 프로이트의 무의식 이론 중 이드(id)의 특징과 같다고 합니다. 마지막으로 우리 마음의 가장 깊은 곳에 아뢰야식이 있습니다. 아뢰야식은 다른 말로 장식藏識이라고도 하는데, 우리의 모든 말과 행동, 생각이 저장되는 장소입니다. 가령 내가 지금 어떤 생각을 하는 순간, 그 생각은 씨앗이 되어 나의 아뢰야식 속에 저장됩니다. 행동이나 말도 마찬가지입니다.

팔식설의 핵심은 바로 아뢰야식에 있습니다. 아뢰야식은 불교의 수행자들이 참선이나 요가를 통해 발견했다고 합니다. 아뢰야식은 인간의 가장 심층적인 의식이고 그리고 모든 생명의 기초가 된다고 합니다. 왜냐하면 아뢰야식은 현행의 생각만 저장되는 것이 아니라 생명체가 지금까지 무수한 윤회를 거치면서 생각하고 말하고 행동한 모든 것을 씨앗으로 간직하고 있기 때문입니다. 그래서 이러한 아뢰야식의 특징을 대뇌 생리학자들의 "인간의 두뇌는 지구의 역사를 간직하고 있다"라는 주장과 같다고 말하는 사람도 있습니다. 진화론과 같이 인간은 아메바 같은 단세포 동물에서 진화한 존재이기 때문에 인간의 아뢰야식 속에는 아메바 시절부터 물고기와 원숭이 시절까지의 경험이 모두 씨앗으로 존재한다고 할 수 있다는 것입니다.

불교에서는 수행을 통해 자신의 아뢰야식을 볼 수 있다고 말하고 있습니다. 석가모니가 제자들과의 대화에서 자주 자신의 전생에 대해 얘기하듯이, 깨달음의 경지에 이르면 자신의 아뢰야식에 들어 있는 모든 정보를 알 수 있다고 합니다. 그 속에는 물론 전생의 자신이 경험한 모든 우주 삼라만상에 대한 정보도 들어 있는 것입니다.

아뢰야식에 저장되는 경험이 모두 씨앗의 형태로 저장된다는 것은 그것이 현행에 다시 영향을 미치기 때문입니다. 내가 행한 행동은 그 즉시 나의 아뢰야식 속에 저장되었다가 나의 다음 행동에 영향을 미칩니다.

그래서 지금 나의 모습은 전생을 포함한 나의 생각과 행동과 말의 결과이고, 미래의 모습은 지금 나의 생각과 행동과 말에 의해 결정됩니다. 이것이 바로 업보業報인 것입니다. 선행을 계속한 사람은 그 사람의 생각과 말과 행동, 그리고 전체적인 모습에서 그것이 드러납니다. 나이 마흔이 되면 얼굴에 책임을 져야 된다는 말은 이런 맥락에서도 이해될 수 있습니다.

불교교육의 방법=훈습

우리가 끊임없이 상념에 시달리는 것은 무명無明, 즉 깨닫지 못함이 부지불식간에 끊임없이 우리 마음에 영향을 미치기 때문입니다. 이처럼 부지불식간에 영향을 미치는 것을 훈습薰習이라고 부릅니다. 훈습은 연기나 냄새가 몸에 배는 것과 같습니다. 삼겹살을 구워 먹고 들어가면 식구들이 금방 알아차립니다. 훈습은 삼겹살 냄새와 연기와 같은 것입니다. 그러나 무명만이 내 마음을 훈습하는 것은 아닙니다. 우리 마음속에 불성이 있고 그것을 진여라고 한다고 했듯이, 진여도 끊임없이 우리 마음을 훈습합니다. 정신없이 바쁘게 살아가다가 문득 '내가 이렇게 살아도 되는 것인가', 혹은 '산다는 것이 정말 무엇인가'라는 생각이 드는 것은 바로 이 진여가 훈습하기 때문입니다.

진여의 훈습에는 두 가지가 있습니다. 그 한 가지는 자신의 마음속에 있는 진여가 훈습하는 것이고, 또 한 가지는 다른 사람의 진여가 훈습하는 것입니다. 전자를 진여자체상眞如自體相 훈습이라고 부르고, 후자를 진여용眞如用 훈습이라고 부릅니다. 불교에서는 전자가 인因, 즉 내적 원인이 되고 후자가 연緣, 즉 외적 계기가 되어 이 두 가지의 결합에 의해 깨달음에 이를 수 있다고 합니다. 진여용 훈습에 사섭四攝이라는 것이 있습니다. 사섭은 베푸는 일(布施), 격려하는 말(愛語), 바른 행동으로 이끄는 일

(利行), 학습자의 수준에서 함께하는 것(同事)을 말하는데 이를 '교사의 자세'라고 부릅니다. 따라서 불교교육의 목표가 깨달음이라고 한다면 교육방법이란 결국 진여의 훈습을 말하는 것입니다. 그리고 진여의 훈습 중 진여자체상 훈습은 학습자 자신의 노력에 의한 것이고, 진여용 훈습은 교사의 역할이라고 할 수 있습니다.

훈습과 관련하여 한 가지 생각해보아야 할 문제가 돈오점수頓悟漸修입니다. 성철 스님이 돈오점수가 아니라 돈오돈수頓悟頓修가 맞다고 해서 커다란 논쟁이 된 이 문제는 사실 훈습과 밀접하게 관련되어 있습니다. 돈오돈수의 입장에서는 깨달으면 곧 부처인데, 부처가 되어 또다시 무슨 수행이 필요한가라고 주장합니다. 그러나 돈오점수의 입장에서는 깨달음이라는 것은 무명에 의한 훈습이 더 이상 일어나지 않는 것, 달리 말해 더 이상 상념이 발생하지 않음을 의미한다고 봅니다. 비유하자면 다음과 같습니다. 우리의 마음이 호수와 같다면 이 호수에는 두 개의 유입구가 있습니다. 한 유입구에서는 계곡에서 깨끗한 물이 흘러들어 오고, 또 한 개의 유입구에서는 공장 폐수와 생활 오수가 섞여 더러운 물이 흘러듭니다. 전자가 진여에 의한 훈습이고 후자가 무명에 의한 훈습입니다. 깨달음이란 내 마음속에서 더 이상 상념이 일어나지 않는 것이기 때문에 더 이상 더러운 물이 내 마음의 호수에 흘러들지 않음을 말합니다. 그렇다고 해서 내 마음이 바로 깨끗해지는 것은 아닙니다. 내 마음이 깨끗해지려면 계곡의 맑은 물은 계속해서 흘러들어 와야 합니다. 다시 말해 깨달음 후에도 진여에 의한 훈습은 계속되어야 하고, 따라서 이를 점수라고 한다는 것입니다.

진여자체상 훈습은 출가해서 머리를 깎은 후의 모든 활동을 통해 자신의 마음을 닦는 일이라고 할 수 있습니다. 정식으로 비구 혹은 비구니가 되기 전 단계에서 절 안의 온갖 잡일을 해야 하는 행자승의 일부터,

구족계를 받고 정식으로 비구나 비구니가 되어 전국을 돌아다니며 경전 공부와 참선을 하는 것도 모두 진여자체상 훈습이라고 할 수 있습니다. 그러나 역시 교육의 중심은 경전 공부와 참선이라고 할 수 있습니다.

신라와 고려 사회의 불교교육에서 경전 공부와 참선을 통한 수행이 어떻게 이루어졌는지 자세히 알기는 어렵습니다. 다만 신라시대인 830~840년경 엔닌(圓仁)이라는 일본 중이 당나라에 가서 불법을 구한 『입당구법순례기入唐求法巡禮記』에, 장보고가 세웠다고 전해지는 적산원赤山院이라는 절에서 행해진 경전 강좌에 대해 소개하고 있어 당시 신라 사회의 경전교육을 짐작케 합니다.

오전 8시경에 강의를 알리는 종을 쳐 대중들에게 알리고 얼마의 시간이 흐른 다음 대중이 강당으로 들어온다. 다시 대중에게 자리를 잡도록 알리는 종을 치면 강사가 법당으로 올라와 고좌에 앉고 대중은 같은 목소리로 탄불歎佛하는데, 그 음곡은 모두가 신라의 것이지 당음唐音이 아니다. 강사가 자리에 오르기를 마치면 탄불을 멈춘다. 이때 아래 자리에 있는 한 승려가 범패梵唄를 외는데…… 범패 읊기를 마치면 강사가 불경의 제목을 읊으면서 그 제목을 삼문三門으로 나눈다. 제목의 풀이를 마치면 유나사維那師가 앞으로 나와 고좌에서 먼저 오늘 모임의 이유를 설명하고 시주의 이름과 그가 바친 물건을 밝힌다. ……발원을 마치면 논의자들이 질문을 제기한다. 질문을 하는 동안 강사는 주미塵尾를 들어 질문자의 말을 듣는다. 질문을 마치면 주미를 들었다 놓으면서 질문해준 것을 사례한 뒤 대답한다. 질문을 하고 그에 대답하는 방식은 일본과 같지만 다만 교리의 어려움을 지적하는 방식(難儀式)은 다소 다르다. 강사가 손을 옆으로 하여 세 번 오르내린 뒤 질문에 대답하기 전에 어떤 논의자가 갑자기 어려움을 제기하는데 그 목소리는 마치 화가 난 사람과 같아 한껏 외치며 논박한다. 강사가 그 어려움을 지적받고서는 그에 대해서 대답하면 다시 어려움을 제기하지는 않는다. 논의를 마치면 독경에 들어간다. ……강사가 예반禮盤에 올라가면 한 승려가 삼례를 외고 다시 대중과 강사가 한 목소리로 삼례를 따라 외운 뒤 법당을 나와 방으로 돌아간다.

[다음날] 다시 복강사覆講師 한 명이 고좌의 남쪽 아래에 앉고 그 전날 강사가 강의한 문장에 대해 대화를 나눈다. 어떤 뜻이 있다고 여겨지는(如含義) 구절에 이르면 강사는 그 대목을 문장으로 만들어 그 뜻을 풀이하고 복강사가 또한 그것을 읽는다. 그 전날 강의한 문장(講文)의 읽기를 마치면 강사는 즉시 다음 문장을 읽는다. 매일 하는 일이 이와 같다.

위의 인용문에서 보듯이 불경에 대한 강의 의식은 오늘날 승가대학에서 이루어지는 '논강論講'이나 '문강問講'과 비슷한 형태로 진행되었음을 짐작할 수 있습니다. 그리고 위에서 강사가 강의할 경전을 삼문三門으로 나누었다는 것은 서분序分, 정종분正宗分, 유통분流通分을 말하는 것으로, 경전의 각 구절을 일일이 해석해준 것이 아니라 그 대강의 뜻을 나누어 강의했다는 것을 의미합니다. 어쨌거나 질문자가 마치 화가 난 사람처럼 논박했다는 것으로 보아 경전에 대한 강의는 매우 활발한 토론의 과정을 거쳐 이루어졌다고 생각됩니다.

신라 후기에 유입되어 우리나라 불교에 지대한 영향을 준 선종의 경우 경전 공부보다는 참선을 통한 깨달음을 중요시했습니다. 선禪은 자신의 본성(自性)을 깨닫는 그 자리에서 바로 부처가 된다고 하기 때문에, 어떤 교리나 경전을 논리적으로 탐구하여 들어갈 수 있는 경지가 아니라 깨닫는 공부를 열심히 하여 견성見性하면 부처가 된다는 것입니다. 선의 기본 수행방법은 우리 마음속에 일어나는 모든 상념을 끊어버리는 선정입니다. 이러한 선정의 방법에는 크게 화두선話頭禪, 묵조선黙照禪, 염불선념佛禪의 세 가지가 있습니다. 화두선은 가장 많이 활용되는 선정의 방법으로 상념을 끊어버리기 위해 상념을 한 군데로 집중하기 위한 생각할 거리입니다. 어느 소설에 나오는, '병 속에 새를 키우다가 새가 커서 날려 보낼 때가 되었는데 병을 깨지 않고 새를 날려주는 방법은 무엇일까'와 같은 딜레마도 유명한 화두 중의 한 가지입니다. 이 밖에도 '만법이 하나로 돌아가니 하나는 어디로 돌아가는가(萬法歸一)'나, '부모에게서 태어나기 이전에 너의 모습은 어떠한가(父母未生前)', '죽어서 한 줌의 재가 되면 너의 주인공은 어느 곳에 있는가(死了燒了)' 등이나 '네 눈앞의 현재 마음의 작용은 무엇인가(目前一機一境)' 등의 화두는 처음 공부하는 자에게 흔히 부과하던 것이었습니다. 묵조선은 아무 말도 하지 않고 자신의 마음을 관조하는 선정의 방법입니다. 묵조선을 시작하면 수행자는 '묵언默言'이라는 팻말을 방문에 붙여놓습니다. 이후 그는 깨달음에 도달할 때까지 말을 하지 않습니다. 염불선은 소리를 내거나 혹은 마음속으로 끊임없이 염불을 하면서 선정에 드는 방법입니다.

선의 수행은 경전 공부와는 달리 근본적으로 수행자 스스로의 고행과 노력에 의해 이루어지기 때문에 스승의 역할이 중요하지 않을 것이라고 생각하기 쉽습니다. 하지만 거꾸로 경전에 대한 공부는 스승이 없이도 가능하지만 선은 반드시 스승이 있어야 가능합니다. 왜냐하면 깨달음의 수준은 그 경지를 넘은 스승만이 알 수 있는 것이기 때문입니다. 이런 측면에서 승가교육, 특히 선원교육에서 스승의 가장 중요한 역할은 제자의 수준이나 단계에 대한 정확한 평가라고 할 수 있습니다. 그래서 스승은 제자가 선문禪門에 들어오는 순간부터 날카로운 관찰력으로 인재의 고하를 감정하고, 갖가지 기략으로 깊이를 시험하고, 일문일답으로 끊임없이 혼란을 주어 근기根機를 살펴야 한다고 말하는 것입니다. 그리고 이러한 평가를 통해서만이 방棒과 할喝이라는—수행 단계에서 수시로 나타나는—역치(閾峙, threshold)를 뛰어넘도록 하는 특단의 교육방법이 이용될 수 있는 것입니다.

방과 할이란 제자가 깨달음의 문턱에서 더 이상 진전하지 못하고 있을 때 몽둥이로 때리거나, 제자의 귀에 큰 소리를 질러 그 순간 깨달음의 문턱을 넘도록 하는 방법입니다. 이를 다른 말로 '줄탁동시啐啄同時'의 교육방법이라고도 하는데, 줄탁동시란 새가 부화하여 알을 깨고 나오려는 것과 어미 새가 새끼가 쉽게 나올 수 있도록 알 껍데기를 부리로 쪼아주는 것이 동시에 일어나야 한다는 것입니다.

이후 제자를 때리는 몽둥이는 길이 5자, 넓이 1자 정도로 만들어져 '죽비'라는 이름으로 정착되었습니다. 죽비는 좌선할 때나 다리의 혈액 순환을 위해 경행經行할 때 스승이 사용하는 무기가 되었습니다. 먼저 좌선 중에 졸음을 참지 못하는 제자의 등을 칠 때 소리는 크고 아프지 않은 죽비가 효과적으로 활용되었습니다. 그리고 경행이 극도로 빨라졌을 때 갑자기 제자의 멱살을 잡고 화두에 대해 물어보고, 대답하는 말을 기다렸다가 바로 죽비로 치면서 다그치는 데 죽비가 아주 유용하게 사용되었던 것입니다.

'마음공부법'이라는 교과

전통적 교육의 핵심은 "마음이 일어나는 곳을 관찰하는 것"입니다. 대안학교의 하나로 알려진 경주화랑고등학교에는 다른 학교에는 없는 교과목이 하나 있습니다. 그것은 '마음공부법'이라는 과목입니다. 이 과목은 1998학년도에 신설된 6단위 특성화 필수 과목으로, 화랑고등학교를 화랑고등학교이게 하는 가장 중요한 과목입니다.

마음공부법의 교과는 주로 마음대조 일기의 작성과 이에 대한 지도교사의 감정으로 운영됩니다. 이 교과를 듣는 학생들은 누구나 마음대조 일기를 써야 합니다. 마음대조 일기는 "생활하면서 겪게 되는 많은 사람, 사물, 상황, 환경, 일을 따라 일어나는 마음의 상태와 변화의 작용을 면밀히 바라보고 그것을 일기로 기재"하는 것입니다. 여기서 자신의 마음 변화를 알아차리는 것을 '경계 발견'이라고 하는데, 이것이 이 과목의 핵심이라고 할 수 있습니다. 화랑고등학교에서 자체 제작한 『마음공부』라는 교과서에 실린 일기를 한 부분 소개하면 다음과 같습니다.

> 가게를 보다 피곤해서 잠깐 누웠는데 깜박 잠이 들었다.
>
> "아저씨 색종이 주세요." 하는 소리에 깜짝 놀라며 잠이 깬다. 약간의 짜증이 올라온다.
>
> "아, 이런 경우에 이런 마음이 나오는구나." 그 순간 마음을 본다.
>
> 다시 누웠더니 누가 또 올까봐 근심이 된다.
>
> "아, 이런 경우엔 이런 마음이 나오는구나." 그 순간 마음을 본다.
>
> 한참을 누웠는데 아무도 안 오니 편하다.
>
> "아, 이런 경우엔 이런 마음이 나오는구나." 그 순간 마음을 본다.

마음공부법의 단계는 다음과 같이 네 단계로 정리할 수 있습니다.

> 제1단계: 내 마음을 요란하게 하는 그 경계를 바라보는 단계.
>
> 제2단계: 내 마음을 요란하게 하는 경계를 통하여 내 마음을 반조하는 단계.
>
> 제3단계: 내 마음의 본원을 각성하여 원래 마음(본성)을 회복하는 단계.
>
> 제4단계: 경계와는 상관없이 내 마음이 편안해지는(定, 慧, 戒) 단계.

3

방棒과 할喝의 교육적 의미

체벌과 폭행

옛날 수로水滾화상이 칡을 캐고 있던 스승 마조馬祖에게 물었습니다.

"조사祖師께서 서쪽에서 오신 뜻이 무엇입니까?"

"좀 더 가까이 오라. 그러면 말해주겠다."

수로가 마조에게 가까이 가자 마조는 갑자기 수로의 가슴팍을 걷어찼습니다. 수로는 땅바닥에 벌렁 넘어졌습니다.

이 이야기는 우리나라에서 걸핏하면 발생하는 승려 간 폭력사태가 아닙니다. 이 이야기는 불교교육의 유명한 일화입니다.

"발로 걷어차는 것이 교육이라고?"

그렇습니다. 발로 걷어차고, 또 몽둥이로 때리는 것은 중요한 교육적 행위입니다. 물론 이러한 교육 행위를 아무에게나 사용하지는 않습니다. 아주 사랑하는 제자가 아니면 스승은 결코 때리지 않습니다. 위의 일화는 다음과 같이 이어집니다.

수로화상은 스승 마조에게 걷어차인 바로 그 순간 크게 깨달았습니다.

그래서 일어나서 자신도 모르게 큰 소리로 웃었습니다. 마조가 물었습니다.

"너는 어떤 도리를 보았느냐?"

수로가 대답하였습니다.

"그 수많은 법문들(百千法門), 셀 수도 없는 오묘한 근원적인 뜻(無量妙義)을 이 한 가닥의 터럭 끝에서 깨달았습니다."

한동안 교사의 학생 체벌이 심각한 사회문제로 대두되더니, 최근에는 학생의 교사 폭행이 물의를 빚고 있습니다. 얼마 전 경북 김천지역의 어느 여자 고등학교에서는 한 학생이 담임선생님을 발로 걷어찬 일이 발생하였습니다. 이 학생은 학생부장 선생님에게 휴대폰을 빼앗겼는데, 담임선생님에게 이를 찾아달라고 요구하다가 거절당하자 발로 걷어찼다는 것입니다. 걷어차인 담임교사는 무엇을 깨달았을까요?

체벌은 중요한 교육적 행위임에 분명합니다. 물론 교사가 때린다고 해서 다 체벌이라고 할 수는 없습니다. 체벌은 동기 자체가 교육적이어야 한다는 전제가 있어야 합니다. 그렇지 않다면 폭행과 다를 것이 없습니다. 그렇다면 동기가 교육적인지 여부는 누가 결정하나요? 체벌을 믿지 않는 많은 학부형들은 근본적으로 다음과 같은 회의를 가지고 있습니다. 즉 왜 교사의 폭행은 체벌이라고 부르고 학생들은 폭행이라고 부르는가? 교사가 학생을 때려도 된다면, 학생도 교사를 때릴 수 있는 것이 아닌가?

일반적으로 체벌은 학생의 잘못된 행위에 대한 응징이라는 의미로 받아들여집니다. 즉 잘못된 행위를 반복하지 않도록 하기 위한 교육적인 조치로 정당화됩니다. 그러나 체벌의 의미는 꼭 여기에만 한정되지 않습니다. 체벌의 진정한 의미는 그것을 통해 학생이 정신적으로 크게 성장 혹은 성숙하게 되는 것입니다. 많은 위인전에서 발견할 수 있듯이, 스승의 체벌을 통해 평범한 삶에서 비범한 삶으로 도약한 예가 얼마나 많은 가요?

간화선의 전래와 그 교육적 메커니즘

우리나라의 불교는 선종입니다. 그중에서도 간화선看話禪을 위주로 하는 선종입니다. 선종이 우리나라에 들어오기 시작한 것은 신라 중기부터입니다. 최초로 전해진 선은 제4조인 도신(道信, 580~651)의 동산종東山宗이라고 합니다. 동산종은 법랑法朗이라는 신라승에 의해 전해졌는데, 그는 귀국하여 그 법을 신행(神行, 704~779)에게 전하고, 그 법은 다시 지증智證에게 이어져 마침내 9산선문九山禪門의 하나인 희양산파曦陽山派를 형성케 하였습니다. 그러나 지증의 희양산파와 조동종 계열인 이엄(利嚴, 870~936)의 수미산파須彌山派를 제외하고는, 신라의 9산선문은 모두 마조(馬祖道一, 709~788)의 홍주종洪州宗 계열이었습니다. 앞에서 제자를 발로 걸어찬 마조는 사실 육조혜능 이후 선의 역사에서 가장 중요한 인물이었습니다. 일찍이 육조혜능(六祖慧能, 638~713)은 제자인 남악(南岳, 677~744)에게 "그대의 발 아래에서 말 한 마리가 나와 천하 사람들을 발길질로 차죽이리라"고 예언하였는데, 그의 말대로 마조는 중국 선종사에 있어서 위대한 스승이 되어 수많은 제자들을 깨달음의 길로 인도하였습니다.

홍주종의 전래는 신라의 도의선사道義禪師에서 시작됩니다. 도의는 선덕왕 5년(784) 당으로 들어가 강서의 홍주洪州 개원사開元寺에서 마조의 제자 서당지장(西堂智藏, 735~814)의 법을 받았습니다. 그리고 다시 "하루 일하지 않으면 하루 먹지 마라(一日不作 一日不食)"는 백장청규百丈淸規로 유명한 마조의 또 다른 제자 백장회해(百丈懷海, 720~814)에게 참배하고, 헌덕왕 13년(821) 귀국했습니다. 도의의 법은 염거廉居와 체징體澄을 거쳐 후에 가지산파迦智山派를 형성하였습니다. 또한 도의와 함께 서당에게서 공부한 홍척洪陟은 지리산 실상사를 개창하여 실상산파實相山波를 만들었으며, 혜철惠哲(785~861) 또한 헌덕왕 6년(814) 서당에게 심인心印을 받아 후에 동리산파桐裏山派를 만들었습니다. 그 밖에 마조의 또 다른 제자 장경회휘章敬懷暉에게 법을 받고 봉림산파鳳林山派를 만든 현욱(玄昱, 787~868), 마곡보철麻谷寶徹의 법을 이은 성주산파聖住山派의 무염(無染, 800~888), 남전보원南泉普願의 선을 전한 사자산파獅子山派의 도윤(道允, 798~868), 염관제안鹽官齊安의 선을 전한 사굴산파闍崛山派의 범일(梵日, 810~889) 등, 이들은 모두 마조의 선을 신라에 보급하였던 것입니다.

고려시대에도 많은 승려들이 중국에 들어가 선을 수학하였습니다. 특히 혜거慧炬와 그의 제자들에 의해 유입된 법안문익法眼文益의 법안종은 고려 초의 선풍 흥기에 크게 기여하였습니다. 그러나 법안종은 대각국사 의천(義天, 1055~1101)이 천태종을 세우자 모두 천태종에 흡수되고, 고려 중기에는 다시 보조국사 지눌(知訥, 1158~1210)이 나와 선풍을 크게 진작하였습니다. 지눌은 중국의 다양한 선과 신라의 선, 그리고 화엄을 중심으로 한 교학을 융합한 조계曹溪 선풍을 진작하여 우리나라의 독자적인 선사상을 정립하였습니다. 특히 지눌에 의해 강조된 간화선看話禪은 진각혜심(眞覺慧諶, 1178~1234)을 거쳐 절정에 달해, 중국보다는 오히려 고려에서 그 전통이 계승되고 일반화되었던 것입니다. 간화선은 오늘날에도 우리나라 승려들의 참선수행에 있어서 주된 실천방법이 되고 있습니다.

간화선은 화두라는 교육적 메커니즘을 만들어놓고 그 속에 제자를 밀어 넣는 교육방법입니다. 화두라는 말 자체가 '말(話)' '이전(頭)'을 의미하듯이 화두는 논리적으로 따져서 이해할 수 있는 것이 아니며, 따라서 말이나 글로 설명해줄 수 있는 것도 아닙니다. 그러나 모든 화두는 궁극적으로 한 가지 문제, 즉 "나의 참 자기(自己)는 무엇이며 어디에 있는가?"라는 의문으로 모아지도록 설계되어 있습니다. 깨달음이란 결국 이러한 화두를 '깨뜨려버리는' 것으로, 간화선은 결국 자신의 전 존재를 건 의심과 이 의심의 타파라고 하는 두 개의 단계로 수행의 단계를 단순화하였던 것입니다.

화두에는 부처와 역대 조사들이 겪은 깨달음과 관련된 모든 일화가 포함됩니다. 따라서 화두는 총 1,700여 개에 달한다고 합니다. 수행하는 자가 자신이 붙들고 씨름하는 하나의 화두에 집중하여 그것을 깨뜨릴 수만 있다면 나머지의 화두들도 즉시 해결된다고 합니다. 따라서 자신이 붙들고 있는 화두가 잘 해결되지 않는다고 해서 그 화두를 버리고 다른 화두로 옮아가서는 안 됩니다. 마찬가지로 결코 스스로에게 부과된 화두를 안이하게 긍정해서도 안 되며, 또 제멋대로 사려분별을 자행해서도 안 되며, 오직 모든 의식을 사려가 미치지 않는 곳에 집중시켜 마음이 화두 외에 다른 곳으로 달아날 수 없도록 해야 합니다. 이를 송대의 유명한 선승인 대혜종고(大慧宗杲, 1089~1163)는 "마치 늙은 쥐가 소의 뿔 가운데로 들어가서 막다른 벽에 부딪치게 되는 것과 같은 것"이라고 표현하였습니다.

화두에 집중하는 모습을 가장 잘 보여주는 글은 "위대한 도에는 문이 없다(大道無門)"는 게송과 『무문관無門關』이라는 화두집으로 유명한 무문혜개(無門慧開, 1183~1260) 선사의 글입니다. 그는 조주趙州의 "개에게는 불성이 없다(狗子無佛性)"라는 화두를 가지고 수행하는 모습을 다음과 같이 묘사하였습니다.

360의 뼈마디와 8만 4,000의 털구멍을 포함한 전신에, 이 의심(疑團)을 일으켜 '무無'자에 참여하라. 밤낮으로 떨쳐 일으켜 허무의 덩어리를 짓지 말고 있다거나 없다거나 하는 덩어리도 짓지 마라. (그렇게 하면) 마치 뜨거운 쇳덩이(熱鐵丸)를 삼킨 것과 같아서 토하고 또 토해도 나오지 아니한다. 종전의 잘못된 앎과 깨달음을 다 탕진하고 오래오래 무르익어(純熟) 자연스럽게 안과 밖이 하나로 된다면, 벙어리가 꿈을 꾼 것과 같이 단지 스스로만 알 수 있을 뿐으로 갑자기 탁 트이면 하늘이 움직이고 땅이 놀랄 정도에 이른다. (그때가 되면) 관우 장군의 큰 칼을 탈취하여 수중에 넣은 것과 같아서 부처를 만나면 부처를 죽이고 조사를 만나면 조사를 죽여 삶과 죽음의 백척간두에서 대자재大自在를 얻어 육도사생六道四生의 한가운데를 향해 유희 삼매하리라.

위의 인용문에서 깨달음의 순간을 "갑자기 탁 트이면 하늘이 움직이고 땅이 놀랄 정도에 이른다"고 했듯이, 자신의 전 존재를 던진 의심과 이의 타파는 매우 극적이며 또한 돌발적인 것입니다. 깨달음의 체험은 지금까지 방죽에 갇혀 있던 물이 갑자기 둑이 무너져 흘러내리는 것과 같습니다. 즉, 마음의 작용을 구속하는 메커니즘이 사라져 마음이 거침없이 자유롭게 작용하여 숨어 있던 역동성을 유감없이 발휘하는 것입니다. 또 나의 시야를 가리고 방해하던 모든 것이 사라지고 새로운 천지가 눈앞에 전개됩니다. 그 천지는 한없이 넓어져 시간의 궁극에까지 도달하며 지금까지 시간과 공간에 한정되어 있던 것들이 이 경지에 일단 들어서면 엄청난 활동의 자유를 체득합니다. 그래서 마음의 활동 가능성은 그 한계를 가늠할 수 없게 됩니다. 이러한 깨달음의 순간을 선승들은 다음과 같이 다양한 방식으로 표현하고 있습니다.

먼저 화지일성化地一聲이라는 표현이 있습니다. 여기서 화化는 부지불식간이라는 뜻으로 화지일성은 땅이 갈라지면서 번뜩 나오는 소리입니다. 또 땅이 폭발하는 소리(噴地一發 혹은 爆地一聲), 홀연히 땅이 갈라지고 끊어짐(忽然爆地斷), 홀연히 땅이 바스라지고 파괴됨(忽然碎地破) 등과 같이 자신을 버티고 있는 존재 기반이 허물어지는 것처럼 표현하기도 합니다.

혹은 부대가 갑자기 찢어짐(打失布袋), 통이 급작스레 터짐(打破漆桶)과 같이 비연속의 연속, 무분별의 분별을 체험하는 것으로 나타내기도 하며, 싹 쓸어버려 텅 비어버림(掃破太虛空), 또는 온 누리가 허공처럼 쓸려가버림(十方虛空悉消隕) 등과 같이 자신을 구속하던 구질구질한 장애물들이 마치 장마에 쓸려가듯 눈앞에서 사라지는 것처럼 그리기도 합니다.

할喝은 악! 하고 큰 소리로 소리치며 꾸짖는 것입니다. 마조가 백장에게 한 번 '할'했는데 그 소리를 들은 백장이 사흘이나 귀가 먹고 눈이 캄캄하였다는 기록이 있듯이, 할의 기원도 역시 마조에서 비롯됩니다. '덕산방德山棒 임제할臨濟喝'이라는 말을 통해서 알 수 있듯이 할은 특히 임제종 계열의 선승들에 의해 많이 활용되었습니다. 할도 방과 마찬가지로 깨달음의 문턱에 도달한 제자에게 흔히 사용하는 교육방법이었던 것입니다.

그러나 방과 할은 문자적 의미에 한정되어 반드시 몽둥이로 때리고 큰 소리로 꾸짖는 것만을 의미하는 것은 아닙니다. 『무문관無門關』이라는 책에 있는 '구지수지俱胝竪指'라는 화두를 살펴보겠습니다.

구지俱胝화상은 언제나 질문을 받으면 손가락 하나를 들어 보였습니다. 구지화상을 모시는 동자가 한 사람 있었는데 사람들이 그 동자에게 "화상이 어떤 설법을 하는가?" 하고 물으면, 동자도 또한 손가락 한 개를 들어 보였습니다. 구지화상이 이를 듣고 동자를 불렀습니다. 그리고 미리 준비한 날카로운 칼로 재빨리 동자의 손가락을 잘라버렸습니다. 동자는 너무 아파서 큰 소리로 울면서 뛰어나갔습니다. 바로 그때 등 뒤에서 구지화상이 동자를 불렀습니다. 동자가 머리를 돌려 뒤를 돌아보았습니다. 구지화상은 손가락을 하나 들어 보였습니다. 그때 동자는 홀연 깨달았습니다. 구지화상이 동자의 손가락을 자름으로써 동자는 막다른 골목으로 내몰렸습니다. 손가락을 잘린 후 구지화상이 손가락을 들자, 동자는 자신이 이제 스승의 흉내를 내는 것이 불가능함을 깨달았습니다. 그러자 흉내 내는 자신으로부터 해방되어 참된 자기로 우뚝 서고자 하는 용솟음이 일어났습니다. 구지화상이 몸과 마음의 모든 정기를 기울여 세운 손가락과 그것을 흉내 낸 손가락을 잘림으로 말미암아 동자는 자신의 낡은 껍질을 깨고 자유의 천지로 뛰어나갈 수 있었던 것입니다.

근접발달 영역과 비계설정

구성주의 교육학의 용어 중에 근접발달 영역(ZPD, Zone of Proximal Development)이라는 말이 있습니다. 이 말은 학습자가 혼자서 문제를 해결할 수 있는 현재의 인지영역에서 가장 가까이 있는 다음 단계의 잠재적 발달 영역을 말합니다. 그런데 이 영역은 학습자 혼자서 쉽게 나아갈 수 있는 것이 아니라 반드시 교사의 도움을 받아야 도달할 수 있다고 합니다. 비계설정(scaffolding)이란 이러한 근접발달 영역에 들어설 수 있도록 교사가 건너갈 수 있는 '발판'을 만들어주는 것을 말합니다.

비계설정이 의미하듯 학습이란 벽돌을 쌓아가듯이 한 장 한 장 쌓아 올라가는 것은 아닙니다. 피아제의 조절(assimilation)이라는 개념이 의미하듯이 아동은 자신이 이미 가지고 있는 가설이나 개념적 틀로써 설명할 수 없는 현상을 만날 때, 기존에 자신이 가지고 있는 가설을 버리고 새로운 가설이나 개념틀을 형성하게 됩니다. 그때 새로운 가설이나 개념틀의 형성은 비약적이고 돌발적으로 이루어지며 따라서 상당한 심리적 갈등을 수반합니다. 따라서 비계설정을 통한 아동의 성장 또한 심각한 심리적 갈등을 통해 이루어진다고 볼 수 있습니다.

이러한 비약을 불교교육에서는 역치閾峙, 즉 문지방이라는 말로 표현합니다. 학습이란 완만한 경사를 오르듯 축적되는 것이 아니라, 비약입니다. 백척간두진일보百尺竿頭進一步라는 말이 있듯이 학습자가 서 있는 자리는 아찔한 장대의 끝입니다. 여기서 한발 내디디는 것은 곧 천길 낭떠러지로 떨어지는 것처럼 여겨집니다. 이것이 역치입니다. 방과 할은 제자로 하여금 바로 이 문턱을 뛰어넘게 하는 방법입니다. 스승의 입장에서 생각해봅시다. 수많은 낮과 밤을 수행하여 겨우 깨달음의 문턱에 도달한 제자가 지금 눈앞에 있습니다. 한발만 내밀어 이를 뛰어넘기만 하면 바로 깨달음의 세계인데 그는 주저하고 있는 듯이 보입니다. 이러한 제자를 보는 스승의 마음은 얼마나 안타까울 것인가요?

물론 만두모형 교육관에서 깨달음은 궁극적으로 자기 자신에게 달려 있습니다. 사실 그것은 누구도 대신해줄 수 있는 것이 아닙니다. 다음의 일화를 살펴봅시다.

향엄(香嚴, ?~898)은 백장의 제자로서 스승이 돌아가시자 위산(潙山, 771~853)의 처소로 갔습니다. 위산도 역시 백장의 제자이지만, 향엄보다 나이가 훨씬 많았기 때문입니다. 이때 위산은 다음과 같이 향엄에게 물었습니다.

"함께 백장선사 밑에서 좌선을 했지만 너의 지혜가 상당히 뛰어나다는 것은 누구나 인정하고 있다. 그런데 지혜로 선을 이해할 수 있다면 그 이해 방법은 분별을 넘어서는 것이어야 할 것이다. 너에게는 선의 진리에 관해 별도의 깊은 통찰이 있다고 생각하는데, '삶과 죽음의 큰일(生死大事)'에 관하여 너의 견해를 한번 들려주지 않겠는가? '부모가 태어나기 이전의 너의 면목'에 대해 어떤 것인지 말해보라."

'부모가 태어나기 전의 면목(父母未生前)'이라는 화두도 매우 유명한 것입니다. 그렇지만 이 말에 향엄은 아무런 대꾸도 할 수 없었습니다. 자신의 방으로 돌아와 스승 백장에게서 들은 여러 가지 설법에 관한 자료를 찾아보면서 좋은 답이 없을까 고민해보았습니다. 그렇지만 적당한 답을 발견할 수 없었습니다. 며칠을 고민하다가 그는 거꾸로 위산의 거처에 가서 그 답을 가르쳐달라고 부탁했습니다. 그러나 위산은 다음과 같은 말로 향엄의 부탁을 거절했습니다.

"실제 나로서도 너에게 마땅히 가르쳐줄 것이 없다. 만일 무언가를 가르쳐준다 하여도 후일 너는 도리어 코웃음 칠 것이다. 내가 말한 것도 결국 나의 깨달음일 뿐 너의 것은 결코 아니다."

이 말을 듣고 향엄은 매우 실망했습니다. 그는 사형인 위산이 인정머리라고는 조금도 없는 사람이라고 생각했습니다. 그리고 아무리 혼자 궁리해도 결론이 나지 않자 그는 결국 다음과 같이 다짐했습니다.

"선불교가 이렇게 지겨운 것이라면 모두 그만두고 지금까지 써왔던 기록을 모두 불살라버리자. 그리고 선에 대한 열정을 완전히 집어던져버린 후 앞으로 남은 삶, 세상을 등지고 고독한 불제자로서 생애를 마무리하자. 혼자 해결할 수도 없고 남으로부터 가르침도 받을 수 없다고 한다면 그것은 헛된 정열에 불과하지 않은가. 이제 그런 일에 마음 졸이지 않고 단지 비속한 중으로 남은 생을 보내리라."

이렇게 결심하고 향엄은 위산의 처소를 떠나 남양南陽 충국사忠國寺 절터에 작은 암자를 짓고 살았습니다. 어느 날 뜰 앞을 쓸고 있는데 기와 조각이 빗자루에 쓸려 대나무에 부딪쳐 '딱.' 하는 소리가 났습니다. 그 소리와 함께 강렬한 섬광이 그의 가슴을 쏠고 지나갔습니다. 암자로 돌아온 향엄은 목욕을 하고 위산이 있는 곳을 향해 큰절을 하였습니다. 만약 그때 위산이 답을 자신에게 가르쳐주었다면 도리어 지금의 체험을 방해했을 것이라는 생각이 들자 더욱 감사하는 마음이 생겼습니다.

위의 일화에서 볼 때 앞에서 마조가 수로화상을 발로 찬 것이나, 백장에게 큰소리를 친 것, 그리고 구지화상이 동자의 손가락을 자른 것은 불필요한 짓이었는지도 모릅니다. 그래서 선불교에서는 이를 '노파심老婆心'이라는 말로 표현합니다. 노파심이라는 말은 임제臨濟선사가 황벽黃檗

선사 밑에서 깨달은 기연과 관련된 일화에서 나옵니다.

임제는 황벽의 밑에 들어가 3년간 한결같이 정진하였습니다. 이 모습을 보고 황벽의 수좌 스님이 감탄하여 "너는 조실 스님에게 들어가 법을 물은 적이 있는가?" 하고 물었습니다. 임제가 무엇을 물어야 할지 모르겠다고 하자, 수좌는 무엇이 불법의 정확한 뜻인지를 물어보라고 하였습니다. 임제가 바로 황벽에게 가서 이를 물었는데, 묻는 말이 끝나기도 전에 황벽은 대뜸 임제를 후려쳤습니다. 임제가 내려오자 수좌가 물었습니다.

"어찌 되었는가?"

"묻는 말이 끝나기도 전에 대뜸 내려치시니 무슨 뜻인지 모르겠습니다."

"그렇다면 다시 묻도록 하게."

다시 가서 물으니 황벽은 또 임제를 때렸습니다. 이렇게 세 차례를 얻어맞고 임제는 수좌에게 말했습니다.

"다행히 스님의 자비로 큰스님께 세 번 가서 물었으나 세 번 다 얻어맞았습니다. 저는 업장이 두터워 깊은 뜻을 깨닫지 못함을 스스로 한탄하고 이제 하직하고 떠나야겠습니다."

수좌가 말했습니다.

"가려거든 큰스님께 인사나 하고 가게."

임제가 하직 인사를 하자 황벽이 말했습니다.

"다른 곳으로 가지 말고 고안高安 여울가의 대우大愚 스님에게 가거라."

임제가 대우 스님께 이르자 대우가 물었습니다.

"어디서 왔느냐?"

"황벽 밑에 있다가 왔습니다."

"황벽이 무슨 말을 하던가?"

"제가 세 번 불법의 긴요한 뜻을 묻다가 세 번을 다 얻어맞았는데, 저에게 어떤 허물이 있는지 모르겠습니다."

이때 대우 스님이 말했습니다.

"어허, 황벽이 그토록 간절한 '노파심'으로 너 때문에 수고하였는데 다시 여기까지 와서 허물이 있고 없고를 묻느냐?"

이 말에 크게 깨우친 임제는 황벽에게 되돌아와 그 법통을 이었습니다.

노파심이란 말 그대로 손자를 걱정하는 할머니의 마음입니다. 손자의 입장에서 보면 할머니가 걱정하는 말은 불필요한 잔소리로 들릴 것입니다. 위의 일화에서 임제는 아마 황벽이 때리지 않아도 저절로 깨달음에 도달했을지도 모릅니다. 그러나 만약 그렇지 않다면 어쩔 것인가요?

방과 할이 가능하기 위한 가장 중요한 조건은 스승이 제자의 학습 단계를 정확히 파악하고 있어야 한다는 것입니다. 문턱에 도달하지 못한 제자에 대한 방과 할은 말 그대로 폭력일 뿐입니다. 선종의 교사론敎師論을 체계적으로 정리한 회산계현晦山戒顯은 『선문단련설禪門鍛鍊說』이라는 책에서 승려를 가르치는 장로의 가장 중요한 임무는 제자들의 근기根機, 즉 학습 단계를 정확히 파악해야 하는 것이라고 하였습니다.

> 선중禪衆에 들어오면, 먼저 날카로운 관찰력으로 인재의 고하를 감정하고 다음에는 갖가지 기략으로 학인學人의 깊고 얕음을 시험하여 주인과 손을 세우고 일문일답으로 끊임없이 혼란을 주어 그 지혜의 여부를 살피면 학인의 근기가 저절로 드러난다.

방과 할이 학생의 발달 단계에 정확히 일치해야 함을, 다른 말로 줄탁동시啐啄同時라고 표현하기도 합니다. 줄啐은 병아리가 알에서 깨어나기 위해 안에서 쪼는 것을 말하고, 탁啄은 어미 닭이 밖에서 알 껍데기를 쪼아주는 것을 말합니다. 이 두 가지가 동시에 일어나야 성공적인 깨달음이 이루어질 수 있다는 것입니다.

당의정식 교육의 극복

인도에는 요가와 베다 경전을 교육하는 중등 단계의 전통교육기관으로 구루꿀이라는 것이 있습니다. '구루'라는 말은 본本이라는 말입니다. 따라서 이곳은 학생들이 교사를 본받는 곳입니다. 학생들은 새벽 4시에 일어나서 베다 경전을 암송하고 찬물로 목욕하는 것으로 일과를 시작합니다. 교육내용에는 불(火)에 대한 기도와 요가 수업, 그리고 나우덤이라는 전통무예, 또 물가나 바위에 앉아 명상하는 것 등 다양한 내용이 포함됩니다. 특히 명상은 침묵하는 법을 배우는 것으로, 이 학교에서는 침묵하는 법을 배우는 것이야말로 진실한 말을 하는 인간이 되는 가장 중요한 방법으로 간주하고 있습니다.

또 불교가 국교인 태국에서는 중등 단계의 연령에 도달한 아이들은 누구나 1년 정도 사미승이 되어 불교를 체험하도록 하고 있습니다. 이런 교육을 꼭 종교교육이라고 생각할 필요는 없습니다. 이러한 교육의 보다 중요한 의미는 '질풍 노도의 시기'라고 하는 중등 단계의 학생들에게 전통적인 수행방법을 통해 자기극복과 자기내면으로의 탐구를 할 수 있는 기회를 제공해준다는 것입니다. 우리나라에도 많은 절에 승가대학이 있고 또 참선 도량이 있습니다. 그렇지만 대부분 성인인 승려들을 교육하기 위한 곳으로 정말로 중요하고 꼭 필요한 중등 단계의 학생들을 위한 교육장이나 프로그램은 거의 없다고 할 수 있습니다. 물론 일부 사찰에서는 방학 중 참선 프로그램을 개설하여 중등학생들을 모집하고 있기는 하지만, 그 수도 적고 기간도 기껏해야 2박 3일이나 3박 4일에 불과한 실정입니다. 인간의 본능과 욕구를 최대의 공략처로 삼는 후기 자본주의 사회에서 학습자의 자기조절과 자기극복 능력은 어쩌면 자신을 보호하기 위한 유일한 수단일지도 모릅니다. 그리고 이러한 자기조절과 자기극복 능력은 일정기간의 집중적인 교육을 통해서만 길러질 수 있는 것입니다.

방과 할의 전제 또한 학습자의 끊임없는 자기극복 노력이라고 할 수 있습니다. 한마디로 공부는 학생 스스로 어려움을 참고 견디면서 해야 한다는 것입니다. 자기 편한 대로 살아가려는 자, 혹은 자포자기한 자를 우리의 전통교육에서는 최악의 학습자라고 합니다. 같은 맥락에서 불교 교육에서는 학습자의 자아실현을 목표로 하는 자연주의 교육을 '당의정식糖衣錠式 교육'이라고 비판합니다. 당의정은 약을 먹기 좋게 달콤한 껍질로 싼 것으로, 자연주의 교육에서 학습자의 흥미나 동기를 고려하여 그들이 먹기 쉬운 형태로 교육이 이루어지고 있음을 비판하는 말입니다.

교육이 학습자가 가지고 태어나는 소질과 능력을 최대한 발현할 수 있도록 도와주는 것이어야 한다는 주장은 일면에서는 매우 타당하다고 볼 수 있습니다. 특히 입시 위주의 획일적 교육이 지배하고 있는 우리나라의 경우, 학습자의 다양한 능력을 신장시켜 자신의 소질과 취미에 맞는 교육이 이루어져야 한다는 필요는 어느 나라보다 절실합니다.

그런데 자아란 실현해야 할 대상이기도 하지만 한편에서는 극복해야 할 대상이기도 합니다. 장자는 인간이 가진 본성을 두 가지로 구분하여 모든 인간이 가진 공통적인 본성을 '하늘의 하늘(天之天)'이라고 하고, 각 개인이 가진 천부적인 재능을 '사람의 하늘(人之天)'이라고 하였습니다. 사람의 하늘의 경우 학습자가 원하는 것, 혹은 원하지 않더라도 온갖 방법으로 흥미를 유발하여 가르치는 것은 방법론적으로는 상당한 효과가 있을 것입니다. 그러나 한편으로는 하늘의 하늘을 발견하기 위해 학습자 스스로 어려움을 극복했을 때 느낄 수 있는 성취감을 박탈하는 것이 될 수도 있습니다. 높은 산의 정상에 올랐을 때의 감격은 오르는 도중의 숱한 어려움이 있었기 때문에 가능한 것입니다. 케이블카로 정상에 올랐을 때 이와 같은 감격을 느낄 수 있겠습니까? 왜 우리 조상들은 '젊어 고생은 사서도 한다'라고 했을까요?

4

야단법석野壇法席
-불교의 사회교육

과학으로서의 불교와 미신으로서의 불교

몇 년 전 중앙 승가대 유승무 교수가 불교 신도 448명을 대상으로 조사한 바에 따르면, 우리나라 불교 신도들은 대부분 불교의 핵심교리조차 모르는 무식쟁이임이 밝혀졌습니다. 즉 삼법인三法印을 알고 있는 신도는 24.8%, 육바라밀六婆羅密을 알고 있는 신도는 34.2%, 팔정도八正道는 23.4%에 불과하였습니다. 심지어 신도가 되기 위해 받는 오계五戒에 대해서도 34%의 신도만이 '알고 있다'고 응답하였습니다. 반면 부처님의 원력에 대해 믿느냐는 질문에 81.6%의 신도들이 '믿는다'고 응답하여, 개인주의적 기복신앙이 신행생활의 토대가 되고 있음을 잘 보여주었습니다. 사실 이러한 조사가 아니더라도 우리는 입시철만 되면 전국의 절과 암자가 수험생을 둔 부모들로 북새통을 이루는 것을 매년 보고 있습니다. 이러한 신도들에게 불교는 용한 점쟁이나 무당과 다를 것이 없습니다. 그래서 신도 확보에 열성적인 일부 승려들은 사주팔자, 관상, 작명 등의 요구를 충족시켜주지 못하면 신도들을 잡아둘 수 없다고 하소연하기도 합니다.

불교의 근본 목표는 분명 마음공부를 통한 완전한 깨달음입니다. 그리고 불교 경전은 바로 그 마음공부 방법을 설한 부처의 말씀입니다. 부처는 자신의 가르침을 법칙(法, 다르마)이라고 하였습니다. 즉 자신의 말은 종교적인 진리가 아니라 '과학적인 진리'라는 것입니다. 그렇기 때문에 기복신앙에 대해 부정적인 사람들은 기복은 불교가 아니라 미신이라고 주장합니다. 또 이러한 기복신앙은 불교가 우리나라에 유입될 때, 기존의 샤머니즘과 습합하여 생긴 결과라고 주장하기도 합니다.

그러나 불교 경전의 많은 부분이 부처의 원력에 관한 것이고, 많은 불교 의례가 부처의 가피를 입기 위한 것이라는 점을 생각하면, 기복신앙을 불교에서 완전히 배제하기는 무척 어렵다고 할 수 있습니다. 특히 부처의 교법을 현교顯敎와 밀교密敎로 구분할 때, 밀교는 과학으로서의 불교를 주창하는 사람들을 크게 실망시키고 있습니다.

밀교는 대승불교가 발달을 거듭하던 4세기경, 당시 인도에서 성행하던 세속적인 주술 밀법이 하나의 경전인 '다라니陀羅尼'로 만들어지면서 성립된 분파입니다. 이때 주술에 사용되는 주문을 진언眞言, 즉 범어로는 '만트라'라고 하는데, 이를 일심으로 독송하면 성불할 수 있다는 것이 밀교의 핵심입니다. 밀교 경전의 특징은 경을 설하는 주체가 석가모니 부처에서 비로자나불 즉 대일여래로 대체되고, 여래의 신身, 구口. 의意의 삼밀三密에 의해 중생이 부처와 하나가 되는 경지로 들어갈 수 있음을 주된 내용으로 하고 있습니다. 구체적으로 손에 부처의 인계印契를 가지고(身密), 입으로 부처의 진언을 주창하여(口密), 마음도 부처의 심정이 되면(意密) 부처의 삼밀三密과 중생의 삼업三業이 감응해서 성불할 수 있다고 합니다. 또 진언의 불가사의한 힘을 믿어 '옴'이라든지, '옴마니받메훔'을 외움으로써 일체의 장애를 끊어버릴 수 있다고 주장합니다. 즉 '옴' 자를 한 번 부르면 그 공덕으로 죽은 뒤에 천상세계에 유전하는 업이 바로 끊어지고, '마' 자를 부르면 악귀들이 거주하는 아수라 세계에 윤회하는 업을 면하게 되며, '니' 자를 부르면 인간세계에 다시 태어나는 업을 없애주며, '받' 자를 부르면 축생에서 윤회하는 재난을 벗어나게 되며, '메' 자를 부르면 아귀의 세계에 떨어지는 고통을 면하게 해준다고 합니다. 그리고 마지막으로 '훔' 자를 부르면 죽은 뒤에 지옥에 떨어지는 업을 소멸시켜 준다고 합니다.

이처럼 밀교에서 부처의 가피력을 강조하는 것은 중생의 몸과 마음이 그대로 부처라고 하는 말과 모순됩니다. 그래서 그렇겠지만 밀교에서는 중생이 곧 부처라는 말은 이론상의 주장에 불과하며 우리가 성불할 수 있는 것은 부처를 믿고 따르는 신심信心과, 이미 이룬 부처가 베푸는 대비력大悲力이 서로 어울릴 때 잠깐 동안에 나타날 수 있는 것으로 봅니다.

밀교가 우리나라에 들어온 것은 7세기 중엽 명랑明朗법사에 의해서였습니다. 그는 선덕여왕 원년(632) 당으로 가서 4년간 밀교를 배우고 돌아왔으며, 문무왕을 도와 비법秘法으로 당나라 군대를 격파하였다고 합니다. 『삼국유사』에는 당 고종이 10만 대군을 일으켜 신라에 쳐들어오자 명랑이 경주 남쪽에 사천왕사라는 이름의 절을 세워 문두루(文豆婁, 만트라) 비법을 외우니, 풍랑이 일어나 당나라 배가 모두 침몰했다고 기록되어 있습니다. 또 명랑의 동시대에 밀본密本이라는 승려는 진언을 외워 선덕여왕의 병을 치유했으며, 그 밖에 혜통惠通, 불가사의不可思議, 현초玄超, 의림義林 등 많은 고승들이 밀교를 중국에서 배워와 전파하였습니다. 『왕오천축국전往五天竺國傳』으로 유명한 혜초慧超도 중국 장안에서 8년간 밀교를 배웠다고 기록되어 있습니다.

이처럼 많은 승려들이 밀교를 전파함으로 인해 신라에는 많은 진언 다라니가 유행했습니다. 진성여왕 때에는 여왕의 유모 부호鳬好와 그의 남편 위홍魏弘 등 몇몇 간신이 권세를 휘두르고 악정을 베풀자 '남무망국 찰니나제 판니판니 소판니 우우삼아간 부이사바하(南無亡國 刹尼那帝 判

尼判尼 蘇判尼 于于三阿干 鳧伊娑婆訶)'라는 다라니가 민간에 횡행하였습니다. 여기서 찰나나제는 여왕을 가리키는 말이며, 판니판니 소판니는 원망의 대상이 된 두 사람의 소판(蘇判, 장관급에 해당되는 벼슬)을 말하고, 우우삼아 간은 2~3인의 간신들을, 그리고 부이란 부호부인을 지적한 것입니다. 이처럼 악정을 풍자하는 데 불교의 다라니가 사용되었다는 것은 그만큼 밀교가 민중 속에 보급되어 있었음을 나타냅니다.

신라 후대 이후 한국 불교가 선불교적 특성을 나타내면서 승려들은 이러한 밀교에 대해 극히 부정적인 태도를 취하기 시작하였습니다. 나아가 염불과 경전 공부에 대해서도 높은 평가를 하지 않았습니다. 그래서 절에서는 상근기上根器는 참선을 하고, 중근기中根器는 경전을 보며, 하근기下根器는 염불을 한다는 말이 공공연히 전해져왔습니다. 이로 인해 승려들 사이에서는 참선을 하는 중들은 경전을 공부하거나 염불을 하는 중들을 경시하는 풍조가 있었으며, 이러한 풍조는 자연스럽게 신도들에게도 이어져 일반 신도들도 산사에서 수행하는 선승을 높이 평가하게 되었던 것입니다.

그렇다고 하더라도 불교가 종교인 한 그것은 종교의 두 가지 목적, 즉 우리의 마음을 다스려 완전한 깨달음에 도달하는 것과 현재의 삶을 즐겁게 해주고 내세의 행복한 삶을 보장해주는 것 중에서 어느 한 가지도 간과하기 어렵습니다. 특히 일반 백성들에게는 전자보다 후자가 중요하였으며 후자의 목적은 주로 불교의 각종 의례를 통해 이루어졌습니다. 각종 예불, 사월 초파일 행사, 성도제일 등 부처와 관련된 행사, 백중이나 방생 등 신도와 중생들을 위한 행사, 신도들의 생로병사와 관련된 각종 의례 등은 신도들에게 삶과 죽음 등 궁극적인 문제에 대한 신념과 선과 악, 진리와 거짓, 아름다움과 추함 등에 대한 가치체계를 형성케 할뿐만 아니라, 나아가 신도들의 보다 나은 삶을 보장해주는 것이 되어야 했던 것입니다. 이를 우리는 승려가 되기 위한 교육과 구분하여 '교화'라고 명명한 바 있습니다. 다음에는 이러한 불교의 교화가 누구에 의해 어떻게 이루어졌는지 살펴보겠습니다.

이판사판과 야단법석

이판사판理判事判은 이판理判과 사판事判의 합성어입니다. 이판은 참선과 경전 공부를 통해 수행을 전담하는 승려를 말하고, 사판이란 절의 살림, 즉 산림山林을 맡아 하는 스님을 말합니다. 우리말의 '살림'이라는 말은 사실 이 산림에서 유래된 것으로 이를 '산림産林'이라고 쓰기도 했습니다. 오늘날 불교에서 산림이란 말을 쓸 때는 수계산림受戒山林, 법화산림法華山林, 화엄산림華嚴山林처럼 일정한 기간 동안 어느 한 분야를 집중적으로 공부해서 지혜와 공덕을 쌓는 일을 말합니다.

이판과 사판의 구별은 화엄사상에서 비롯되었습니다. 화엄사상에서는 진리의 세계를 법계法界라고 부릅니다. 여기서 법이라는 말에는 사물이라는 의미와 진리라는 의미가 동시에 들어 있습니다. 화엄에서는 네 가지 법계를 설정하는데 이를 통해 사물의 세계와 진리의 세계의 관계를 보여줍니다. 먼저 사법계事法界는 현실의 세계 또는 사실의 세계를 나타냅니다. 철학적 개념으로는 현상의 세계입니다. 반면 이법계理法界는 리理의 세계, 즉 공空의 세계를 말합니다. 여기서 공은 무엇이 존재하지 않는다는 의미가 아니고, 관계성, 즉 연기로 존재하는 것을 말합니다. 따라서 이법계는 『반야심경』의 언어로 표현하자면 '색즉시공色卽是空'이라고 할 수 있습니다. 즉 형체가 있는 물질은 사실은 텅 비어 있다는 것입니다.

이사무애법계理事無碍法界는 현상의 세계와 이법의 세계가 서로 관철하고 있음을 말합니다. 즉 현상의 세계 속에 진리가 관통하고 있다는 것입니다. 이는 현실과 진리가 구별되지 않는다는, 다시 말해 진리는 이데아의 세계에 있는 것이 아니라 우리가 발 딛고 있는 현실에 있다는 것을 강조하는 말입니다. 그리고 마지막으로 사사무애법계事事無碍法界는 궁극적으로 있는 것은 현실의 사물, 즉 산이 있고 물이 있다는 것을 뜻합니다. 따라서 사사무애법계에서는 리理라든지 공空, 다시 말하여 원리나 이법이 발붙일 곳이 없습니다. 그렇다면 이는 사법계와는 어떻게 다를까요? 사사무애법계는 이사무애법계를 거치지 않으면 이해할 수 없습니다. 사법계에서의 산은 그냥 산이고, 물은 그냥 물이지만, 사사무애법계에서의 산과 물은 함께 어우러져 있는 산과 물입니다. 즉 산이 곧 물이고 물이 곧 산이며, 산 속에 물이 있고 물 속에 산이 있습니다. 산이 곧 물이라는 것을 상즉相即이라고 표현합니다. 즉 모든 대립되는 사물은 그 반대의 것을 포함하고 있다는 뜻입니다. 어둠은 빛을 포함하고, 위는 아래를 포함하고, 삶은 죽음을 포함하고 있습니다. 산 속에 물이 있다는 것은 상입相入을 뜻합니다. 내 속에 네가 있고 네 속에 내가 있는 것이 상입의 세계입니다. 이처럼 사事와 사事 사이 마음과 대상 사이의 막힘이 없는 무애無碍의 세계가 바로 사사무애법계의 세계인 것입니다.

천태종의 영향을 많이 받은 일본과는 달리 화엄종의 영향을 크게 받은 우리나라에서는 일찍부터 승가 조직의 역할 분담에 리와 사의 개념을 사용하였습니다. 그러나 이판과 사판의 구별이 보다 엄격해진 것은 조선시대의 억불정책 때문이라고 할 수 있습니다. 조선시대에는 국가의 강력한 억불정책으로 인해 승려의 수가 급격히 줄어들고 승려가 되는 이들의 자질도 떨어져, 불법을 이어가는 것 자체가 최고의 과제가 될 수밖에 없었습니다. 이러한 때를 당하여 이판의 중들은 부지런히 수행을 하여 불법이 끊어지지 않도록 하는 데 전념해야 했고, 또 사판의 중들은 불법을 잇는 이판승들을 먹여 살리기 위해 노력해야 했던 것입니다. 물론 이판과 사판을 겸했던 승려들도 있었는데 청허나 부휴, 벽암, 백고 등은 이판과 사판을 겸했던 승려들이었습니다.

　오늘날 '이판사판이다'라는 말은 막다른 골목에 처한 심정을 표현할 때 사용합니다. 조선시대에 중의 신분은 매우 낮았으며 심지어 이들은 도성 안 출입도 할 수 없었습니다. 따라서 조선시대에 중이 된다는 것은 인생의 막다른 골목에 도달했음을 의미하는 것이었고, 이판사판이라는 말은 이런 상황에서 "중이 되면 이판이 되든지 사판이 되든지 무엇이라도 되겠지"라는 의미로 사용되었던 것입니다.

　야단법석野壇法席 또한 불교용어입니다. 이 말은 말 그대로 법당이 아닌 곳, 숲 속이나 넓은 광장 등에 임시로 단壇을 마련하여 야외법회를 여는 것을 말합니다. 야외법회에는 법문을 듣기 위해 많은 사람들이 모여서 매우 소란스러웠기 때문에, 오늘날 야단법석은 소란스럽다는 의미를 가지게 된 것입니다. 야단법석의 기원은 분명하지 않습니다. 한 가지 추측해볼 수 있는 것은 그 기원이 무차대회無遮大會가 아닐까 하는 것입니다. 무차대회란 권력의 유무나 신분의 귀천을 가리지 않는 공개적인 대법회로 옛날 인도에서부터 부처님의 탄생 등을 축하하며 널리 사람을 모아 공양을 베풀고 법의法義를 연설하였다고 합니다. 중국에서는 양무제가 533년 2월 26일 금릉 동태사同泰寺에서 무차대회를 열었다는 기록이 있는데, 이때 운집한 대중이 자그마치 31만 9,642명이었다고 합니다. 우리나라에서도 신라시대부터 많은 무차대회를 개최하였고, 몇 년 전 내장산 백양사에서 무차대회를 개최한 일이 있습니다.

　한편에서는 야단법석이 신라 불교와 고려 불교의 대중화 과정을 나타내주는 말이며, 그 기원은 중국의 당대 그리고 오대五代 불교의 대중화 과정에서 생긴 것으로 보는 주장도 있습니다. 즉 옛날의 승려들 특히 야단법석꾼은 오늘날 기독교의 부흥전도사와 같이 심오한 경학을 강론했던 것이 아니라, 그림과 노래와 춤과 장기와 웅변을 통해 일반 대중들에게 불교를 전파하였다고 합니다. 그들은 화가인 동시에 성악가였으며 무용가였으며 무예인이었으며 또 연설가로서 그 대표적인 인물이 신라의 원효 스님이었다는 것입니다. 원효는 가는 곳마다 노래와 춤이 있어 떠들썩했으며(야단법석), '장애가 되지 않는(無得)' 도구들을(佛具) 이용하여 동네방네 돌아다니며 노래를 부르기도 하고 탈춤을 추기도 하였는데 이것이 바로 야단법석의 전형이라는 것입니다.

사실 원효 외에도 신라시대에는 민중교화를 위해 활약한 승려들이 많이 있었습니다. 예컨대 진평왕 대에서 선덕여왕 대까지 활약한 혜숙惠宿은 원래 화랑도였으나 스스로 머리 깎고 중이 되어 혜숙사라는 작은 초막에 살면서 민중들을 교화했다고 합니다. 또 원효와 오어사吾魚寺에서 교유한 혜공惠空은 작은 암자에 살면서 미치광이처럼 술에 취해 삼태기를 지고 노래와 춤을 추면서 거리를 다닌 까닭에 '삼태기를 진 화상(負簣和尙)'이라는 이름으로 유명하였습니다. 또 한 사람 원효와 동시대인인 대안大安이라는 승려는 특이한 옷차림을 하고 동발을 두드리며 '대안 대안.' 하고 노래를 불러 민중들을 교화하였다고 합니다.

야단법석이 격조 높은 신도들이나 고관대작이 아니라 일반 백성들을 교화하기 위한 법회를 뜻한다고 할 때, 이를 담당하는 승려들이 과연 원효나 혜숙, 혜공, 대안과 같은 훌륭한 고승들뿐이었을까요? 승려의 역할을 이판과 사판으로 구분할 때, 야단법석을 담당한 승려는 이판승이었을까요, 사판승이었을까요?

앞에서 한국 불교의 선불교적 전통에 대해 언급한 바와 같이, 신라 후대 이후 사판승은 이판승에 비해 한 수 아래인 승려들을 의미하였습니다. 왜냐하면 비록 모든 승려가 부처의 가르침에 따라 자비의 실천을 하고 있다고 하겠지만, 승려의 궁극적인 동기는 참선을 통한 득도라고 할 수 있기 때문이고, 사판승은 어떤 의미에서는 결국 이러한 득도를 포기한 승려를 의미하는 것이기 때문이었습니다. 또한 신도들의 입장에서 볼 때에도 자비의 중요성과 경전적 가치를 충분히 이해하더라도 그들에게 가장 훌륭한 수행자는 자비의 실천과는 거리를 두고 살아가는 산사의 선승이었던 것입니다. 이렇게 볼 때 한국 불교에서 이판과 사판은 단순한 역할 분담을 넘어서 사회적 위세의 차이를 의미하는 것이었습니다.

따라서 일반 대중들에 대한 사회교육으로서의 야단법석은 당연히 사판승들이 맡을 수밖에 없었다고 보아야 합니다. 그리고 사판승들은 불교에 대한 교양이 부족하기 때문에 자연히 윤회나 업, 인과응보와 같은 기본적인 교리들을 중심으로 설법을 하게 되었으며 이러한 설법은 결과적으로 불평등한 사회현실을 수용하도록 하는 지배 이데올로기의 역할을 하게 되었던 것입니다.

이데올로기로서의 불교교육

서구 중세 사회의 교회는 일상생활의 기본 단위였습니다. 일반 백성들의 일상적 삶은 교구를 중심으로 이루어졌으며, 개별 구성원들의 일상적인 삶도 교회의 행사를 중심으로 편성되었습니다. 이것은 한 개인의 출생과 더불어 행해지는 영세-견진-성체-고해-혼배-종부에 이르는 각 과정이 마치 오늘날의 초등학교-중학교-고등학교-대학-직장과 같은 '입문식'으로서의 삶의 단위를 형성하였음을 통해 충분히 짐작할 수 있습니다. 이처럼 일반 백성들의 입문식을 담당하는 교회의 사제들은 충분한 교육을 받지 못한 경우가 태반이었습니다. 이들은 엄격한 기준도 없이 모집되었으며, 기껏해야 주임신부의 집전을 보좌하면서 받은 변변치 못한 교육이 전부였습니다. 더구나 그들이 구제해야 할 일반 백성들은 기독교 이외에 다양한 신앙과 의식들, 즉 주술신앙이나 자연신앙으로부터 영향을 받고 있었습니다. 이러한 상황에서 일반 민중들에게 전파된 기독교 신앙은 참으로 그들의 생생한 감정이자 생활 체험이었던 집단 종교와 결코 구별되지 않았습니다.

따라서 서구 중세 마을 교구 성직자들의 설교는 자연적·사회적 재해에 대한 해석과 종말론적 세계관을 중심으로 이루어졌으며, 신도들의 신앙은 재난 속에 나타난 유일신 하나님의 의지를 확인시켜주고, 다가오는 종말에 대한 두려움을 형성시키는 것을 중심으로 전파되었습니다. 한마디로 전능한 힘에 대한 공포 조성과 끝없는 죄의식의 유발이 일상적인 기독교 신앙의 핵심적인 내용이었던 것입니다. 특히 15세기 이후 교회와 영주의 수탈이 증가하면서 이에 대한 백성들의 저항이 커지자, 카톨릭 교회는 악마신앙의 보급과 마녀사냥을 위한 재판소를 설치하고 일반 백성들에 대한 공갈, 협박을 더욱 강화하였습니다. 그 결과 가난한 사람들은 자기들이 영주나 교황의 희생물이라는 사실을 전혀 모르고 단지 자기들이 마녀들이나 악마들의 희생물이라고 믿게 되었던 것입니다.

"당신 집의 지붕은 비가 오면 새는가? 당신 집 암소가 낙태를 했다지? 당신 밭 귀리가 잘 크지 않는다면서? 당신네 포도주가 시어졌다면서? 당신의 머리가 아프다고? 당신의 자식이 죽었다면서? 그 이유는 무엇일까? 혹시 당신 집에 악마와 마녀가 있는 것은 아닐까?"

통일신라와 고려 사회에서 사판승들에 의해 이루어진 야단법석 또한 서구 중세 교구 신부의 설교와 큰 차이는 없었습니다. 당시 인구의 대다수를 차지하는 일반 서민들과 노비들은 하루 종일 힘들게 일하여도 입에 풀칠하기 어려웠습니다. 그들은 이른 새벽부터 밤늦도록 열심히 일했지만, 토지에 대한 세금인 전세田稅, 지역의 특산물을 바치는 공물세貢物稅, 그리고 아무 대가도 없이 노동력을 징발하는 요역徭役에 시달려 남는 것은 아무것도 없었습니다. 특히 대규모 토목공사가 벌어지면 이들은 농번기에도 동원되어 일을 해야 했으며, 동원 중에는 식량을 지급받지 못했기 때문에 이들에게 음식을 나르기 위한 아내와 자식들의 발걸음이 끊이지 않았습니다. 반면에 그들이 일을 해주는 귀족들은 하루 종일 하는 일 없이 호의호식하였습니다.

이러한 불평등은 자주 농민 봉기로 이어졌습니다. 특히 고려시대의 망이 망소이의 난, 만적의 난 등은 "왕후장상의 씨가 따로 없다"는 신분제를 근본적으로 부정하는 발언을 통해 지배층에게 충격을 주었습니다. 대부분의 농민과 노비들은 그러한 불평등을 감내하였습니다. 그리고 사판승들은 이러한 불평등을 전생의 업으로 설명하였으며, 그들에게 자신의 주인을 죽이고 평등한 세상을 열 것이 아니라, 현생의 고난을 참고 견뎌 내세에 보다 나은 신분으로 태어날 것을 권유하였던 것입니다. 한마디로 사판승들의 야단법석은 지배문화에 적합한 의미와 가치관을 가르침으로써 현존하는 경제적·문화적 체제와는 다른 체제의 존재 가능성을 생각할 수 없도록 하여 불평등한 사회현실을 받아들이는 이데올로기의 전파 수단이었던 것입니다.

이러한 이유로 국가에서도 승려들을 극진히 대우하였습니다. 특히 고려시대의 국사·왕사 제도와 승과시험은 승려를 하나의 계층으로 형성하는 데 크게 기여하였습니다. 승과는 종선宗選과 대선大選으로 나뉘었는데 종선은 총림에서 실시하는 선발이며, 대선은 종선에서 선발된 승려를 대상으로 국가에서 실시하는 시험이었습니다. 대선은 또 교종대선教宗大選과 선종대선禪宗大選으로 구분되어 3년에 한 번씩 시행되었는데, 교종대선에서는 『화엄경』과 『십지론』을 선종대선에서는 『전등록』과 『염송』을 시험과목으로 하였습니다. 이러한 승과제도를 통해 선종은 대선大選－대덕大德－대사大師－중대사重大師－삼중대사三重大師－선사禪師－대선사大禪師의 법계를 두고, 교종은 대선－대덕－대사－중대사－삼중대사－수좌首座－승통僧統의 법계를 두었습니다. 왕사와 국사는 선종의 선사와 대선사, 그리고 교종의 수좌, 승통의 법계에서 선발하였습니다. 선발된 왕사와 국사는 왕의 정치, 학문, 수양에 조언을 할 수 있는 위치였으므로 그 영향력은 결코 무시할 수 없었습니다.

그 밖에도 국가에서는 많은 의례를 통해 승려들을 지원하였습니다. 예컨대 고려 말의 충선왕은 연경궁에서 승려 2,000명에게 5일간 공양제를 베풀고, 또 연등 2,000개를 점화하여 5일간을 밝혔다고 합니다. 그때 불전에 은병 100개를 시주하고 설법을 한 두 승려에게 백금 각 한 근씩을 하사하고, 2,000여 명의 승려에게 백금 20근을 나누어주었습니다. 이처럼 하루 2,000명씩 5일간 공양제를 베푸는 것을 '만승회萬僧會'라고 불렀는데, 당시 왕의 발원은 108만 명의 승려에게 공양제를 올리고 108만 개의 연등에 점화하는 것이었습니다. 다행히 그 목표를 채우지는 못했지만 이러한 불교 행사에 소요되는 경비는 엄청난 것이었습니다.

또 고려시대에는 태조 때부터 해마다 11월에 팔관회를 열어 국가적인 야단법석을 마련하였습니다. 팔관회는 원래 출가하지 않은 일반 신도들이 이날 하루만은 여덟 가지 계율을 지키면서 승려처럼 경건하게 살도록 하기 위해 만든 불교 법회였습니다. 고려시대의 팔관회는 본래의 의미와는 달리, 넓은 광장에 갖가지 등불을 설치하고 또 두 곳에 높이가 15미터나 되는 연꽃 형상의 무대를 설치하여 그 위에서 온갖 유희를 벌이는 축제로 변질되었습니다. 이 팔관회를 태조가 "부처를 공양하고 귀신을 즐겁게 하는 모임"이라고 했다고 하듯이 고려사회에서의 부처와 귀신은 크게 구별되는 존재는 아니었던 것입니다.

선래비구

초기 불교에서는 승려가 되는 데 일정한 격식이 없었습니다. 성인이나 미성년자나 누구나 출가하여 수도자가 되겠다고 하면 부처는 "잘 왔습니다(善來)"라고 하여 바로 승려가 되었습니다. 선래비구善來比丘라는 말은 여기에서 유래되었습니다. 교단이 약간 커지면서 생긴 것이 이른바 삼보, 즉 부처·불법·승단에 귀의하겠다는 서약 정도였을 것입니다.

여러 사람들이 모여 단체행동을 하면서 문제가 생길 때마다 그때그때 규칙을 만들었는데(隨犯隨制) 그 규칙을 '율律(vinaya)'이라고 하고, 승가에 들어가 수행하려는 비구 개인의 결의를 '계戒(sila)'라 하여 비로소 계율이 시작되었습니다. 또 비구比丘, 비구니比丘尼, 식차마나式叉摩那, 사미沙彌, 사미니沙彌尼, 우바새優婆塞, 우바이優婆夷 등을 불자칠중佛子七衆이라 하는데, 이 가운데 부처가 가장 이상적인 불제자로 삼은 것이 20세 이상의 출가승인 비구와 비구니였습니다. 비구와 비구니가 받는 계는 "열반을 성취하기에 가장 가까운 조건을 잘 갖춘 계"라는 의미에서 구족계具足戒라고 불렀습니다. 구족계 내용을 보면 비구는 가장 죄질이 나쁜 바라이법 4계를 위시하여 250계이고, 비구니는 바라이법 8계를 비롯 모두 348계입니다.

그러나 선은 이러한 계율을 거추장스러운 것으로 여기며 극단적인 경우 불교의례 자체를 부정합니다. 5조 홍인弘忍대사의 계보로 신라승 무상(無相, 684~762)의 제자이기도 한 사천성 보당사保唐寺의 무주無住선사는 일체의 불교의식을 거부한 것으로 유명하였습니다.

그는 종래의 불교형식을 일체 행하지 않는다. (승려가 될 때) 삭발하고 칠조의七條衣를 걸쳐줄 뿐으로 금계禁戒를 내려주지 않으며 예참禮懺, 전독轉讀, 화불畫佛, 사경寫經 등의 의식이나 도구를 모두 망상이라고 하여 물리치고 주원住院에도 불구佛具를 설치하지 않는다. 그의 '멸식滅識'이라는 가르침은 이것을 근거로 한 것으로 거기에서 말하는 바는 다음과 같다. 즉 생사윤회는 모두 마음을 일으키는 것이기 때문에 마음을 일으키는 것을 미망이라 하고 선과 악 모두에 마음을 일으키지 않는 것을 참이라고 여겨, 모든 형식을 타파하고 분별을 적이라고 하고 분별없는 것을 묘도妙道라고 하는 것이다. ……이리하여 모든 분별심을 멸하는 것이 참이기 때문에 일상생활에서도 입는 것과 먹는 것을 생각하지 않고 신도들이 보내오는 대로 맡겨 주어질 때는 따뜻하게 입고 배불리 먹으며, 주어지지 않을 때는 굶주리거나 추위에 떠는 채로 다시 보시를 구하지도 않고 먹을 것을 빌지 아니하며, 사람이 절에 오더라도 귀한 사람이나 천한 사람이나 모두 나아가 맞이하지 아니하며, 스스로 앉은자리로부터 일어나는 일도 없다. 그들이 찬탄하거나 공양하거나 또는 화를 내더라도 그러한 것에는 일체 상관하지 않는 것이다. 이것은 모두 분별없는 것을 종지로 하기 때문이며 일상의 행동도 그것이 옳든 그르든 단지 무심만을 귀하게 여기고 오묘함으로 삼는 것이 바로 멸식滅識이다.

부처는 이 세상에 태어나자마자 두루 일곱 걸음을 걷고 눈으로 사방을 둘러본 뒤 두 손으로 하늘과 땅을 가리키며 "하늘 위나 하늘 아래 오직 나 홀로 높도다(天上天下 唯我獨尊)"라고 하였습니다. 그런데 운문선사는 이 말을 듣자 "내가 당시에 이런 꼴을 보았다면 (부처를) 한 방망이로 때려죽여 개에 먹여 천하를 태평하게 했을 것이다"라고 말하였습니다. 이것이 선불교의 이판승인 것입니다. 불교의 신도 교육도 이렇게 되어야 하지 않을까요?

5

강제시비講製是非
―조선시대의 교육평가

학력인정과 학습인증

정보화라는 말만 들어도 신물이 나는 상황이지만, 새천년 정보화는 교육에도 역시 심각한 변화를 예고하고 있습니다. 그중 우리가 눈여겨 보아야 할 변화가 한 가지 있다면 그것은 앞으로, '학력'이 아니라 '학습 인증'으로 평가하고 평가받는 사회가 될 것이라는 주장입니다. 지금까 지는 학교 졸업장을 가지고 사람들의 학습수준을 판단하고 인정하였지 만, 정보화에 따른 다양한 학습기관의 설립과 인터넷을 통한 개인적 자 력학습까지 인정되는 향후 사회에서는, 학습인정제도가 교육제도의 핵 심이 되리라는 것입니다. 따라서 앞으로는 다양한 교육조직과 학습 장 소에서 학습한 것을 "어떤 절차를 거쳐 공적으로 인정할 것인가." 하는 문제가 교육계의 핵심적인 쟁점이 될 것입니다. 물론 현재의 학점은행제, 기술자격 인정제, 도제 인정제 등은 향후 학습인증제도의 일부가 될 것 이라고 합니다.

교육에 있어서 어느 수준의 학교를 졸업했느냐가 아니라 무엇을 얼마 만큼 공부했느냐가 중요하다는 것은 분명한 사실입니다. 그렇지만 우 리는 지금까지 대학을 나왔느냐, 나아가 어느 대학을 나왔느냐 하는 것으로 사람을 평가해왔습니다. 이처럼 겉포장과 내용물이 전도된 교육현상을 '학력병 사회'라고 부릅니다. 학력병 사회는 우리의 교육전통일까요? 전혀 그렇지 않습니다. 보통학교 졸업장이 있어야 면서기로 취직할 수 있도록 한 것은 일제 식민지 교육에서부터였습니다. 우리의 교육전통에서는 성균관에서 수학했느냐, 어느 향교 출신이냐 하는 것은 전혀 고려의 대상이 되지 못했습니다. 다만 국가적 수준의 학습인증제도인 과거시험에서 어느 수준까지 합격했느냐가 가장 중요한 평가 준거가 되었습니다. 부언하자면 학력이 아니라 학습 결과에 대한 인증이 우리의 교육전통이었습니다.

조선시대의 과거제도란 선비, 공부한 사람을 선발하는 절차였습니다. 과거제도는 그 절차가 소과小科와 대과大科로 크게 나뉘는데, 소과는 다시 초시初試와 복시覆試로 그리고 대과는 초시와 복시 그리고 전시殿試로 나뉘어 총 5단계로 이루어져 있었습니다. 첫 단계인 소과 초시는 각 지방에서 개최되어 전국적으로 1,400명을 뽑았는데, 여기에 합격한 사람을 '초시'라고 불렀습니다. 두 번째 단계인 소과 복시는 서울에서 개최하여 생원生員, 진사進士 각 100명씩 선발하였습니다. 세 번째 단계인 대과 초시는 각 관찰사의 주재 하에 전국의 생원, 진사 중 240명을 선발하였으며, 복시에서는 이들 중 33인을 최종적으로 선발하였습니다. 그리고 마지막 단계인 전시는 임금 앞에서 개최되었는데 선발고사가 아니고 이들 33인의 등수를 정하는 시험이었습니다. 등수는 갑과 3인, 을과 7인, 병과 23인으로 3등분하여 갑과 3인 중 1등을 장원이라고 불렀습니다. 이렇게 어려운 관문을 뚫고 장원이 되면 종6품의 벼슬이 주어졌으며, 나머지 갑과 2인은 정7품, 을과 7인은 정8품, 병과 23인은 정9품의 품계가 주어졌습니다. 종6품의 벼슬은 중앙정부의 경우 주로 각 부처의 문서를 정리하는 주부主簿나 교육을 담당하는 교수敎授 등이고 지방의 경우 가장 작은 행정구역인 현의 현감이나 역로를 관리하는 찰방이었습니다.

그렇다면 과거시험은 어떤 학습 결과를 평가하기 위한 시험이었을까요? 달리 말해 조선시대 교육적 인간상은 무엇이며, 이러한 사람은 어떤 방법을 통해 선발할 수 있다고 생각했을까요?

교육적 인간상과 강제시비

과거시험을 통해 구체적으로 어떤 학습결과를 평가하려고 했는지 살펴보기에 앞서, 조선 초기 교육을 통해 길러내고자 했던 교육적 인간상을 먼저 살펴보겠습니다. 조선을 개국한 신진 사대부들은 새로운 국가의 교육적 인간상을 우선순위에 따라 다음과 같이 열거하였습니다.

> ㉮ 경전에 밝고 행실을 닦아 도와 덕을 겸비하여 사표가 될 만한 자(經明行修 道德兼備 可爲師範者).
>
> ㉯ 시무에 대한 식견에 통하고 재능도 경제에 합당하여 공을 세울 만한 자(識通時務 才合經濟 可建事功者).
>
> ㉰ 문장을 익히고 서찰에 공을 들여 문한의 임무를 맡을 만한 자(習於文章 工於書札 可當文翰之任者).
>
> ㉱ 법률과 회계에 정밀하고 행정력에 통달해 백성을 다스리는 직을 맡을 만한 자(精於律算達於吏治 可當臨民之職者).
>
> ㉲ 병법을 탐구하고 용맹이 뛰어나 장수가 될 만한 자(謨探韜略 勇冠三軍 可爲將帥者).
>
> ㉳ 말타기와 활쏘기를 익히고 봉술과 투석에 능해 군무를 맡을 만한 자(習於射御 能於捧石可當軍務者).
>
> ㉴ 천문 지리 점술 의약 중 한 가지 기예를 전공한 자(天文地理卜巫醫藥 或攻一藝者).

교육적 인간상의 순위에서 보듯이 ㉮를 제외한 나머지 여섯 가지 인간상은 국가의 실무에 필요한 실용적 인간, 즉 한 분야의 전문가임을 알 수 있습니다. 구체적으로 ㉯는 오늘날의 중앙정부의 행정 전문가를, ㉰는 전문 외교관을, ㉱는 지방 행정 책임자, ㉲와 ㉳는 군사 전문가, 그리고 ㉴는 기상 예보관과 의사 혹은 약사라고 할 수 있습니다. 이러한 실용적 인간의 우선순위는 물론 국가가 필요로 하는 중요도에 따라 배열된 것입니다.

하지만 유교를 이념으로 하는 사회에서 특정 분야의 전문가는 결코 이상적 인간이 될 수 없었습니다. 공자가 "군자는 그릇이 아니다(君子不器)"라고 했듯이, 군자는 특정 분야의 전문적 능력을 가진 존재가 아니었습니다. 조선시대 가장 바람직한 인간상은 역시 "㉮ 경전에 밝고 행실을 닦아 도덕을 겸비해서 스승이 될 만한 자"였으며, 이러한 인간상 자체에 대해서는 아무도 이의를 제기할 수 없었습니다. 그러나 역시 이상과 현실은 괴리가 있는 법인지, 현실적으로 고려시대의 교육적 인간상인 "문장으로 나라를 빛내는 선비(文章華國之士)"가 여전히 세속적인 교육목표가 되었습니다. 이러한 흔적을 우리는 생원과 진사에 대한 선호도의 차이에서 찾을 수 있습니다. 생원이나 진사나 모두 소과 복시에 합격한 인물에 대한 호칭으로 이는 당시의 국립대학에 해당되는 성균관의 입학자격을 의미하였습니다. 그중 생원은 경전에 대한 이해를 평가하여 합격한 인물이고 진사는 문장을 통해 합격한 인물로서, 조선시대 이상적 인간상에 비추어 보면 당연히 경전 공부를 많이 한 생원을 높이 평가해야 하나 세속에서는 진사가 더 높은 평가를 받았던 것입니다.

어쨌거나 경전에 밝고 행실을 닦은 인물을 선발하기 위한 과거시험은 구체적으로 어떤 과목으로 이루어져 있을까요? 먼저 생원시의 경우 초시와 복시 모두 시험과목은 오경의五經義와 사서의四書疑 2편입니다. 여기서의義와 의疑란 경전의 대의나 의심나는 곳을 답하는 시험방식으로, 응시자들은 주어진 경전의 구절에 대해 주희의 주석에 기초하여 답하고, 마지막에 자신의 견해를 300자 이상으로 덧붙여야 했습니다. 반면 진사 초시는 부賦 1편, 고시古詩, 명銘, 잠箴 등 다양한 문장 형식 중 1편을 시험 보았습니다. 여기서 고시는 시경詩經이 정리된 이후 근체시가 성립하기 이전의 글자 수나 압운押韻이 비교적 자유로운 형식의 시를 말하고, 부는 시와 마찬가지로 운율과 대구對句가 조화를 이루는 표현방식이었습니다. 한편 명은 금석金石이나 기물器物에 새겨 사물의 내력이나 공적을 찬양·경계하는 글이며, 잠은 훈계의 뜻을 담은 문장형식을 말하였습니다.

대과 초시와 복시는 초장, 중장, 종장의 3단계로 나뉘어 실시되었습니다. 그런데 문제가 되는 초시 초장은 『경국대전經國大典』에는 5경과 4서의 의의疑義 혹은 논論 중에서 2편을 시험 보이는 것으로 되어 있습니다. 여기서 논은 사물에 대해 논술하는 문체를 말합니다. 중장은 부, 송頌, 명, 잠, 기記 중에서 1편과 표表, 전箋 중에서 1편을 시험 보였는데, 송은 공덕을 찬양하는 문체를 말하며, 기는 서사문이나 기사문의 문체를 말합니다. 그리고 표는 윗사람에게 심중에 있는 말을 드러내어 올리는 문체를 말하고, 전은 국가의 흉사나 길사에 왕에게 올리는 4, 6체의 문체를 말합니다. 그리고 종장은 어떤 문제에 대해 응시자의 의견을 묻는 대책對策 1편을 시험 보았습니다. 문과 복시는 중장과 종장은 초시와 같고, 초장은 4서와 3경을 경전에 대한 강독으로 시험 보았습니다. 그리고 최종 시험인 전시에서는 대책, 표, 전, 잠, 송, 제制, 조詔 중에서 1편을 시험 보았는데, 제는 임금이 명령을 내릴 때 사용하는 문체이며, 소는 임금이 백성들에게 고할 때 사용하는 문체로서 4자 혹은 6자의 구절이 기본이 되어 성조聲調를 고려하여 배열하며, 압운을 하고 미사여구로 인위적인 표현을 구사해야 하였습니다.

이상에서 알 수 있듯이 실질적으로 과거시험은 대부분 응시자의 문장력을 평가하는 과목으로 이루어져 있으며, 직접적으로 경전에 대한 공부를 평가하는 것은 소과와 대과 초시에서의 의의疑義와 대과 복시에서의 강경講經에 불과하였습니다. 물론 의의도 문장으로 답해야 하기 때문에 단순히 경전에 대한 이해만을 평가하는 것이라고 보기 어렵습니다. 따라서 경전에 대한 학습 정도를 평가하려면 최소한 대과 초시와 복시의 초장에서라도 경전에 대한 의의 대신에 강독으로 시험을 보아야 한다는 주장이 강하게 제기되었습니다. 이러한 주장을 강경론講經論이라고 하는데, 과거시험 과목 전체를 고려할 때 이 주장은 지극히 정당한 것이었다고 할 수 있습니다.

조준, 정도전 등 급진적인 개혁파들이 득세한 조선 초기에는 대과 초시와 복시의 초장을 당연히 강경으로 시험을 보았습니다. 이와 함께 대과의 예비시험인 소과에서 진사시를 없애고 생원시로 대체하였습니다. 세종 대에 이르러 강경론에 대한 비판이 점차 고조되었습니다. 특히 세종 자신이 제술론의 강력한 옹호자이기도 하여, 마침내 세종 10년(1428) 제술법이 부활하고 또 폐지되었던 진사시도 다시 시행되었습니다. 그러나 여러 차례의 논쟁을 거쳐 세종 25년(1443) 다시 강경법이 채택되면서 진사시도 혁파되었다가, 다시 세조 11년(1465)부터는 초시의 초장은 제술로 시험 보고 복시의 초장에는 강경을 실시하는 것으로 바뀌고, 이것으로 최종적으로 『경국대전』에 법제화되었던 것입니다. 이처럼 대과 초시 초장의 시험방식을 경전에 대한 의의로 할 것인지 강경으로 할 것인지에 대한 논쟁을 강제시비講製是非라고 부릅니다.

그렇다면 강경과 제술이라는 두 가지 평가방법은 구체적으로 어떻게 시행되었을까요? 강경은 구술시험이기 때문에 자료가 남아 있지 않아서 정확한 실상을 파악하기는 어렵습니다. 다만 단종 즉위년(1452) 8월 명나라 사신으로 온 진둔陳鈍과 이관李寬이 문묘에 배알한 뒤 성균관 생원인 구치동具致同과 김석통金石通을 상대로 강경을 한 기록이 남아 있어, 이를 통해 강경이 어떻게 이루어졌는지 추측해볼 수 있습니다.

시험관: (『중용中庸』을 펴들고 구치동에게) 제1장의 논지를 설명해보게.

구치동: (제1장의 대의를 설명함)

시험관: 됐네. 그런데 인심人心이란 어떤 것이고 도심道心이란 어떤 것인 가?

구치동: 형기지사形氣之私에서 발한 것이 인심이고 성명지정性命之正에 뿌 리를 둔 것이 도심입니다.

시험관: 형기지사란 무엇이고 성명지정은 무엇인가?

구치동: 이목구비耳目口鼻는 형기이고 의리성명義理性命은 도심입니다.

시험관: (입을 가리키며) 그렇다면 밥도 먹지 말란 말인가?

구치동: 어떻게 밥을 안 먹겠습니까? 마땅히 먹어야 할 때 먹으면 도심입 니다.

시험관: (『맹자孟子』「진심장盡心章」을 펴들고) '오어무성吾於武成 취이삼책이이 取二三策而已'란 말씀은 무슨 뜻인가?

구치동: 하늘의 뜻을 받들어 죄인을 징벌한 일과 통치의 방침을 바꾸어 인을 베풀 뜻을 품었다는 것들은 믿을 수 있는 것이요, '선두의 병졸들이 창끝을 뒤로 돌려 자기 편을 공격했다'든가, '흐르는 피 에 절구공이가 둥둥 떠다녔다'든가 하는 것들은 다 과장된 글들 이기 때문에 맹자가 취하지 않았다는 뜻입니다.

시험관: 됐네.

그렇다면 제술시험인 의의疑義의 평가는 어떻게 이루어졌을까요? 사서의四書疑의 시험방식인 '유편역거삼장문선類編歷擧三場文選'의 한 문제와, 인조 26년(1648) '무자식년사마방목戊子式年司馬榜目'에 실린 의제疑題를 통해 이를 살펴보겠습니다.

공자께서 "배우기만 하고 스스로 생각하지 않으면 얻는 것이 없고 생각하기만 하고 배우지 않으면 위태롭다"고 말씀하신 바 있는데, 이 경우 "'배움(學)'이란 '치지致知'가 아니다. 또 '배우기를 좋아하면 지知에 가까워지고 힘써 실천하면 인仁에 가까워진다"고 말씀하셨으니 이 경우의 '학學'은 역행이라고도 할 수 있다. 그렇다면 공부를 하는 올바른 방법은 과연 어떤 것인가?

공자께서 "군자주이불비君子周而不比 소인비이불주小人比而不周"라고 하셨는데 여기서 '주비周比'의 뜻은 무엇인가? 또 대학의 '명덕明德'과 중용의 '솔성率性' 논어의 '인仁' 그리고 맹자의 '알인욕존천리遏人欲存天理'는 같은 것인가, 다른 것인가?

위의 두 가지 평가방식에서 알 수 있듯이 강경시험은 오늘날의 구술시험, 혹은 면접시험과 유사합니다. 그리고 제술시험은 오늘날의 논술시험과 대동소이하다고 하겠습니다. 그렇다면 조선시대의 교육적 인간상인 "경전에 밝고 도덕을 겸비한 인물"을 선발하는 데 강경이 제술보다 바람직하다는 것은 의심의 여지가 없습니다. 그렇다고 해서 제술론의 주장이 전혀 근거가 없는 것은 아니었습니다. 먼저 제술론자들은 국가 관료의 실용적 능력이라는 측면에서 제술을 옹호하였습니다. 즉 관료가 수행해야 할 대부분의 업무가 문서의 작성인 현실에 비추어 경전을 잘 아는 인물보다는 문장력이 뛰어난 인물이 현실적으로 필요하다는 것이었습니다. 또 제술론자들은 명분에서 뒤지기 때문에 평가의 타당성보다는 객관성과 실용성을 통해 자신들의 주장을 정당화하려 하였습니다. 즉 타당성의 측면에서 강경이 제술보다 앞서지만 시험관이 유생들의 면전에서 질의 응답을 하는 강경시험은 시험 답안지가 남는 제술시험에 비해 객관성이나 신뢰성이 떨어질 수밖에 없다는 것이었습니다. 또한 하루에 모든 수험생을 한 곳에 모아 시험하는 제술에 비해 강경은 시험관이 일일이 수험생 하나하나를 평가해야 하기 때문에 실용성이라는 측면에서도 열등하다고 주장하였던 것입니다.

크게 보면 경전에 대한 논술과 면접이라는 두 가지 시험방식은 양자 공히 경전에 대한 이해를 평가한다는 점에서 차이가 없다고도 할 수 있습니다. 그러나 시험방식이 강경이냐 제술이냐는 과거시험 준비를 하는 유생들에게 엄청나게 큰 영향을 미쳤습니다. 구술시험인 강경에서 좋은 점수를 얻기 위해서는 무엇보다 구두와 해석을 정확하게 할 수 있어야 했고, 따라서 경전을 숙독하여 암기하는 것이 가장 효과적인 방법이 되었습니다. 한편 제술시험은 주어진 질문에 대하여 잘 다듬어진 문장으로 답해야 좋은 점수를 받을 수 있으므로, 경전에 대한 정확한 이해에 앞서 문장력을 길러야 했습니다. 문장력을 키우기 위해서는 원칙적으로 폭넓은 독서가 필요하였으나, 당시의 과거 준비를 하는 학생들은 예상문제를 중심으로 모범답안을 작성하여 암송하고, 나아가서는 기존 합격자들의 답안을 채집하여 암송하는 공부가 널리 행해지게 되었던 것입니다.

이와 같은 사정으로 인해 강제시비는 『경국대전』에 정착되기까지 장장 80여 년간 지속되면서 여러 차례 격렬한 논쟁을 촉발하였던 것입니다.

평가 중심의 학교교육

과거시험의 평가방법 변화는 조선시대 학교교육에 커다란 영향을 미쳤습니다. 강경법이 채택되던 시기에 성균관에는 비교적 많은 학생들이 몰려 비교적 충실한 교육이 이루어질 수 있었습니다. 왜냐하면 학교교육은 지금도 마찬가지이지만 경전, 즉 교과서 위주로 이루어지기 때문이었습니다. 그러나 제술법이 채택되던 시기에 성균관은 학생들이 거관을 기피하여 정원을 채우는 데 많은 어려움을 겪었습니다. 그리고 교육과정에도 경전뿐만 아니라 다양한 종류의 참고서들이 활용되었습니다. 먼저 제술시험과 관련하여 사서류史書流는 경전에 못지않은 중요한 교과목이었습니다. 성균관 유생들이 주로 공부한 사서는 『사기史記』, 『전한서前漢書』, 『통감강목通鑑綱目』, 『송원절요宋元節要』 등의 중국 사서와, 『삼국사기三國史記』, 『동국사략東國史略』, 『고려사高麗史』 등의 우리나라 역사서였습니다. 또 경전이나 사서에 비해 중요시되지는 않았으며, 성균관의 시험과목은 아니었지만, 과거과목의 하나로 유생들이 공부한 고문류古文流가 있었습니다. 고문류는 『원류지론源流至論』, 『책학제강策學提綱』, 『송원파방宋元播芳』 등의 책이 주로 읽혔습니다. 또 자집류로는 『초사楚辭』, 『문선文選』 등의 책과 이백李白, 한유韓愈, 유종원柳宗元, 구양수歐陽修, 왕안석王安石, 소식蘇軾, 황정견黃庭堅 등의 작품들이 주로 읽혔습니다.

이러한 자집류의 서적은 조선 초기 강경론이 우세할 때, 노장이나 불교관련 책과 함께 『학령學令』을 통해 금지되었습니다. 그러나 세종 대에 제술법이 채택되자 동왕 17년 집현전 대제학 이맹균 등이 이를 허가하도록 청하여 왕이 허용하였으며, 이 중 한유나 유종원의 글은 세조 대에 과거시험에 자주 출제되기도 하였습니다.

성균관의 교육은 물론 오늘날의 대학교육과 다릅니다. 가장 큰 차이점이 바로 평가라고 할 수 있습니다. 성균관의 유생들은 요즈음 대학생들과는 달리 매일 공부한 것을 평가받아야 했습니다. 이를 일강日講이라고 하는데, 오전에는 각자 지정된 경전을 공부하고 오후에 담당 교수에게 평가를 받았습니다. 물론 평가 결과는 매번 기록되어 과거시험에 반영되었습니다. 제술도 마찬가지였습니다. 제술은 한 달에 세 차례에 걸쳐 이틀씩 교육을 받는데, 첫째 날은 교수가 출제한 문제에 대한 답안을 작성하고, 둘째 날은 교수가 학생들이 작성한 답안을 평가하여 개별적으로 지도하였습니다. 그리고 매달 말에는 월강이라고 하여 예조에서 나온 당상관이 직접 성균관 유생들을 평가하였습니다. 그리고 봄과 가을(3월 3일과 9월 9일)에 한 번씩 제술시험을 보였는데 이를 춘추도회春秋都會라고 하였습니다.

과거시험에서 대과 초시는 원칙적으로 소과 복시에 합격하여 성균관에서 300일 이상 공부한 학생에게 자격이 주어졌습니다. 이를 원점제圓點制라고 합니다. 원점은 성균관 유생들이 아침, 저녁 식당에 들어갈 때 도기到記에 원을 그려 표시하는 것으로, 이 원점이 300개가 되어야 응시자격을 주었다는 것입니다. 물론 성균관 유생들의 식대는 무상이었습니다. 식사뿐만이 아니라 명절에는 별미가 주어졌으며, 여름에는 저녁식사에 주먹만 한 얼음이 제공되기도 했습니다. 또 유생들에게는 매달 기름값으로 1인당 15전의 돈과 쇠기름 한 조각씩을 지급하였습니다. 또 매년 10월에 각 방에 창호지를 새로 바르고 도배도 새로 하였으며, 정월까지 난방을 위해 매달 9근씩의 탄을 제공하였습니다. 또 매달 공부에 필요한 종이 100속, 붓 100자루, 먹 100홀씩 지급하였으며 과거시험을 볼 때는 답안지를 지급하였습니다.

이처럼 성균관 교육이 100% 무상이었음에도 불구하고 조선시대 유생들은 성균관에 기숙하기를 기피하였습니다. 그 이유는 여러 가지가 있겠지만 가장 중요한 원인은 평가에서 시작하여 평가로 끝나는 학교 생활이 주는 스트레스 때문일 것으로 짐작할 수 있습니다.

향교교육은 과거시험 방식의 변화와 직접적인 관계는 없었습니다. 왜냐하면 향교교육의 목적은 문과가 아니라 그 예비시험인 소과를 위한 것이기 때문입니다. 그러나 향교교육 또한 성균관과 마찬가지로 평가가 중심이었습니다. 향교『학령』에 의하면 향교에서도 일강이 있어 매일 상하재上下齋 교생 중에서 각각 한사람씩 뽑아 책을 강독케 하고, 통한 자는 과거시험의 강경 점수에 가산해주었습니다. 반면 불통자는 종아리를 때리는 체벌이 내려졌습니다. 강에 있어서 평가의 등급은 대통大通, 통通, 약통略通, 조통粗通 불통不通의 5등급으로 평가하였습니다. 제술시험은 월과月課가 있어 매월 세 차례 제술하되, 초순에는 의의疑義와 논論을, 중순에는 부賦, 표表와 송頌, 명銘, 잠箴을 그리고 하순에는 대책對策이나 기記를 과제로 내어 시험을 보았습니다. 그리고 매달 8일과 23일은 공휴일로 이 기간에 학생들은 밀린 빨래를 집에 가져가거나 필요한 일을 보도록 하였습니다.

그러나 향교교육의 평가는 조선 후기에는 다만 봄과 가을에 각 한 번씩 교생들을 모아 평가하는 데 그침으로써 그 기능이 크게 약화되었습니다. 이를 춘추강회春秋講會라고 하는데 석전제釋奠祭를 치른 이후, 봄에는 제술, 가을에는 강독을 시험하였습니다. 평가하는 경전은 첫 해에는 대학, 시전詩傳, 소학을, 다음 해에는 논어, 서전書傳, 가례를, 그 다음 해에는 맹자, 주역, 심경心經을 그리고 4년째에는 중용, 예기, 근사록近思錄을 시험하였습니다. 이처럼 향교의 교육기능이 약화되자 각 향교에서는 양사재養士齋라고 하는 별도의 교육기구를 설치하여 운영하기도 하였습니다.

조선 후기에 이르러 향교의 교육기능이 약화되고 평가기능만이 남게 되자 이를 제도화한 것이 인조 22년(1644)부터 실시된 교생고강등록제校生考講登錄制, 혹은 낙강충군제落講充軍制였습니다. 이 제도는 매년 봄, 가을에 향교에 등록된 교생에 대해 평가를 하여, 떨어진 교생을 바로 군대로 징발하는 제도였습니다. 이 제도는 향교가 일반 서민층의 신분상승의 수단이 되고 따라서 많은 군역면제자가 나타나게 되자 이의 해결을 위해 시행되었습니다. 그러나 낙강충군제는 숙종 30년 2월 10일 반포된 이유李濡의 「학생낙강징포절목學生落講徵布節目」에 의해 봄, 가을 2회 평가하는 것이 아니라 1년에 한 번 평가하는 것으로 완화되었습니다. 평가 날짜는 농사일이 시작되기 전인 초봄에 시행하였으며, 정원 외의 교생도 평가의 대상이었습니다. 평가에서 불통에 해당되는 자는 징집 대신 두 필의 포목을 징수하였습니다. 이러한 낙강충군제는 조선 후기에도 흉년이나 재앙을 당했을 때나 국상 때 잠시 평가를 정지한 것을 제외하면 끊이지 않고 계속되었습니다.

서원은 성균관이나 향교와는 달리 과거시험과 무관하게 설립된 교육기관이었지만, 그 교육과정에 있어서 평가가 역시 가장 중요한 요소가 되었습니다. 즉 서원에서도 교사와 학생의 만남은 주로 평가를 위한 것이었습니다. 그러나 서원의 평가는 성균관이나 향교와는 달리 정기적으로 이루어지지는 않았습니다. 이것은 원생들의 서원에서의 수학 기간이 일정하지 않았기 때문인데, 이들은 서원에 상주하는 경우는 드물어 인근 유생일 경우 3~5일 반복해서 머물고, 타처 유생의 경우 몇 달씩 머물렀던 것으로 짐작됩니다. 이들은 서원에서 기숙하면서 공부하기보다는 집에서 공부하다가 의문나는 사항을 가지고 와서 질의하거나, 아니면 자신이 공부한 결과를 평가받기 위해 서원을 찾았던 것입니다. 공부한 것을 평가받는 절차를 강의講儀라고 하는데 장연서원長淵書院을 예로 들어 그 절차를 살펴보면 다음과 같습니다.

㉮ 백록동규와 향약을 읽는다.

㉯ 당번(直日)은 사석師席 앞에 책상을 갖다 둔다.

ⓓ 사강司講 1인은 동향을 하여 사석 오른편에 앉고, 다른 1인은 왼편에 앉는다.

ⓔ 추첨통을 스승의 책상 위에 놓고, 강講할 책 3권을 사석과 사강 2인의 책상 위에 놓는다.

ⓕ 강생講生을 차례로 호명한다.

ⓖ 지정된 강생은 사석 앞으로 나아가서 두 번 절하고 무릎을 꿇고 앉는다.

ⓗ 주어진 글을 읽고 질의에 응답한다.

ⓘ 사강은 성적을 알리고 직일은 이를 상세히 기록한다(대통, 통, 약통, 조통, 불의 5단계).

ⓙ 고생考生이 끝나면 강생은 두 번 절하고 물러난다.

ⓚ 강을 마치면 집례가 사석에게 나아가 강을 마쳤음을 아뢴다.

ⓛ 사석이 자리에서 일어나면 제생은 일제히 일어나서 사석을 향하여 두 번 절하고 사석은 읍을 하여 답하고 강을 파한다.

서원의 유생들이 기숙하면서 공부할 때는 성균관과 같이 도기到記제도를 채택하여 조석 식사 때마다 학생 수를 점검하였는데, 이것은 성균관의 원점제圓點制와 같이 평가에 반영하기 위해서라기보다는 서원 재정지출의 점검을 위한 것이었습니다. 서원에서의 학업 평가는 강회 외에 삭회朔會라고 하여 매달 1일 유생들에게 제술시험을 보여 그 결과를 평가하기도 하였습니다.

평가의 한계

『탈무드』에 다음과 같은 말이 있습니다.

"체중은 잴 수 있지만 지성은 잴 수 없다. 왜냐하면 체중에는 한계가 있지만 지성에는 한계가 없기 때문이다."

인간이 인간을 평가한다는 것은 어쩌면 불가능한 일인지도 모릅니다. 그럼에도 불구하고 우리는 하루하루 끊임없이 다른 사람을 평가하면서 살아갑니다. 학력병 사회에서 우리는 학벌로 한 인간의 전체를 평가했습니다. 좋은 학벌은 훌륭한 인간을, 나쁜 학벌은 부족한 인간을 의미한다고 간주해왔던 것입니다. 이러한 평가가 물론 잘못된 것이기는 하지만, 어차피 평가는 총체적으로 이루어지는 것이 아닐까요? 학벌이 아니라 학습에 의해 평가받는 사회가 되면 어떻게 다른 사람을 평가하게 될까요? "저 사람은 문학교육을 3단계까지 받았으니 말솜씨가 좋을 거야." 혹은 "이 사람은 음악교육을 6단계까지 받아서 잘 가르칠 수 있겠지만, 경제교육을 1단계만 마쳤으니 학원을 운영하기는 어려울 거야"라고 평가하게 될까요?

학습인증제의 확대로 비록 평가의 영역이 점점 더 세분화된다고 해도 결국 평가의 궁극적인 목표는 '인간 그 자체' 혹은 '인간됨'이 될 것입니다. 이때 우리는 500년 전 교육적 인간상의 설정과 그 평가에 고심했던 우리 선조들의 경험을 소중하게 활용할 수 있을 것입니다.

성인聖人교육으로서의 서원교육

싸구려 교육학과 고급 교육학

우리가 서구에서 완제품의 형태로 수입한 교육학이라는 학문은 서구 근대 대중교육의 산물입니다. 물론 우리는 서양의 교육사상가 하면 으레 소크라테스로부터 코메니우스, 루소, 페스탈로치 등을 언급합니다. 하지만 그들은 사상가 혹은 교육사상가라고는 할 수 있어도 교육학자는 아닙니다. 오늘날과 같은 의미—여기서 '오늘날과 같은 의미'라고 하는 말은 '효용성을 가진' 혹은 '목적에 봉사하는'이라는 의미입니다—의 교육학은 독일의 헤르바르트(Johann Fredrich Herbart, 1776~1841)로부터 시작되었습니다. 헤르바르트로부터 비로소 '어떻게 가르치는 것이 가장 효율적인가?' 하는 문제가 교육학의 핵심적인 내용으로 들어앉게 되었던 것입니다. 교육학이 효율성이라는 문제를 통해 학문적 효용성을 갖게 된 것은 '왜', '무엇을', '누구에게' 가르쳐야 하는가 하는 물음을 통해서가 아닙니다. 또한 개인적인 교수나 지도를 통해서 훌륭한 인물을 길러낸 사례를 통해서도 아닙니다. 교육학이 효용성을 갖게 된 것은 어떻게 하면 가급적 많은 학생들을 최소의 비용으로 가르칠 것인가 하는 문제를 부르주아로부터 위임받게 되면서부터입니다.

서구 근대교육학은 근대 공교육의 형성과 함께 시작되었습니다. 그리고 서구의 근대 공교육은 플라톤의 철인哲人교육도 아니고, 로크의 신사교육도 아니며, 루소의 소극적 교육(negative education)도 아닌 천박하고 값싼 대중교육(mass education)으로 표출되었습니다. 우리는 값싼 대중교육의 아이디어를 로크(J. Locke)의 노동학교와 벤담(J. Bentham)의 감옥학교에서 찾을 수 있습니다. 로크는 당시 건강한 노동자 부부의 노동으로 부양 가능한 식구 수를 3세 이하의 아동 2명으로 계산하였습니다. 실제 당시의 열악한 임금으로는 부부가 모두 공장에 나가도 자녀 2명을 양육하기 어려웠습니다. 따라서 로크는 3세 이상 14세까지의 노동계급 자녀들은 모두 부모로부터 격리시켜 노동학교에 수용할 것을 제안하였습니다. 노동학교는 교구마다 1개씩 설치하여 남녀를 분리 수용하도록 고안되었는데, 여기서 아이들은 생산노동에 종사하면서 3R과 도덕을 배워야 했습니다. 벤담 또한 중산층 자녀들을 위해서는 실과학교(Christendom)라는 교육기관을 구상하였지만, 노동자 자녀들에게는 이와 전혀 다른 감옥학교(Panopticon)를 제안하였습니다.

노동학교와 감옥학교의 원리는 최소한의 비용으로 최대한의 감시와 처벌을 가능하게 하는 것이었기 때문에, 이를 '경찰교육(police education)'이라고도 부릅니다. 즉 이들 학교는 학생들의 성장 가능성을 극대화하기보다는, 잠재적인 범법자이고 장차 사회 불만세력으로서 등장할 가능성이 많은 노동자 자녀들을 일정 기간 동안 감시가 용이한 곳에 감금함으로써 경찰의 역할을 대신한다는 것이었습니다. 어쨌거나 "학교를 열고 감옥을 닫아라"는 구호는 서구 근대 공교육의 보급에 크게 기여해, 20세기 초기까지 수많은 공립학교가 이러한 명분으로 설립되었던 것입니다.

값싼 대중교육 혹은 경찰교육으로서의 공교육은 영국의 공교육에서 그대로 실현되었습니다. 영국의 공교육은 산업혁명 이후 등장한 노동자 자녀들에 대한 자선 사업의 일환으로 시작되었습니다. 주로 교회나 자선기관에서 노동자 자녀들을 일요일에 교회에 모아, 읽고, 쓰고, 셈하는 기초적인 교육을 시켰던 것입니다. 이러한 교육이 공장법 이후 노동자 자녀들을 대상으로 하는 도덕교육과 종교교육 중심의 강제교육으로 정착되었습니다. 물론 자본가들과 그들의 집행기구인 국가에서는 이렇게 생겨난 교육기관에 대해 많은 돈을 투자할 생각을 결코 하지 않았습니다. 따라서 이들 교육기관은 랭커스터(J. Lancaster)와 벨(A. Bell)의 조교제 학교에서 나타난 것과 같이, 가급적 많은 학생을 적은 수의 교사가 가르치는 대중교육기관이 될 수밖에 없었습니다. 실제로 랑카스터 학교의 조교 출신인 어느 젊은 교장은 혼자서 2,000명 이상의 아동들을 가르쳤다고 보고하였습니다.

한편 이러한 학교에 자녀를 보내야만 하는 부모의 입장에서 볼 때 공교육의 강제교육은 가계 수입의 커다란 손실을 의미하였습니다. 따라서 그들은 아이들을 학교에 보내는 데 소극적이었습니다. 또 학생들의 경우도 결코 배우고자 하는 강한 욕구를 가지고 학교에 오지는 않았습니다. 따라서 많은 학생을, 그것도 배울 의욕이 거의 없는 학생들에게 어떻게 주어진 교육내용을 가르칠 수 있을 것인가 하는 교육방법들이 연구되고 도입되었으며, 특히 학습 동기를 유발하여 학습의 효율성을 높이는 교육이론이 교육학의 핵심 내용이 되었던 것입니다. 우리가 해방 이후 수입한 수많은 교육이론과 학습이론은 이러한 값싼 대중교육의 산물인 것입니다. 특히 행동주의 교육학에서 전형적으로 드러나는 것과 같이, 동물을 실험하여 만든 이론을 인간에게 적용할 수도 있다고 하는 발상 자체는 바로 이러한 값싼 대중교육을 상정했기 때문에 가능했다고 생각됩니다.

학습의욕이 없는 많은 수의 학생들에게 어떻게 하면 효과적으로 주어진 교육내용을 가르칠 것인가 하는 목적에서 성립된 서구의 교육학을 '싸구려 교육학'이라고 부르는 것은 당연하다고 생각합니다. 물론 교육학의 연구 대상이 되는 아동들이 싸구려라는 말은 결코 아닙니다. 그 학문의 동기, 즉 출발이 그렇다는 것입니다. 이에 비해 우리의 전통교육은 배우려는 의욕에 가득 찬 소수의 학습자를 대상으로 하였습니다. 따라서 어떻게 하면 보다 효율적으로 가르칠 수 있는가 하는 문제는 큰 관심사가 아니었습니다. 그리고 교육 혹은 학습의 단계와 관계없이 궁극적으로 도달시키고자 하는 목표는 동일하였습니다. 그 목표는 바로 성인(聖人, Saint)이었습니다. 특히 조선시대의 서원書院은 성인 전문 양성기관이었던 것입니다.

학습 가능한 존재로서의 성인

조선시대 서원의 출현은 성리학이라고 하는, 유불선儒佛仙을 통합한 종합적인 사상체계가 완전히 뿌리를 내렸음을 나타내는 지표라고 할 수 있습니다. 왜냐하면 성리학이란 궁극적으로 성인이 되는 것을 목표로 하는 학문이요, 바로 이 목표를 달성하기 위해 새롭게 나타난 교육기관이 바로 서원이기 때문입니다. 성리학의 정착을 통해 나타난 교육의 가장 큰 변화는 종래의 학문을 위인지학爲人之學이라고 보고 이를 위기지학爲己之學으로 대체한 것이라고 할 수 있습니다.

위기지학이란 말 그대로 자신을 위한 공부라는 뜻이며, 위인지학은 다른 사람을 위한 공부라는 뜻입니다. 이 말은 공자가 "옛날 배우는 사람들은 자신을 위한 공부를 했는데 지금의 배우는 사람들은 남을 위한 공부를 한다"라는 데서 비롯된 말입니다. 퇴계 선생은 위기지학을 "도리를 우리들이 마땅히 알아야 할 것으로 삼고, 덕행을 우리들이 마땅히 해야 할 것으로 삼아서, 먼 것보다 가까운 데서, 겉보다 속부터 공부를 시작해서 마음으로 얻어서 몸소 행하기를 기약하는 것"이라고 하고, 위인지학을 "마음으로 얻어서 몸소 행하기를 힘쓰지 않고 거짓을 꾸미고 바깥을 따라서 이름을 구하고 칭찬을 취하는 것"이라고 구분하였습니다.

그래서 퇴계를 위시한 영남지역의 성리학자들은 관료가 되기 위해 과거시험을 준비하는 것에 대해 극히 부정적이었습니다. 물론 그렇다고 해서 이들이 국정 운영에의 참여 그 자체를 죄악시한 것은 아니었습니다. 국정에의 참여는 반드시 관료가 되어야 가능한 것이 아니라 원칙적으로 말하면 자신을 위한 공부가 충분히 이루어지면 저절로 이루어진다고 생각하였습니다. 이를 퇴계 선생은 "군자의 학문은 오직 자기를 위할 따름이다. 이른바 자기를 위한다는 것은 장경부張敬夫가 말한 '위하는 바가 없이' 하는 공부이다. 우거진 숲 속에 있는 난초가 온종일 향기를 피우지만 스스로는 그 향기로움을 모르는 것과 같이 자기 자신의 성찰만이 진정한 공부가 되는 것이다"라고 말하였던 것입니다. 말하자면 자신을 위한 공부를 하다 보면 마치 난초 향이 숲 속에 퍼지듯 주위 사람들에게 부지불식간에 좋은 영향을 미치게 되고 이것이 바로 국정 운영에 참여하는 것과 같다고 하였습니다.

요컨대 자신을 위한 학문이란 남에게 보이기 위해서 혹은 자신의 부귀영화를 위해서 공부하는 것이 아니라 자기 자신, 특히 자신의 마음을 공부의 대상으로 삼는 것을 말합니다. 그리고 서원은 바로 이러한 위기지학을 실현하기 위해 마련된 교육기관이었던 것입니다.

그렇다면 이러한 위기지학을 통해 달성해야 할 성인이란 어떤 존재이며 그것은 어떻게 도달할 수 있을까요? 성인이란 어떤 존재인가요? 성인은 맹자가 분류한 6단계의 바람직한 인간에서 상위에서 두 번째 단계의 사람입니다. 가장 낮은 단계의 바람직한 인간은 착한 사람(善人)입니다. 착한 사람은 누구나 다 좋아하는 인간 유형입니다. 착한 사람보다 한 단계 위의 인간은 믿을 수 있는 사람(信人)입니다. 우리가 다른 사람을 믿을 수 있는 것은 그 사람이 선을 자신의 몸에 가지고 있기 때문입니다.

믿을 수 있는 인간보다 한 단계 높은 인간은 아름다운 사람(美人)입니다. 아름다운 사람은 선을 힘써 행하여 그의 내면이 선으로 충만한 사람입니다. 그리고 미인보다 한 단계 높은 사람은 큰사람(大人)입니다. 큰사람은 평화로움이 마음속에 쌓여 그 아름다움이 몸과 행동으로 드러나, 하는 일마다 덕스러운 사람을 말합니다. 그리고 대인의 다음 단계가 바로 성인聖人입니다. 성인은 큰사람이면서 그러한 모습과 행위가 억지로가 아니고 '저절로' 이루어지는 사람을 말합니다. 그리고 마지막으로 가장 상위 단계의 인간은 신과 같은 인간(神人)입니다. 신과 같은 인간은 그 모습과 행위가 성스러워 보통 사람들이 측량하여 알 수 없는 사람을 말합니다. 그러나 성리학자들은 신인은 성인이 지극히 묘하여 사람들이 측량할 수 없음을 나타내는 것이지 성인 위에 따로 신인이 있다는 것은 아니라고 말하고 있습니다. 즉 바람직한 인간의 궁극적인 단계는 성인이라는 것입니다.

맹자의 설명에서도 알 수 있듯이 성인의 가장 중요한 특징은 자신의 마음에 쌓인 아름다움이 '저절로', 즉 자연스럽게 나타나는 존재입니다. 그리고 그러한 자연스러움은 억지로 즉 노력을 통해 이루어지는 것이 아니라고 하고 있습니다. 그렇다면 성인은 수행을 통해 도달할 수 있는 경지가 아니라는 말일까요? 성인 말고 유학의 이상적 인간상으로 군자君子라고 하는 인간 유형이 있습니다. 혹시 군자가 교육을 통해서 도달할 수 있는 현실적인 목표이고, 성인은 사실상 달성 불가능한 존재는 아닐까요? 이러한 의문과 관련해서 성리학에서는 인간을 타고난 능력에 따라 세 가지 유형으로 구분하고 있습니다. 태어나면서부터 아는 자(生而知), 배워서 아는 자(學而知), 배움에 곤란이 있는 자(困而知)가 그것입니다. 성인聖人은 물론 태어나면서 아는 자입니다. 반면 배워서 아는 자를 군자君子라고 하고, 배움에 곤란이 있는 자를 소인小人 혹은 불초不肖라고 합니다. 이런 맥락에서 성인은 배우고 묻는(學問) 과정을 통해 앎에 도달하는 군자와는 분명히 다른 존재입니다.

그렇지만 군자라고 하는 인간상은 어떤 고정된 틀이나 단계를 의미하지 않습니다. 군자는 끊임없이 노력하는 인간입니다. 그리고 그 노력의 끝에 성인이 있습니다. 즉 '저절로'라는 경지도 결국은 노력을 통해 달성될 수 있다는 것입니다. 훨씬 더 어렵기는 하겠지만 소인이나 불초도 이 점에서는 마찬가지입니다. 이런 측면에서 정이천의 제자인 양시楊時가 말하는 성인의 '과녁설'이 적절한 것인지도 모르겠습니다. 즉 그는 "옛날에 배우는 사람은 성인으로써 스승을 삼았으되 그 배움이 지극하지 못함이 있었던 까닭에 그 덕에 차등이 있었다. ……진실로 성인은 이르기 쉽지 아니하나, 만약 성인을 버리고 공부를 하면 장차 어디서 준칙을 취하겠는가? 성인을 스승으로 삼는 것은 활을 쏘는 것을 배우는데 과녁을 세우는 것과 같다. 거기에 과녁을 세운 연후에 활 쏘는 사람이 이를 보고 명중시킬 것을 구하니, 그 맞고 맞지 않는 것은 사람에게 달려 있을 따름이어니와 과녁을 세우지 아니하면 무엇으로 기준을 삼겠는가?"하고 말하였던 것입니다.

불교에서의 교육적 인간상인 부처도 물론 교육을 통해 도달할 수 있습니다. 도가의 지인至人, 혹은 신선神仙도 마찬가지입니다. 그런데도 유가에서 성인이라고 하는 요임금과 순임금 그리고 공자가 도달할 수 없는 경지라고 하는 것이 말이 되겠습니까? 부처나 신선에 비해 공자는 얼마나 인간적인 존재인가요?

성인이 되기 위한 공부 – 마음의 수렴

그렇다면 성인은 구체적으로 어떤 존재일까요? 성리학에서는 성인을 자신의 내부로 향한 끊임없는 수렴을 통해 자신의 외연을 우주 삼라만상과 동일시하는 사람이라고 주장합니다. 마음을 내부로 수렴하는 것은 결코 쉬운 일이 아닙니다. 왜냐하면 우리의 마음은 끊임없이 밖으로 내달리기 때문입니다. 마음은 결코 한자리에 머물러 있지 않습니다. 마음의 입장에서 보면 머무는 것은 곧 죽음처럼 보이기 때문입니다. 마음은 어떤 일과 활동을 추구합니다. 마음은 몰두할 것을 원하고 달리기를 원합니다. 마음의 생명은 달리기에 있습니다. 우리가 어느 하루 날을 잡아 방문을 걸어 잠그고 마음에 떠오르는 생각을 종이에 적어보면, 우리는 두 가지 점에서 놀라게 됩니다. 그 한 가지는 마음이 잠시도 머무르지 않는다는 것이고, 또 한 가지는 마음이 달리는 것들이 모두 밖에서 빌려온 것이라는 점입니다.

정이천의 제자 중에 소계명蘇季明이라는 사람이 있었습니다. 그가 어느 날 이천에게 하소연하여 말하기를, "저는 언제나 사려가 안정되지 못함을 근심하니 한 가지 생각이 끝나기도 전에 다른 생각이 삼(麻)이 엉키듯이 생겨납니다"라고 하였습니다. 이에 이천이 꾸짖어 말하기를, "그것은 자네가 성실하지 아니한 데 근본적인 문제가 있네. 모름지기 학습은 능히 전일專一하게 되었을 때만이 가능한 것이니 자네는 사려思慮와 응사應事에 구애받지 말고 모름지기 전일함을 구해야 할 것일세"라고 하였습니다. 마음을 전일하게 한다는 것은 단순히 마음을 한 가지 일에 집중한다는 의미는 아닙니다. 전일함의 핵심은 마음을 내부로 향하도록 한다는 것입니다. 이런 의미에서 맹자는 끊임없이 밖으로 나가려고 하는 마음을 몸속에 잡아두는 것이 마음을 바르게 하는 가장 중요한 방법이라고 하여 이를 '구방심求放心'이라고 불렀습니다. 즉 방심이란 끊임없이 밖으로 흩어지려는 마음이며, 이를 끊임없이 안으로 쓸어 담는 것이 바로 구방심인 것입니다.

그렇다면 마음을 몸속에 잡아두기 위한 구체적인 방법은 무엇일까요? 이를 성리학자들은 "경에 거한다(居敬)"라고 하였습니다. 거경은 항상 자신의 마음을 경건한 상태로 유지하는 것입니다. 혼자 있을 때도 마치 귀신과 부모가 바로 위에 와 있는 것과 같이 하고, 또 깊은 연못과 얇은 얼음이 발 밑에 있는 것과 같이 하며, 제사지낼 때의 엄숙한 마음 상태를 평소에도 끊임없이 유지하는 것입니다. 그렇게 하면 백리百里를 울리는 천둥이 쳐도, 놀라 제기를 떨어뜨리는 일이 생기지 않는다고 합니다.

그렇다면 또 경건한 마음은 어떤 방법으로 획득할 수 있을까요? 거경의 방법 중 가장 중요한 것은 마음을 한 곳에 집중하는 것입니다. 이를 성리학에서는 '주일主一'이라고 합니다. 마치 불교의 화두선話頭禪과 같이 하나의 화두를 잡고 밤이나 낮이나 일을 하거나 쉬거나 이를 놓지 않는 것입니다. 정이천은 "주일主一을 경敬이라 하니 내심을 정직하게 한다는 것이 주일의 뜻이다. 감히 속이지 아니하고 오히려 구석진 방에 있어도 부끄럽지 않은 것은 다 경敬하는 일이다. 다만 이를 가지고 함양하기를 오래하면 자연히 천리天理가 밝아진다"고 말하고 있습니다.

또 어떤 사람이 주렴계周濂溪에게 "성인은 배워서 도달할 수 있습니까?" 하고 물었습니다. 주렴계는 물론 배울 수 있다고 대답하고 그 방법을 다음과 같이 일러주었습니다.

마음을 오로지 하나로 하는 것이 중요하다. 하나라는 것은 욕망이 없다는 것이다. 욕망이 없으면 마음이 청허淸虛하고 움직임이 바르다. 마음이 청허하면 지혜가 밝아지고 지혜가 밝아지면 천하 이치에 통달하게 된다. 마음의 움직임을 바르게 하면 천하의 모든 일이 공정하게 되고 공정하게 되면 모든 일이 넓고 크게 된다. 지혜가 밝게 통달하고 천하의 모든 일이 공정하고 넓고 크게 되면 성인에 거의 가깝다고 할 수 있지 않겠는가?

이러한 주일의 방법은 화두선과 같이 잠시도 멈추어서는 안 되는 것입니다. 이런 일화가 있습니다. 정명도의 제자인 형칠邢七이 어느 날 명도에게 와서 "저는 하루에 세 번 자신을 점검합니다"라고 하였습니다. 하루에 세 번 자신을 반성한다(一日三省)는 것은 증자曾子의 말로, 이 말은 자기가 증자의 경지에 도달했다는 주장이라고도 할 수 있습니다. 칭찬을 기대했음에도 불구하고 명도는 "슬픈 일이로다. 그 나머지 시간은 무슨 일을 하느냐?" 하고 책망하였습니다.

한 가지 일에 집중하는 것이 오래되면 마음이 안정되어 잠을 자고 꿈을 꾸는 동안에도 자신이 공부한 것의 얕고 깊음을 어렴풋이 점칠 수 있게 됩니다. 예컨대 꿈속에서 혹시 넘어지게 되면 이는 심지心志가 일정하지 못하고 또 마음에 대한 제어(操存) 능력이 확고하지 못하기 때문이라고 해석할 수 있습니다. 마치 화두를 가지고 참선을 하는 과정에서 꿈속에서까지 화두를 붙들고 놓지 않으면 깨달음에 가까이 이르렀다고 하듯이, 성리학에서도 꿈속에서까지 마음을 통제할 수 있어야 한다고 주장하는 것입니다.

그렇다고 해서 생각을 한 곳에 집중하는 것 자체가 마음을 제약해서는 안 됩니다. 화두선의 목적이 그 화두를 깨뜨려 상념을 끊어버리는 데 있듯이, 주일의 목적 또한 마음을 거울같이 평정한 상태로 유지하는 데 있습니다. 이는 정명도가 전주澶州의 관리로 있을 때 겪은 예화를 통해 잘 알 수 있습니다. 그때 그는 홍수로 떠내려간 다리를 수리하는 데 필요한 한 개의 긴 들보를 널리 민간에서 구한 일이 있었는데, 수년이 지난 후에도 나다니다가 좋은 나무를 보면 반드시 헤아려 쓰려(計度)하는 마음이 생기는 것을 보고 마음의 얽매임을 깨달았던 것입니다.

주자는 마음이 사물에 얽매인다는 것은 세 가지 까닭이 있다고 말하였습니다. 즉 하나는 일이 아직 닥치지도 않았는데 스스로 미리 기대하는 마음을 갖는 것이고, 또 하나는 일이 이미 지나갔는데도 여전히 가슴 속에 머물러 두고 잊어버리지 못하는 것이며, 나머지 하나는 일을 처리함에 있어 편중하는 생각이 있는 것입니다. 결론적으로 마음을 바르게 하는 것은 마음의 뜻을 굳게 지켜 생각을 한 곳에 집중하되 생각을 사물에 얽매이지 않도록 하는 것입니다. 이를 정이천은 다음과 같이 말하였습니다.

> 배우는 자가 먼저 힘써야 할 것은 마음의 뜻(心志)을 굳게 지키는 일이다. 그러나 그것으로 해서 귀로 듣고 눈으로 보는 것과 마음의 생각을 다 제거하고자 하는 것은 아니다. ……가령 밝은 거울이 여기 있다고 하자. 만물을 비추어주는 것은 거울의 근본적인 이치로 비추지 못하게 하기는 어렵다. 사람의 마음이 만물을 대했을 때 감응하는 것은 당연한 것으로 마음의 사려를 하지 못하게 하기는 어렵다. 만약 마음이 물에 접하여 생각의 어지러움을 면하고자 하면 오직 도심道心을 주로 하지 않으면 안 된다. ……도심을 주로 하면 사욕이 없는 허虛가 되고 허라고 하면 외부에서 사특한 생각이 들어갈 수 없는 것을 말한다. 이 마음의 주主가 없으면 사욕이 가득 차게 되고 사욕이 가득 차면 외물外物이 마음에 들어와 이 마음을 빼앗게 된다.

마음을 맑은 물이나 거울에 비유하는 것은 불교에서 흔히 사용하는 비유입니다. 불교에서는 이를 회광반조廻光反照라고 표현합니다. 마음이 일어날 때마다 그 마음이 일어나는 곳에 빛을 거꾸로 비추어 살펴보라는 것입니다. 이는 화두 중에 "이 뭐꼬?(이것이 무엇인가?)"라는 것과 같습니다. 상념이 일어날 때마다 그 상념을 일으키는 주체, 즉 나의 마음이 무엇인지를 살펴보라는 것입니다. 이러한 수련을 오랫동안 하면 마음이 거울처럼 변하게 됩니다. 여기서 거울이라고 하는 것은 두 가지 의미가 있습니다. 그 한 가지는 마음이 깨끗하여 사물을 왜곡 없이 그대로 받아들인다는 것이고, 또 한 가지는 거울과 같이 외물外物이 앞에 있을 때는 그것을 있는 그대로 비추지만 그것이 지나가버린 후에는 그것에 대한 어떠한 자취도 남아 있지 않다는 것입니다. 마음을 내부로 수렴하되 얽매이지 않는다는 성리학의 경지도 바로 이와 같은 것입니다.

자기확장 - 성인의 경지

이처럼 마음을 몸 안으로 수렴하여 마치 거울과 같이 고요한 상태로 유지할 수 있게 되면, 나의 몸은 우주 삼라만상의 한 부분이 되고 나의 마음은 우주 삼라만상의 원리를 체득하게 됩니다. 장횡거는 "그 마음을 크게 하면 천하의 물을 체득하여 알 수 있다. 물을 체득하여 알지 못하면 마음은 외물外物의 유혹을 받아 물욕物慾이 있게 된다. 세상 사람의 마음은 보고 들은 협소한 것에 머물고 말지만, 성인은 정성을 다하기 때문에 보고 들은 것으로 그 마음을 구속하지 않는다. 또한 성인은 천하를 바라볼 때 내가 아닌 사물이 하나도 없다고 본다. 맹자가 말하기를 '마음을 다하면 성誠을 알고 천天을 안다'고 하였으니 성인의 이러한 것을 말한 것이다"라고 말하였습니다. 마음을 키워 그 기가 천하에 가득 차게 되는 것을 맹자는 호연지기浩然之氣라고 하였습니다. 높은 산에 오르면 천하가 모두 눈 안에 들어오듯이 내 마음에 가득 차 마음이 미치지 못하는 부분이 없게 된다는 뜻입니다. 마음이 미치지 못하는 것을 다른 말로 '바깥을 갖는 마음(有外之心)'이라고도 합니다. 즉 마음에 사의私意가 끼어 사물과 내가 대립하면 비록 부모 자식 사이라 하더라도 바깥을 갖는 마음이 생기게 된다는 것입니다.

우리의 몸이 우주 삼라만상과 동일시되고 또 우리의 마음이 그 운행의 원리를 체득할 수 있게 된다는 이러한 주장은 매우 신비적이고 황당한 주장인 것처럼 보입니다. 그러나 이것은 성리학에서 주장하는 우주 삼라만상의 구성 원리상 매우 정합적인 주장입니다. 성리학에서는 우주에는 기氣가 가득 차 있다고 간주합니다. 이 기는 끊임없이 회전운동을 하면서 응집되어 사물을 생성해냅니다. 그리고 생성된 물은 어느 정도의 시간이 경과하면 다시 흩어져 우주 대기로 돌아가게 됩니다. 따라서 기는 우주 삼라만상을 구성하는 최소 단위이면서 동시에 우주 삼라만상 그 전체와 동일시됩니다. 문제는 이러한 기가 서양의 근대과학에서 말하는 원자와 같이 개별적인 고체 입자로서 존재하는 것이 아니라 마치 기체와 같이 연속적인 물질로 간주된다는 데에 있습니다. 원자의 경우 개체와 전체의 관계는 운동이나 에너지의 전달과정으로 이해됩니다. 반면 기의 경우에는 전체가 하나의 유기체를 이루기 때문에 한 부분의 기나 물의 변화는 곧 전체의 변화와 동일한 것으로 간주됩니다. 물론 인간과 사물은 그 기의 구성 원리상 동일합니다. 다만 인간을 구성하고 있는 기는 사물을 구성하고 있는 기에 비해 '상대적으로' 더 맑고 밝고 깨끗하다고 할 수 있습니다. 상대적으로 맑고 밝고 깨끗한 기는 어둡고 무겁고 탁한 기로 구성된 것에 비해 상대적으로 더 많은 침투성을 갖습니다. 침투성이 강할수록 그 앎의 범위도 넓어집니다.

앞에서도 언급했지만 인간의 몸뿐만 아니라 인간의 마음도 역시 기로 구성되어 있습니다. 그리고 인간의 마음은 우주 삼라만상 중에서 가장 맑고 밝고 깨끗한 기로 구성되어 있기 때문에 원리상 무엇이든지 꿰뚫고 들어갈 수 있습니다. 그렇기 때문에 천지에 가득 찬 기를 이끄는 것은 우리 마음속의 천성天性이 됩니다. 따라서 사람들은 모두 한배 속에서 태어난 형제와 같고 만물은 모두 더불어 함께하는 친구인 것입니다. 이처럼 마음의 안과 밖을 합하고 만물과 나를 평등하게 하는 것을 통해 우리는 천리天理, 즉 도道의 큰 실마리를 보게 되는 것입니다.

마음의 안과 밖을 합한다는 말은 자신의 외연을 확장하는 방법을 알려주는 핵심적인 말입니다. 성리학의 탐구방법 중 하나인 격물치지格物致知를 흔히 사람이 물에 이르러 그 물의 이치를 탐구하는 것으로 이해하지만, 사실은 그 사물의 이치는 내 마음속에 다 구비되어 있는 것이므로 사물의 이치를 밝힌다는 것은 곧 내 마음을 밝히는 것과 동일한 작업으로 이해될 수 있는 것입니다. 그래서 정이천은 어느 제자가 "사물(物)을 보고 자기를 살핀다는 것은 사물을 보는 것으로 말미암아 돌아와 그것을 자기 몸으로부터 구한다는 것이 아닙니까?" 하고 물으니 "반드시 그와 같은 말은 아니다. 물과 나는 각각 하나의 다른 이치이니 저 물을 밝히면 곧 내가 밝아진다. 그것은 안과 밖의 도가 합해 있다는 것이다"라고 말하였던 것입니다.

퇴계 선생은 마음의 안과 밖이 합하여 도달하게 된 물아일체物我一體의 경지를 다음과 같은 시로 표현하였습니다.

> 사람들이 정말 마음을 텅 비워 창 밖을 바라보면
> 풀들이 생의生意를 머금고 뜨락에 가득함을 알리라.
> 물과 내가 원래 하나임을 알고자 할진대
> 무극無極의 진眞과 이오二五의 정精이
> 묘합妙合하는 처음을 보라.

위 시를 통해 우리는 달 밝은 밤에 도산서당에 앉아 우주 삼라만상과 교감하는 퇴계 선생의 모습을 그려볼 수 있습니다. 그러나 자기 확장의 경지를 가장 멋있게 표현한 것은 역시 『서명西銘』이라는 책에서 장횡거가 "천지에 가득 찬 것은 나의 몸이요, 천지를 움직이는 원리는 나의 성이다(天地之塞吾其體 天地之帥吾其性)"라고 한 말입니다. 우리는 이 말을 장횡거가 높은 산을 오르는 것을 상상해보면서 이해할 수 있습니다. 즉 장횡거가 지금 높은 산을 오르고 있습니다. 그의 몸은 온통 땀에 젖었습니다. 이때 마침 비가 부슬부슬 내려 장횡거의 몸에서는 김이 무럭무럭 피어오릅니다. 바로 이 순간 장횡거는 책에서 숱하게 읽고 또 혼자서 숱하게 궁리한 '천인합일天人合一'의 경지를 깨닫고 이를 앞의 말로 표현하였던 것입니다.

요컨대 성인이 되기 위한 공부는 자기 자신, 특히 자신의 마음을 수렴하는 공부이며 그것의 도달점은 천인합일의 체현이라고 할 수 있습니다. 놀라운 일은 바로 이러한 엄청난 일이 조선시대 우리의 서원에서 실제로 시도되었다는 것입니다.

7

정문旌門과 훼가출향毁家黜鄕
-조선시대의 사회교육

교화권의 의미

조선시대의 선비란 독서인讀書人, 즉 공부를 한 사람을 의미하였습니다. 선비란 단지 자기만족을 위해 공부를 하는 것이 아니라, 이를 통해 일반 백성들을 가르치고 지도하는 국민의 어버이요 스승이었습니다. 말하자면 조선시대에는 공부를 많이 한 사람이 공부를 안 한 사람을 가르치고 지도하는 것을 당연한 것으로 생각하였던 것입니다. 문제는 공부를 했다는 것을 증명해줄 기준이 무엇인가 하는 것이었는데, 과거시험이 바로 그 기준이 되었습니다.

일반 백성들을 가르치고 지도하는 권리를 '교화권敎化權'이라고 할 때, 원칙적으로 교화권은 과거에 최종 합격하여 국가 공무원이 된 사람들만이 가질 수 있었습니다. 조선시대의 지방관을 '목민관牧民官'이라고 하듯이, 과거에 합격하여 지방의 공무원으로 발령 난 수령들은 단순한 행정 관리가 아니라 문자 그대로 백성들을 이끄는 목자로서 받아들여졌던 것입니다. 그런데 국가의 교화권은 조선 중기 이후 점차 지방의 재지 양반들로부터 위협을 받게 됩니다. 과거시험이 비록 비정기적으로 자주 실시되었다고 해도 과거시험 합격은 평균 20년간의 수학을 요구하는 지극히 어려운 것이었기 때문입니다. 따라서 재지 양반들은 과거 합격과 무관하게 자신이 살고 있는 지역에 대한 교화권을 행사하려 하였고, 이 과정에서 국가와 치열한 투쟁을 전개하였던 것입니다. 성종-중종 연간의 유향소留鄕所 복립 운동의 실패는 일차적으로 중앙정부의 승리라고 할 수 있지만, 중종 이후 향약과 서원의 설립이 전국적으로 확산된 것은 재지 양반층의 부분적인 승리를 말해주는 것이라고 할 수 있습니다.

교화권의 부분적인 이양으로 조선 후기 신분제도는 약간의 변화를 겪게 됩니다.『경국대전經國大典』에 따르면 조선시대 과거시험에는 노비, 승려, 백정 등의 천민들과 재가녀再嫁女의 자손, 탐관오리의 자손 등 도덕성에 결정적인 문제가 있는 집안을 제외하면 누구나 응시할 자격이 있었습니다. 그리고 조선 사회에서의 양반이란 법제상 4대조 안에 현관顯官, 다시 말해 누구나 알 만한 벼슬을 지낸 인물이 있는 가계의 신분을 의미하였습니다. 그러나 조선 중기 이후에는 과거 합격과 출사와 무관하게 양반의 신분을 유지하는 경우가 많아집니다. 재지 양반들은 과거와 무관하게 교화권의 확보를 통해 그들 나름대로의 신분질서를 유지하려 했는데, 그러한 노력이 바로 향약이나 서원 등과 같은 향촌 교화기구의 설립을 통해서 나타났던 것입니다. 물론 그들은 그들 나름대로 '공동 제사와 상호 교제(奉祭祀 接賓客)'를 통해 일반 서민들과 구별되는 독자적인 삶의 방식을 영위하기 위해 노력하였습니다. 교화권이 과거 합격과 무관해졌다고 해서 교육과 무관해진 것은 결코 아니었기 때문이었습니다. 국가의 공인 여부와 관계없이 공부를 했느냐 여부는 여전히 교화권 행사의 핵심적인 요인이었습니다.

그렇다면 재지 양반들이 그렇게 가지고 싶어한 교화권의 구체적 내용은 무엇일까요? 교화권은 한마디로 '삼강三綱과 오륜五倫을 매개로 한 권력의 행사과정'이라고 정의할 수 있습니다.

조선시대의 지배 이념인 성리학은 말 그대로 성性과 리理를 탐구하는 이념입니다. 그리고 조선시대 선비들은 그 성과 리를 외물外物 속에서가 아니라 인간의 마음속에서 찾아내고자 하였습니다. 원래 맹자가 발견한 마음의 리, 즉 심리心理는 인仁, 의義, 예禮, 지智의 네 가지였습니다. 그러나 기의 속성에 이름을 붙인 5행설五行說의 영향으로 여기에 신信이 덧붙여져 오상五常이 되었습니다. 오륜은 오상이 구체적인 일상생활의 덕목으로 변한 것으로서, 부자, 군신, 장유, 부부, 붕우라고 하는 구체적인 인간관계 속에 용해되어 나타나게 되었습니다. 즉 오상의 인仁에 해당되는 것이 오륜의 친親인 바, 인은 어떤 인간관계에도 나타날 수 있는 덕목인 데 반하여 친은 부모와 자식이라는 구체적인 인간관계에만 나타날 수 있는 덕목이라는 것이 오상과 오륜의 차이라고 할 수 있습니다. 마찬가지로 같은 의義라고 하더라고 오상의 의는 불의를 보고 이에 뛰어들지 못하는 자기 자신에 대한 부끄러움으로 나타나는 정의로움이라면, 오륜의 의는 임금과 신하라고 하는 특정한 인간관계 속에서만 유효한 덕목으로 한정되고 있는 것입니다.

삼강은 한걸음 더 나아가 오륜 중 부모와 자식, 임금과 신하, 남편과 아내라는 가장 중요한 세 가지 인간관계에서, 아래에 있는 사람(在下者)의 위에 있는 사람(在上者)에 대한 일방적인 헌신을 규정한 규범입니다. 즉 삼강은 군위신강君爲臣綱, 부위자강父爲子綱, 부위부강夫爲婦綱을 의미하는데, 이는 임금, 부모, 남편은 각각 신하, 자식, 아내의 벼리(綱)가 된다는 의미입니다. 벼리란 그물 양쪽을 매는 굵은 밧줄로, 이것이 있어야 비로소 그물눈(目)이 존재할 수 있습니다. 따라서 임금이 벼리라면 신하는 그물눈이 되어, 신하는 임금에게 일방적으로 복종하고 헌신해야 한다는 것입니다. 삼강의 세 가지 덕목은 따라서 충忠과 효孝와 열烈이며, 이 덕목을 잘 실천하는 사람이 충신, 효자, 열녀가 되었던 것입니다.

정문과 복호 정책

조선시대의 교화정책은 삼강을 극단적으로 체현한 인물에 대한 포상이 주류를 이루었습니다. 가장 큰 포상은 효자나 열녀에게 효자문이나 열녀문을 세워주는 것으로, 이를 정문旌門이라고 합니다. 정문에는 복호復戶, 즉 각종 세금을 면제해주는 혜택도 동시에 내려졌습니다. 그리고 양반들에게는 제직除職, 즉 벼슬도 내려졌습니다. 벼슬은 최상의 경우 종6품까지 내려졌는데, 이는 과거시험에서 장원급제해야 얻을 수 있는 품계였습니다. 포상정책에 있어서 가장 작은 것은 상물賞物, 즉 곡식 등의 물건을 내려주는 것이었는데, 주로 천민들에 대해 시행되었습니다.

삼강은 본래 충신, 효자, 열녀이나 조선시대 전 기간을 거쳐 충신은 거의 없고 대부분이 효자와 열녀입니다. 『조선왕조실록』에는 포상을 받은 수많은 효자와 열녀가 보이는데, 여기에 가장 큰 영향을 미친 것이 바로 『삼강행실도三綱行實圖』라고 하는 조선시대에 가장 많이 발간된 책이었습니다. 이 책은 특이하게도 한쪽에 그림을 실어 일반 서민들도 쉽게 볼 수 있도록 하였으며, 또한 많은 한글 언해본도 만들어졌습니다. 뿐만 아니라 중앙정부에서는 향교의 행사 때나 향약 등의 모임에서 이 책을 읽어주도록 특별히 권장하였습니다. 따라서 실제로 궁벽한 시골의 서민들도 『삼강행실도』의 내용을 많이 알고 있었으며, 이 책에 나오는 효자나 열녀의 행동을 모방하였습니다. 『조선왕조실록』에는 포상을 받은 수많은 효자 열녀가 기록되어 있는데, 효자나 열녀가 되기 위해서는 기본적으로 다음과 같은 유형의 행위를 해야 하였습니다.

• 평상시의 행위

혼정신성昏定晨省: 효자나 열녀가 되기 위해서는 부모나 시부모의 저녁 잠자리를 보아 드리고, 아침에 문안인사를 드려야 했습니다.

출입곡出入告: 효자나 열녀는 집을 나가고 들어올 때 반드시 부모에게 알려야 했습니다.

천신薦新: 효자나 열녀는 철마다 새로 나는 음식을 장만하여 부모에게 봉양해야 했습니다. 『월령月令』이라는 책에는 매월 새로 나는 음식을 소개하고 있는데, 예컨대 8월(음력)에는 홍시, 대추, 밤, 청주, 생이, 송이, 붕어 등이, 9월에는 석류, 머루, 다래, 생기러기 등이 천신해야 할 음식이었습니다.

• 병환시의 행위

단지斷指: 단지란 손가락을 잘라 병든 부모나 남편을 치료하는 행위입니다. 『효경孝經』에 "우리의 몸은 부모로부터 물려받은 것이기 때문에 감히 훼손하지 않는 것이 효의 시작이다"라고 하고 있는데, 단지란 이처럼 중요한 몸을 훼손하여 부모나 남편의 병을 고친다는 의미가 있습니다. 손가락을 자를 때도 아무 손가락이나 잘라서 되는 것이 아니고 왼손 무명지를 잘라야 효과가 있다고 하는데, 그래서 이를 약손가락(藥指)이라고 불렀습니다. 단지의 방법은 손가락을 잘라 피를 마시게 하는 방법도 있고, 혹은 그 피를 약에 타서 마시게 하는 방법도 있으며, 또 자른 손가락을 말려 이를 갈아서 약에 타서 먹이는 방법도 있었습니다. 단지와 같은 행위유형에 속하는 효행으로는 넓적다리 살을 베어(割肌), 이를 국을 끓여(和羹) 올리는 것이 있는데 이 사례도 드물지 않게 발견됩니다.

상분嘗糞: 상분이란 말 그대로 똥을 맛보는 행위입니다. 똥을 맛보는 이유는 의서醫書에 똥이 달고 미끄러우면 병이 점점 악화되는 것이고, 반대로 쓰고 거칠면 병이 차도가 있다는 주장에서 비롯된 것입니다. 즉 상분이란 비전문가가 환자의 병의 차도를 알아보기 위한 중요한 방법으로, 효자나 열녀는 매일 부모나 남편의 똥을 맛보아 병의 차도를 살펴보아야 했던 것입니다. 상분이라는 행위가 의미하는 것은 물론 부모나 남편의 병을 고치기 위해서는 아무리 더러운 것도 마다하지 않는다는 것이었습니다. 그리고 상분과 같은 행위유형에 포함되는 절행으로는 종기를 입으로 빤다든지 임질을 입으로 빠는 것 등이 자주 등장하고 있습니다.

천응天應: 천응이란 하늘이 감동한다는 뜻입니다. 효자나 열녀가 부모나 남편의 병을 고치기 위해 단지나 상분과 같은 행위를 계속하면 하늘이 반드시 감동하여 그 보답을 내려준다는 것이 천응의 의미입니다. 실록에 수록된 몇 가지 사례를 보면 다음과 같습니다. 먼저 계절에 맞지 않는 음식을 구하는 사례가 있습니다. 즉 병든 남편이나 부모가 한겨울에 복숭아나 딸기를 먹고 싶다고 하면 효자나 열녀는 이를 찾기 위해 눈 덮인 산속을 헤매고 다닙니다. 그러면 양지바른 곳에 복숭아나 딸기가 있어 이를 구해 병자에게 먹인다는 것입니다. 혹은 구하기 어려운 음식을 하늘이 감응하여 구하는 사례도 있습니다. 부모가 기러기가 먹고 싶다고 하면, 효자는 마당에 나와 하늘을 향해 통곡하고, 이에 기러기 한 쌍이 마당으로 날아드는 경우가 그것입니다.

이러한 천응은 분명 과장된 것입니다. 나머지 경우도 마찬가지이겠지만 천응의 경우 실제 보고서를 작성하는 과정에서 사실보다 과장된 경우가 많습니다. 정문의 절차는 마을에 효자나 열녀가 있으면 그 마을에서 글을 아는 사람, 즉 주로 양반들이 격식을 갖추어 수령에게 보고하고, 수령은 다시 관찰사에게 보고하고, 관찰사는 이를 예조에 보고하는 순서로 이루어졌습니다. 포상의 등급은 최종적으로 예조에서 결정하여 국왕의 재가를 얻어 시행하였는데, 각각의 과정에서 약간의 과장이 이루어졌을 것으로 짐작할 수 있습니다.

• 사후

효자: 부모의 사후 효자는 삼 년간 여묘살이를 하며 조석으로 제사를

지내고, 그 후에는 때마다 제사를 잘 지내면 되었습니다.

열녀: 열녀의 경우는 남편의 사후가 훨씬 어렵습니다. 열녀에는 수절 열녀와 자살 열녀의 두 종류가 있는데, 열녀문이 내려진 사례는 자살 열녀가 월등하게 많습니다. 왜냐하면 수절의 경우 단지 재가하지 않고 살면 되는 것이 아니라, 남편이 없는 삶은 말 그대로 죽음보다도 못한 것임을 분명히 보여주어야 했기 때문입니다. 예컨대 남편 사후 18년간 흰 옷을 입고 반찬 없는 밥을 먹었다든지, 한 번도 이를 보이고 웃지 않았다든지, 자식이 춥고 배고프다고 울부짖어도 돌아보지 않고 재물을 털어 남편 제사를 준비했다는 등 극단적인 행동이 있어야 열녀문이 내려졌던 것입니다. 그리고 자살의 경우도 자발적인 것보다는 강요에 의한 것이 훨씬 많았다고 짐작할 수 있습니다. 특히 여자가 젊고 미모가 뛰어난 경우 가족들이 합심하여 자살을 강요한 사례도 드물지 않았습니다. 예컨대 연산군 때 토산에 사는 박계근이라는 자는 시집간 딸이 다른 남자와 간통했다고 얼음을 깨고 집어넣었는데, 딸이 얼음을 부여잡고 나오려 하니 이번에는 그의 오라비가 못 나오게 막아 죽게 하였습니다. 또 중종 대에는 양평부수가 그의 딸이 실행하였다고 목매어 자살케 하는 일도 있었습니다. 만약 이 사실이 제대로 밝혀지지 않았다면 두 사건 모두 강간을 피해 자살한 사건으로 둔갑하였을지 모릅니다.

조선시대 아버지와 오라비는 오늘날에 비해 훨씬 비정했을까요? 그렇지는 않을 것입니다. 어느 누가 젊어 혼잣몸이 된 자기 딸이 그리고 여동생이 애처롭지 않겠습니까? 아버지와 오라비가 자살을 강요할 수밖에 없었던 것은 자살하여 열녀문이 내려질 경우의 혜택과, 음행을 저질러 자녀안恣女案에 기록되어 대대손손 과거시험 자격이 상실되는 경우와 비교해보면 잘 알 수 있을 것입니다.

향약과 훼가출향

교화권은 필연적으로 물리적 강제력을 포함합니다. 특정 이념이나 규범을 가르치고 지도하는 것만으로는 충분한 교화권을 행사할 수 없습니다. 교화권은 그러한 이념이나 규범을 어긴 자를 제재할 수 있는 물리적 강제력을 포함할 때 비로소 현실적인 것이 될 수 있습니다. 이를 조선 성종조 우찬성 손순효는 "형벌로써 교화를 돕는다"고 표현하였습니다.

……비록 요순의 시대라 하더라도 자포자기하는 자가 있었기 때문에 형벌로써 교화를 도왔습니다. 그래서 『주례周禮』의 대사도大司徒가 고을에서 세 가지 일로써 만백성을 가르쳐서 빈흥賓興하고, 또 8형八刑으로 다스렸으므로 교화가 행해지고 습속이 아름다웠습니다. 대저 불효가 한 가지 일이 아니니 혹은 봉양을 빠뜨리기도 하고 혹은 언어가 불손하기도 하여 작은 과실이 진실로 하나만이 아닙니다. 불효한 자는 비록 작은 것이라도 반드시 처벌하면 저들이 모두 허물을 뉘우치고 큰 악에 이르지 아니할 것입니다. 『역경易經』에 이르기를, "작은 것을 징계하여 큰 것을 경계하면 소인의 복이다"라고 하였으니 청컨대 5부로 하여금 불효한 자를 적발하여 처벌하게 하면 매우 다행이겠습니다.

위의 인용문에서 고을의 세 가지 일(鄕三物)이란 백성들에게 가르쳐야 할 교육내용으로서 여섯 가지의 덕목(六德: 知 仁 聖 義 忠 和)과 여섯 가지의 덕행(六行: 孝 友 睦 媚 任 恤), 여섯 가지의 기예(六藝: 禮 樂 射 御 書 數)를 말합니다. 반면에 8형은 부모에게 불효不孝하고, 친척 간에 불목不睦하며, 장성한 자식을 혼인시키지 않으며(不媚), 형제간에 공경하지 않고(不悌), 이웃 간에 돕지 않으며(不恤), 서로 믿지 않고(不任), 말을 만들어(造言), 백성들을 어지럽히는(亂民) 행위에 대한 처벌을 말합니다. 즉 향삼물로써 교육을 하되 이를 받아들이지 못하고 자포자기하는 자는 여덟 가지로 분류하여 처벌하는데, 이러한 처벌 역시 교육의 범주에 포함된다는 것입니다. 이를 『예기禮記』에서는 "불초한 자를 가려 악을 내침(簡不肖以黜惡)"이라고 표현하고 있습니다.

조선시대의 교화권은 이러한 물리적 강제력의 뒷받침 하에서 이루어졌습니다. 그래서 성리학적인 지배이념에 대해 위배되는 행위나 집단에 대해서는 교육의 이름하에 강력한 제재가 이루어졌습니다. 이러한 일탈 중에서 중앙정부에서 가장 심각하게 생각한 것은 삼강을 위배한 강상범綱常犯이었습니다. 즉 부모에게 불효하고, 임금에게 불충하며, 남편에게 불손한 범죄에 대해서, 특히 목目의 위치에 있는 자가 강綱의 위치에 있는 자를 죽이는 범죄에 대해서는 가장 강력한 형벌을 동원하였습니다. 그 대표적인 것이 저택瀦澤이라는 형벌입니다.

조선 중종 말기 삼강을 동시에 범한 사건이 일어났는데 이를 통해 저택의 시행과정을 살펴보겠습니다. 이 사건은 남편만으로는 성적 욕구를 충족시키지 못한 아내가 노비와 간음을 하게 되고, 이 사실을 가족들이 알게 되면서 노비와 아내가 남편과 시부모를 살해한 데에서 시작되었습니다. 이 사건이 알려지자 조정이 발칵 뒤집혔습니다. 군신관계에 비정되는 주노主奴관계에서 노비가 주인을 살해하고, 아내가 남편을 살해했으며, 며느리가 시부모를 살해했으니 삼강 모두를 한꺼번에 범한 사건이기 때문이었습니다. 그 결과 그 간부가 살던 지역의 단위가 강등되고 두 간부는 능지처참되었습니다. 그리고 두 사람의 머리는 장대에 꽂혀 저잣거리에 걸리게 되고, 그 시체는 우마차에 실려 전국에 전시傳屍되었습니다. 그리고 그 간부가 살던 집은 부수어 그 자리에 연못을 파고, 가운데 섬을 조성하여 그 위에 비석을 세웠습니다. 비석에는 모년 모월에 간부가 행한 행적을 기록하여 지나다니는 사람들이 보도록 하였습니다.

이러한 형벌이 국가가 아닌 재지 양반들에 의해 시행된 것을 훼가출향 毁家黜鄉이라고 합니다. 주로 경상우도 지방을 중심으로 시행된 훼가출 향은 삼강을 어긴 범죄자 중 특히 음행을 한 여자들을 대상으로 하여 집을 부수고 동네에서 추방하는 형식으로 이루어졌습니다. 훼가출향의 기원은 영남지역의 대표적인 성리학자인 남명 조식과 그의 문인들에 의해서였습니다.

경상도 감사가 진주 유생이 인가를 훼손하고 단죄한 사건에 대해 상계하였다. "앞서 죽은 진사 하종악의 후처가 혼자 살며 음행을 저질러 그 소문이 향리에 퍼졌습니다. 처사 조식은 문인인 정인홍, 하갱 등과 함께 의논하여 인홍 등이 감사에게 후처를 감옥에 가두도록 요구했습니다. ……(중략) 하갱 등은 옥사가 이루어지지 않음을 분하게 여겨 무리를 이끌고 하가의 집을 부수었습니다. ……(중략) 영남 사인의 훼가출향 풍습이 여기에서 비롯되었습니다."

위의 인용문과 같이 훼가출향은 사림세력이 강한 영남지역에서 널리 확산되어 시행되었습니다. 그리고 위의 기록에서는 훼가출향에 대해 비판적인 입장을 나타내고 있지만, 율곡이 청주에서 입안한 서원향약에서도 가장 중한 죄를 출향出鄉이라고 규정하여, 아무리 교도해도 개전의 정이 보이지 않거나 범행을 거듭하여 폐민해속弊民害俗의 정도가 심하면 이를 관아에 보고하여 치죄한 뒤 마을로부터 내쫓게 되어 있습니다. 이를 볼 때 결국 관권의 개입 여부가 폐풍인지 미풍인지 구분하는 준거가 되고 있다고 할 수 있습니다.

어쨌거나 이처럼 형벌의 주도권이 국가에서 재지 양반으로 넘어간 것은 앞에서도 언급한 바와 같이 교화권을 둘러싼 국가와 재지 양반 간의 투쟁에서 양반들이 일정 부분 승리했음을 의미하였습니다. 그리고 물리적 강제력을 포함한 교화권이 제도적으로 정착되는 것은 향약 시행이 일반화되면서부터라고 할 수 있습니다.

조선시대 재지 양반들의 교육목적은 이러한 교화권의 획득이었다고 할 수 있습니다. 말하자면 교육은 교화권을 획득하기 위한 유일한 수단이었던 것입니다. 그러나 교화권을 둘러싸고 중앙정부와의 투쟁에서 재지 양반들이 일정 부분 승리했다고 해서 그것이 양반들의 전유물이 될 수는 없었습니다. 일반 서민들도 경제적인 여건만 마련되면 언제든지 이 경쟁에 동참할 준비가 되어 있었던 것입니다.

조선 사회가 인류 역사상 희귀하게 500년이라는 장구한 세월 동안 존속할 수 있었던 것은 이러한 교육을 통해 성리학적 이데올로기가 일반 서민들 생활 구석구석까지 영향을 미쳤기 때문입니다. 18세기 후반 우리나라에도 자본주의 맹아가 생겼다는 소위 '자본주의 맹아론萌芽論'의 최대의 약점이, 그러한 자본주의 담지자擔持者들이 서구와 같이 사회체제를 변혁시키는 데 앞장서지 않고 과거시험을 통해 기존의 지배질서에 편입하려고 한 것이라고 합니다. 18세기 중엽 이후의 신분구조에 있어서 양반이 오히려 일반 양민이나 천민보다도 증가하는 현상은 이를 반영하는 것입니다. 어쨌거나 조선시대의 교화권이란 도덕적 우월성을 무기로 하여 일반 백성들에게 권력을 행사할 수 있는 권리였습니다. 그리고 그러한 권리는 공부를 했느냐 여부에 따라 결정되었습니다. 따라서 재지 양반들뿐만 아니라 일반 백성들도 조금의 경제적 여유가 생기면 자식들에게 공부를 시켰습니다. 또 어느 집의 자식이 똑똑하다고 소문이 나면 친척들이 돈을 모아 공부를 시켰으며, 서당계를 조직하여 서당을 열었습니다.

지금으로부터 210년 전(1800년, 정조 24년)에 서울에 과거시험에 응시하기 위해 15만 명이 몰려왔다는 기록이 있습니다. 당시 우리나라 전체 인구는

600만, 서울의 인구는 19만 명 정도로 추정된다고 합니다. 19만 명이 사는 도시에 15만 명이 몰려왔으니 서울은 어떻게 되었을까요? 2011학년도 대입 학력고사에 응시하는 학생은 얼마나 될까요? 현재 우리나라 인구와 대입 학력고사 응시생의 비율과 비교하면 어느 시대의 경쟁률이 치열했을까요? 물론 이러한 비율을 단순 비교하기는 어렵습니다. 과거시험은 공무원 임용시험이고 더구나 3년에 한 번씩 시행되었으며, 대입 학력고사는 매년 치러지기 때문입니다. 그러나 그럼에도 불구하고 우리는 이 기록에서 무엇을 시사받을 수 있을까요?

교환권과 교육열

흔히 '교육열'이라고 불리는 현상이 유독 유교문화권인 우리나라와 중국, 일본을 중심으로 나타나는 이유는 무엇일까요? 성적을 비관하여 자살하는 학생의 문제, 대입 선발 방법을 둘러싼 끝없는 논쟁, 과도한 사교육비와 이를 마련하기 위해 파출부를 나가는 중산층 주부의 문제 등 헤아릴 수 없는 문제들이 바로 이 과도한 교육열에 얽혀 있습니다. 그리고 이 현상을 설명하기 위해 많은 이론들이 동원되고 있습니다. '학력 상품화론'도 그중의 한 가지입니다.

학력 상품화론에 따르면 모든 상품에는 사용가치와 교환가치가 있습니다. 사용가치는 그 상품의 용도로써 그 가치를 따지는 것입니다. 예컨대 볼펜은 글을 쓰기 위한 것이고, 잘 써지는 것이 볼펜의 사용가치입니다. 그러나 그 볼펜이 얼마짜리인가 했을 때 이를 교환가치라고 합니다. 모든 상품은 사용가치에 의해 그것의 가치가 결정되는 것이 자연스러운 일입니다 그러나 자본주의 사회에서는 이것이 도치되어 나타납니다. 상품이 어디에 무슨 목적으로 사용되는가 하는 것이 아니라 그것이 얼마짜리인가 하는 것으로 그 가치가 결정된다는 것입니다. 학력이란 본래 사용가치만을 갖는 것입니다. 학력의 사용가치란 한 사람이 특정의 학교를 다니면서 무엇을 배웠는가에 의해 결정됩니다. 그러나 상품화의 논리에 따라 상품의 사용가치보다는 교환가치를 우선시하게 되자, 학교에서 무엇을 배웠는가가 중요한 것이 아니라 어느 학교를 어느 수준까지 다녔는가가 보다 중요시된다는 것입니다. 그래서 우리는 무엇을 배우기 위해서가 아니고 졸업장을 따기 위해서 학교에 진학하게 되고 교환가치를 높이기 위해 보다 더 높은 수준의 학교에 가기 위해 경쟁하게 된다는 것입니다.

우리 사회의 과도한 교육열도 이와 같을 것입니다. 이러한 현상은 자본주의 국가라면 어디에나 나타날 수 있는 현상이기 때문입니다. 그러나 과연 우리 사회의 과도한 교육열이 자본주의 국가 일반이 겪는 것과 동일한 것일까요? 그렇다면 왜 미국의 고등학교 학생들은 매일 밤 2시까지 독서실에서 공부하지 않는 것일까요? 왜 그들은 금요일 오후만 되면 차를 몰고 야외로 놀러 나가는 것일까요? 왜 미국의 어머니들은 자녀들의 과외공부를 위해 파출부를 나가지 않는 것일까요?

몇 년 전 『로스앤젤레스 타임스』지는 1면 칼럼 기사를 통해 한국 이민자들의 열망을 일종의 '광기'로 표현하면서 이처럼 무모한 부모들의 집착이 자녀들을 심각하게 괴롭히고 있다고 지적하였습니다. 칼럼의 요지는 다음과 같습니다.

한국 이민자들은 자녀가 하버드 대학에 입학만 하면 모든 고생이 눈녹 듯 사라지고 과거 급제라도 한듯 자동적으로 신분 상승을 하게 될 것으로 믿고 있지만, 그같은 맹신은 때로 부모 자식 간의 벽을 쌓기만 할 뿐이다. 하버드 대학 학위는 전 세계 수백만 명이 열망하는 것이지만 특히 한국 이민 부모들은 이것이 성공의 문을 여는 만능열쇠라고 믿고 있다. 이 때문에 한인 밀집지역인 남부 캘리포니아에는 대입 준비 학원이 성업 중이고 부모들은 가정 교사나 SAT(대입 학력고사) 과외 비용으로 수천 달러씩을 지출한다. 한인 부모들은 자녀 교육을 위해 어떤 일도 마다하지 않는다. 아들을 대입 예비학교에 보내느라 남편과 별거하면서까지 매사추세츠 주로 이사한 어머니도 있고 아들의 간식을 챙겨주며 격려하는 할리우드 지역 고교생 어머니도 있다. 한국인의 교육열은 유교적 전통에 뿌리를 둔 것이기도 하지만 "한국 부모들은 극단적으로 치우치고 있다"고 UC 리버사이드의 에드워드 장 교수는 말하고 있다. 비판론자들은 이같은 특권 추구가 자기중심적인 사고에서 나온 것이고 왜곡된 가치관을 낳으며 지역사회의 발전과 자녀 자신의 성장을 저해한다고 지적하고 있다. (『매일신문』 1996년 9월 30일자)

　　한국 교민들의 자녀교육에 대한 열망이 위와 같은 것이라면 그것은 당연히 미국 사람들의 눈에는 괴이하게 비칠 것임에 틀림없습니다. 그러나 우리는 아무도 그들을 이상하게 여기지 않습니다. 아직도 우리에게 교육은 단순히 교육 그 자체가 아니라 '교화권'을 획득하기 위한 유일한 수단으로 간주되고 있는지도 모릅니다.

　　위의 기사에서 우리가 한 가지 시사받을 수 있는 것이 있다면, 우리의 교육문제는 우리 고유의 방법이나 처방을 개발해서 해결해야 한다는 것입니다. 만약 과도한 교육열이 우리 교육을 황폐화시키는 주원인이고 따라서 마땅히 제거되어야 한다고 생각한다면, 그 해결책은 결코 미국 교육제도의 수입에서는 찾을 수 없을 것입니다. 이미 오래전부터 시행되어 온 교육제도 속에서도 과도한 교육열이 해결될 수 없는 마당에, 전혀 다른 문화적 풍토에 그것을 이식하여 성공을 거두리라고는 기대할 수 없기 때문입니다.

8

오두역거烏頭力去
―성리학의 사제관계

세 가지 교직관과 세 가지 교사관

교직을 보는 세 가지 관점이 있습니다. 성직자관, 전문직관, 노동자관이 그것입니다. 그러나 우리는 간혹 이 세 가지 교직관을 같은 범주의 것으로 보아, 그중의 한 가지를 선택할 수 있거나 반드시 선택해야 하는 것으로 오해하곤 합니다. 그러나 이 세 가지 교직관은 교직이라는 직업이 갖는 세 가지 '속성(Attribute)'을 나타내는 것이지, 상호 배타적인 '요소(Element)'는 아닙니다. 가령 아스피린이라는 알약이 있다고 합시다. 이 약의 속성은 ① 소화제가 아니라 감기약이다, ② 캡슐형이 아니라 당의정식 알약이다, ③ 부작용이 없다 등으로 열거될 수 있습니다. 우리는 감기약으로서 아스피린을 논의할 수도 있고, 당의정으로서 아스피린을 말할 수 있고, 부작용의 측면에서도 말할 수 있지만, 이 세 가지 속성을 서로 비교하거나 이 중 어느 한 가지를 선택할 수는 없습니다.

교직은 타인에의 헌신을 요구하는 직업이기 때문에 성직의 특징을 갖습니다. 그리고 교직은 장기간의 교육과 지속적인 연수를 필요로 한다는 측면에서 전문직으로서의 특징도 지니고 있습니다. 그리고 교직은 자신의 노동력의 대가로 보수를 받는다는 측면에서 노동직으로 분류될 수 있습니다. 따라서 교직은 성직이 아니라 전문직이라든지 혹은 전문직이 아니라 노동직이다라는 주장은 성립되지 않습니다. 다만 교직은 성직이 아니라 세속직이다라든지, 전문직이 아니라 일반직이라든지, 노동직이 아니라 경영직이라든지 하는 주장은 가능합니다. 이것은 같은 범주에 포함되는 요소이기 때문에 입장에 따라 선택이 가능한 주장인 것입니다.

한편 이러한 세 가지 교직관과는 달리 우리가 반드시 어느 한 가지를 선택해야만 하는 교사관도 있습니다. 전달자로서의 교사, 조력자로서의 교사, 본보기로서의 교사가 그것입니다. 이러한 교사관은 학습자를 어떤 존재로 보느냐에 따라 결정됩니다.

가장 보편적인 학습자관은 아이들을 백지나 진흙과 같은 존재로 보는 것입니다. 즉 아이들은 태어날 때는 백지장과 같이 흰 바탕이거나, 어떤 모양이든지 주형 가능한 진흙과 같아서 주위 환경에 의해 성격이나 됨됨이가 결정된다는 것입니다. 이를 주물모형의 교육관이라고 합니다. 재능이 있든 없든, 말문이 트이기가 무섭게 아이들을 일단 피아노 학원과 미술학원, 그리고 태권도 도장에 보내고, 학교에 들어가면 실력 있는 강사가 있는 수학 학원과 영어 학원에 보내는 것은, 이런 학원에 들어가면 마치 스펀지가 물을 빨아들이듯 교사의 지식을 받아들일 것이라고 가정하기 때문입니다. 이러한 학습자관이 가정하고 있는 것이 전달자로서의 교사입니다. 그러나 정말 그럴까요? 우리 아이들은 정말 교사나 교과서의 지식을 수동적으로 흡수하는 존재일까요?

학습자를 보는 또 한 가지 관점은 아이들은 태어날 때 이미 어떤 성장 가능성을 가지고 태어난다는 것입니다. 즉 훌륭한 과학자나 음악가가 될 아이들은 만들어지는 것이 아니라 이미 날 때부터 정해져 있다는 것입니다. 이를 도토리모형이라고 합니다. 도토리모형의 교육관에서 교육이란 아이들의 타고난 가능성을 최대한 발현할 수 있도록 도와주는 것이 될 수밖에 없습니다. 그래서 교사는 조력자가 됩니다. 과연 이러한 조력자로서의 교사관이 전달자로서의 교사관보다 더 바람직한 것일까요? 과학자나 음악가뿐만 아니라 도둑이나 강도도 이미 태어날 때부터 정해져 있을까요? 혹시 이러한 교육관에서 교육과 교사의 역할은 더욱더 축소되는 것은 아닐까요?

마지막으로 본보기로서의 교사관이 있습니다. 이것이 전통교육의 학습자관에서 전제하고 있는 교사입니다. 이 교사관은 전달자나 조력자로서의 교사와 어떻게 다를까요?

본보기로서의 교사관

㉮ 이천 선생이 이렇게 말씀하셨다. "옛날에는 아이가 태어나면, 음식을 먹을 수 있고 말을 할 수 있게 되고부터 가르쳤습니다. 사람이 어릴 적에는 생각에 자기 나름의 것이 이루어져 있지 않으므로, 바른 말이나 훌륭한 의견을 눈앞에 늘어놓아주어야만 합니다. 유아에게는 그것이 아직 이해되지 않을지라도 끈질기게 가르쳐서, 귀를 채우고 배를 채우도록 해야 합니다. 그것을 오래 계속하면 자연히 익숙해져서 태어나면서부터 그것을 갖추고 있는 모양이 되고, 다른 이야기로 그것을 미혹시키려 들어도 여지가 없습니다. 만일 미리 준비하지 않으면, 성장한 뒤에 제멋대로의 취향이 생겨서 세간의 갖가지 의견이 섞여 들어옵니다. 그때에는 마음의 순수성을 바라도 불가능합니다." (『이천선생 문집』)

㉯ 성인의 도道는 하늘과 같아서 일반 사람의 견식과는 매우 동떨어져 있다. 문인이나 청년들은 친히 가르침을 받고 나서, 성인의 도가 고원함을 더욱더 절감하게 된다. 만약 청년들이 성인의 도에는 도저히 미치지 못하겠

다고 생각하게 되면 공부하려는 마음이 식어버린다. 그래서 성인이 사람을 가르칠 경우 그 자리로 내려와서 손을 잡아준다…… 사람을 가르치는 것은 아주 어렵다. 학생의 재능을 다 발휘시켜주어야만 학생은 올바로 가게 된다. 또 학생이 도달할 수 있는 곳을 관찰하고 나서 이야기해주어야 한다. 성인의 지혜는 포정庖丁이 소를 해부할 때에 뼈와 살의 틈새를 샅샅이 알고 있어, 칼날이 그 틈새에 넣어지고 포정의 눈에 소 전체의 모습이 없었다고 하는 이야기와 같다. (『장횡거 어록』)

위의 두 가지 사례 중에서 ㉮는 학습자를 백지나 진흙과 같이 보는 주물모형의 관점과 유사합니다. 그리고 ㉯는 앞에서 학습자의 성장 가능성을 최대한 발현시켜야 한다는 도토리모형과 비슷합니다. 그러나 ㉮의 주장은 학습자가 스스로 자신의 마음을 다스릴 능력이 없을 때, 자신의 몸을 통해 마음을 바르게 해야 한다는 소위 '배근법培根法'을 나타낸 것입니다. 이것은 '소학─대학 계제설階梯說'에서 소학 단계의 교육에 한정되는 교육관입니다. 그리고 ㉯의 경우에는 학습자의 재능에 초점을 맞춘 것이 아니라, 교사가 학습자의 단계를 정확히 파악해야 함을 강조한 말입니다. 즉 교사가 학생을 가르칠 때, 포정과 같이 칼날이 가는 곳을 정확하게 파악해야 한다는 것입니다. 물론 여기서의 재능이라고 하는 것도 도토리모형에서 말하는 잠재 가능성 혹은 성장 가능성과는 다른 것입니다. 여기서 말하는 재능은 아동이 태어나면서부터 갖게 되는 서로 다른 성장 가능성이 아니라, 성인이 될 수 있는 가능성을 말합니다. 물론 그러한 가능성은 인간이면 누구나 다 가지고 태어납니다.

수정의 결정을 깨뜨리면 같은 모양의 수많은 결정으로 나뉘고, 그중의 한 개를 골라 다시 깨뜨리면 다시 같은 모양의 수많은 결정이 나타납니다. 비유컨대 이것이 우리의 전통적 학습자관입니다. 즉 아이들은 이미 태어날 때부터 우주 삼라만상의 한 부분으로 태어났기 때문에 개개의 아동들은 우주 삼라만상의 작은 축소판입니다. 그렇기 때문에 아이들은 이미 우주 삼라만상의 모든 진리를 스스로 마음속에 가지고 태어납니다. 이를 성리학에서는 학습자의 마음속에 우주 삼라만상에 대한 모든 진리가 들어 있다고 말하고, 불교에서는 모든 인간의 마음속에는 불성이 갖추어져 있다고 설명합니다. 문제는 이렇게 상정할 경우 교사의 역할은 어떻게 규정할 수 있느냐 하는 것입니다.

학습자의 마음속에 모든 진리가 들어 있다면 교사는 어떻게 해야 할까요? "네 마음속에 모든 진리가 들어 있으니 스스로 탐구해보도록 해라"라고 말해주는 것으로 교사의 임무는 다 끝나는 것일까요? 불행히도 이러한 진리는 교사가 전달해줄 수 있는 것이 아니라, 오직 학습자 스스로 체득하는 도리밖에 없습니다. 그것을 스스로 체득하는 방법은 물론 다양하게 제시되고 있습니다. 성리학에서는 '흩어지는 마음을 쓸어 모으는 방법(求放心法)', '마음을 끊임없이 깨어 있도록 하는 방법(常惺惺法)', '자신의 마음속으로 깊숙히 침잠해 들어가는 방법(潛心自得法)' 등이 제시되고 있고, 불교에서는 '자신이 이루고자 하는 목표를 끊임없이 소리내어 말하는 방법(念佛法)', '사물을 있는 그대로 바라보는 방법(觀法)', '선인들이 낸 수수께끼를 푸는 방법(話頭法)' 등 다양한 방법들이 소개되고 있습니다.

이러한 방법들은 '교육방법'이 아니라 모두 학습자 스스로 하는 '학습방법'입니다. 그렇다면 교사는 어떻게 해야 할까요? 전통적인 교육관에서 보면 교사는 학습자가 달성해야 할 통체統體입니다. 무슨 말인가 하면 교사는 학생보다 큰 수정의 결정체라는 것입니다. 그렇다면 수정의 작은 결정체인 학생이 보다 큰 결정체가 되기 위해서 어떻게 해야 하는지는 당연한 일이 아닐까요? 학생은 마땅히 교사가 하는 일을 본받고 따라 하는 도리밖에 없는 것입니다.

교사의 역할이 단순히 학생들이 본받고 따라 하도록 하는 것에 불과하다면 이것은 무척 쉬운 것처럼 생각될 수 있습니다. 그러나 이러한 교사의 역할은 결코 쉬운 것은 아닙니다. 또한 교사의 역할은 이것에 그치지 않습니다. 교사의 또 한 가지 중요한 역할은 학생의 학습 단계를 정확하게 평가하는 일입니다. 오늘날의 학습에서도 마찬가지겠지만, 학습의 단계에는 각 단계를 통과할 때마다 뛰어넘기 어려운 문턱이 있습니다. 교사는 개개 학생의 학습 단계를 정확하게 파악하고 있다가, 이 문턱에 도달했을 때 이를 뛰어넘을 수 있도록 조치를 취해주어야 합니다. 즉 학습자가 깨달음의 문턱에서 이를 뛰어넘지 못하고 머뭇거리고 있을 때, 교사는 특단의 방법을 사용하여 문턱을 뛰어넘을 수 있게 했던 것입니다.

전달이 아니라 스승을 본받음으로써 깨달음에 도달할 수 있다는 것은 성리학적 지식이 다루는 지식과 오늘날의 교과서 속에 있는 지식이 다르기 때문입니다. 지식에는 두 가지 종류가 있습니다. 한 가지는 교과서 속에 있는 객관적 지식이고, 또 한 가지는 교과서 속에 있는 지식에 '대한' 지식입니다. 서울에서 대구까지의 거리가 300킬로미터라는 것이 교과서 속의 지식이라면, 서울에서 대구까지의 거리가 300킬로미터라는 것이 나에게 갖는 의미가 지식에 대한 지식입니다. 대구에 사시는 할아버지 할머니를 자주 찾아뵙지 못하는 것에 대한 죄의식과, 명절 때 고속도로에서 느꼈던 답답함 등이 그 예가 될 수 있을 것입니다. 후자의 지식을 요즈음에는 가치관이라고도 하고 세계관이라고도 하여, 지식의 범주에서 제외하고 있습니다. 그러나 그것을 지식이라고 부르든 가치관이라고 부르든, 역시 그것도 교과서 속의 지식에 못지않게 중요합니다.

교과서 속의 지식은 앞에서 언급한 어떤 학습자관을 채택해도 가르칠 수 있습니다. 그러나 교과서 지식에 대한 지식은 우리의 전통적 학습자관에 의해서만 가르칠 수 있습니다. 그리고 그렇기 때문에 본보기로서의 교사관은 오늘날에도 여전히 중요한 의미를 갖습니다.

오두역거 - 서원의 교사상

성리학의 전형적인 교사상은 조선시대 서원교육을 통해 나타납니다. 왜냐하면 서원은 성인을 육성하는 것을 목표로 생겨난 교육기관이기 때문입니다. 서원의 교사 명칭은 서원의 규모에 따라 다양합니다. 서원을 대표하는 원장은 산장山長 혹은 동주洞主로 불리기도 하는데, 그의 임무는 원생의 교육뿐만 아니라 서원의 경제적 문제에 대한 감독권, 원임 및 사역인에 대한 임명 감독 처벌권 등 서원 운영의 전반적인 문제를 총괄하는 것이었습니다. 원장의 임기는 짧게는 1기(1년을 정알正謁, 춘향春享, 추향秋享을 합하여 3기로 함), 길게는 1~2년으로 중임이 허락되었습니다. 원장 밑에는 경학과 예절에 대한 교육을 담당하는 강장講長과 원생들의 학문 권면과 훈도를 담당하는 훈장訓長이 있으며, 유생 교육을 담당하지는 않으나 서원 운영을 담당하는 유사有司와 직월直月이 있었습니다. 물론 규모가 작은 서원의 경우 그 역할이 그와 같이 세분되어 있지 않고 원장이 강장과 훈장을 겸하기도 하였습니다.

서원의 원장은 대부분 지역 인사 중에서 임명되었습니다. 그리고 소수서원『원임사록院任事錄』에 실려 있는 180여 년간(1542~1718)의 기록에서 알 수 있듯이, 원장은 대부분 원생 중에서 배출되었습니다. 또 181명의 원임 중 52%인 94명만이 생원 진사 및 문과 합격자 또는 하급관료 출신이고 나머지는 유학幼學으로, 과거 합격이나 벼슬과 무관하게 오직 학문과 인품과 덕성만으로 원장으로 선출되었음을 알 수 있습니다. 그렇다면 서원의 원장이 될 만한 인품과 덕성은 어떤 것일까요?

서원교육에 있어서 이상적인 스승의 모습은 제자들이 쓴 스승의 행장에서 잘 드러나고 있습니다.

① 선생의 안색을 살펴보면 남을 대할 때는 봄날의 태양과 같이 온화하고, 그의 말을 들으면 때맞추어 내리는 비가 대지를 윤택하게 적시듯 사람의 마음에 스며들었다. 그의 흉금은 뚜렷하게 틔어있어 투명하고, 그의 온축된 학식을 헤아리면 넓고 넓어 푸른 바다의 끝없음과 같으며, 그의 덕은 극치에 이르러 어떤 아름다운 말로도 형용할 수가 없다…… (중략) 선생은 앉아 계실 때는 진흙으로 만든 인형과 같고, 남을 접대할 때는 온몸에 화기가 감돌고 있었다. (정이천이 쓴 정명도의 「행장」 중에서)

② 선생의 기질은 굳고 억세며, 그의 덕은 풍성하고 의용이 엄숙하다. 남과 더불어 살아가면 날이 갈수록 친해지고, 자기 집안을 다스리고 남과 접촉하는 데에는 대개 자기를 먼저 올바르게 함으로써 남을 감동시켰다. 남들이 자기를 믿지 않으면 돌이켜 자기 자신을 다스리며 남을 탓하지 않았다. 비록 남들이 자기를 이해해주지 않아도, 편안히 행하면서 후회함이 없었다. 그러므로 아는 사람이나 모르는 사람이나 다 횡거 선생의 사람됨을 듣고 경외하며, 의롭지 아니한 것은 감히 하나의 터럭만큼이라도 하지 않았다. (여여숙呂與叔이라는 제자가 쓴 장횡거의 「행장」 중에서)

③ 선생은 나이가 많아지고 병은 깊어갔지마는, 학문을 전진시키기에 더욱 힘쓰고 도를 지키기에 더욱 무거운 책임을 느꼈다. 엄숙하고 공경하는 공부는 그윽한 곳에서 혼자일 때일수록 더욱 엄격히 하였다. 보통 때에는 날이 밝기 전에 일어나서 세수하고 머리 빗고 갓을 쓰고 옷을 입고는 온종일 책을 보거나, 혹은 향을 피우고 고요히 앉아서 항상 그 마음 살피기를 해가 처음 솟아오르는 것과 같이 하였다…… (중략) 선생은 일상생활에서 동정어묵動靜語黙이 아주 쉽고 분명해서, 지나치게 뜻이 높고 먼 일이 없었다. 그러면서도 모든 행동이 저절로 예절에 맞아서 사람이 다르지 못할 묘

한 곳이 있었다…… (중략) 선생은 욕심을 이기고 심心을 기르는 공부는, 어떤 일을 당해도 이미 여유작작해질 지경에까지 이르렀다. 그래서 비록 급하고 갑작스러운 때에 있어서, 정신은 한가롭고 뜻은 고요하여 어찌할 바를 몰라하는 기상이 없었다…… (중략) 선생의 학문은 사욕이 깨끗이 없어지고 하늘의 이가 해처럼 밝아서, 물物과 나 사이에서 피차의 구별을 볼 수 없었다. 그 마음은 바로 천지만물과 더불어 아래위 한 가지로 흘러서 각각 그곳을 얻는 묘한 곳이 있었다…… (중략) 선생은 그 나타난 행실에 있어서 자기를 다스리기를 매우 엄하여, 음탕한 음악이나 간사한 예는 그 마음에 붙이지 않았고, 사납고 거만하거나 간사하고 치우친 기운은 그 몸에 보이지 않았다. 그의 행동은 본보기나 법도이었고, 그 말은 도덕이나 인의仁義였다…… (중략) 남을 대할 때에는 공경해서 예로 하였고, 자기에 대해서는 간략했으나 도를 다하였다. 기뻐하고 성냄을 얼굴에 나타내지 않았고, 욕하고 꾸짖음을 남에게 미쳐 가지 않게 하였으며, 아무리 어쩔 줄 모를 급한 때에 있어서도 한 번도 말을 빨리 하거나 조급한 얼굴빛을 가진 적이 없었다. 의義와 이利의 구별이 엄하고 가지거나 버리는 것을 분간함에 자세하였으며, 의심을 따지고 숨은 것을 밝혀서, 털끝만 한 일이라도 그저 예사로 지나치지 않았다……(중략) 가슴속은 환히 트이어 가을 달이나 얼음 항아리 같았고, 기상은 따뜻하고 순박하여 정한 금이나 아름다운 옥과 같았다. 웅장하고 무겁기는 산악과 같았고, 고요하고 깊기는 못과 같았다. 단정하고 자상하며 한가하고 편안하며 독실하고 두터우며 참되고 순수하여, 겉과 속이 하나와 같았고 사물과 나와의 사이가 없었다. (제자들이 쓴 『퇴계 선생 언행록』 중에서)

이러한 『언행록』의 기록은 제자들의 스승에 대한 평가에 있어서 하나의 정형이기도 하거니와, 수사학적인 표현으로 인해 오히려 제대로 그 특징을 파악하기 어려운 측면이 있습니다. 그러나 위의 예에서 우리가 주목해야 할 부분은 제자들이 느끼는 스승의 내면입니다. 예컨대 가슴속이 환희 트이어 가을 달이나 얼음 항아리와 같다든지, 혹은 사물과 나 사이에 피차의 구별을 볼 수 없다든지, 천지만물과 더불어 한가지로 흐른다든지 하는 표현입니다. 이러한 표현을 통해 우리가 짐작할 수 있는 것은 스승은 학문이나 지식이 아니라 행동과 마음을 통해 배운다는 것입니다. 이것을 흔히 '스승을 배운다'라고 말합니다. 그렇다면 스승을 배운다는 것은 무슨 뜻일까요?

스승을 배운다는 것을 퇴계 선생은 '오두역거烏頭力去'란 말로 설명하였습니다. 오두역거란 말은 북송의 유학자인 사상채(謝上蔡, 1050~1103)가 윤화정(尹和靖, 1071~1142)과 함께 정명도(程明道, 1032~1085) 밑에서 공부하던 때의 일화에서 생긴 말입니다. 사상채는 스승을 하직하고 돌아가는 날 윤화정에게, "우리들이 매일 선생을 따라 행실을 보고 배우며 말을 듣고 깨닫는 것은 마치 오두烏頭를 먹는 것과 같은 것이었다. 그 약을 먹기 시작하면 얼굴빛이 광채가 나고 근력이 강성해지지마는, 하루아침에 오두의 힘이 떠나버리면 장차 어찌할꼬." 하고 탄식하였다고 합니다. 이를 퇴계 선생은 풀이하기를, "오두는 약 이름으로 그것을 먹으면 사람의 병을 낫게 한다. 사람이 어진 스승 곁에 있어서 늘 좋은 말과 착한 가르침을 들을 때마다 그 심병心病을 고치는 것은, 마치 이 약이 그 몸의 병을 고치는 것과 같은 것이다. 그런데 이제 스승을 떠나 멀리 감으로써 좋은 가르침을 듣지 못하면, 장차 병이 다시 도지더라도 그것을 다스릴 약이 없으니 이것이 오두역거의 걱정이 있다는 까닭이다"라고 하였습니다.

스승의 곁에 있음을 명도 선생의 또 한 사람의 제자인 주공담朱公掞은 '봄바람'이라고 표현하기도 하였습니다. 그는 명도 선생을 여주汝州에서 한 달간 만나 뵙고 돌아와서, 사람들에게 "나는 한 달 동안 봄바람의 훈훈함을 즐기고 왔다"고 하였던 것입니다. 퇴계 선생의 경우도 마찬가지였습니다. 어느 해 가을 퇴계 선생의 제자인 유응현(柳應見, 1539~1601)은 퇴계 선생을 뵙고 돌아올 때에, "우리가 매양 여기에 와서 선생의 얼굴을 보고 선생의 말씀을 들으면 묵은 때가 씻기는 듯, 취한 꿈이 깨는 듯하구나." 하고 말하였습니다. 이때 도반道伴인 권호문(權好文, 1532~1587)은 "어떤 이가 말하기를 '옛사람의 말에 (스승을 따름은) 구름과 안개를 열어 푸른 하늘을 보고 가시를 베어내어 바른 길로 간다'고 하였다더니 과연 그런 것이구나. 나는 소싯적에 선생을 보기를 선생은 귀신의 신명神明과 같아서 그 끝을 헤아릴 수가 없고, 강하江河의 넓음과 같아서 그 가를 모르겠다고 하였더니, 이제 스승의 오묘한 말씀이 귀에 들어오면 저절로 이해되고, 하시는 일이 눈에 띄어 밝힐 수가 있으니 나의 공력功力이 조금 나아갈 수 있을 것이다"고 하였던 것입니다.

이처럼 보고 배우는 것으로서의 스승의 역할은 성리학의 공부 방법인 마음공부를 통한 깨달음의 필연적인 결과라고 할 수 있습니다. 즉 마음공부란 그것을 하는 학생의 입장에서 보면 지극히 불분명하고 불투명한 것입니다. 도대체 한 가지 일에 집중한다(主一無適)는 것이 어떻게 하는 것인가? 혹은 한 가지 일에 집중하면 마음이 어느 순간 활연관통豁然貫通하게 되어, 우주 삼라만상의 원리를 꿰뚫게 된다고 하는데 그것은 얼마나 해야 달성될 수 있는가? 그리고 나아가 내가 지금 가고 있는 길이 바로 그것인가 아닌가? 이러한 의문이 공부의 과정에서 끊임없이 일어날 것입니다. 스승은 바로 이런 암중모색에 있어서 안내자요, 등불이라고 할 수 있습니다. 스승의 현존 바로 그 자체가 자신이 나아가야 할 방향을 알려주고, 동시에 그것이 도달 가능한 것이라는 것을 분명하게 보여주기 때문입니다.

성리학의 사제관계는 아니지만 전통적 사제관계에 있어서 스승과 제자의 교섭은 인도의 위대한 사상가 요가난다와 그의 스승 스리 유크테스와르와의 관계에서 다음과 같이 찬란하게 묘사되고 있습니다.

갑자기 스승께서 나의 가슴을 살짝 건드리셨다. 그 순간 나의 몸은 딱 정지되어 큰 자력에 끌리듯이 호흡이 허파에서 빠져나갔다. 영혼과 마음마저도 나의 모든 털구멍 밖으로 불꽃처럼 빠져나가는 것 같았다. 육체는 마치 죽은 사람처럼 정지되었지만, 의식은 그 어느 때보다도 선명하게 깨어 있었다. 그리고 의식은 육체에서 벗어나 주위의 모든 사물로 확장되었다······. 이러한 모든 것들이 내 시야에서 파동치고 있을 때, 나의 몸과 스승의 몸, 그리고 둥근 기둥이 늘어선 뜰과 마루와 수목, 태양 등이 갑자기 무섭게 요동치며 빛나는 바다 같은 곳으로 모두 녹아들기 시작했다. 마치 설탕 결정이 유리컵 속에서 흔들리며 용해되듯이, 이 통일된 빛의 바다는 창조된 모든 것에 대한 인과의 법칙을 보여주면서, 물질의 세계와 비물질의 세계를 교차시키고 있었다. 드넓은 대양과도 같은 기쁨이 고요하고 가없는 내 영혼의 바닷가에서 파도쳤다.

정말로 아름다운 광경이 아닌가요? 이처럼 전통적 교육관에 있어서 가장 중요한 것은 스승에 대한 무한한 믿음과 존경일 수밖에 없습니다. 정이천(程伊川, 1033~1107)의 제자인 양시(楊時, 1053~1135)가 스승을 모시는 일화는 이런 점에서 많은 시사를 줍니다. 어느 날 이천은 눈을 감은 채로 정좌靜坐를 하고 있었습니다. 정좌는 마음을 고요히 내면에 침잠하는 것으로 성리학의 주요한 공부 방법입니다. 이때 양시는 문밖에 서 있었는데, 이천이 정좌를 끝낸 뒤 "자네 아직도 거기에 있는가?"라고 말하며 나와 보니, 문밖에는 눈이 한 자나 쌓여 있었다고 합니다. 이 일화는 이천이 정좌하고 있던 몇 시간 동안, 제자 양시는 움직이지도 않고 이천의 곁에서 조심스럽게 모셨다는 사실을 말하고 있습니다. 즉 스승을 공경하는 제자의 정성스러운 태도를 생동적으로 보여주고 있는 것입니다.

이와 같이 성리학의 교육은 시작도 스승에 대한 존경(尊師)이고, 교육의 마지막도 스승에 대한 존경이었습니다. 적어도 조선시대 말까지는 이러한 교사관이 아무런 저항 없이 받아들여졌습니다. 물론 그렇다고 해서 조선시대의 모든 교사가 학생의 본보기가 되는 훌륭한 사람이었다는 것은 아닙니다. 이들 교사들 중에는 요사이 어린아이를 성추행한 교사와 같은 파렴치한 인물도 분명히 있었을 것입니다. 그럼에도 불구하고 적어도 조선시대까지는 스승에 대한 존경 없이 교육은 불가능하다는 인식이 당연한 것으로 받아들여졌던 것입니다.

본보기로서의 교사관이 결정적인 타격을 맞게 되는 것은 일제 식민지 교육에서였습니다. 주지하다시피 일제는 제1차 조선교육령을 통해 모든 교사들에게 군복을 입히고 군도를 차게 하여 학생들을 감시하고 통제하도록 하였습니다. 조선어 사용이 일체 금지되는 제3차 조선교육령 이후에는 학교에서 조선어를 사용하는 학생을 적발하여 퇴학시키는 역할까지 교사에게 맡겨졌습니다. 모국어를 금지시키고 이민족에 동화되라는 교사가 어찌 학생들의 본보기가 될 수 있을 것인가요? 1930년대 이후 일제는 최소한 조선 반도에는 더 이상 불령선인不逞鮮人이 없다고 선언하였습니다. 따라서 이 시기 이후 해방까지 교직에 종사하고 있던 조선인 교사들은 모두 소극적 혹은 적극적 친일파로 간주될 수밖에 없는 것입니다.

미군정의 '현상유지 정책'으로 해서 일제하의 교사들은 모두 현직에 살아남았습니다. 이들은 미군정에 의해 후원되는 2~3일간의 '새교육 강습회'를 받고 모두 정치적으로 사면을 받았을 뿐만 아니라, 이제는 일본식 교사가 아니라 미국식 교사가 되었다고 우쭐거렸습니다. 정부 수립 이후에도 일제하 친일 교사들은 이승만 정권의 보호 하에 현직에 종사하였습니다. 그러나 그 보호의 대가로 그들은 이승만 정권의 각종 부정 선거에 앞잡이로 활약하였습니다.

이러한 과정을 거쳐 우리의 전통적 교사관은 약화되고 왜곡되었습니다. 이후 교사들에게는 현실적으로는 '전달자로서의 교사관'이, 이론적으로는 '조력자로서의 교사관'이 끊임없이 강요되었습니다. 그리고 비록 약화되고 왜곡되기는 했지만 전통적인 교사관도 여전히 현장에 영향을 미치고 있습니다. 이러한 세 가지 서로 다른 교사관 속에서 교사들은 상황에 따라 카멜레온처럼 변신을 시도하느라 곤욕을 치르고 있는 것입니다.

존사尊師의 연습

교사에 대한 사회적 인식과 기대는 지역과 문화에 따라 다릅니다. 그것은 수천 년간 지속된 독자적인 교육문화에 따라 교사의 사회적 역할과 기대가 달라졌기 때문입니다. 방학 때 월급을 지급하지 않는 것을 당연하게 생각하는 사회가 있는 반면, 교사가 노동조합을 결성하는 것을 의아한 눈초리로 바라보는 문화도 존재합니다. 현재 신자유주의 교육개혁의 일환으로 우리 교사 개혁의 모델이 되고 있는 미국의 경우를 살펴봅시다. 미국 교육은 역사적으로 '학교의 시민 통제'라는 원리에 충실하게 전개되어왔습니다. 학교는 주민들이 대표자를 뽑아 감독해왔으며, 주민들은 주기적으로 학교를 방문하여, 아이들이 배운 것을 확인함으로써 교사를 평가하고 1년 단위로 재계약을 맺었던 것입니다. 따라서 교사들의 사회적 지위는 매우 낮았으며, 주민들에 의한 감독과 통제가 당연한 것으로 간주되어왔던 것입니다.

이처럼 학교의 주민 통제를 실현코자 하는 것이 신자유주의 교육개혁입니다. 신자유주의 교육정책은 간단하게 말해서 교육은 사적인 소비재이며, 이러한 소비재는 자유 시장에 맡기는 것이 가장 효율적이라는 전제 하에 실시되는 정책입니다. 따라서 학교는 세계시장에서 경쟁하여 이길 수 있는 기능을 산출하는 공적기관으로 이해됩니다. 그리고 교사는 그의 교육력을 구매하기를 원하는 학교에, 자신의 능력에 따라 지위와 보수를 받고 취업하게 됩니다. 우수한 교사는 물론 자신이 원하는 지위와 보수를 받게 될 것이고, 무능한 교사는 취업이 어려워지게 됩니다. 물론 교장이라고 예외가 될 수 없습니다. 교사와 교장의 능력은 그것을 필요로 하는 수요자, 즉 학생과 학부모가 결정하게 됩니다. 수요자가 원하는 교육을 제대로 실시하는 학교는 점점 확대될 것이고 그렇지 못한 학교는 학생들이 오지 않아 문을 닫게 될 것입니다. 또한 학교가 필요로 하는 교사를 제대로 배출하는 교원양성기관은 살아남고 그렇지 못한 기관은 자연히 도태될 것입니다. 이것이 기본 방향입니다.

이러한 상황에서 교사에 대한 존경을 운위하는 것은 너무나 비현실적이라고 할지 모릅니다. 존경은커녕 학생들로부터 얻어맞지나 않을까 전전긍긍하는 것이 현실에 더 가까울 것입니다. 그러나 존경하지 않는 선생님에게 학생들은 무엇을 배울 수 있을까요? 존경하는 선생님을 가지지 못한 학생들은 얼마나 불행한가요? 교사에 대한 존경을 제도적으로 파괴하는 우리나라의 교육은 얼마나 비참한가요?

한 가지 제안을 하고 싶습니다. 즉 초등학교에 입학하기 전에, 학생들에게 한 달 정도 선생님을 어떻게 존경하는지 가르친 이후에 학교에 입학을 시키자는 것입니다. 선생님을 만났을 때는 어떻게 인사를 해야 하고, 교실에서 선생님이 말씀하실 때는 어떤 태도로 들어야 하고, 선생님 앞에서 말할 때는 어떻게 말해야 하는지를 철저하게 가르친 이후에 비로소 입학을 시키자는 것입니다. 이것이 과연 교사들을 위한 것이겠습니까?

9

독서와 정좌靜坐
－서원의 교육방법

가장 아쉬운 교육전통

낙엽이 떨어지는 이때쯤 되면 많은 사람들이 안동에 있는 병산서원을 찾습니다. 만대루에 올라 강 건너 병산을 바라보는 것만으로도 험한 비포장도로를 오면서 고생한 보람을 찾을 수 있기 때문입니다. 그런데 재미있는 것은 병산서원을 찾는 많은 사람들이 주로 건축과 관련된 사람들이라는 것입니다. 해마다 가을이면 수많은 건축에 관련된 답사팀들이 이곳을 찾고, 여름에는 건축 전공 학생들의 설계학교가 직접 이곳에서 열리기도 합니다. 병산서원은 분명히 학교 건물입니다. 그럼에도 교육에 관련되는 사람들은 많지 않고 건축에 관련되는 사람들이 이곳을 찾는 이유는 무엇일까요?

병산서원이 건축물이라는 면에서 얼마나 뛰어난 구조물인지는 문외한이어서 잘 알 수 없습니다. 그러나 꽃봉오리와 같은 화산을 뒤로하고 절벽과 같은 병산과 그 앞을 흐르는 낙동강, 그리고 넓은 백사장이라는 입지 조건과 함께 강당에서 만대루의 기둥 사이로 바라보는 경치가 7폭의 병풍과 같다는 점에서 훌륭한 건축물임에는 분명하다고 생각합니다. 그러나 병산서원은 그 구조상 보다 심오한 교육적 의미를 내포하고 있습니다. 먼저 인적이 드물고 경치가 빼어난 곳에 위치한다고 하는 서원의 입지조건은 마음공부를 위주로 하는 성리학의 독특한 측면을 반영한 것입니다. 서원의 내부 공간도 성리학의 교육관을 그대로 체현體現하고 있습니다.

서원은 크게 제향祭享공간과 교육공간으로 구분됩니다. 위패를 모시는 사당이 있는 곳이 제향공간입니다. 사당에는 보통 한 사람의 위패를 봉안하는데, 이를 주향主享이라고 합니다. 그 밖에 2~4명의 위패를 같이 봉안하기도 하는데, 이를 배향配享이라고 부릅니다. 이때 배향자들은 주향에 가까울수록 그리고 주향의 왼쪽이 오른쪽보다 상위가 됩니다.

그러나 이처럼 제향공간을 교육공간과 구분한다고 해서 제향공간이 교육과 무관한 것은 아닙니다. "공부한다는 것은 본받는다는 것이다(學之爲言 效也)"라고 하듯이, 성리학의 교육관은 스승을 보고 배우는 것을 중핵으로 합니다. 사당은 바로 그 지역에서 활동한 사람 중 가장 본받을 만한 인물의 위패를 모신 공간입니다. 그래서 안향의 고향이고 그가 소싯적에 공부한 숙수사라는 절터에 소수서원紹修書院이 세워졌고, 조광조의 묘소가 있는 곳에 심곡서원深谷書院이 세워졌으며, 회재 이언적이 은거한 곳에 옥산서원玉山書院이, 동춘당 송준길이 상주목사를 지낸 곳에 흥암서원興巖書院이 설립되었던 것입니다.

사당에 대한 의례는 분향焚香과 향사享祀로 대별됩니다. 분향이란 제수를 올리지 않고 향만 사르는 간단한 제사로 매월 초하루와 보름에 행합니다. 그리고 향사는 대개 정월 초하루(正謁)와 봄(春享) 가을(秋享)에 세 차례 행하며, 이때에는 서원의 구성원들뿐만이 아니라 지역사회의 유림들이 모두 참여하였습니다. 서원의 학생들은 사당에 대한 이러한 의례를 통해 '본받음으로서의 공부'를 실천하였던 것입니다.

교육공간의 중심 건물은 강당입니다. 강당은 교육을 총괄하는 원장과 여타 교수들이 거주하는 곳으로, 여기서 바로 학생들이 공부한 것에 대한 평가가 이루어집니다. 그리고 강당 앞에는 학생들의 기숙사에 해당되는 2개의 재실이 있습니다. 방향에 관계없이 강당에서 볼 때 왼쪽에 있는 것이 동재東齋라고 하고 오른쪽에 있는 것을 서재西齋라고 부릅니다. 동재는 주로 상급생들이 기거하고 서재에는 하급생들이 기거합니다. 그리고 강당의 전면에 누각이 있습니다. 누각은 병산서원의 만대루와 같이 자연을 감상하는 곳입니다. 그러나 이러한 자연의 감상도 결코 공부와 무관한 것은 아니었습니다. 학생들은 자연을 유유자적 감상하면서 자신이 평소에 해결하지 못했던 문제를 문득 깨달을 수 있었습니다.

결국 서원의 구조는 성현을 본받기 위해(法聖賢) 마련된 사당, 교사와 학생이 만나 공부한 결과를 평가하기 위한(講儀) 강당, 학생들이 공부하는 공간으로서의 동재와 서재, 그리고 자연을 감상하면서 경전의 내용을 재음미해보는(優游涵泳) 정자로 구성되어, 어느 하나 교육과 무관한 곳은 없습니다. 그렇지만 서원의 학생들이 스스로 공부하던 공간은 결국 동재와 서재라고 할 수 있습니다. 그렇다면 이러한 재실에서 학생들은 어떻게 공부했을까요?

연암 박지원은 선비란 독서인讀書人, 즉 책을 읽는 사람이라고 정의하였습니다. 책을 읽는다는 것이 공부의 핵심이라는 것을 말함입니다. 오늘날에도 역시 공부의 핵심은 책을 읽는 것입니다. 물론 영화를 보거나 박물관에 가는 것도 공부이고, 달리기나 수영을 해도 공부라고 할 수 있습니다. 공부의 의미를 확대하면 삶 그 자체가 공부라고 말 할 수도 있습니다. 그러나 역시 공부의 핵심은 책을 읽는 것입니다.

조선시대의 서원교육에 있어서도 독서는 공부의 가장 중요한 한 부분이었습니다. 그러나 독서와 함께 또 한 가지 중요한 공부 방법이 있었으니, 그것이 바로 정좌靜坐였습니다. 정좌는 말 그대로 조용히 앉아 자신

의 마음을 관조하는 것입니다. "하루의 반은 책을 읽고 나머지 반은 정
좌를 해야 한다(半日讀書 半日靜坐)"라는 말이 있듯이, 정좌는 독서와 함께
서원 공부의 양대 기둥이었습니다. 아니 오히려 독서는 정좌를 위한 수
단이라고 할 수도 있습니다. 왜냐하면 성리학의 공부란 결국 자신의 마
음속에 있는 우주 삼라만상의 진리를 깨닫는 것이라고 한다면, 정좌는
직접 마음을 대상으로 하는 공부이기 때문입니다. 그러나 정좌의 전통
은 오늘날 완전히 사라져버렸습니다. 현재 전국에 수많은 서원이 남아
있지만 대부분 봄 가을의 향사로 그 존재 의의를 보여주고 있습니다. 간
혹 일부 서원에서 몇 가지 경전을 공부하는 프로그램을 운영하기도 하
여 독서의 전통은 근근히 유지하고 있다고 할 수도 있습니다. 그러나 현
재 정좌를 시행하는 곳은 한 곳도 남아 있지 않습니다. 저는 정좌의 소멸
이 서원의 교육방법, 나아가 우리의 전통적 교육방법 중 가장 아쉬운 상
실이라고 생각합니다.

엄숙한 책읽기

독서란 글을 읽는 것입니다. 그리고 글이란 바로 성인의 도를 싣는 도
구입니다. 퇴계 선생의 제자인 백담柏潭 구봉령具鳳齡(1526~1586)은 "성인의
도를 어찌 쉽게 볼 수 있겠는가? ……(중략) 대개 도란 하늘에 근원하여
사람의 마음에 붙어 있는 것이니, 사람이 이 마음을 함께하고 마음이 이
도를 함께하면, 성인의 마음이 곧 나의 마음이요 성인의 도가 곧 나의 도
이다. 그런즉 성인의 마음을 장차 어떻게 볼 것인가? 반드시 성현의 글에
서 볼 것이니 글이란 성인의 도를 싣는 도구이다"라고 말하였습니다.

독서는 성인의 마음을 보는 것이기 때문에 엄숙하게 해야 합니다. 구
봉령은 "독서에는 스스로 그 법도가 있으니, 모름지기 마음을 가지런히
하고 생각을 씻어내어 책상을 마주하고 책을 펴기를 마치 옛 성현이 자

리에 앉아 있고 신명이 머리 위에 있는 것처럼 하며 엄한 사우가 좌우에 있는 것처럼 하라"고 하였습니다. 또한 경전은 성현의 마음이기 때문에 함부로 비판해서는 안 됩니다. 퇴계 선생은 "성현이 어찌 알기 어렵고 행하기 어려운 것으로 나를 속이겠는가? 성현의 말을 더욱 믿어서 딴 생각 없이 간절히 찾으면 장차 얻는 것이 있을 것이다"라고 하였습니다. 그러나 그렇다고 해서 경전 이외의 다른 책을 비판해서는 안 된다는 것은 아닙니다. 퇴계 선생은 "선현들의 저술이라도 의리가 크게 어긋나고 틀려서 후세 사람들을 그르치는 것이라면 논변해서 바른 데로 돌리지 않으면 안 된다"고 하였습니다.

독서에 있어서 또 한 가지 중요한 사항은 책을 정독하는 것입니다. 퇴계 선생은 독서에 있어서 많은 양을 빨리 읽는 것을 경계하여 '촉급한 마음'을 버릴 것을 지적하였습니다. 그래서 그는 책을 볼 적에 마음을 수고롭게 하는 데까지 이를 정도로 많이 보는 것을 절대로 금하였으며, 다만 뜻에 따라 그 의미를 기뻐해야 한다고 말하였습니다.

독서법에 있어서 또 한 가지 삼가야 할 사항은 경전과 함께 주석서를 함께 보는 것입니다. 퇴계 선생은 주석서가 경전의 해석을 너무 잘게 쪼개어 살핌으로써 경전 본래의 의미를 잃게 되는 것을 심히 경계하였습니다. 그래서 선생의 제자인 유성룡(柳成龍, 1542~1607)은 그의 「독서법」에서 "무릇 독서를 할 때에는 주해를 보아서는 안 된다. 경전의 문장을 반복해서 자세히 음미하여 스스로 새로운 의미가 생기기를 기다렸다가 나중에 주해로써 참조하면 경전의 의미가 밝아질 것이요, 다른 학설에 현혹되지 않을 것이다. 만일 주해를 먼저 보게 되면 주해의 주장이 내 가슴에 새겨져 끝내 스스로 새로운 의미를 깨닫지 못하게 될 것이다"라고 하였습니다.

경전은 성현의 말씀을 기록한 것입니다. 그러나 그 말씀이 자신의 마음속으로 체화되지 않는다면 그것은 아무런 의미를 갖지 못합니다. 주자는 "오로지 시문詩文에만 힘쓰는 사람은 그 말하는 것은 모두 성현의 말씀이니 청렴에 대해서 말하면 그 또한 좋고, 의리에 대해서 말하면 그 또한 좋다. 그러나 자기 자신에 있어서 보면 스스로는 청렴하지도 않고 의롭지도 않으니, 아무리 많은 말을 하더라도 이는 단지 말뿐인 것이다. 청렴도 글을 지을 때나 말할 수 있는 청렴이요, 의리도 역시 글을 지을 때나 말할 수 있는 의리여서 도무지 자기 자신과는 아무런 관계가 없는 것이다"라고 말하였으며 자신이 제자들에게 강론하는 데에만 급급하여 지금 와서 보니 하나도 확실히 본 것이 없이 공연히 교육한다는 생각만 하고 있었으니, 한 번씩 생각할 때마다 부끄러워 식은땀이 옷을 적시지 않을 때가 없었다고 회고하기도 하였습니다.

같은 맥락에서 퇴계 선생도 "배워서 얻은 것이 있는가 얻지 못하였는가를 알고자 한다면 마음속으로 느끼는 기운을 시험해보아야 한다. 생각해보아 얻은 것이 있고 심중에 기쁘고 비가 흠뻑 내린 것같이 흡족하면 진실로 얻은 것이다. 생각해보아 얻은 것이 있는데 심기가 수고롭고 지쳐 있으면 진실로 얻지 못한 것으로 억지로 미루어 헤아렸을 뿐이다"라고 말하고 김부륜(金富倫, 1531~1598)에게 보낸 편지에서 어렸을 때 공부를 하다가 병이 났었다는 것을 후에 매우 부끄러워했던 것입니다.

이렇게 마음을 비워 뜻을 찬찬히 음미하게 되면 읽은 내용이 몸과 마음으로 체인體認되고, 나아가 실천으로 체험될 수 있습니다. 이러한 체험으로의 독서를 완벽하게 실천한 대표적인 인물은 역시 퇴계 선생입니다. 선생의 독서를 제자들은 다음과 같이 묘사하였습니다.

선생의 집에 『주자서朱子書』 사본 한 질이 있었는데 매우 오래된 것으로 글자의 획이 거의 마멸되었으니, 이는 선생이 읽어 그렇게 된 것이다. 그 뒤에 사람들이 『주자서』를 많이 박아내자 선생은 새 책을 얻을 때마다 그 책을 교정하면서 다시 한 번 익숙하게 읽으므로 장마다 융회融會하고 구마다 난숙하여졌다. 책의 내용을 수용함은 마치 직접 손으로 잡고 발로 밟으며 귀로 듣고 눈으로 보는 듯하였다. 그러므로 일상생활 속에서 말하고 침묵하며 동하고 정하며(語黙動靜) 사양하고 받으며 취하고 주며(辭受取與) 나아가 벼슬하고 물러나 집에 있고 하는 데(出處進退) 있어서 이 책의 글에 들어맞지 않는 것이 없었다. 혹 다른 사람이 의심나고 어려운 곳을 질문하는 일이 있으면 선생은 반드시 이 책에 의거해서 대답하되 또한 사정과 도의에 합당하지 않음이 없었다. 이것은 모두 자신이 실제로 알고 실제로 믿어 마음과 정신으로 융회한 결과로, 한갓 책에만 의지해서 귀로만 듣고 입으로만 말하는 무리들이 할 수 있는 것이 아니다. 선생 같은 이는 가히 독서를 잘한 분이라고 이를 수 있을 것이다.

마음의 단서를 보는 정좌

앞에서도 언급하였듯이 서원에서의 경전 공부는 마음공부를 위한 수단일 뿐이지 우리가 흔히 생각하듯이 절대적인 것은 아니었습니다. 불교교육에서 '사교입선捨敎入禪'이라고 하여, 선방에 들어갈 때에는 기왕에 배운 경전에 대한 내용을 모두 잊어버리라고 하듯이, 서원교육에서도 경전은 자신의 마음공부를 위한 수단 이상으로 여기지 않았습니다.

성리학에서 언제부터 정좌가 활용되었는지에 대해서는 분명하게 알 수 없습니다. 그러나 송대 성리학의 원조인 주렴계(周廉溪, 1017~1073)가 그의 『태극도설(太極圖說)』에서 "정靜을 위주로 하여 인간의 태극, 즉 인극人極을 세운다(主靜立人極)"라고 한 이후, 정명도와 정이천이 사람들에게 정좌를 가르쳤고, 특히 주자의 스승인 이연평(李延平, 1093~1163)은 정좌를 중요시하여 주자에게 정좌를 가르쳤다고 합니다. 연평은 주자가 31세 되던 해에 보낸 서한에서 정좌를 다음과 같이 설명하였습니다.

내가 과거에 나예장羅豫章 선생을 따라 공부를 할 때 종일 서로 마주하고 정좌하였다. 오직 문자를 이야기할 뿐 일찍이 한마디 잡어雜語도 언급하지 않았다. 선생은 정좌하기를 매우 좋아하였으므로 나는 어느 때인지도 몰랐으며, 방을 출입할 때에도 오로지 정좌하고 있을 뿐이었다. 선생은 정중靜中에서 희로애락喜怒哀樂의 미발지중未發之中을 보게 하였으며, 그 미발 시에는 어떤 기상氣象을 하게 되는지를 보게 했다. (『연평답문延平答問』)

여기서 미발지중未發之中이라는 말은 『중용中庸』에서 "희로애락이 나타나기 이전을 중이라고 하고, 나타나되 모두 절도에 맞는 것을 화라고 한다(喜怒哀樂之未發謂之中 發而皆中節謂之和)"에서 나온 말입니다. 즉 연평의 정좌는 희로애락이라는 우리의 의식이 마음에 나타나기 전에, 우리 마음이 어떤 상태인가를 보기 위한 것입니다. 이 상태를 『중용』에서는 중中이라고 말하고 있습니다. 우리는 일상생활 속에서 일과 사물에 마주쳐 이치를 탐구합니다. 독서도 그러한 이치 탐구의 한 방법입니다. 그러나 이러한 생활 속의 이치 탐구는 마주치는 일과 사물에 따라 수없이 많기 때문에 그 근본적인 원리를 체인하기가 어렵습니다. 연평은 일상생활의 이치가 수없이 많고 다양하지만 모두 미발의 중에서 나온 것이기 때문에, 이 미발의 중을 체인하기만 하면 조리條理 있는 세계를 총체적으로 깨달을 수 있다고 주장하였던 것입니다.

그렇다면 의식이 나타나기 이전의 마음은 도대체 어떤 것일까요? 우리 마음은 끊임없이 의식이 일어나 잠시라도 멈출 틈이 없습니다. 짧은 순간이라도 한번 느낌이 있게 되면 이것은 곧 의식이 일어난 것이라고 할 수 있습니다. 이러한 문제를 해결하기 위해 주자는 신독愼獨이라는 말을 사용하였습니다 신독 역시 『중용』에 나오는 말로 "군자는 그 홀로임을 삼가는 것이다(君子愼其獨)"라는 의미입니다. 독獨은 다른 사람은 미처 알지 못하고 자기만이 홀로 아는 것으로, 주자는 이 말을 마음이 미발에서 이발로 움직이는 분기점으로 이해했던 것입니다. 즉 정좌를 통한 미발의 체인은 자신의 마음을 관조하여 그 움직이는 단서를 보기 위한 것이라고 결론지었던 것입니다.

그렇다면 정좌는 구체적으로 어떻게 하는 것일까요? 퇴계 선생은 정좌를 다음과 같이 설명하고 있습니다. 즉 그는 『자성록自省錄』에서 정좌의 좌법을 다음과 같이 세 가지로 설명하고 있습니다. 첫째로, 위좌跪坐는 정강이를 굽혀서 땅바닥에 무릎을 꿇고 넓적다리와 허리와 상체를 꼭 바르게 하여 앉는 법입니다. 이러한 좌법도 일부에서는 정좌의 좌법으로 활용되었던 듯합니다. 그러나 선생은 이러한 좌법은 장시간 수행하기에는 불편하므로 정좌에는 알맞지 않다고 하였습니다. 둘째로, 좌坐는 두 다리의 정강이를 완전히 굽혀서 두 아래 다리를 땅바닥에 닿게 하고 두 발바닥 위에 궁둥뼈를 닿아서 약간 편케 앉는 것입니다. 이것을 다른 말로 위좌危坐라고도 합니다. 선생은 이 좌법이 초학자에게 가장 알맞은 것이라고 하였습니다. 그러나 이 좌법 역시 무릎을 꿇고 앉는 좌법과 마찬가지로 장시간 수행하기는 어렵다고 할 수 있습니다. 그래서 어떤 제자가 정좌 중에 물物에 억압을 느낀다고 물었더니 선생은 다음과 같이 말하였습니다. "사람의 몸이란 피와 살로 되어 있다. 어릴 때부터 이런 억압을 경험한 일이 없는 사람이 갑자기 정좌를 하며 마음 통일을 애쓴다고 한다 하자. 그가 어떻게 억압감을 느끼지 않을쏜가? 그러나 참고 아픔을 견디면 처음에는 편하고 안락하지 않지만 결국에는 그 억압감을 극복할 수 있으리라……억압감은 경敬을 충분히 기르지 못한 데서 그리고 게으름에서 오는 것이다. 만약 경에 마음을 집중하고 나태와 방종을

218

억압하면 자연 마음은 어떤 경우에든지 적용할 것이다."

마지막으로, 반좌盤坐라고 불리는 또 하나의 좌법이 있습니다. 이것은 궁둥이를 땅바닥에 놓고 한 다리를 정강이에서 굽혀서 완전히 땅바닥에 닿게 하고, 또 한 다리를 정강이에서 굽히고 그 발 반대 넓적다리 위에 얹고 앉는 것입니다. 이러한 반좌의 자세는 불교의 좌선과 동일합니다. 이 좌법은 매우 안정되고 편안하여 장시간 앉는 데는 가장 좋습니다. 그래서 선생은 심신을 수렴하여 마음속에는 경敬을, 바깥에는 공恭을 유지할 수만 있다면 반좌의 이름을 고쳐서 정좌正坐 또는 단좌端坐라 하여 정좌의 좌법으로 사용하여도 무방하다고 하였습니다.

정좌에 있어서 앉는 방법과 함께 중요시한 것이 호흡법입니다. 주자는 호흡의 조절방법으로 단주법丹注法을 제시하였습니다. 단주법은 도가의 수련방법인 단전호흡과 같은 것으로, 눈과 코끝 그리고 단전을 일직선 상에 놓고, 코로 숨을 쉬되 가급적 가늘고 고르게 또 깊게 호흡하는 것을 말합니다. 그리고 입은 혀끝을 입천장에 대고 옥천玉泉에서 분비되는 침을 삼키도록 권하고 있습니다. 이렇게 볼 때 성리학의 정좌법은 그 외적 자세는 불교의 좌선이나 도가의 조식법과 크게 다르지 않다고 할 수 있습니다.

퇴계 선생은 이러한 정좌법을 제자들에게 적극 권했을 뿐만 아니라 본인이 항상 실천하였습니다. 그는 이른 새벽에 일어나서 자기 방에서 정좌를 시작하고 명상에 잠겼습니다. 그때 그의 숭고하고 거룩한 모습은 마치 소상塑像과 같았으며, 고요히 타오르는 향불 연기 속에 그가 경敬에 이른 순간 그의 모습은 떠오르는 해처럼 장엄하였다고 한 제자는 기록하고 있습니다. 선생의 수제자인 월천 조목 또한 정좌를 꾸준히 실천하였으며 자신의 정좌를 다음과 같은 시로 표현하였습니다.

한밤중에 꿈을 깨니 등불 하나 푸르고

원화(元和, 진액을 말함)를 빨아 삼키니 뼛속까지 맑아지네.

삼라만상이 모두 쉬니 모든 상념이 그치고

이때 마음자리 모두 허명해지네.

허명함을 깨닫는 자리가 바로 참다운 마음이니

만상이 거울 속에 밝게 드러나네.

어찌 먼지 하나라도 밝음을 가리도록 하리오마는

거울같이 밝은 마음을 보노라니 가린 것이 오히려 심하구나.

　이러한 정좌법은 서원교육에만 한정된 것은 아니었습니다. 아동교육
에서도 정좌법은 마음의 수렴을 위한 중요한 방법으로 활용되었습니다.
율곡은 그의 아동용 교재인 『격몽요결擊蒙要訣』에서 "일이 있으면 이치로
써 일에 응하고, 책을 읽으면 정성으로써 이치를 궁구하여, 이 두 가지를
제외하고는 정좌하고 앉아 이 마음을 수렴해서(靜坐收斂此心), 고요하고
고요하여 어지럽게 일어나는 잡념을 없게 하며, 밝고 밝아 혼매한 실수
가 없게 하는 것이 가할 것이니, 이른바 경으로써 마음속을 바르게 한다
는 것이 이와 같은 것이다"라고 하였습니다 또한 같은 장에서 "말을 많
이 하고 생각을 많이 하는 것이 가장 마음에 해로우니, 일이 없으면 마땅
히 정좌하여 마음을 보존하고(靜坐存心), 사람을 접하면 마땅히 말을 가
려서 간략히 하고 신중히 하여 때에 맞은 뒤에 말하면 말이 간략하지 않
을 수 없는 것이니, 말이 간략한 자가 도에 가깝다"고 하고 있습니다.
　성리학의 자세에 대한 엄격성은 불교, 특히 선종의 영향을 많이 받았
다고 할 수 있습니다. 특히 정좌법이 마음공부의 주요 방법으로 도입되
고 나서 공부하는 자세의 중요성이 한층 부각되었습니다. 그래서 주자
의 제자인 심경자沈敬子는 정좌를 하다가 조는 제자를 향해 불교의 말을

인용하여 "이 뜻을 늘 일깨워서 견고하고 강하게 한즉 앉음에 자세를 곧게 할 수 있으며 또한 혼미하거나 피곤하지 않다. 단 한 번이라도 마음을 놓고 방자하면 멍하니 방심하게 된다"고 질책하였던 것입니다.

정좌법의 소멸 이유

정좌법이 언제부터 서원교육에서 사라졌는지는 분명하지 않습니다. 그러나 분명한 것은 정좌법이 사라지게 된 원인 중의 한 가지는 조선 성리학자들의 불교와 양명학에 대한 지나친 배타성과 무관하지 않다는 것입니다. 정좌법이 불교의 좌선에서 영향을 받았음은 의심의 여지가 없습니다. 물론 성리학의 정좌법은 체인의 대상이 불교의 공체空體가 아니라 하늘의 이치(天理)라는 점에서 구별됩니다. 그럼에도 불구하고 선을 위주로 하는 조선 불교가 참선을 수행의 핵심으로 삼음으로써 유학자들에게서 '배불排佛=반정좌'의 기풍이 확대되었을 것으로 짐작됩니다.

정좌법이 성리학에서 비롯된 것이기는 하지만 오히려 양명학의 경우 정좌를 통해 본심을 밝히는 것을 성리학보다 더욱 중시하였습니다. 그래서 주희는 일찍이 육학陸學의 수양방법에 대하여, "독서도 하지 않고 의리를 추구하지도 않으며 오직 정좌하여 마음을 맑게 할 뿐이다"라고 비판한 바 있습니다. 엽적葉適도 "애초에 주자가 복건 지방과 절강 지방의 선비들에게 도학을 가르쳤다. 그런데 육상산이 나타나서 자신의 학문을 간단하면서도 빠른 요점이라고 주장하자 많은 학생들이 육상산의 말만 듣고도 감동하고 깨달았다. 그래서 옛 월나라 땅 사람들 가운데서 그 학문을 하는 이가 특히 많았다. 비가 오면 삿갓을 쓰고 밤에는 등을 밝히며 숭례의 집에 모여서는 모두 맑게 앉아 마음을 살폈다"고 말하고 있습니다. 엽적의 제자는 양명학자들의 정좌를 다음과 같이 기록하고 있습니다.

선생께서는 "학자는 늘 눈을 감고 있는 것도 괜찮다"고 말씀하셨다. 그래서 나는 일이 없으면 편안히 앉아 눈을 감고 마음을 다잡고 보존하는 데 힘썼다. 밤낮으로 계속하기를 보름 동안이나 하였다. 그러던 어느 날 아래층으로 내려오는데 갑자기 마음이 맑고 밝아지면서 중립中立하는 것을 느꼈다. 깜짝 놀라 선생을 찾아뵈었다. 선생께서는 눈을 들어 나를 보시더니 "리理가 이미 드러났구나"라고 말씀하셨다. 내가 선생에게 "어떻게 아십니까"라고 묻자 선생께서는 "눈동자에 자세히 드러날 뿐이다"라고 말씀하신 뒤 "도는 과연 가까이 있는가"라고 물으셨다. 나는 "그렇습니다"라고 대답하였다.

정좌법의 소멸에 또 한 가지 영향을 미친 것은 정좌와 독서가 분리되어 실천되지 않고 독서의 보조수단으로 이해되면서부터라고 할 수 있습니다. 이러한 조짐은 퇴계의 제자들 사이에 이미 나타나기 시작합니다. 예컨대 한강寒岡 정구(鄭逑, 1543~1620)는 제자들이 묘사한 독서법에서 "선생이 독서를 할 때 첫 번째 구절을 읽으면 마음이 첫 구절에 있고, 두 번째 구절을 읽으면 마음이 두 번째 구절에 있어 이렇게 하지 않으면 결코 다음 구절로 나아가지 않았다. 또한 독서가 끝나면 반드시 책을 덮고 정좌하여 깊이 사색한 다음에 다른 일을 보았다"라고 하고 있습니다. 그래서 그의 제자들이 한강의 정좌 독서를 "매일 새벽에 일어나 세수하고 머리 빗고 옷 입고 갓 쓰고 가묘에 절하고 서실로 물러나와 책상을 정돈하고 책을 펴서 성현을 마주하고 정좌하여 강습하고 정밀히 연구하고 깊이 생각하여 말씀을 음미하여 뜻을 구하기를 반드시 깊은 밤이 되어야 파한다"고 묘사하였던 것입니다.

그러나 이때까지만 해도 정좌는 독서의 수단이기도 한 동시에 독자적인 수행방법으로 활용되었습니다. 그래서 한강은 "교사는 고요한 가운데 희로애락의 미발기상을 보아야 한다"라고 하면서 제자들에게 정좌의 실천을 강조하였습니다. 그는 매일 반드시 닭이 울면 일어나서 등불을 밝히고 조용히 앉아 독서를 하여 새벽까지 이르렀는데, 이러한 독서 외에 가끔 등불을 끄고 앉아서 함양하기를 쉬지 않았다고 합니다. 그리고 간혹 옆에서 모시는 자제들에게 말하기를, "너희들의 마음이 지금 무슨 일을 생각하며 어느 방향으로 달아나는가? 방심을 거두는 것이 학자의 제일의 공부이니라." 하였습니다. 그래서 제자들은 한강의 정좌를 다음과 같이 묘사하였습니다.

선생은 비록 한가로이 거처할 때에도 게으른 모습을 신체에 베풀지 않았으니, 잠시라도 어디에 기대거나 옷을 벗지 않았다. 때때로 눈을 감고 꿇어 앉아 엉긴 듯이 움직이지 않았는데, 바라보면 진흙으로 빚은 사람과 같아 가까이할 수 없는 것 같았다. 그러나 나아가 보면 따뜻하여 봄바람 가운데 있는 것 같았다.

오늘날 우리는 정보의 홍수 속에 살고 있습니다. 이 홍수 속에서 사람들은 보다 빨리 보다 많은 정보를 수집하는 것을 최선의 공부라고 생각합니다. 책읽기의 경우에도 한 가지 책을 꼼꼼히 읽는 것보다는 보다 많은 책을 읽는 것을 권장하고 있습니다. 그러나 정말 그래야 할까요? 사람의 일생에 있어서 그 삶의 형성에 영향을 미치는 책은 사실은 그리 많지 않습니다. 어쩌면 단 한 권의 책이 그의 일생을 좌우할 수도 있습니다. 이런 책은 정말 경건하고 엄숙하게 읽어야 하지 않을까요?

한편 정좌법은 서원에서는 사라졌지만 오늘날 도심의 선방이나 단전호흡의 수련도장에서 실천되고 있습니다. 그래서 우리는 정좌법이 학교교육과 전혀 무관한 것이라고 생각합니다. 그러나 우리의 교육전통에서 정좌는 가장 핵심적인 공부 방법이었습니다. 만약 우리가 서원교육을 탈현대 교육의 모델로 삼는다면 가장 먼저 되살려야 할 것이 바로 정좌법이 아닐까요?

10

장혼張混
—한국의 페스탈로치

조선시대의 아동관

아이를 낳아 기르는 것은 예나 지금이나 매우 소중한 일입니다. 특히 조선시대의 출생과 육아는 유학의 특징상 매우 중요한 일이었습니다. 유학에서의 자식이란 부모의 몸의 일부이고, 조상의 생명을 잇는 존재이며 따라서 조상을 추모하고 받드는 역할을 담당했기 때문이었습니다. 그런 이유로 조선시대의 부모들은 아이를 낳고 기르는 데 있어서 매우 세심한 주의를 기울였습니다. 어질고 총명한 자식을 얻기 위해서는 먼저 부부의 신체적 조건을 구비하기 위한 노력이 중요하였습니다. 이것은 배우자를 선택할 때 상대의 부모와 당사자들의 신체적·정신적 조건을 세밀하게 관찰하는 데에서 나타납니다. 또 결혼 이후에는 부부가 합방하는 시기와 장소의 선택도 매우 중요하였습니다. 계절에 따라 생기生氣가 드는 날과 함께 천지기운과 기상의 조건은, 합방하는 장소와 시일을 선택하는 데 중요한 요소였습니다.

아이를 잉태하기 위한 노력도 다양하게 이루어졌습니다. 삼신이나 칠성신에게 정성을 바치는 것은 물론이고, 도교의 초제醮祭 형식을 빌린 기자祈子 행위도 이루어졌습니다. 아이를 잉태한 후에는 산부가 지켜야 할 여러 가지 금기사항이 제시되었는데, 이를 '태교'라고 하였습니다. 예컨대 부인은 남편과 잠자리를 같이해서는 안 될 뿐만 아니라, 옆으로 누워서도 안 되고, 가장자리에 앉지 않으며, 자극적인 맛을 가진 음식이나 바르게 자르지 않은 음식은 먹지 못하였습니다. 그뿐만 아니라 해산 후에도 태반처리와 아이의 목욕, 이름 짓기, 질병 치료를 위한 다양한 노력이 이루어져, 이를 통해 우리는 조선시대 아이가 얼마나 소중한 존재였는지를 잘 알 수 있습니다.

맹자는 「이루장離婁章」에서 "대인大人이란 어린아이의 마음(赤子之心)을 잃지 않은 자이다"라고 하고 있습니다. 즉 대인의 마음은 온갖 변화를 통달하여 순일純一하여 거짓이 없는데, 그 마음은 어린아이와 다르지 않다는 것입니다. 이러한 관점을 우리는 '성선性善'이라고 합니다. 맹자의 성선설에 대해 고자告子는 성선악혼설性善惡混說을 주장하여 다음과 같이 반론을 제기합니다. 즉 "성은 여울물과 같다. 그 물을 동쪽으로 터놓으면 동쪽으로 흐르고 서쪽으로 터놓으면 서쪽으로 흐르니, 사람의 성이 선과 불선의 구분이 없음은 마치 물의 동서 구별이 없음과 같다"라는 것입니다. 이에 대해 맹자는 "물의 흐름이 동서의 구분은 없지만 상하의 분별도 없다는 말인가? 사람의 성이 선함은 물이 아래로 내려가는 것과 같으니, 사람은 불선한 사람이 없는 것이 물이 아래로 내려가지 않는 것이 없는 것과 같다"고 말하였습니다. 이것이 그 유명한 '단수湍水 논쟁'입니다. 이후 맹자를 정통으로 보는 성리학에서는 인간은 태어날 때부터 선하다는 입장을 강고하게 고수하였습니다.

주역의 '산수몽山水蒙'괘에 "몽은 몽매함이니 물건의 어린 것이다"라고 하고 "몽에는 개발開發하는 이치가 있으니 형통한 뜻이고, 몽으로써 바른 것을 기름이 성인이 되는 공功이다"라고 하고 있습니다. 즉 순일純一하고 개발되지 않은 몽에서 그 바름을 기르는 것이 성인이 되는 길이요, 개발된 뒤에 금지하면 막혀서 고치기 어렵다는 것입니다. 몽괘는 산 아래에 샘이 솟는 형상입니다. 물은 흘러가는 것입니다. 샘물이 처음 솟아날 때는 아직 갈 곳이 없어 몽이 되지만, 한 번 흘러가게 되면 크게 형통하여 큰 강을 이루고 바다로 흘러갑니다. 이처럼 주역에서의 아동은 아직은 몽매하지만 무한한 가능성을 가진 존재입니다. 그리고 교육은 그러한 가능성을 깨우쳐주는(擊蒙) 것입니다. 그러나 처음에 맑은 물이 자꾸 티끌이 섞여 마침내 흐린 물이 되는 것처럼 사람의 기질은 변화합니다. 인간의 본성을 타락시키는 것은 타고난 품성이 아니라 바로 기질입니다. 율곡은 이를 다음과 같이 말하였습니다.

> 나는 성인과 성품도 같고 형체도 같다. 그런데 성인은 한때에 몸을 닦아 만세에 법을 드리우셨는데 나의 잘못되고 망령된 것이 여기에 이른 까닭은 무엇인가? 나의 품성에 별달리 잘못되고 망령된 자질이 있는 것인가? 아니면 객기客氣가 나의 참모습을 유인하기 때문일까? 그렇지 않다면 조물주가 시키는 대로 그렇게 된 것인가? 모두 알 수 없는 일이다. 보통 사람이 성인과 같은 것은 본성이요, 다른 것은 기질이다. 본성은 결국 하나의 리와 같고 닦으면 모두 성인에 이르지만, 기질은 청탁淸濁으로 나뉘므로 방탕하면 광망狂妄에 빠지기도 하니, 내가 여기에 이른 것은 바로 기질이 그렇게 한 것이다.

따라서 성리학의 교육은 타고난 성품을 보존하고 기질의 혼탁을 막는 것이 일차적인 목적이 됩니다. 그리고 몸가짐과 언행이야말로 대표적인 기질입니다. 사람의 말과 행동이 착하면 조화로운 기운이 응하며, 조화가 지극하면 천지가 편안하고 만물이 생육하게 됩니다. 그러나 사람의 말과 행동이 착하지 아니하면 어긋난 기운이 응하여 천지가 막히게 됩니다. 아동이 몸가짐을 바르게 한다는 것은 곧 감각기관을 투명하게 하는 것이며, 감각을 투명하게 한다는 것은 맑고 순수한 기질을 가지게 됨을 의미합니다. 그리고 맑고 순수한 기질은 내 마음속의 사욕을 없앰으로써 가능합니다.

성리학에서는 교육에서 추구해야 할 목적은 나를 초월해 있는 것이 아니라 내 속에 존재한다고 주장합니다. 따라서 학습자는 끊임없이 내 몸과 마음에서 확인하고 반추하는 '자기교육自己敎育'을 통해 마침내 성인이 될 수 있는 것입니다.

장혼과 『아희원람』

조선시대 아동교육에 있어서 가장 주목해야 할 인물이 바로 장혼(張混, 1759~1828)이라는 사람입니다. 그의 자字는 원일元一, 호號는 공공자空空子 또는 이이엄而已广입니다. 죽헌竹軒 장우벽張友壁의 아들로 정조 14년 감인소監印所 사준司準이라는 벼슬을 하게 되어, 임금이 편찬한 여러 서책을 교정하면서 규장각의 장서를 섭렵할 수 있었습니다. 저서로는 『정하지훈庭下至訓』,『시종당률詩宗唐律』,『집영이견集英利見』,『몽유편蒙喩篇』,『근취편절용방近取篇切用方』,『동습수방도童習數方圖』,『대동고시大東故是』,『초학자휘初學字彙』,『동민수지東民修知』 등이 있다고 전해지고 있으나,『아희원람』과『몽유편』을 제외하고는 아직 확인되지 못하고 있습니다. 이 두 책 이외에『동습수방도』,『집영이견』,『정하지훈』,『대동고시』,『초학자휘』,『동민수지』 등 6책은 그 제목으로 보아 아동교육서일 것으로 짐작됩니다. 따라서 장혼은 조선 후기 뛰어난 아동교육이론가라고 추측할 수 있으며, 바로 이런 이유로 박성수 교수는 장혼을 '한국의 페스탈로치'라고 부르고 있습니다.

장혼은 중인 신분입니다. 조선 초기에는 중인이라는 용어가 반드시 신분을 의미하는 것은 아니고 잡과 합격자를 의미하였습니다. 그러나 16세기 말과 17세기 초 신분질서가 점차 고정화되고 문과 시험의 배타성이 확대되면서, 중인은 양반보다는 못하지만 일반 서민보다는 높은 신분을 지칭하게 되었습니다. 향리, 서얼, 기술관으로 대표되는 중인들은 사회적 성장과 함께 조선 후기 신분제에 대한 강한 불만을 나타냈습니다. 이들은 근대적 상공업 사회에 적합한 기술과 일선 행정능력을 겸비하고 일찍이 북학사상을 수용하였습니다. 또 18세기부터 위항문학운동委巷文學運動을 일으켜, 이를 통해 사대부에 필적하는 시詩, 서書, 화畵의 교양을 쌓은 이들은 지속적으로 신분상승운동을 전개하였습니다. 특히 위항문학운동은 시사詩社의 조직, 공동 시집, 공동 전기의 발간 등으로 전개되었는데, 장혼은 바로 이러한 위항문학운동의 중심 인물이었습니다.

장혼 자신 가난한 삶을 서당 훈장으로 생계를 영위했지만, 주위에는 같은 중인 신분으로 서당의 훈장을 직업으로 삼는 사람들이 많이 있었던 것으로 보입니다. 장혼의 문하생門下生으로 비연시사斐然詩社의 핵심적 인물이었던 고진원高晉遠도 훈장으로 생계를 이어갔으며, 직하시사稷下詩社의 중심 인물인 최경흠崔景欽도 서당 훈장을 직업으로 하였습니다. 이러한 중인 출신의 훈장들에게 배우는 아동들은 사대부 계층의 자녀들이 아니라 중인층 이하의 자녀들이었을 것입니다. 이처럼 자신의 경험과 주위 인물들의 훈장 경험이 장혼의 『아희원람』에 그대로 반영되어, 기존의 사대부 중심의 서당 교재와는 다른, 중인층의 새로운 시각이 반영된 아동교육용 교재가 출현하게 되었던 것입니다.

『아희원람』은 종래의 삼강오륜 중심의 아동용 교재에서 벗어나 일상 생활과 관련된 다양한 내용을 백과사전식으로 편찬한 책입니다. 이 책의 서문에서 장혼은 직접 눈으로 볼 수 있는 사실을 등한시하고 고원한 도덕만을 강조하던 당시의 교육풍토를 다음과 같이 비판하고 있습니다.

초학의 어린 학생들은 귀는 귀하게 여기고 눈은 천하게 여기며, 가까운 것을 꺼려하고 멀리 있는 것만을 좇아간다. 내가 늘상 그 다화소실多華少實함을 걱정하여 고금의 사문事文 중에 가히 크게 의거할 수 있는 것을 뽑고, 제가군서諸家群書 중에서 가려서 갈고닦고, 보고 들은 것 중에서 추려내어, 수천만에 이르는 것을 10가지로 만들었으니, 자질구레한 것을 어렵게 알아 깨우치고 다스리는 뜻이 여기 있는가 하노라.

장혼은 이 책에서 다양한 설화를 통해 평민들의 삶을 긍정하고 양반층의 부귀공명에 대한 집착을 비판하고 있습니다. 또한 우리나라의 역사와 풍속을 자세히 소개하여 아동들로 하여금 중국 중심의 문화관에서 벗어나도록 하고 있습니다. 예컨대 「방도邦都」 항목에는 단군, 박혁거세, 석탈해, 미추왕, 궁예, 동명왕, 가락국, 탐라국 등의 건국설화와 역사를 소개하고 있으며, 조선의 관사, 관직, 지리, 지명을 상세히 설명하고 있습니다. 또 「국속國俗」 항목에서는 답교놀이, 관등행사, 유두, 약밥, 팥죽 등 우리나라의 고유한 놀이와 행사를 소개하고 있습니다. 뿐만 아니라 「창시創始」 조항에서는 투호, 쌍륙, 투전, 골패, 그네뛰기, 제기차기, 연날리기 등 아동의 놀이와 그 창시자를 밝히고 있습니다. 이런 이유로 정순우 교수는 『아희원람』이 아동들에게 유희의 세계, 신화의 세계, 민속의 세계를 열어준 매우 독특한 교재라고 평가하고 있습니다.

나아가 그는 『아희원람』이 방각본으로 출판되어 널리 보급된 사실과 함께 일반 양민들의 서당계 조직을 통한 교육 주체로의 성장, 몰락 양반이나 유랑 지식인 출신 서당 훈장들의 저항적 세계관과 기층민의 의식 고양과 각성 등을 근거로, 18세기 서당을 우리나라 근대교육의 출발로 보자고 주장하기도 하였습니다.

아동과 놀이

『아희원람』이 아동들에게 유희의 세계, 신화의 세계, 민속의 세계를 처음으로 제시했다는 주장에 대해서는 상반되는 시각이 존재합니다. 한편에서는 『아희원람』 이전에 이미 유아기와 아동기에 신체기능의 발달을 촉진시켜주는 동작 및 프로그램들이 있었고, 아동기에 접어들어서는 성역할과 인간관계의 기술을 익히며 학습동기도 유발하는 놀이가 행해졌다고 주장합니다. 이러한 견해는 놀이의 교육적 가치, 즉 놀이가 아동의 인지 발달과 신체적 발달을 조장하고 사회화와 감정이입, 추상화, 문제해결 능력을 신장시켜준다는 현대적 해석과 일치한다는 점에서 주목됩니다.

한편에서는 조선시대의 놀이는 정서의 표출보다는 정서의 통제를 통하여 수양에 임하려는 조선시대의 교육방법에도 어긋나고, 또 남성의 과묵함을 요구하는 문화적 가치에도 불일치하여, 전면적으로 금지했다는 주장도 있습니다. 실제로 이덕무李德懋의 아동교육서인 『사소절士小節』에는 아동놀이를 다음과 같이 금지하고 있습니다.

장기, 바둑, 쌍륙, 골패, 투전, 윷놀이, 돈치기, 종정도 놀이, 돌공 던지기, 팔도행성 등은 다 정신을 소모하고, 의지와 기개를 어지럽혀 공부를 그만두게 하고, 바른 품행과 절도가 엷어지고, 경쟁을 조장하고, 간사함을 기르고, 심지어는 도박에 빠져 재산을 탕진하고, 죄를 지어 형벌을 받게 되는 데까지 이른다. 연날리기는 아이들을 다 미치게 만드니 더욱 엄중히 금해야 할 것이다. 연을 날릴 때는 눈이 튕겨져 나오고, 입이 벌어지고, 볼이 일그러지고, 손이 얼어 갈라지고, 옷이 찢어지고, 신과 버선이 더러워진다. (연을 찾기 위해) 남의 담을 넘고, 집을 가로타고, 언덕에서 떨어지고, 구렁텅이에 빠지며, 아버지의 종이와 어머니의 실을 훔치고, 교훈을 어기고 공부를 빠뜨린다. 심지어는 승부를 다투는 데 이르러 서로 치고 때리고 하니, 한 가지 놀음으로 해서 백 가지 악습을 가지게 된다. 함부로 얼음과 눈을 씹거나 얼음을 지치는 것은 용의를 상할 뿐 아니라 역시 병을 이루기 쉽다. ……푸른 나무에서 우는 매미를 덮치지 말고, 집 위에 올라 새 새끼를 들추지 말고, 이웃집 열매나 꽃가지를 꺾지 마라. 무릇 벌레 새 풀 나무 등 일체 생물은 죽이거나 상하여서는 안 된다. 이는 다만 내 양심을 무너뜨릴 뿐 아니라, 떨어져 발을 접질리고 쏘이고 찔리고 하여, 그 해로움이 한두 가지가 아니다.

이러한 두 입장의 차이를 어떻게 보아야 할까요? 두 입장의 차이는 연령별 교육방법의 차이를 고려할 때 반드시 상반되는 것이라고 보기는 어렵습니다. 즉 전자의 놀이 허용론은 주로 7세 이전의 아동들을 대상으로 한 것으로, 이 시기에는 비교적 관대하고 온정적인 교육이 이루어졌다고 할 수 있습니다. 반면 7세 이후의 아동들에 대해서는 보다 엄격한 교육이 이루어져 이 시기부터 놀이가 전면 금지되었다고 볼 수 있는 것입니다.

그러나 조선시대 동몽서에서 모든 놀이가 금지된 것은 아니었습니다. 율곡의『격몽요결擊蒙要訣』「독서장」에는 "글 읽는 여가에 간혹 유예遊藝하되 거문고 타기, 활쏘기, 투호 등은 좋으나 모두 각자의 법도가 있으니 때가 아니거든 유희하지 말고, 장기, 바둑 등의 잡된 놀이에는 결코 눈을 돌려서는 안 된다"고 말하고 있습니다. 또 조수초曹守初가 지은『필어筆語』라는 동몽서에서는 「유산장遊山章」을 두어, 가끔 높은 산에 올라 기氣와 뜻을 통하게 하고 정서를 순화하도록 권하고 있습니다. 그렇다면 이들 동몽서에서 권장하는 등산, 거문고. 활쏘기, 투호 등과 기타 잡된 놀이의 차이점은 무엇일까요?

거문고와 활쏘기, 투호 그리고 등산의 특징은 내 마음을 안으로 수렴토록 하는 놀이입니다. 단아한 자세로 연주하는 거문고의 소리는 마음을 맑고 청아하게 해주며, 활쏘기와 투호는 산란한 마음을 한 곳으로 모으게 해줍니다. 또 높은 산에 올라 하늘을 바라보고 아래를 굽어보는 것은,「유산장」에서 지적하고 있듯이 마음을 넓게 해주고 정신을 상쾌하게 해줍니다.

이처럼 놀이가 두 가지로 구별되는 것은 조선시대의 공부 방법인 거경궁리의 두 가지 측면과 밀접하게 관련되어 있습니다. 거경궁리는 몸과 마음을 엄숙하게 하는 엄숙주의만을 의미하지는 않습니다. 엄숙주의는 몸과 마음을 과도하게 긴장시킴으로써 급기야 세계를 부정하는 금욕주의로 나아갑니다. 그러나 공자는 도에 뜻을 두며(志於道), 덕을 굳게 지키며(據於德), 인에 의지하며(依於仁), 예에 노닐어야(游於藝) 진정한 군자라고 했습니다. 앞의 세 가지가 엄숙한 공부를 통해 달성해야 할 경지라면, 이러한 공부를 통해 궁극적으로 도달해야 할 경지는 공부(藝)를 놀이와 같이 즐기는(游) 것이 되어야 한다는 것입니다. 그래서 주자는 유游에 대한 해석을 사물을 완상玩賞하여 성정性情에 알맞게 함을 일컫는다고 하였습니다.

성리학의 목표는 성인이 되는 데에 있습니다. 그리고 성인의 징표 중의 한 가지는 세상에 대한 근심(憂)과 함께, 공자의 수제자인 안자顏子가 곤궁한 생활 속에서도 고치지 않았던 즐거움(樂)을 함께 갖는 것이었습니다. 안회의 즐거움은『논어』「옹야장雍也章」에 나옵니다. 즉 공자가 "어질다. 안회顏回여, 한 그릇의 밥과 한 표주박의 물(一簞食 一瓢飮)로 누추한 시골에 있는 것을, 딴 사람들은 그 근심을 견디어내지 못하는데, 안회는 그 즐김을 변치 않으니, 어질다, 안회여"라고 한 데서 비롯됩니다. 여기서 물론 안회가 누추하고 가난한 시골 생활을 즐겼다는 의미는 아닙니다.「선진장先進章」에서 증점이 대답한 것과 같이 "늦봄에 어른 5, 6명과 동자 6, 7명과 함께 기수沂水에서 목욕하고, 무우無雩에서 바람 쐬고 노래하며 돌아오는", 즉 현재 자기가 처한 위치에 나아가 그 일상생활의 떳떳함을 즐기는 것을 말합니다.

이처럼 정제엄숙의 공부는 엄숙주의를 요구하지만, 동시에 이러한 엄숙주의에서 벗어날 것을 요구합니다. 퇴계 선생의 경우도 마찬가지입니다. 퇴계 선생은 독서 궁리의 공부에 지나치게 골몰한 제자들에게 마음을 비우고 자연을 완상하라고 권합니다. 실제로 그는 자주 제자들을 이끌고 가까이는 청량산을, 멀리는 소백산을 올랐다고 합니다. 퇴계는 이러한 유유자적을 좁은 방 안에서 궁리하는 공부에 못지않게 주요한 공부 방법으로 보았던 것입니다.

하늘을 쳐다보고 땅을 굽어보며 뒤를 돌아보고 좌우를 살피면서 우유함영優游涵泳하는 사이에 지난날 괴롭게 공부해도 터득하지 못했던 것이 왕왕 자신도 모르게 마음과 눈(心目) 사이에 드러난다. 주자의 백록동 시에 "심원深源은 늘 한가한 가운데서 터득할 수 있고 묘용妙用은 원래 즐거운 곳에서 나온다"고 한 말이 바로 이를 두고 하는 말이다.

복잡한 일상을 떠나 자연 속에서 노님으로써 물과 자아와의 대립이 해소됩니다. 그 속에서 우리는 자연과 더불어 유희할 수 있습니다. 불교의 경우도 마찬가지입니다. 참선과 같이 경건한 수행만이 있는 것이 아니라, 선문답禪問答과 같은 '놀이'도 수행의 중요한 방편이 됩니다. 수행자들은 선문답이라는 놀이를 통해 의미와 무의미가 날카롭게 대립하는 가운데, 새로운 인식을 얻는 계기를 극적으로 모색할 수 있습니다. 즉 일상을 뒤집어 기존의 관계를 무無로 돌림으로써, 새로운 관점에서 본래의 면목을 생생하게 담아낼 수 있는 극적인 반전이 가능하게 되는 것입니다.

아동 중심과 아동 존중

아동 중심 교육하면 우리는 으레 루소와 페스탈로치 그리고 존 듀이를 떠올립니다. 그리고 우리의 전통교육은 이들의 아동 중심 교육과는 전혀 다른 것이라고 생각합니다. 그러나 존 듀이가 들어오기 전에 우리에게는 소파小波 방정환(方定煥, 1899~1931)이 있습니다. 방정환은 「어린이 예찬」이라는 글에서 어린이를 천사와 같은 존재로 묘사하였습니다.

새와 같이 꽃과 같이 앵두같이 어린 입술로 천진난만하게 부르는 노래, 그것은 그대로 자연의 소리이며 그대로 하늘의 소리입니다. 비둘기와 같이 토끼와 같이 부드러운 머리를 바람에 날리면서 뛰노는 모양, 그대로가 자연의 자태이고 그대로가 하늘의 그림자입니다. 거기에는 어른들과 같은 욕심도 있지 아니하고 짐승스런 계획도 있지 아니합니다. 죄없고 허물없는 평화롭고 자유로운 하늘나라, 그것은 우리 어린이의 나라입니다.

이러한 소파의 아동관은 성리학의 아동관과 상당한 거리가 있습니다. 실제로 소파는 전통적인 교육을 '늙은이 중심'이라고 비판하고 이를 '어린이 중심'으로 바꾸어, 어른의 존재가 어린이의 성장에 방해가 되지 말아야 하고, 나아가 어른은 어린이의 심부름꾼이 되어야 한다고 주장하였습니다. 소파와 함께 아동해방운동을 실천한 소춘小春 김기전金起田도 전통사회의 아동관을 다음과 같이 비판하고 있습니다.

오호라, 조선 기천년幾千年간의 우리 장자長者들은 기천년간의 우리 유년의 인격을 말살하여 자유를 박탈한 역사적 큰 죄인이었으며 악행자이었도다. 어쩌면 종래의 장자가 대죄인이 되기까지, 악행자가 되기까지, 유년의 인격을 말살하였으며 자유를 박탈하게 되었는가. 시찰視察하는 방면에 의하여는 제다원인諸多原因이 무無함도 아닐지나, 일언으로 폐蔽하면 구윤리도 덕의 잔폐殘弊, 절언切言하면 소위 오륜 중의 일一인 장유유서의 말폐라고 여余는 단언하노라. 장유유서의 근본의根本意—즉 오륜을 교敎하던 당초 기인其人의 의사를 말하면, 대개 예의작법상 장유의 순서를 말함이요, 결코 장자가 유자의 인격을 무시하기까지 위서位序를 정하라 함은 아니었을 것이다.

이러한 비판이 전혀 근거 없는 것은 아닙니다. 조선의 현실적 신분질서는 수평적 윤리규범인 오륜五倫을 수직적인 삼강三綱으로 규격화하였습니다. 또한 오륜의 부자父慈—자효子孝의 상호 균형 관계를 부자〈자효의 관계로 치우치도록 하였습니다. 따라서 소파나 소춘의 아동관은 조선시대의 전통적 아동관보다는 더욱 적극적으로 아동을 존중하고 있다고 할 수 있습니다. 그러나 이들의 아동관을 그 이상으로 확대 해석하는 것은 곤란합니다. 이들의 아동 해방관은 천도교의 종지인 인내천人乃天, 즉 사람이 곧 하늘이라는 인간존중 사상에서 비롯된 것입니다. 해월은 「내수도문內修道文」에서 "내 자식과 며느리를 극진히 사랑하오며, 하인을 내 자식같이 아끼며, 짐승이라도 다 아끼며, 나무는 생순을 꺾지 말며, 부모 분부하시거든 성품을 거스리지 말며, 웃고 어린 자식 치지 말며 울리지 마옵소서. 어린아이도 하느님을 모셨으니 아이 치는 것이 하느님을 치는 것이니 하느님이 싫다 하시고 기운을 상하나니라"라고 하였습니다.

천도교가 유불도의 합일이라고 하듯이 인내천 사상은 결국 성리학의 천인합일설天人合一說과 크게 다른 것은 아닙니다. 그리고 그런 맥락에서 천도교의 아동관 또한 맹자의 적자관赤子觀과 크게 다르지 않다고도 할 수 있습니다. 인간과 인간의 관계뿐만 아니라 인간과 자연, 인간과 사회의 관계를 고려한다면 성리학과 천도교의 거리는 오히려 천도교와 존 듀이의 거리보다 가깝다고 생각됩니다. 성리학과 천도교의 아동은 그 궁극적인 지향점에 있어서 듀이와 구별되기 때문입니다. 듀이의 아동은 아동 자신이 목적으로 간주될 뿐, 그러한 목적으로서의 아동이 지향해야 할 궁극적인 지향점에 대해서는 언급하지 않습니다. 아니 언급할 수가 없습니다. 아동들의 계속적인 경험의 재구성 과정에 그 목적이 있기 때문입니다. 그런 맥락에서 듀이는 목적으로서의 아동들이 경험의 교류를 통해 공유된 경험(shared experience)을 갖게 되는 사회가 민주주의라고 주장합니다. 그러나 성리학과 천도교의 아동관은 아동이 결국 그 자신 속에 있는 우주 삼라만상 혹은 한울님과 하나가 되는 것을 목표로 합니다. 이것이 '아동 중심'과 '아동 존중'의 차이입니다.

이런 맥락에서 소파가 교육이란 아동의 성장과 그 성장의 과정인 활동에 도움을 주어 "저대로의 독특한 삶, 저희끼리의 새 사회 건설을 돕는 것"을 말할 때, 이것을 듀이와 같은 것으로 파악해서는 곤란합니다. 저대로의 독특한 삶과 저희들끼리의 새 사회는 개별적 인격체들의 집합으로서의 민주사회를 말하는 것이 아니고, 일제 식민지 상황과 그 극복을 나타내기 위한 은유적 표현이라고 보아야 하기 때문입니다.

유가효 교수는 미국과 우리나라의 육아를 비교하여 미국의 육아방식은 '원거리 상호작용 지향'이며 '사물 지향'인 데 반해, 우리의 전통적 육아방식은 '신체접촉 지향'이며 '인간 지향'이라고 주장하였습니다. 즉 미국의 영아들은 출생 후 첫 6개월 동안은 격리되어 조용한 장소에 누워 대부분의 시간을 보내며, 놀이 울타리 속에서 어머니가 지켜보는 가운데 장난감을 가지고 혼자 논다고 합니다. 그러나 한국의 영아들은 부모와 같이 잠을 잘 뿐만 아니라, 깨어 있는 시간에도 대부분 부모, 조부모, 또는 형제들에 의해 안겨 있거나 업혀 있으며, 이러한 사람들과의 관계 속에서 어른들의 세계에 참여하게 된다고 합니다.

또한 아동의 사회화 과정에서 미국인들은 독립성이나 자율성과 같이 사회적으로 바람직하다고 생각되는 특성들을 즉각적인 상벌체계를 통해 지속적으로 훈련시킵니다. 사회화의 목표는 아이들이 가진 잠재력을 최대한 발현하여 자아충족의 만족감을 갖도록 하는 데 있습니다. 그러나 우리의 전통적 육아방식은 기본적으로 정서적 안정과 풍부한 인정의 배양을 추구하는 가운데, 상호보완성과 균형성, 공동체 지향의 성격을 가집니다. 또한 사회화의 목표는 자기를 극복해서 더 큰 나인 '우리'에 봉사하도록 한다고 말하고 있습니다.

유가효 교수가 지적하고 있듯이 오늘날의 우리 사회의 육아방식은 서구의 것과 전통적인 것이 혼합되어, 자녀들의 성공을 위한 부모의 헌신이 이기적인 자녀들을 길러내고, 자신의 실패를 부모의 책임으로 돌려버리는 무책임한 아이를 만들어내고 있습니다. 즉 서구의 개별자로서의 자아실현과 우리의 인간 지향의 육아방식이 결합하고, 서구의 독립심이나 자율성, 그리고 우리의 자기극복이 결여된 육아방식이 바로 이러한 이기적이고 무책임한 아이들을 만들어내고 있는 것입니다.

아동 존중의 교육은 시공을 초월해서 존중되어야 할 이념입니다. 그러나 아동 중심의 교육은 서구 근대의 개별자적 인간관個別子的 人間觀의 독특한 산물이지, 우리가 받아들여야만 하는 영원한 진리는 아닙니다. 21세기는 자유와 권리가 아니라 상생과 조화의 시대가 되어야 하기 때문입니다.

제3부

한국의 근현대 교육

1

우리나라 최초의 근대학교

근대교육에서 '근대'의 의미

우리나라 최초의 근대학교는 어느 학교일까요? 뒤에 살펴보겠지만 최초의 근대학교에 대한 설은 분분합니다. 서양의 경우 근대교육과 전근대교육을 구분하는 준거는 다음과 같은 세 가지입니다.

가. 교육 기회의 보편화

전근대교육에 있어서 교육 기회는 제1계급인 성직자들과 제2계급인 귀족계급에게 한정되어 있었습니다. 이것이 제3계급인 시민계급과 제4계급인 노동자 계급까지 확대되는 것이 근대교육의 중요한 특징이라고 할 수 있습니다. 이러한 교육 기회의 확대에 중요한 영향을 미친 사상은 천부인권 사상에서 도출되는 아동의 권리 확인과 그 교육적 표현으로서의 학습권 사상인데, 시민혁명의 대표적 사상가이며 근대 공교육체제의 주창자이기도 한 콩도르세(Condorcet)는 교육을 인간적 제 권리의 평등을 현실화하는 수단으로서 인간의 가장 기본적인 권리라고 주장하였습니다. 그리고 공립학교는 이러한 '권리로서의 교육'을 보편적으로 현실화하기 위한 가장 유효한 수단이라고 주장하기도 하였습니다. 이러한 사상이 중세 사회에서 일부 특권층에 한정되던 교육을 모든 계층, 모든 집

단으로 확대하는 계기가 되었으며, 이에 따른 교육 기회의 보편화가 근
대교육의 가장 중요한 준거로 인정되고 있습니다.

나. 교육의 세속화

근대교육의 또 하나의 준거는 역시 천부인권의 원리로부터 도출되는
것으로, 교육에서 양심의 권리, 혹은 내면의 자유를 지키기 위해 종교적
영향력에서 벗어난 세속주의를 견지해야 한다는 것입니다. 이러한 세속주
의의 원리에 따라 기존에 교회가 가지고 있던 상당 부분의 교육권이 부
모, 혹은 부모가 위탁한 것으로 간주되는 국가로 넘어가게 되었습니다.

다. 민족주의 교육

근대교육의 또 하나의 준거는 민족주의라고 할 수 있습니다. 자본주
의의 발전은 하나의 경제 단위로서 국민경제를 지향하고 이것이 이념적
으로 민족주의로 발현됩니다. 따라서 중세적 질서의 구각 속에서 자본
주의 발전을 통해 민족의 이념을 획득한 서구 유럽의 국가들은, 민족의
식을 불러일으키기 위해서 공교육체제를 서두르게 되었습니다. 이러한
민족주의 교육을 통해 기존의 기독교 중심의 보편교육은 사라지고 그
자리에 모국어, 모국 역사 중심의 애국교육이 보편화되었던 것입니다.

이와 같은 교육 기회의 보편화, 교육의 세속화, 교육의 민족주의화라
는 서구 근대교육의 세 가지 준거를 우리의 근대교육에도 그대로 적용
할 수 있을까요? 이러한 세 가지 준거를 염두에 두고 우리나라 최초의
근대학교에 대한 네 가지 주장을 검토해보겠습니다.

최초의 근대학교에 대한 네 가지 설

가. 배재학당설

우리나라 최초의 근대학교를 배재학당이라고 주장하는 대표적인 학자는 오천석입니다. 그는 1886년 설립된 배재학당과 이화학당을 통해 신교육이 우리나라에 처음으로 뿌리를 내리게 되었다고 주장하며, 1886년을 우리 교육사상에서 "기념할 만한 해"라고 주장하였습니다. 배재학당은 1885년 7월 미국 북감리회 소속인 아펜젤러가 서소문동에 집 한 채를 사서 두 칸 벽을 헐어 큰방 하나를 만들어 학교를 연 것에서 출발하였습니다. 최초의 수업은 이겸라, 고영필이라는 영어 학습을 대단히 희망하는 두 청년에게 영어를 가르친 것이었다고 합니다. 그러나 아펜젤러가 미국 선교본부에 보낸 기록에 "우리 선교학교는 1886년 6월 8일에 시작되어 7월 2일까지 수업이 계속되었는데 학생은 6명이었다"고 하고 있어 이 해를 배재학당의 출발로 보고 있습니다.

배재학당의 근대교육적 성격을 오천석은 교육사상사적인 측면과 교육운영 방침의 두 가지로 나누어 지적하고 있습니다. 전자의 경우 배재학당을 세우고 스스로 그 교장이 된 아펜젤러가 설립 다음 해에 만든 학당훈, 즉 "크게 되려는 사람은 마땅히 남에게 봉사하는 사람이 되어야 한다(欲爲大者 當爲人役)"는 교육정신이 전통적 교육목적과 다른 근대성을 나타낸다고 말하고 있습니다. 즉 전통사회에서 과거교육의 목적이 자신의 영달과 기껏해야 가문을 빛내는 것에 불과함에 비해 이처럼 남을 위한 교육이념을 제시한 것은 우리의 교육사에서 획기적이라는 것입니다. 그러나 이 주장은 오천석이 우리의 전통적인 위기지학의 의미를 이기적인 공부로 잘못 이해한 것에서 비롯되었다는 반론이 있습니다. 또한 오천석은 교육운영 방침의 경우에도 ① 학년을 두 학기로 나누고, ② 하루의 일과를 시간으로 정해 진행시키며, ③ 입학과 퇴학의 절차를 엄격하게 규정하고, ④ 수업료를 옛날의 물품 대신 돈으로 받았으며, ⑤ 성적표를 만들어 부형이나 보호자에게 직접 보내고, ⑥ 근로를 장려한 것 등은 구교육과 확실히 구별되는 '근대적 교육방식'이라고 주장하고 있습니다.

이러한 특징을 일반화하여 오천석은 개화기의 선교계 학교가 국가와 민족을 위해 봉사할 수 있는 인재양성을 교육의 최대 목적으로 하여 국가의식, 민족의식을 고양하는 데 커다란 역할을 했으며 이후 민족교육의 기본이념을 형성했다고 주장하고 있습니다. 그러나 선교계 학교가 우리의 근대교육에 일정 부분 기여한 것이 사실이라고 하더라도 민족의식을 고취하는 역할을 했다고 말하기는 어렵습니다. 특히 미국 선교사들이 세운 선교계 학교는 미국의 이익을 대변하는 중요한 역할을 담당하였습니다. 1898년 미국이 필리핀을 점령하기 전까지 한국은 미국의 가장 중요한 침략 대상이었으며, 특히 자본주의 열강의 식민지 획득 경쟁에서 한발 뒤처졌던 미국에게 한국은 풍부한 자원 공급지 및 과잉생산물의 판매시장이었을 뿐만 아니라 광대한 아시아 대륙 진출을 위한 군사·전략적 기지였습니다.

이러한 상황에서 한국에 진출한 기독교 선교회는 계획적이고 조직적으로 침략의 첨병 역할을 하였습니다. 한국 최초의 선교사로 입국하여 우리나라 최초의 근대병원이자 의학교육기관을 설립한 미국공사 알렌은 침략의 첨병이 되어 이권의 탈취를 비롯한 갖가지 권익 획득을 위해 활약하였으며, 오늘날 경신학교의 전신인 언더우드 학당을 설립한 미국 장로교파 언더우드는 통상과 교회가 손을 맞잡아야 한다고 주장하였습니다. 배재학당의 체조와 교련과목은 미국 공사관의 경비대원과 해병대원이 교관으로 동원되었으며, 학교 행사에는 한국 국기와 함께 미국 국기가 게양되었습니다. 또 선교사들은 학생들에게 일요일 교회당 예배를 강제로 시켜 예배에 불참한 학생을 퇴학시키기도 했고, 학생들은 기독교 중심 교육을 반대하여 동맹 휴학을 하기도 하였습니다.

배재학당이 선교계 학교 중에서 가장 커다란 명성을 얻게 된 데에는 정부 파견 위탁생이 커다란 역할을 하였습니다. 정부 관리들을 대상으로 서구 학문을 받아들이기 위한 육영공원이 실패로 끝나자 1895년 2월 한국정부는 배재학당과 정부 위탁생에 대한 계약을 맺어 매년 다수의 위탁생을 배재학당에 입학시키고 이들에 대한 학용품 지급은 물론 일부 교원의 봉급마저 국고에서 지출하였습니다. 이 계약은 1902년 9월까지 7년 반이나 지속되었는데 이러한 과정을 통해 배재학당은 한국에서 가장 강력한 교육적·도덕적·지적 영향력을 지닌 선교계 학교가 되었던 것입니다.

우리나라 최초의 근대학교로서 배재학당설은 1974년 신용하 교수가 원산학사가 우리나라 최초의 근대학교라고 주장하기 전까지 한국교육사의 통설로 자리 잡았습니다.

나. 원산학사설

원산학사는 1883년 8월 개항장 원산에서 개화파 관료들과 원산 주민들이 중심이 되어 기존의 개량서당을 확대해 설립한 학교입니다. 이 학교는 문예반 50명과 무예반 200명을 선발하여 문예반은 경서經書를 그리고 무예반은 병서兵書를 가르치되, 문무 공통으로 산수, 격치格致, 각종 기기와 농업, 양잠, 광채 등의 실용과목을 가르쳤다고 합니다. 이러한 기록을 중심으로 신용하 교수는 원산학사의 설립 의의를 다음과 같이 주장하였습니다.

① 우리나라 최초의 근대학교를 종래의 통설과는 달리 우리나라 사람들

스스로의 손으로 설립하였다는 사실이 큰 역사적 의의가 있다.

② 정부의 개화정책에 앞서 민중들이 기금을 설치, 자발적으로 학교를 설립하였다는 것에 의의가 있다.

③ 외세의 침략이 노골화되는 지방의 개항장에서 나라를 지키고 발전시키기 위해 인재를 양성하고 신지식을 교육하려는 애국적 동기로 근대학교를 설립한 것은 큰 의의가 있다.

④ 외국의 학교를 모방한 것이 아니라 종래의 교육기관인 서당을 개량서당으로 발전시켰다가 이를 다시 근대학교로 발전시킴으로써, 역사적 계승을 나타냈다는 데에 큰 의의가 있다.

⑤ 학교 설립에 있어서 개화파 관료들과 민중의 호흡이 일치했다는 데에 큰 의의가 있다.

그러나 이러한 주장은 왜 원산학사가 우리나라 최초의 근대학교인가를 말해주는 것은 아닙니다. 원산학사가 최초의 근대학교였다는 근거는 외세에 저항하기 위해 설립한 학교였다는 것도 아니고 관료와 민중이 힘을 합해 설립한 학교이기 때문도 아닙니다. 원산학사가 우리나라 최초의 근대학교라는 근거는 그 학교에서 기존의 학교와는 달리 서구의 신지식을 교육내용으로 채택했다는 데에 있습니다. 그러나 원산학사의 교육내용은 앞에서도 언급한 바와 같이 경서나 병서가 위주가 되고 부수적으로 '시무時務에 긴요한 것', 즉 산수·격치 등으로 되어 있으며, 덕원부사가 임금에게 보낸 상소문에서 원산학사를 설립하였으니 과거시험에서 혜택을 달라고 하는 것으로 보아 그 설립목적도 전통적인 교육기관의 설립목적과 크게 다르지 않습니다.

이러한 측면에서 원산학사를 우리나라 최초의 근대학교라고 인정하는 데에는 아직까지 몇 가지 문제점이 있습니다. 이런 맥락에서 전혀 다른 준거로 우리나라 최초의 근대학교설을 주장한 '18세기 서당설'을 검토해보겠습니다.

다. 18세기 서당설

18세기 후반에 설립된 서당이 우리나라 최초의 근대학교라고 주장하는 사람은 앞에서도 잠깐 언급한 정순우 교수입니다. 정순우 교수는 먼저 우리가 가지고 있는 근대교육에 대한 선입관을 버릴 것을 요구합니다. 우리들은 근대학교라는 말을 접할 때 자연스럽게 붉은 벽돌의 교사와 수학이나 과학 등의 서양식 학문 혹은 이화학당에서 시범 보인 신식 체조의 율동을 떠올립니다. 그러나 벽돌과 수학과 체조는 근대의 의미와는 아무런 관련이 없다고 정순우 교수는 주장하고 있습니다. 즉 우리의 근대교육은 우리나라의 전통교육이 해체되고 새로운 교육으로 변모해 나가는 과정에서 찾아야 한다는 것입니다.

이런 맥락에서 정순우 교수는 조선 후기 사회변동에서 나타나는 몇 가지 특징적인 교육지표를 통해 근대교육의 기점을 새롭게 설정하였습니다.

첫째, 소농민의 교육 주체로의 성장입니다. 18세기에 이르러 신분관계의 혼란으로 교육과 신분의 상응관계가 무너지고 비사족非士族 중에서 상거래와 광작경영, 상품경제적 농업경영 등을 통해 부를 축적한 집단이 생겼습니다. 이들을 소위 '자본주의의 맹아萌芽'의 담당자라고 하는데, 이들이 바로 기존의 양반 중심의 학교체제를 대신하여 새로운 학교를 설립하고 운영한 주체라는 것입니다. 이들은 주로 기존의 서당계를 활용하여 훈장을 고용하고 일정 급료를 주어 자신들의 자녀들을 교육시켰습니다.

둘째, 계층의 개별적 교육구조의 획득입니다. 18세기 후반 경제적 변화와 신분제의 와해를 통해 지배층인 양반들의 학교교육 독점은 점차 퇴조하고 각 계층은 독자적인 교육체제를 형성하게 되었습니다. 18세기 후반에 이르러 이들 소농민층을 중심으로 조선시대의 지배 이념인 삼강오륜적인 윤리 덕목이 점차 약화되고 서당의 교육도 이러한 윤리서 중심이 아니라 현실생활에 밀접한 내용으로 바뀌게 됩니다. 그 대표적인 책이 '한국의 페스탈로치'로 불리는 장혼張混의 『아희원람兒戲源覽』이라는 책입니다. 이 책은 기존의 소학류의 교재에 비해 교화적인 성격이 배제된 탈명륜적 경향을 잘 보여주고 있는데, 아동들이 일상생활 속에서 접하는 민간유희, 민속, 민담, 국속 및 조선의 현실인식 위주로 그 내용이 편성되어 있습니다.

이러한 서민들을 위한 서당에서는 기존의 훈장들과는 달리 몰락 양반이나 유랑 지식인들을 고용하였는데 이들은 기존의 사회체제에 강한 불만을 가지고 있는 사람들이었습니다. 유랑지식인 서당 훈장은 18세기 중엽에 이르면 광범위하게 증가하여 기층민의 의식을 고양하고 각성시키는 데 중요한 역할을 담당하게 됩니다. 이 시기 이후의 각종 모반 사건에서 서당 훈장들이 주모자로 등장하는 것이나, 19세기 각종 민란의 중심에 서당 훈장들이 서 있는 것은 이들이 가르치는 교육내용에 새로운 세계에 대한 이념이 포함되었음을 짐작케 해준다고 하겠습니다.

18세기 서당설은 아직 충분하게 역사적 고증이 이루어지지 못해, 역사적 사실보다 주장이 앞서 몇 가지 특징적인 현상을 부조적浮彫的으로 드러낸 것에 불과하다는 비판이 제기되고 있습니다. 또한 이 주장이 근거로 삼고 있는 '근대=자본주의'라는 등식에 대해서도 많은 비판이 이루어지고 있습니다.

라. 근대교육=식민지 교육설

이 주장은 일제하 식민지 교육을 정당화하기 위한 주장으로, 식민사학인 "정체성론"에 바탕을 두고 있습니다. 즉 일제 강점 이전의 조선은 자생적인 근대화가 불가능하다는 인식하에 우리의 교육 또한 일제 식민지 교육의 이식에 의해 비로소 근대화될 수 있었다는 것입니다. 이러한 맥락에서 일제 식민주의자들은 일제가 통감부를 설치하고 보통학교령, 사범학교령, 고등학교령, 외국어학교령, 농림학교 관제 등을 공포한 1906년 8월을 근대교육의 기점으로 잡고 있습니다.

1906년에 이르면 우리의 근대교육은 이미 근대학교의 숫자나 제도화의 정도에 비추어 볼 때 이미 정착 단계에 접어듭니다. 특히 1894년부터 10여 년간 지속된 갑오교육개혁으로 근대교육에 대한 법적·제도적 토대는 이미 마련되어 있었으며, 1906년부터는 그 주도권이 관공립학교에서 사립학교로 이전되고 있었던 것입니다.

갑오교육개혁설

이상의 네 가지 주장을 그림으로 나타내면 다음과 같습니다.

〈한국 근대교육의 전개과정〉

18세기 후반	1883년	1886년	1894년	1905년	1941년	1945년
18세기 서당 －개량서당 －원산학사			원산항 공립소학교	원산 보통학교	원산 국민학교	?
		배재학당	배재학당중등과			배재중고

위의 그림에서 볼 수 있듯이 우리나라 최초의 근대교육의 기점은 18세기 후반 자생적 근대교육의 맹아로서의 서당과 1906년 일제 통감부의 원산보통학교 사이에 놓여 있습니다. 따라서 일제 식민지 사학의 주장

을 배제한다면, 우리나라 최초의 근대학교는 그 출발을 자생적인 것으로 볼 것인가 아니면 서양에서 전래된 것으로 볼 것인가 하는 관점의 차이에 따라 달라진다고 할 수 있을 것입니다. 만약 우리의 근대학교를 서양으로부터 이식된 선교계 학교가 아니라 자생적인 것으로 본다면, 우리의 근대교육은 18세기 후반의 서당과 그것이 1894년 원산항 공립소학교로 이어지는 어느 한 시점으로 보는 것이 타당하다고 할 수 있습니다. 왜냐하면 원산학사나 교육구국운동의 일환으로 설립된 사립학교나 모두 그 뿌리를 서당에 두고 있기 때문입니다. 문제는 서당의 전개과정 중 어느 시점부터 근대교육으로 간주할 것인가 하는 데 있습니다.

2

갑오교육개혁

자주적 교육개혁

1894년 5월 동학농민전쟁을 진압하기 위해 출병한 일본은 그들의 무력 행사를 정당화하고 구미 열강의 간섭을 배제하기 위한 구실로 조선의 내정 개혁을 요구하고, 7월 23일 새벽 1개 연대를 동원, 왕궁에 돌입하여 대원군을 수반으로 하는 새로운 정권을 탄생시켰습니다. 이어 김홍집을 수반으로 하는 군국기무처가 설치되어 약 4개월간에 208건에 달하는 개혁안을 의결 공포하였습니다. 군국기무처는 정부기구를 내각제로 개편하여 근대적 교육행정 기구인 학무아문을 설립하였습니다. 학무아문은 예악, 제사, 연향, 조빙, 학교, 과거 등 외교·교육·문화 등 여러 부문을 맡아오던 종래의 예조와는 달리 전문적으로 교육행정 사업만을 맡는 행정기구였던 것입니다. 학무아문은 설립 직후인 1894년 8월에 교육에 관한 고시를 반포하고 이어서 사범학생 40인, 소학생 60인을 선발하여 9월 18일 관립사범학교와 부속소학교를 개교하였습니다.

1895년 1월 7일에 고종은 왕비, 왕세자, 대원군, 종친, 신하들을 거느리고 종묘에 나아가 「홍범洪範 14조」를 조종의 영전에 서고誓告하고 자주 독립국과 내정 개혁의 실시를 선포하였으며, 2월에는 근대교육의 이념을 분명히 하는 「교육입국조서敎育立國詔書」를 공포하였습니다. 그리고

4월에 내각 관제의 공포에 따라 학무아문이 학부로 명칭이 바뀌고 한성사범학교 관제 등 각종 학교 관제가 제정되어 근대학교 교육체제가 법적으로 제도화되었습니다.

근대적 교육개혁을 포함한 갑오개혁의 성격이 일본의 궁성 점령 하에 이루어졌다고 하여 철저하게 외세 의존적인 것이라고 평가할 수는 없습니다. 특히 갑오교육개혁은 일본의 직접적인 간섭이 없이 조선인 개화파 관료들에 의해 이루어졌으며 일본의 제도를 모방하되 가급적 전통을 존중하는 자주·자존의 태도를 견지하려고 노력하였습니다. 그래서 일본은 오히려 1894년 특명 전권공사로 온 이노우에(井上馨)를 통해 소위 「내정개혁 강령 20조」라는 것을 제시하여 근대적 국민교육체제의 형성보다는 일본으로의 유학생 파견을 강요하였습니다.

갑오개혁은 1895년 4월 러시아가 주축이 된 3국 간섭으로 일본 세력이 약화되고 일본 공사의 민비 시해와 국왕의 아관파천 등으로 실패로 끝났습니다. 그럼에도 학부의 교육개혁은 꾸준히 추진되었습니다. 그것은 교육개혁이 정치적 변화와 큰 관계가 없던 이유도 있지만, 다른 무엇보다도 근대교육의 실험이 이미 10여 년 전부터 이루어졌기 때문이라고 할 수 있습니다. 또한 정치적 상황에 무관하게 학부 업무를 중점적으로 추진한 학부 참서관들의 일관성 있는 정책에 힘입은 바도 적지 않았습니다. 1895년 4월부터 1905년 12월까지 학부 참서관으로 재직한 인물은 17명인데 이 중 주목할 만한 인물은 한창수, 이경식, 홍우관, 김각현, 이종태 등입니다. 이들 5명은 비교적 장기간 학부 실무책임자로 재직하면서 실질적으로 교육행정을 주도하였습니다. 그렇다면 갑오교육개혁 이후 어떤 학교들이 설립되어 어떻게 운영되었을까요?

관·공립학교의 설립과 운영

갑오개혁을 통한 교육개혁에서 정부의 관심은 두 가지였습니다. 그 한 가지는 국민 대중을 위한 초등교육을 광범위하게 실시하는 것이고, 또 한 가지는 정부의 근대적 개혁에 필요한 인적자원을 시급히 육성하는 것이었습니다. 전자를 위해 정부는 사범학교와 소학교를 설립하였으며 후자를 위해 각종 외국어학교와 무관학교, 의학교, 상공학교, 광무학교, 법관양성소 및 잠업시험장을 설립하였습니다. 또한 통신원에 우무학과와 전무학과를 두어 우무학도 및 전무학도를 양성하고 순검교습규칙을 마련하고 순검학교를 설립하여 시급한 경찰 인력을 양성하였습니다.

1) 한성사범학교와 관공립소학교

한성사범학교는 1894년 9월 18일에 설립되었는데, 교육과정은 수신, 국문, 한문, 교육, 역사, 지리, 수학, 물리, 박물, 화학, 습자, 작문, 체조 등 모두 13개 과목으로 이루어졌습니다. 일제 통감부 설치 이전까지 한성사범학교는 총 195명의 졸업생을 배출하였으며 이들 졸업생의 대부분(84%)은 관공립학교 교원으로 임명되어 국민교육에 큰 기여를 하였습니다.

관공립소학교는 1895년 7월에 공포된 전문 29개조의 소학교령을 필두로 본격적으로 추진되었습니다. 한성 내 소학교는 사범학교 부설 교동소학교를 포함 11개가 설립되었습니다. 이 중에서 경교소학교를 제외하고는 모두 학부가 직접 관리하는 관립소학교였습니다. 한편 각 도 관찰부 소재지와 개항장을 필두로 하여 전국에 걸쳐 공립소학교가 속속 설립되었습니다. 공립소학교는 관립소학교와는 달리 교원의 봉급만을 국고에서 지급하고 학교 설립이나 운영은 해당 지방에서 담당하였는데 일제 통감부 설치까지 전국에 걸쳐 109개의 공립소학교가 설치되었습니다. 공립소학교는 경기도를 제외하면 주로 평안도와 함경도에 집중되어 있는데 이것은 관찰부와 개항장의 공립소학교를 제외한 여타 공립소학교들은 정부에서 주도하여 설립한 것이 아니라, 해군 군수와 지역 주민들에 의해 설립되었기 때문이라고 할 수 있습니다. 즉 부(府) 혹은 군에서 관료와 주민들이 학교 설립의 필요성을 절감하여, 설립 자금을 모아 학교를 설립하고 학생들을 모집한 후 그 결과를 관찰사에 보고하면, 관찰사는 이를 다시 학부에 보고하고, 학부는 학교 현황을 점검한 뒤 교원을 파견하고 또 학생이 증가하면 부교원을 파견하는 것이 공립소학교의 일반적인 설립 절차였습니다.

소학교에는 심상과·고등과가 있었고 수업연한은 심상과의 경우 3년, 고등과의 경우는 2년 내지 3년으로 규정되어 있었습니다. 관립소학교의 경우 고등과는 교동소학교에만 설치되었으며, 공립소학교의 경우 한성부 공립소학교, 전라북도 관찰부 공립소학교와 북청군 공립소학교, 춘천부 공립소학교, 덕원항 공립소학교 등에 고등과가 설치되어 우등생에게 시상한 기록이 보입니다. 따라서 공립소학교의 경우 적어도 5개 이상의 학교에 고등과가 설립되었다고 할 수 있습니다.

심상과의 교과목은 수신, 독서, 작문, 습자, 산술, 체조, 본국 역사, 도화, 외국어(여아를 위해 재봉 1과를 추가할 수 있음) 등이며, 고등과는 여기에 외국 지리와 외국 역사 그리고 이과를 추가하도록 하였습니다.

2) 각종 외국어학교

외국어학교 중 가장 먼저 설립된 것은 일어학교였습니다. 영어학교는 1894년 5월에 육영공원 자리에 설립되었으며 불어를 가르치는 법어학교는 1896년 1월에 정동 불란서 공사관 앞 마텔(Matel) 집 식당에서 개교하였습니다. 러시아어를 가르치는 아어학교는 1896년 2월 26일에 개교하였으며, 중국어를 가르치는 한어학교는 본래 1891년에 사이고(査以高)라는 교관을 초빙하여 설립하였으나 청일전쟁 시 일시 폐쇄하였다가 1897년 5월에 다시 개교하였습니다. 그리고 마지막으로 1898년 6월에 독일어를 가르치는 덕어학교가 북부 대안동에 설립되었습니다.

외국어학교의 수업연한은 일어·한어는 각 4년, 영어·법어·아어·덕어는 5년으로 규정되었습니다. 교육과정은 각국의 어학이 중심이 되었으나 뒤에 수학, 지리 등의 일반 과목과 실무 교육으로서 상업총론, 우편사무와 같은 내용이 추가되기도 하였습니다. 또한 부국강병책의 하나로서 각 학교에 병식체조가 도입되면서 체육도 중요한 교육내용이 되었습니다. 외국어학교의 학생 수는 영어학교가 가장 많아 100여 명에 달했으며 다음이 일어학교, 법어학교, 한어학교, 아어학교, 덕어학교 순이었습니다. 법어학교 학생 수가 중국어, 러시아어, 독일어보다 많은 것은 공업, 우편, 통신 등의 실업교육기관의 교관이 프랑스인이기 때문인데 실업계에 종사하려는 학생들은 법어학교에 주로 입학하였습니다. 학급편성은 학생 수와 진도에 따라 이루어졌는데 영어 및 법어학교는 5학급, 덕어학교 및 한어학교는 3학급, 아어학교는 4학급으로 이루어져 있었습니다. 각 외국어학교 졸업들은 주로 주사, 교사, 기수, 번역관, 서기관 등 대다수가 관직에 종사하였으며 유학을 가거나 타 학교에 입학하여 공부하는 경우도 있었습니다.

3) 무관학교

개항 이후 서구 열강과의 접촉에서 각국 외국어를 해득할 수 있는 인력이 필수적인 것이었다면, 무력을 바탕으로 강압해 오는 외세에 저항하기 위한 강력한 군대의 확보·유지 또한 절실한 과제였다고 할 수 있습니다. 이미 1880년대 친군, 별기군, 연무공원練武公院, 강화도의 해군사관학교 등의 설치를 통해 근대적 군 인력, 특히 초급장교들을 양성하려고 했던 정부는 1895년 5월 20일, 훈련대 사관양성소 관제를 공포하고 3개월 간의 훈련을 통해 사관을 양성하다가 1896년 1월에 사관양성소를 발전 시킨 무관학교 관제를 칙령 제2호로 반포하였습니다. 무관학교의 교육 내용은 전술, 사격, 체조, 검술 등 군사훈련이 위주가 되었으나 우등생을 대상으로 외국어 교육도 이루어졌습니다.

4) 의학교와 법관양성소

의학교의 전신은 1895년 11월 7일에 칙령 제180호로 공포된 종두의 양성소입니다. 이 양성소는 1개월간 종두법을 교육한 뒤 시험을 거쳐 종 두의 자격증을 주었습니다. 의학교는 1899년 3월 24일에 공포된 의학교 관제(칙령 제7호)에 이어 7월 5일에 의학교 규칙(학부령 제9호)이 공포되고, 이 어 8월 15일에 학생 50인을 모집하여 8월 20일에 훈동의 전 김홍집 집에 서 개교하였습니다. 의학교 수업연한은 3년으로 의학교 규칙 제3조에서 "3년은 속성과이며 국내 의술이 발달하면 연장할 것"이라고 규정하고 있 습니다.

의학교의 입학자격은 원칙적으로 중학교 졸업자라고 하였으나 당시 중학교는 아직 설립도 되지 않은 상태이므로 "문산文算이 풍부하고 재지 才智가 총명한 자"를 시험을 거쳐 입학시켰습니다. 시험과목은 국문과 한 문의 독서 및 작문으로 이는 여타 학교와 동일하나 산술의 경우는 비례 와 식답式荅으로 하여 약간 수준이 높은 것이었습니다. 의학교의 교육과 정은 동물, 식물, 화학, 물리, 해부, 생리, 약물, 진단, 내과, 외과, 안과, 부 인, 소아과, 법의학, 종두, 체조로 매일 5시간씩 수업토록 하였습니다. 평 가는 여타 학교와 같이 월종月終시험, 학기시험, 학년시험을 거쳐 시행하 며 졸업자에게는 의술 개업 면허장을 수여하였습니다.

법관양성소는 1895년 3월 당시 법원인 평리원 안에 창설되었는데 졸업기한은 6개월이었으며 민법, 형법, 소송법, 명률, 대전회통大典會通, 무원록無寃錄과 민사·형사 소송서류 형식 등을 가르쳤습니다. 1895년 재판소 구성법에 의거 전국에 재판소가 설치되었으므로 졸업자도 비교적 많아서 제1회에 47명, 제2회 졸업생은 39명을 배출하였습니다. 이후 법관 양성소는 일시 폐쇄되었다가 1903년 다시 열어 수업연한을 1년 6개월로 늘리고 프랑스 법률, 프랑스어, 현행 법률, 명률, 대전회통, 무원록 등을 가르쳤습니다. 이듬해 비로소 법부령 제2호(1904. 7. 30)로 법관양성소 규칙을 마련하여 교육과정, 수업연한, 학생 입학 및 졸업 등의 내용을 체계화하였습니다.

5) 실업교육기관

실업교육 또한 부국강병을 위해 정부에서 시급히 추진해야 할 과제 중의 하나였습니다. 상공학교는 1899년 5월 상공학교 관제가 마련됨으로써 비로소 구체화되었는데 이 관제에 따르면 상공학교는 상업과와 공업과로 구성되어 수업연한은 4년이며 1년은 예과로 기초과정을 배우고 3년은 본과에서 수업을 받도록 하였습니다.

광무학교는 광산 채굴 기술이 부족하여 광산 채굴권을 끊임없이 외국에 넘길 수밖에 없는 상황에서 자주적인 광산 기술자 양성을 위해 설립되었습니다. 1900년 9월에 반포된 광무학교 관제에 따르면 수업연한은 3년으로 비교적 오랜 기간 동안의 교육을 통해 고급 기술자 양성을 시도하였음을 알 수 있습니다.

상공학교와 광무학교 외에 속성 실업교육기관으로 잠업양성소, 전무학당, 우무학당이 있었습니다. 잠업양성소는 1900년 3월 농상공부 내에 잠업과를 새로이 설치하면서 시작되었는데 잠업과 관리들은 참서관 서병숙을 비롯 대부분 미국과 일본에서 양잠 기술을 배워온 인사들로 충원되었습니다. 같은 해 잠업과 부속으로 잠업시험장이 설치되면서 이 시험장은 잠업에 관한 시험과 학생 교육을 담당하게 되었습니다. 잠업시험장은 1901년 4월 15일 학생을 모집한 이래 매년 학생 수가 증가하여 1902년에는 학생 수가 116명에 이르렀습니다. 잠업양성소 졸업자에게는 졸업 증서를 수여했는데 이들은 고향으로 돌아가 곳곳에 사립 양잠학교를 개설하여 1902년 7월 이들이 설립한 사립 시험장이 10곳, 학생이 영업하는 곳이 18곳에 달하였습니다.

전무학당과 우무학당은 새로운 통신시설이 도입됨에 따라 그 업무를 담당할 기술요원 양성이 시급히 요구됨에 따라 설립되었습니다. 우무학당은 1900년 11월 1일에 통신원령 제6호로, 그리고 전무학당은 같은 날 공포된 통신원령 제7호에 의거 설립되었는데, 입학 연령은 15세 이상 30세 이하인 자로 여타 학교와 마찬가지로 국어 및 한문의 독서와 작문, 그리고 산술 시험을 통해 선발하였습니다. 교육과정은 우무학당의 경우 국내 우체규정, 국내 우체세칙, 만국 연우규칙, 외국어, 산술 등이며 전무학당은 타보, 번역, 전리학, 전보규칙, 외국어, 산술 등이었습니다. 우무학당의 교사는 1897년 8월에 초빙한 프랑스인 클레망세였으며 전무학당 교사는 덴마크인 미륜사(彌綸斯, H. J. Muhlentech)였습니다.

6) 중학교와 성균관

사범학교와 소학교를 통해 일반 국민 대중에게 근대적 보통교육을 시행하고 이와 함께 국가의 근대적 개혁에 시급히 필요한 전문 인력을 양성하기 위해 각종의 외국어학교와 무관학교 및 실업교육기관을 설립한 뒤, 초점은 당연히 사회의 지도층 양성을 위한 중등 및 고등 교육기관에 맞추어집니다. 물론 이때의 중등 및 고등 교육기관은 전문적인 교육이 아니라 일반 교양교육을 시행하는 기관을 의미합니다. 그러나 이 문제에 관한 한 갑오개혁 정부의 의도가 정확히 무엇이었는지 파악하기 어렵습니다.

종래의 고등교육기관은 물론 성균관이었습니다. 1896년까지만 해도 정부는 종래의 고등교육기관이었던 성균관을 중학교로 개편할 계획을 세우고 있었습니다. 즉 기존의 성균관을 폐지시키고 나서 그 기능을 그대로 중학교로 이관하려 했던 것입니다. 그러나 무슨 이유인지는 모르지만 성균관을 중학교로 만들려는 시도는 중단되었습니다. 추측컨대 이 시도는 구제도와 신제도와의 갈등, 구학문과 신학문의 갈등 내지는 보수적 유림층과 개화 관료 간의 갈등 등 여러 문제가 복합된 상황에서 초등교육이나 전문교육처럼 쉽게 결론 내리기가 어려웠기 때문에 중단된 것이라고 짐작됩니다. 갑오개혁 이후 정부의 일관된 입장은 '구본신참舊本新參'이었습니다. 이는 옛것을 토대로 하여 새로운 서양기술을 받아들이자는 것으로 각종 관공립학교에서 수신 과목을 가장 중요시하는 것에서 분명히 드러납니다. 그럼에도 불구하고 서기西器와 서도西道 자체의 분리도 어렵고 또한 서기西器와 동도東道를 어떻게 결합시켜야 하는 것인지에 대한 일관된 기준도 마련되지 않았습니다. 독립협회와 만민공동회에서는 보다 더 적극적인 개혁을 주장하였으며, 보수 유림층은 정부의 조심스러운 개혁 작업을 의심스러운 눈으로 주시하고 있었습니다.

성균관 경학과는 1895년 7월 2일에 공포한 성균관 경학과 관제(칙령 제136호)와 8월 9일에 공포된 성균관 경학과 규칙(학부령 제2호)에 의거하여 새롭게 개편되었습니다. 이 규칙에 의하면 경학과의 수업연한은 3년으로 교육과정은 사서삼경과 그 언해본의 강독, 송·원·명사의 강독, 일용서류·기사·논설·경의의 작문을 중심으로 하고, 여기에 역사, 지리, 산술이 추가된 형태였습니다. 수업 일수는 매년 42주로 하되 매주 28시간 이상 수업하도록 하였으며, 학생들은 모두 종전과 같이 관중에 유숙토록 하였습니다. 경학과의 입학 연령은 20세 이상 40세 이하로 어느 학교보다도 높았는데, 이것도 이후 20세 이상 50세 이하로 확대되었습니다. 경학과 규칙에는 경학과 졸업생에 대한 뚜렷한 대책은 없었습니다. 하지만 1901년 11월 27일 성균관 학생 중에서 7명을 선발하여 박사를 서임하였으며 또 졸업자는 궁내부와 내각에 조회하여 상당한 직을 주었던 것으로 보아 성균관 학생에 대한 고려는 어느 학교보다도 높았던 것입니다.

중학교 관제는 1899년 4월 4일에 공포되었으나 구체적인 설립 규칙은 1900년 9월 7일에 가서야 비로소 공포되어, 앞서 언급한 설립과정의 어려움을 잘 말해주고 있습니다. 중학교 관제는 제1조 그 목적에서 "중학교는 실업에 나아가고자 하는 인민에게 정덕正德, 이용利用, 후생厚生하는 중등교육을 보통으로 교수하는 장소로 정함"이라고 하여 언뜻 납득하기 어려운 주장을 하고 있습니다. 중학교는 심상과 4년, 고등과 3년으로 수업연한이 7년인 최고의 인문계 교육기관이었습니다. 그럼에도 불구하고 중학교가 실업교육에 목적을 둔 보통교육을 한다고 규정한 것은 다분히 성균관 경학과를 염두에 두었기 때문이라고 하지 않을 수 없습니다. 어쨌거나 중학교는 1900년 9월에 홍현에서 개교하고 9월 26일에 입학생 선발을 위한 시험을 실시하였습니다. 그러나 중학교에 대한 호응은 여타 관립학교에 비해 상당히 낮았던 것으로 보입니다.

중학교의 교육과정은 심상과의 경우 윤리, 독서, 작문, 역사, 지리, 산술, 경제, 박물, 물리, 화학, 도화, 외국어, 체조 등으로 규정되어 있고, 고등과에는 여기에 법률, 정치, 공업, 농업, 상업, 의학, 측량 등과 같은 과목이 추가되어 있습니다. 이러한 교육과정을 보더라도 중학교의 성격이 불분명함을 엿볼 수 있습니다. 즉 정부가 설립한 전문적인 기술자 양성소인 상공학교와 의사 양성기관인 의학교와 법률 전문기관인 법관 양성소가 있고 또 사립학교로도 법률 전문학교인 광흥학교, 철도학과와 공업

제조과가 있는 낙영학교, 상업 전문학교인 광성상업고등학교 등이 설립되어 정부의 지원을 받을 뿐만 아니라 졸업생을 정부 기관에 시험을 거쳐 수용키로 인가한 마당에, 막대한 예산을 투입하여 또 다른 전문학교를 세웠다는 것은 납득하기 어려운 것이었습니다.

교육행정의 특징

개화기 정부에 의해 공포된 각종 교육관계 법령을 문자 그대로 이해하면 이 시기의 교육행정은 철저하게 정부의 통제 하에 있었던 것으로 오해하기 쉽습니다. 실제 법령에는 모든 학교는 정부나 지방관의 설치 인가를 받아야 할 뿐만 아니라 교과서 채택이나 수업시수, 교원의 임용에 이르기까지 학부나 해당 관찰사의 인가나 감독을 받도록 규정하고 있습니다. 이것은 정부가 각종 학교 관련 법령을 마련할 때 주로 일본의 법령이나 관제를 참고했기 때문이라고 할 수 있습니다. 그런데 실제로 이 법령에 의거 각종 학교를 규제한 기록은 전혀 보이지 않습니다. 또 학부의 학무국장이나 편집국장이 각종 관립학교의 교장을 겸직한 것이나 학부 관리나 지방관들이 공사립학교를 시찰한 것이 학교 자율성에 대한 중대한 침해 사례라고 생각할 수도 있습니다. 그러나 학부 참서관이 각 관립학교 교장을 겸직하였기 때문에 해당 학교 교사들은 보다 자율적으로 수업을 할 수 있었으며, 지방의 공립소학교의 경우에도 군수(개항장의 경우 감리)가 교장직을 겸직하고 있어 실제 학교 운영은 교원과 부교원에 의해 자율적으로 운영되었습니다. 그리고 학부 관리나 지방관이 각 학교를 시찰하는 경우는 주로 각 학교 시험 시 임석하기 위한 것으로, 이 경우 우등상품은 학부관리나 지방관이 마련해야 하였습니다.

사립학교에 대해서도 정부는 설립과 운영에 대해 적극 지원하였습니다. 많은 사립학교들이 정부 관청이나 향교 등 공공 건물을 빌려 설립되었으며, 각 지방관들은 학교 설립에 예외 없이 개인 출연금이나 공공 예산을 지원하였습니다. 지방에 설립된 사립학교들은 거의 대부분 지방관의 발의나 종용에 의해 이루어졌습니다. 지방관이 설립한 학교 중 일부는 공립소학교로 전환되어 학부에서 매월 30원씩의 보조금을 받게 되지만 그 밖에 전직 관료나 지방 유생들이 설립한 학교들도 현지 관료가 경비를 출연하거나 스스로 교장이 되어 행정·재정 지원을 아끼지 않았습니다.

정부에서는 또 사립학교를 설립하여 학생 수가 많은 학교에 대해서도 포상을 하여 적극 격려하였습니다. 홍문동 소학교는 1894년 이시선이 설립, 스스로 교장으로 취임한 학교로 한성 남서 홍문동에 위치하여 매월 정부로부터 보조금을 받는데, 1903년 당시 교장이던 윤영학은 정부의 보조금이 너무 적다고 "사립이고 공립이고 다 국민이 세운 학교"라며 항의를 하고 있습니다. 그 밖에도 정부에서는 사립학교에 서책을 지급하거나 학교 이전 및 개축 경비를 지원하였습니다. 개화기의 학교에서 공립과 사립의 차이는 관립과 공립의 차이만큼 크지는 않았습니다. 실제로 지방에 전현직 관리나 유생들이 세운 학교들은 끊임없이 공립으로 인가 요청을 하였으며, 서울의 사립학교들도 재정 형편이 어려우면 곧 공립으로 전환코자 시도하였습니다.

교사와 학생

개화기 관공립학교 교사들은 갑오개혁에 의한 문벌타파에도 불구하고 대부분 양반 출신이었습니다. 이들의 봉급은 14원에서 60원 사이로 당시의 물가를 고려해볼 때 적지 않은 액수였습니다. 『독립신문』에 게재된 1898년 쌀 한가마 가격은 4원으로 교원의 봉급으로 쌀 4~15가마를 살 수 있는 돈이었습니다. 개화기 교사들 중에 가장 특이한 존재는 공립소학교 부교원들이었습니다. 이들은 학부에 의해 임용되지만, 현지 유림의 천거에 의해 부교원이 되었습니다. 소학교 부교원을 해당 지역 유림에게 천거토록 하여 임명한 것은 소학교의 경비를 향교 도조 수입에서 보전하기 위한 목적과 함께 근대교육에 대한 보수 유림의 반대를 무마하고, 또 전통 학문과의 조화를 유지하기 위한 것이었습니다.

갑오교육개혁으로 선발된 근대학교 교사들은 근대적 지식으로 무장한 사회지도층 인사였습니다. 이들은 부국강병에 큰 관심을 가지고 독립협회 등 사회 활동에 적극 참여하였습니다.

관공립학교 학생들은 요즈음 학생들과는 달리 일반 청년들이었습니다. 소학교의 경우 입학연령이 법령에 7세 이상 15세 미만으로 정해져 있었으나, 실제 재학생은 15세 이상이 대부분이었습니다. 학사 운영은 요즈음과 같은 학년제가 아니라 승급제로 이루어졌기 때문에 매 학기 말 승급과 졸업이 이루어졌습니다. 당시의 수업은 여러 학년(보다 정확하게 표현하자면 학기급) 학생들을 동시에 가르치는 복식 수업이었습니다. 따라서 학생들은 교사의 일제식 수업과 함께, 개별적으로 자신들의 진도에 맞는 교재를 공부했을 것으로 추측됩니다.

학생들의 학교생활 중 가장 중요한 행사는 졸업식(혹은 진급식)과 운동회였습니다. 졸업식에는 교사와 학생뿐만 아니라 학부대신 이하 고위 관리와 외국공사, 신문기자 등도 초청되었으며 졸업생들에게는 졸업장과 함께 금시계·자명종 등 당시 구하기 힘든 푸짐한 상품이 주어졌습니다. 지방 학교들의 졸업식은 마을 전체의 잔치였습니다. 운동회 또한 학생들에게 중요한 행사 중의 하나였습니다. 서울의 각 학교 운동회는 4월이나 5월의 토요일 오후 전 훈련원 자리(현 서울 운동장)에서 개최되었는데 씨름, 투포환 던지기, 넓이뛰기, 200보 달리기, 높이뛰기, 줄다리기, 당나귀 타고 달리기 등 다채로운 경기들이 펼쳐졌습니다.

각급 학교 운동회는 통감부 설치 이후 일종의 국권회복 결의대회의 성격을 띠었는데 횟수도 1년에 봄·가을 2회, 규모도 관·사립이 모두 참여하는 것으로 확대되었습니다. 1907년 10월 25일 개최된 서울의 관사립학교 연합 대운동회에는 6,000여 명의 학생들이 참가하였으며, 이듬해 4월 15일 평양에서 개최된 춘기 대운동회에는 182개 학교에서 교사와 학생 5,687명과 내외 관람자가 만여 명에 달하였습니다. 이 운동회에는 학부차관인 다와라(俵孫一)도 참관하였는데, 귀경 후 그는 즉시 경성 관사립학교 춘기 연합 대운동회에 참여코자 상경한 서울 근교의 강화, 인천, 개성 등지 학교들의 참가를 저지하였습니다. 이 운동회에 참가하기 위해 멀리 평안도 영유군의 사립 이화학교 학생들 64명도 상경하였는데, 이들은 700리 장정에 교기를 들고 각자 단총短銃을 메고 연주를 하며 정제된 대오로 한양에 입성, 보는 이들의 눈시울을 뜨겁게 하였습니다. 이 학교는 나팔과, 태고太鼓과, 체조과라는 3과로만 편성되어 일제가 두려워한 각종 운동회의 군악대로 활약하였던 것입니다. 일제는 결국 1909년 12월 관·사립학교 연합 운동회를 폐지하여 이후 국내의 운동회는 모두 학교 단위의 소규모로 개최되고 연합 운동회는 북간도 등 국외 이주민들이 세운 학교에서만 개최되었습니다.

학생들의 사회 활동 참여도 일반 국민들보다 두드러졌던 것으로 보입니다. 독립협회와 만민공동회가 한참 활동 중인 1898년에는 사립학교 학생들뿐만 아니라 관공립학교 학생들도 수업을 전폐하고 민회에 참가하였습니다.

개화의 병신

1904년 8월 러시아와의 평양전투를 승리로 끝낸 일본은 한국 정부에 일본인 고문관 초빙을 강요하였습니다. 학부의 고문관은 관립중학교

교관인 시데하라(幣原坦)로 그는 교육행정의 실질적인 최고 통치자가 되었습니다. 이렇게 하여 1894년 8월부터 만 11년 5개월 동안 추진되었던 정부에 의한 근대적 교육개혁은 실패로 끝나고 말았습니다. 이후 근대적 교육개혁은 "한 개의 학교를 설립하는 것이 대한 독립 기초의 시초"라는 기치 아래 수없이 설립된 사립학교에 그 주도권을 물려주게 됩니다. 그렇다면 정부에 의한 근대적 교육개혁은 왜 실패하였을까요?

갑오교육개혁의 실패 원인에 대한 상식적인 답변은 외세의 강압이라고 할 수 있습니다. 그러나 교육내적인 관점에서 갑오교육개혁의 실패 원인을 분석한다면 무엇보다도 먼저 지적할 수 있는 것은 교육개혁의 이념이 불분명하였다는 것입니다. 결국 무엇을 보존하고 무엇을 받아들일 것인가 하는 데에 대한 분명한 준거가 없었던 것입니다. 갑오개혁 이후 정부는 우리의 정신문화는 보존하고 앞선 서양의 과학기술을 받아들이는 동도서기적인 입장에서 교육개혁을 추진하였습니다. 이와 같은 입장이 학제나 교육과정에 일정하게 반영되어 있음은 분명합니다. 그러나 성균관과 중학교의 관계에서 단적으로 드러나듯이 국가 최고의 엘리트를 양성하는 고등교육기관의 성격을 어떻게 설정해야 할 것인가에 대한 학부의 입장은 명확하게 정리되지 못한 절충적인 것에 불과하였습니다.

개화기 우리 교육의 상황은 흔히 생각하듯이 완전한 불모지는 아니었습니다. 1911년 3월 말 기준으로 국내에는 1만 6,540개의 서당에 14만 1,604명의 학생들이 공부하고 있었으며 270여 개의 향교와 680여 개의 서원(정원: 1만 5,750명)이 존재하고 있었습니다. 또한 1897년 당시 성인 이상의 인민 100인 중 23인이 국문을 독해하고 있었으며 식자층을 제외한 농민 가운데에도 15%, 남자의 경우 40%가 문자를 이해하고 있었습니다. 이 식자율은 당시 상황에서는 결코 낮은 수준이라고 볼 수 없는 것으로, 이미 수천 년에 걸쳐 우리나라의 독자적인 문화와 교육 양식이 존재해왔음을 보여주는 증거입니다.

따라서 정부의 교육개혁은 무엇보다도 이와 같은 기존의 전통교육기관을 어떻게 변화시킬 것인가에 초점이 맞추어져야 했습니다. 그러나 현실로 나타난 것은 기존의 전통교육기관은 그대로 두고 동도서기를 표방하는 별도의 관공립학교를 다양하게 설립하여 오히려 신·구 교육기관 간의 갈등만을 초래하고 말았던 것입니다. 물론 신·구 교육기관을 어떻게 조화롭게 통일시켜야 하는가 하는 문제는 당시에는 물론 현재에도 명확한 답변을 하기 어렵습니다. 무엇보다도 학교에서 가르치는 교육내용 속에 구학문과 신지식을 어떻게 조화시키느냐 하는 문제는 그리 쉽게 해답을 내기 어려웠던 것으로 보입니다.

이와 같은 교육개혁 이념의 부재 속에 관공립학교 학생들은 학교를 출세의 수단으로만 인식하였으며, 학교에서 배운 약간의 서양 지식을 마치 보물인 양 여기는, 유길준이『서유견문』의 '개화의 등급'에서 말하고 있는 '개화의 병신'이 되어버렸던 것입니다. 특히 일본에 유학한 많은 관비·사비 유학생들은 부국자강의 선도자가 아니라 일제의 앞잡이 역할만을 수행하고 말았던 것입니다. 일본세력의 영향력이 확고해진 1905년 4월에는 일본의 바바(馬場)라는 자가 동경에 한국 유학생 전용 예비학교를 세웠는데 몇 달 만에 유학생 수십 명이 몰리는 등, 국가의 독립과 충군애국이라는 교육목표와는 동떨어진 결과를 보여주고 있는 것입니다. 그리하여 개화기 위정척사 거두인 유인석은「신학교」라는 시에서 근대학교를 인륜을 없애고, 조상을 업신여기고 꾸짖으며, 서양에 대해서만 광분하는 곳이라고 비판하였던 것입니다.

갑오교육개혁이 성공하려면 어쩌면 유인석과 같은 인물을 가르치는 고등 교육기관이 있어야 했는지 모릅니다. 어쨌거나 동도와 서기의 불완전한 결합으로 갑오교육개혁은 십여 년간의 실험에도 불구하고 실패로 끝났으며, 이후 우리의 교육은 40년간의 기나긴 암흑의 길로 접어들게 되었습니다. 그렇지만 갑오교육개혁이 실패로 끝났다고 하더라도 그것이 우리에게 전혀 무의미한 것은 아니었습니다. 갑오교육개혁의 내용 속에는 일제 40년간 왜곡되기 이전 우리의 중요한 교육적 유산이 담겨 있기 때문입니다. 예컨대 통제 중심의 중앙집권적 교육행정이 아니라 자율과 지원 중심의 교육행정이 우리 본연의 교육행정이었으며, 획일적 학급 편성과 일제식 수업이 아니라 능력별 학급 편성과 개별화된 수업이 우리 본연의 수업방법이었으며, 사기업체와 같은 사립학교 운영이 아니라 지역 공동체 모두에 의한 사립학교의 설립과 운영이 우리 본연의 건학 정신이었음을 우리에게 분명히 보여주고 있는 것입니다.

3

교육구국운동

민족 결집의 힘

6·25 이후 최대의 민족적 위기라는 1997년의 IMF사태를 맞아 우리 국민들은 '금모으기 운동'을 통해 세계를 놀라게 한 바 있습니다. 금모으기 운동이 외환위기 극복에 얼마나 많은 도움을 주었는지는 알 수 없습니다. 그러나 중요한 것은 국가적 위기에 불길처럼 일어나는 우리 국민들의 결집된 힘입니다. 이러한 민족적 결집은 일제의 한반도 침략에 대한 저항에서 최고조에 달했습니다. 물론 항일 민족운동에서 최대의 민족적 결집은 3·1운동이지만, 을사늑약 직후에도 우리의 민족적 결집은 교육구국운동으로 격렬하게 표출되었습니다.

을사늑약으로 국권을 박탈당한 우리 민족의 민족적 결집은 의병운동과 교육구국운동이라는 두 가지 방향으로 전개되었습니다. 의병운동은 그 사상적 기반을 개화기의 위정척사 사상에 두고 있는 바, 이미 1895~1896년에 걸쳐 일제의 국모 시해를 계기로 유림을 중심으로 일어났던 반일 무장투쟁이 을사늑약 직후 재개되었습니다. 그리고 교육구국운동은 동도서기론에 사상적 뿌리를 두고 있는 근대적 지식인이 중심이 되어, 애국심 함양과 서양의 근대 지식을 보급함으로써 국권회복을 달성코자 하는 운동이었습니다. 따라서 두 운동은 그 주체세력이나 운동의 목적에서 분명한 차이점이 있습니다. 그러나 의병운동이 1907년 8월에 조선 정부군의 해산 이후 군대 출신과 평민 출신 의병장이 등장하여 광범위한 인민 대중을 포함하게 되면서, 이 두 가지 운동은 상호 접점을 공유하게 되어 명실상부하게 항일 구국운동의 양대 구심점이 되었습니다. 특히 보창중학교 교장인 이동휘, 일본 유학생인 심남일, 개화사상의 주요 인물인 김봉기 등은 교육구국운동에도 적극적으로 참여했을 뿐만 아니라 의병장으로서도 맹활약을 하였던 것입니다.

1905년부터 1910년까지를 우리 역사에서는 애국계몽운동기라고 부릅니다. 교육사에서는 이를 교육구국운동기라고 부릅니다. 즉 이 시기에는 교육이 우리 민족의 독립을 이루게 하는 가장 중요한 수단으로 인식되어, 하나의 학교를 설립하는 것이 우리의 독립을 하루라도 앞당기는 것이라는 인식이 확산되어 전국에 걸쳐 5,000여 개의 사립학교가 설립되었습니다. 이에 위로는 황제로부터 고관대작과 관찰사, 군수 등의 지방관과 아래로는 지방유지 및 일반 서민에 이르기까지 "하나의 학교를 설립하는 것이 독립에 한발 앞서 가는 것"이라는 기치 아래 학교 설립에 참여하였습니다. 심지어 부녀자와 노동자, 인력거꾼 그리고 권번의 기생들까지도 이 운동에 참여하여 교육구국운동은 명실공히 거국적 민족운동으로 전개되었던 것입니다.

교육구국운동에 있어서 최초로 설립된 학교는 1905년 2월 군부협판 출신인 엄주익이 설립한 양정의숙입니다. 4월에는 군부대신을 역임한 이용익이 보성전문학교와 출판사인 보성관, 인쇄소인 보성사를 설립하였습니다. 그 후 1906년 5월 민영휘가 휘문의숙과 휘문관이라는 출판사를 설립하였으며, 같은 해 고종의 계비인 엄귀비가 진명여학교와 명신여학교(숙명여학교로 개칭됨)를 설립하였으며, 신규식이 중동학교, 남궁억이 현산학교를 설립하였습니다. 이러한 상황은 1907년 일제의 정미7조약과 뒤이은 정부군의 해산을 계기로 거국적인 항일 민중운동으로 확산되었습니다.

교육구국운동을 지도하고 사재를 투입하여 학교를 설립하는 데 도화선 역할을 한 것은 애국지사들이었습니다. 예컨대 이동휘 같은 인물은 군대 해산 후 2~3년 동안 함경도 일대를 순회하면서 총 100여 개의 사립학교를 설립하는 데 공헌하였으며, 강화도를 중심으로 보창학교와 그 지교를 32개교나 설립하였습니다. 또 해주의 김종려는 광명학교를 설립하고 인근의 면리에 권유하여 10여 개의 학교를 설립하였으며, 경북관찰사로 있던 신태휴는 도내의 각 군에 사립학교 설립을 권유하여 1906년 6월에 도내 41개 군에 설립된 학교가 370교에 달했다고 기록되고 있습니다. 그는 이들 학교에 필요한 교사를 양성하기 위해 1906년 4월 대구에 대구사립사범학교를 설립하기도 하였습니다.

그렇지만 실제로 사립학교의 설립과 운영에 힘을 쏟았던 사람들은 농민, 노동자, 어민, 상공업자, 하급관리 등 일반 민중들로서, 이들의 애국적 열정이 교육구국운동의 원동력이었습니다. 이들은 당시의 피폐한 경제상황에서 끼니도 제대로 잇기 어려운 형편이었지만 학교를 세우고 자제들을 교육하는 것이 나라를 위해 애국하는 길이라는 자각 하에서 푼돈을 모아 학교를 설립하고 또 운영자금을 지원하였던 것입니다. 1908년 1월, 만경대의 남리 마을 농민들은 6년제의 사립순화학교를 세웠으며, 이듬해 1월에는 갑산군의 광산노동자들이 사립보명학교를, 그리고 북청군 괴정리 농민들은 북청 제1사립학교를 설립하였습니다. 또 서울에서는 각 행정구역별로 '방회' 혹은 '민단'을 조직하여 조직 구성원들로부터 교육비를 거두어 사립학교를 설립하기도 하였습니다. 따라서 사립학교 설립운동은 일부 도시에 국한되지 않고 전국 각지의 농촌에도 깊숙히 침투하여 일반 농민들도 학교 설립에 참여하고 그 자제들을 그 학교에 입학시켰던 것입니다. 이러한 학교의 공동 설립과 운영의 전통은 멀리는 조선시대의 서원과 서당 설립에서부터 가까이는 갑오교육개혁 시기의 공립소학교 설립에 이르기까지 면면히 전개되었던 바, 국권 박탈이라는 초유의 위기에 때를 맞추어 폭발적으로 전개되었던 것입니다.

사립학교 설립운동의 또 하나의 주역은 교원들이었습니다. 교육구국운동 초기에 설립된 사립학교의 교사는 주로 서울에 있는 중학교 졸업생 혹은 재학생들이었는데, 시골에 설립된 사립소학교에 교원이 부족하다고 하면 이들은 아무런 보수가 없어도 적극적으로 교사로 부임하였습니다. 1908년 보성중학교 4학년생 안상덕과 김기수가 당시 의병 활동이 활발했던 경상도에 위험을 무릅쓰고 부임하다가 피살된 일이 발생하였는데, 이에 당시 서울의 각 학교에서는 학생회장으로 성대히 장례를 치렀습니다. 당시의 사회적 분위기는 졸업 후의 취업이나 월급의 고하를 고려하지 않았고, 상급학교에 진학하여 개인의 출세를 꾀하는 것을 이기적 행동으로 간주하였으며, 배운 그대로 목전에 닥친 독립회복에 몸을 던지는 것을 가장 고귀한 일로 생각하였습니다. 따라서 이런 교사들의 가르침을 받은 학생들은 학교 안에서도 학문적 탐구보다는 토론회와 웅변회를 조직하여 변론과 사상을 훈련하였으며 이를 바탕으로 교외에서의 연설회와 웅변대회를 개최하기도 하였습니다.

이러한 사회적 분위기 때문에 당시 일반 국민들도 관공립학교 입학을 꺼려하였으며, 개화기 때 그토록 열심히 사립을 공립으로 바꾸려고 하던 움직임도 자취를 감추었으며, 오히려 학부가 경비를 보조하는 것까지 꺼려하게 되었습니다. 또한 중류 이상의 가정에서는 아동을 공립소학교에 입학시키는 것을 꺼려하여 공립소학교는 빈민학교로 취급되기도 하였습니다. 당시 국민들은 '공립은 정부를 위한 학교로서 정부의 이익 때문에 교육을 시키는 것이요, 사립은 민중을 위한 학교로서 우리들의 이익을 위해 교육을 시키는 것'이라고 생각했습니다. 이것은 물론 당시 을사늑약이 체결된 뒤 정부는 조선을 위한 정부가 아니라 일본의 괴뢰로 여겨 정부를 신뢰하지 않았던 것에 기인하며, 특히 관공립학교에는 일본인이 들어와 학교 계획과 학생교양을 담당하였기 때문이기도 하였습니다.

교육구국운동의 민중적 성격을 잘 보여주는 또 한 가지는 정규학교에 가지 못한 노동대중을 위해 전국 각지에 개설되었던 각종 강습소와 전습소, 야학 등입니다. 강습소는 개설되는 시기에 따라 일요강습소와 야학강습소, 계절강습소로 구분하거나 가르치는 내용에 따라 국어강습소, 역사지리 강습소, 사범강습소 등으로 구분하였는데, 국문과 근대 지식뿐만 아니라 항일 애국사상을 고취하는 데 중요한 역할을 하였습니다. 특히 주시경과 지석영이 활약했던 국어강습소와 장지연과 신채호가 참여한 역사지리 강습소는 자주적 민족문화를 대중화하는 데 중요한 기여를 하였습니다.

이들 야학교는 애국지사들의 주도로 설립되기도 하였지만 또한 노동자, 농민의 요청에 의해 설립되는 경우도 적지 않았습니다. 1900년 물지게 장사로 생계를 유지하던 한 노동자가 서북학회 앞으로 야학설립을 청원하자 박은식은 기쁨을 억누르지 못하고 '노동동포의 야학'이라는 논설을 통해 칭찬을 하고 있듯이, 정규 학교에 갈 시간적 여유가 없는 노동자, 농민들은 노동자 야학, 농민 야학 등의 설립에 적극적인 태도로 나섰던 것입니다.

학회의 교육운동

교육구국운동을 조선시대의 서원이나 서당 설립운동과 개화기의 소학교 설립운동과 구별 짓는 점은 국권회복을 위해 조직된 각종 애국운동 단체들의 학교 설립이라고 할 수 있습니다. 대한협회, 서우학회, 한북흥학회, 서북학회, 흥사단, 기호흥학회 등 이 시기에 조직된 50여 개의 애국운동 단체는 그 하부 기구로 교육부를 두어 사립학교 설립에 적극적으로 나섰습니다. 또한 해당 지역의 사립학교 설립을 지원하거나 재정적으로 어려운 사립학교에 재정 지원을 아끼지 않았으며, 교원양성기관을 설립하여 사립학교에서 필요로 하는 교원을 양성하고 교과서도 편찬하여 공급하였습니다.

교육구국운동의 도화선을 연 학회는 1906년 10월에는 평안도 황해도 출신인 박은식, 김병도, 신석하 등에 의해 설립된 서우학회였습니다. 이어 11월에는 오상규, 이준 등 함경도 출신들이 한북흥학회를 설립하였습니다. 이듬해 7월에는 호남학회와 관동학회가 창설되고 이어서 기호흥학회, 교남교육회 등 50여 개의 학회가 만들어져 교육운동을 펼쳤습니다. 이들은 각종 회보를 통해 애국사상을 고취하고 학술지식을 보급하는 한편 사립학교의 설립과 운영에 핵심적인 역할을 담당하였습니다.

이들 학회에서 가장 심혈을 기울인 것은 당시 대대적으로 설립된 사립학교에 교원을 양성하여 보급하는 일이었습니다. 서우학회는 1907년 1월에 서우사범 속성야학교를 설립하여, 매일 저녁 6시부터 9시까지 산술, 지리, 역사, 법률, 물리학, 교육학, 외국어 한문을 교육하였습니다. 또 한북흥학회는 1907년 4월에 사립학교 교원양성을 위한 1년제 한북의숙을 설립하였습니다. 호남학회도 1907년 말에 호남학교를 세워 교원을 양성하였으며, 기호학회도 1908년 6월 교원양성을 목적으로 하는 기호학교를 설립하였습니다. 이러한 학교에서는 교원양성을 위해 『교육학』, 『사범교육학』, 『소학교수법』 등의 교육학 교재를 직접 만들어 사용하였는데 구체적인 교수법을 상세히 소개하고 있습니다. 예컨대 『소학교수법』이라는 교재에서는 소학교의 교수방법을 주입식과 계발식 두 가지로 구분하고 주입식은 다시 시교식과 강연식으로, 계발식은 물음식과 발제식으로 구분하고 있습니다. 시교식은 식물, 표본, 그림 등 교구를 이용하여 학생들이 직관을 통해 배우도록 하는 시물식과 교사가 스스로 모범을 보이고 학생들이 본뜨도록 하는 시범식으로 나뉘어 소개되고 있습니다. 그리고 강연식은 교사가 교재의 내용을 설명하는 방식의 수업방법으로 주로 역사, 지리 등의 사회과 교과에 많이 사용된다고 하고 있습니다. 계발식 교육방법의 하나인 물음식은 교사가 질문을 하고 학생들이 답변하는 방법이고, 발제식은 교사가 문제를 제시하고 학생들이 해답을 써내게 하는 방법인데, 산수와 국어의 작문에 많이 적용한다고 하고 있습니다.

이들 학회에서 또 한 가지 심혈을 기울였던 것은 사립학교에서 사용할 교과서의 편찬이었습니다. 이 시기 편찬된 교과서로서 대표적인 것은 『유년필독』, 『대한신지지』, 『대한지지』, 『초등대한지지』, 『초등소학』, 『초등국어어전』, 『동국사략』, 『초등대한역사』, 『국문독본』, 『여자독본』, 『만국사기』, 『상업법론』 등이었는데 장지연, 박은식, 현채, 신채호, 최광옥 등 애국적 지식인들에 의해 편찬되었습니다. 또 이들 학회에서는 여러 곳에 도서관과 서점을 개설하여 교사와 학생들이 공부할 책을 대여하거나 구입할 수 있도록 하였습니다. 서우학회에서는 서울에 동화서관을 차려놓고 그 지점을 함경남도 단천과 함경북도 성진에 설치하였으며, 1907년에는 교육서화관을 개설하였습니다. 또 이승훈, 최광옥 등은 평양에 태극서관 본관을 설치하고 서울과 대구에 그 분관을 설치하였습니다.

학회에서는 사립 여학교의 설립에도 적극적으로 나서 1906년 양규의숙을 세운 이후, 1908년에는 동덕호의숙 등의 여학교를 설립하여 1908년에는 전국적으로 사립 여학교가 48교에 이르렀습니다.

교육구국운동의 교육내용

교육구국운동기에 설립된 민족주의적 사립학교에서는 교육의 기본 목적을 충군애국을 위한 정신교육과 신학문 교수라는 두 가지에 초점을 두었습니다. 기존의 윤리도덕을 바탕으로 애국심을 갖춘 국민주체를 형성하고 신학문으로서 나라의 부강을 이루는 것이었습니다. 1908년 5월의 『대한학회월보』 제4호에서는 '교육계 제공諸公에게 바친다'라는 제목의 글에서 교육의 강령은 두 가지로서 "그 첫째는 형이상의 정신교육으로서 즉 충군애국, 자주자유한 정의, 인도를 발휘하는 것이며, 그 둘째는 형이하의 질소적 교육으로서 즉 공상정법工商政法 및 그 외의 모든 과학을 가르치는 것이다"라고 주장하고 있습니다. 이러한 교육목적을 위해 이들 사립학교에서는 조선어, 조선역사, 조선지리 등 우리나라의 언어, 역사, 문화, 지리 등을 중점적으로 가르쳤습니다. 그 밖에도 수업시간 틈틈이 민족의식을 고취하기 위한 창가를 가르쳤습니다. 창가는 원래 기독교의 유입에 따라 찬송가 음률의 영향을 받아 만들어졌다고 하는데 초기에는 주로 계몽적인 내용이 많았습니다. 그러나 을사늑약 이후 만들어진 창가는 주로 반일, 애국, 독립, 민족의식 등을 주제로 하였는데, 당시 유행하던 창가는 대한혼, 조국생각가, 안중근 찬양가, 독립군가, 선죽교, 광복가, 복수가復讐歌 등이었습니다. 이 중 「복수가」의 내용을 소개하면 다음과 같습니다.

    1. 요동 만주의 광야를 쳐부수고
       여진족을 토벌하고 개국한
       동명왕과 이지란의 용진법대로
       우리들도 그와 같이 복수하리라.

    2. 요코하마 대판을 함락하고
       동경에 쳐들어가
       동서남북 모든 적을 깨뜨리고

국권을 회복한 우리 독립군

승리와 만세소리 천지를 진동하네.

또한 당시 소학교 학생들에게 많이 불리던 「아동십진가」의 내용은 다음과 같습니다. 재미있는 것은 이 창가는 한 명의 아동이 일부터 십까지 선창을 하면 나머지 아동들이 큰 소리로 부르게 되어 있다는 것입니다.

일-일본놈이 간교하여

이-이상타 생각했는데

삼-삼천리 약탈하다

사-사실이 발각되어

오-오조약에 떨어지니

육-대륙반도 분통친다.

칠-칠조약 맺은 놈들

팔-팔도강산 다 넘기니

구-국수國讐 왜놈 박멸하자

십-십년 독립투쟁 일어난다.

이러한 창가의 보급에 대해 일제는 당연히 혈안이 되어 이를 금지시키려고 하였습니다. 그래서 불시에 학교에 급습하여 학생들의 가방을 뒤져 창가집을 압수하고 해당 학생과 교사를 연행하곤 하였는데, 이것을 '창가집 사건'이라고 불렀습니다. 일제의 수사 기록에 보면 많은 창가집 사건이 기록되어 있는데 대표적인 것이 한영서원 창가집 사건, 호수돈 여학교 창가집 사건, 온천학교 창가집 사건, 일신재 창가집 사건, 문명학교 창가집 사건 등입니다.

사립학교 설립운동의 평가

사립학교 설립운동으로 나타난 5,000여 개의 학교는 그 설립 목적이 대부분 배일사상과 독립사상을 고취하는 민족주의 교육의 실천이기 때문에 조선의 식민지화를 꾀하는 일제에게 커다란 걸림돌이 되었습니다. 따라서 일제는 반일 사상의 온상인 사립학교를 탄압하기 위해 학회령을 제정하여 사립학교 설립의 모체인 각종 학회를 탄압하고 동시에 사립학교 설립과 유지에 필요한 자금 조달 창구를 봉쇄하였습니다. 또한 1908년 8월에 '사립학교법'을 공포하여 사립학교의 교과서를 통제하고 그 설립을 인가제로 바꾸었을 뿐만 아니라, 기왕에 설립된 사립학교들도 6개월 이내에 재인가를 받도록 함으로써 1910년 강제병합까지 불과 2,250교만이 설립 인가를 받게 되었습니다. 또한 '지방비법', '기부금모집 취체규칙'을 공포하여 향교재산, 시장세, 선세 등 사학의 설립과 운영을 위한 재원을 통제하여 사립학교의 존립기반을 무너뜨렸습니다. 일제 총독부 하에서도 사립학교에 대한 통제는 끊임없이 계속되어 서당을 제외한 사립학교는 1920년에는 617개, 1940년에는 270여 개의 사립학교만이 명맥을 유지할 수 있었습니다.

교육구국운동을 통해 설립된 사학과 이들 학교에서 배출된 학생들이 이후 3·1운동을 포함한 각종 항일 독립운동의 인적기반이 되었다는 점을 생각한다면, 교육구국운동은 결코 실패한 운동이라고는 할 수 없습니다. 그리고 짧은 시기에 이처럼 많은 학교를 설립한 것은 전 세계적으로 유례가 없는 일로서, 교육구국운동은 3·1운동 이전 최고의 민족적 역량 결집을 보여준 사건이라고 평가할 수 있습니다.

4

황민화 교육

추한 한국인

1994년 SBS의 보도에 의하면 『추한 한국인』의 사실적인 저자인 국수주의 일본 논객 가세 히데아키는 후속편을 계획하면서 그 중심 내용을 일제하 일본인들이 우리나라 사람을 위해 매우 훌륭한 교육을 실시했고, 특히 식민지 주민들을 위해 교과서까지 편찬한 것은 어느 식민지 교육에도 유례가 없는 일이었다는 내용을 부각시키겠다고 한 바 있습니다. 이러한 주장에 동조하는 일부 학자들은 그 목적이야 어떻든 일제 통치하에 우리나라에서 급속한 교육 발전이 이루어졌다는 사실 자체는 부정할 수 없다고 거들고 있습니다. 그래서 그런지 모르겠지만 현재 대다수의 교육사 책에는 일제하에 학교 수나 학생 수가 크게 증가했으며 그 이유는 일제의 식민지 지배체제를 확고히 하기 위해서라고 기록하고 있습니다.

하지만 이것은 사실과 다릅니다. 일제는 식민지 교육 기간 내내 학교의 설립을 제한하였으며, 교육기간을 축소하기에 급급하였습니다. 1905년 통감부 설치 이후, 1906년 8월에 일제는 갑오개혁에 의해 공포된 모든 교육령을 폐지하고, 식민지 교육을 위한 대체 법률을 공포하였습니다. 즉 기존의 소학교령을 보통학교령으로 개정하여 기존의 수업연한 6

년을 4년으로 단축하였으며, 중학교령을 고등학교령으로 바꾸어 7년의 수업연한을 3~4년으로 축소하였습니다. 중학교의 교명을 '고등학교'로 바꾼 것은 더 이상의 교육이 없음을 말하는 것으로, 일제는 보통학교 4년, 고등학교 3~4년을 식민지 백성의 최종 교육으로 삼으려 했던 것입니다. 뿐만 아니라 기존의 4년제 상공학교도 2년으로 감축하고, 4년 내지 5년 과정의 외국어학교의 수업연한도 3년으로 단축하였습니다.

또한 통감부 설치 이후 전국의 120여 개 소학교 중 23개 학교를 폐쇄하고, 시설이 비교적 좋은 사립학교를 공립학교로 개편한 뒤, 이를 학교를 '신설'한 것이라고 강변하였던 것입니다. 이와 함께 1908년 사립학교령을 통해 전국 5,000여 개의 사립학교 중 절반도 안 되는 2,241개만을 인가하고 나머지는 모두 폐쇄시켰습니다. 그나마 이들 사립학교들도 일제하 계속적인 탄압으로 일부 선교계 학교를 제외하고는 대부분 폐쇄되어 1940년에는 271개만 존속할 수 있었던 것입니다.

일제 식민교육에 대한 올바른 이해

그렇다면 일제하 학교와 학생 수의 증가는 어떻게 설명해야 할까요?

일제 통감부의 설치 이후 우리의 교육 여건 또한 크게 악화되었습니다. 개화기 공립소학교의 학급당 법정 정원은 40명이었으나 실질적으로는 30명을 기준으로 삼아 그 이상이 되면 학급을 증설하였습니다. 이것은 서당이나 서원, 향교 등의 교육기관에서 알 수 있듯이 학생 수가 30명이 넘으면 교육이 불가능하다고 생각했던 것이 우리 교육의 전통인 바, 이것이 개화기의 소학교로 계승되었기 때문이었습니다. 그러나 일제는 1906년의 보통학교령에서 학급당 학생 수를 60명으로 늘렸으며, 실질적으로 일제하 보통학교의 학생 수는 학급당 평균 73.4명이었습니다. 이후 학급당 60~70명이 넘는 과밀학급이 우리의 전통인 양 이어져왔는데 이것은 우리의 교육전통이 아니라 바로 일제 식민지 교육의 잔재입니다.

보통학교령에서는 학급당 정원을 늘렸을 뿐만 아니라 그동안 무상이었던 수업료를 징수토록 하여 가난한 사람들의 취학 기회를 억제하였습니다. 일제강점기 수업료는 약간의 차이가 있지만 매달 40~80전으로 그 액수가 결코 적지 않았으며, 수업료 외에도 교과서 값 60전, 모자 값 1원 70전 등을 별도로 징수하여, 보통학교 학생 연간 교육비는 최소 20원 이상이 소요되었습니다. 1930년대 한국인 노동자의 일일 평균 임금이 90전으로 한 달에 25일 일한다고 해도 22원 50전에 불과하였으며, 인구의 대다수를 차지하는 소작농의 경우 연간 총 수입이 70원에 미치지 못하였습니다.

이와 같은 과도한 교육비로 수업료를 체납한 학생들과 중도 퇴학당한 학생들이 속출하였습니다. 1930년과 1931년 전라북도 15개 군을 대상으로 한 표본 조사에 따르면 수업료 체납자는 1930년에 23.3%, 31년에는 22.8%이고, 그로 인해 퇴학처분을 받은 학생은 1930년에 9.6%, 31년에는 평균 10.3%에 달하였습니다. 수업료가 장기간 체납될 경우 일제는 '조선학교비령'에 의거 학부모의 가산을 차압하는 방법도 서슴지 않았습니다. 차압은 식량은 물론 밥솥이나 제기 등을 주로 차압하여 어쩔 수 없이 밀린 수업료를 상환토록 하였으며, 심지어 2개월치 체납된 수업료 1원 40전을 징수하기 위하여 논을 경매에 부치는 경우도 있었습니다.

그렇다면 이처럼 어려운 상황 속에서도 불구하고 왜 일제하 우리 국민들은 자녀들을 학교에 보내려고 하였을까요? 여러 가지 원인이 있겠지만 가장 심층적인 원인은 식민지 상황에서 자녀교육이 생존을 위한 유일한 탈출구였다는 데에 있다고 할 수 있습니다. 주지하다시피 일제하 우리 국민들은 대부분이 농업에 종사하였습니다. 그리고 일제의 식민경제 정책의 근본은 토지를 극소수의 대지주에게 집중시켜, 고액의 소작료를 통해 한국을 식량공급 기지로 만드는 식민지 지주제였습니다. 이러한 정책 하에서 대부분의 한국인들은 소작농으로 전락하고, 계속적인 소작료의 인상에 따른 극심한 생활고는 농사를 계속한다는 것이 더 이상 합리적인 결정이 아니라는 생각을 낳게 하였습니다. 그리고 이에 대한 유일한 탈출구가 자녀의 학교교육이라는 판단이 학교교육에 대한 집념으로 나타났던 것입니다. 따라서 보통학교 입학 경쟁은 치열하였습니다. 1927년에 보통학교에 입학을 지원한 아동은 10만여 명이었으나 8만 5,000명만이 합격하여 84.8%의 합격률을 보였습니다. 이러한 경쟁은 해가 갈수록 심해져 1936년에는 합격률이 51.4%로 지원자 중 절반만이 보통학교에 입학할 수 있었습니다.

물론 이러한 한국인의 교육열에 대한 조선총독부의 반응은 부정적인 것이었습니다. 1920년대 이후 일제의 서당에 대한 탄압과 3·1운동의 실패에 따른 좌절감 등의 영향으로 한국인의 교육열이 서당에서 보통학교로 이관되어 보통학교에 대한 수요가 크게 증대되었음에도 불구하고, 일제는 보통학교의 확대 설립에 극히 부정적인 태도를 보였습니다. 이에 한국인들은 지역단위로 '보통학교 증설운동'을 전개하였습니다. 이는 면단위로 4년제 보통학교를 신설하는 운동으로, 보통학교 설립에 필요한 기금을 면민 스스로 조성하여 총독부에 보통학교 설립을 인가해달라고 청원하는 형식으로 진행되었습니다. 이러한 보통학교 증설운동에 대해 일제는 '간이학교제'로 대응하였습니다. 즉 수업연한 2년에 80명 정원의 1개 학급만을 설치할 수 있는 간이학교로 조선인의 교육열을 무마코자 하였던 것입니다. 더구나 간이학교는 4년제 보통학교나 6년제 보통학교에 연결되는 기관이 아니라 그 자체로 완전한 종결교육기관이었습니다. 비록 교과목은 수신과 일본어, 조선어, 산술과, 직업으로 되어 있으나, 교과 시수의 3분의 1이 직업훈련이었으며 교육 시설이나 교재도 제대로 갖추지 못하였습니다. 이에 일제는 간이학교 교사들에 대해 "모래를 담은 쟁반으로 글자를 배우고 포푸라 가지로 땅바닥에 그림을 그리는 일이 이루어지는 한 필묵이 갖추어지지 않아도 교육 교수는 가능하다"고 강변하였던 것입니다.

황민화 교육의 내용

일제하 식민교육의 목표는 이광수가 그의 「심적 신체제와 조선 문화의 진로」라는 글에서 "아주 피와 살과 뼈까지 일본인이 되어버려야 한다"고 했듯이 일제에 충실한 황국신민을 양성하는 것이었습니다. 이를 위해 일제는 모든 교육환경을 충량한 황국신민의 육성이라는 교육목표를 달성하기 위한 내용으로 변화시켰습니다. 그 첫 번째 작업은 우리말을 일본어로 대체하는 것이었습니다. 보통학교령에서 일본어가 우리말과 동일한 비중으로 들어간 이후, 1909년 4월 일제는 각 학교령을 다시 개정하여 우리말을 한문과목과 통합시켰습니다. 따라서 실질적으로 조선어 수업시간은 일본어의 절반으로 단축되었습니다. 제1차 조선교육령이 공포된 1911년 이후 일제는 우리말을 조선어로 일본어를 국어로 명명하고, 일본어의 수업시수를 조선어와 한문을 합친 수업시수의 두 배로 늘렸습니다. 그리고 마침내 1938년 제3차 조선교육령에서는 조선어 과목을 수의과목으로 전락시켜 실질적으로 조선어를 학교교육에서 완전 배제하였습니다. 이후 모든 학교에서는 일본어를 사용하지 않는 경우에 학생들에게 각종 제재를 가하였습니다. 이 때문에 성적이 우수한 학생이 무의식 중에 조선어를 입 밖에 내어 낙제하는 경우도 나타났으며, 조선인 교원이 나이가 많은 학부형이 찾아와 조선어로 말을 했다가 교장에게 알려져 즉각 좌천당하는 경우도 있었습니다. 또 학기 초에 학생들에게 '국어상용 카드'를 나누어주고 조선말을 하는 학생을 먼저 발견하는 학생이 이를 빼앗도록 하여 학기 말에 이를 확인하여 상과 벌을 주는 비인간적인 방법을 쓰기도 하였습니다. 학교 밖에서도 일본어 사용이 강제되어 소위 '보도연맹'이라는 것이 있어 학생들이 조선어를 사용하면 불러다가 야단을 치거나 학교에 알리어 단속하게 하였습니다. 친일 단체인 국민총력연맹에서는 한술 더 떠서 소위 '국어 상용의 가(家)'라고 하여 집안에서도 일본어를 사용하는 집을 선정하여 표창하기도 하였습니다. 이에 일부 친일파 인사들은 제 집안에서 5, 6세 된 자식들과도 일본어만 쓰고 이것을 자랑으로 여기기도 하였던 것입니다.

제3차 조선교육령 이후 일제는 모든 학교를 병영화하여 학생들에게 엄격한 규율과 훈련을 부과하였습니다. 모든 학교에서는 매주 월요일과 토요일은 신전조회神前朝會, 수요일은 교련조회, 그리고 화·목·금요일에는 보통조회가 개최되어 매일 조회가 이루어졌습니다. 특히 교련조회 시에는 보통학교 아동들에게도 열병과 분열 같은 정식 군사훈련이 실시되었으며, 일본군이 직접 군사훈련을 검열하기도 하였습니다. 또 목검을 이용한 '황국신민의 체조'와 건강체조, 건국체조 등의 다양한 훈련이 매일 실시되었습니다.

황민화 교육을 위한 또 하나의 조치는 모든 일본제국주의의 상징에 대한 우상화였습니다. 따라서 모든 학생들에게 천황의 궁성과 신사, 교육칙어 및 천황의 사진을 비치한 봉안전, 이른바 천조대신을 모셨다고 하는 신붕神棚, 그리고 각 교실마다 전면에 걸도록 조치한 천황궁성 사진, 황국위인 초상액자, 황국신민 서사, 일장기, 일장정신 10개조 등에 대해서 최대한의 경의를 표하도록 의무화되었습니다. 따라서 학생들의 일과는 이들 상징물에 대한 우상숭배 의식인 경례로 시작해서 경례로 일관하여 경례로 끝났습니다. 학생들은 아침에 등교하여 교문에서 5~10미터 정도 들어서면 이러한 상징물에 대해 부동자세를 취하고 가장 정중하게 몸을 굽혀 절하는 사이게이레이(最敬禮)를 해야 하였습니다. 이후 손뼉을 두 번 친 후 '대일본제국과 황국신민을 위하여 열심히 공부하겠다'는 다짐을 하고 교실에 들어가야 했습니다. 또 교실에 들어갈 때나 발표를 위해 교단에 올라갈 때는 반드시 일본궁성 사진을 향해 경례를 해야 하였으며, 하교 때에도 '천조대신과 봉안전 덕분에 공부 잘하고 갑니다'라는 감사의 뜻으로 절을 해야 했습니다. 조회를 비롯한 각종 의식에서는 천황이 있는 동쪽을 향해 절하는 이른바 궁성요배와, 신사가 있는 쪽을 향해 절하는 신사요배를 해야 하였으며, 조선인 학무과장 김대우가 일제에 아부하기 위해 만든 '황국신민의 서사'를 낭독해야 하였습니다. 황국신민의 서사는 어린이용과 어른용 두 가지가 있었는데 어린이용은 다음과 같습니다.

1. 나는 대일본제국의 신민입니다.
2. 나는 마음을 합해 천황폐하께 충의를 다합니다.
3. 나는 인고단련하여 훌륭하고 강한 국민이 됩니다.

황국신민 육성을 위한 우상화 훈련은 다양한 학교 행사일을 통해 반복되었습니다. 보통학교의 경우 조회 이외에도 다음과 같은 월중 행사가 있었습니다. 즉 국체명징일(매월 1일, 15일), 애국일(매월 1일), 부국저금일(매월 10일), 근로보국대 봉사일(매월 6일 및 적당한 날), 전교체육일(매월 10일), 자치실행회(매월 첫째 일요일), 폐품회수헌금일(월1회), 인고단련일(매주 토요일), 근로봉사일(매주 수요일), 용의학용품검사일(매주 토요일), 열단(閱團) 분열식(월1회), 소년검도회(월1회), 신사참배(매일), 국기게양일(1일, 15일, 축제일, 기타), 위인제 등이 그것이었습니다.

이러한 각종 행사로 실제 학교 수업은 빈약하기 그지 없었습니다. 그

나마 빈약한 수업시간도 1929년 개정 공포된 보통학교 교육과정의 '직업과' 교과의 도입으로 상당 부분 풀베기 등의 노력봉사로 채워졌습니다. 직업과 교육은 일제가 1920년대의 교육을 소위 '독서교육'이라고 비판하고 이러한 독서교육이 헛된 사상의 전파와 과격한 발언의 확산으로 이어진다고 보아 조선인민의 우민화 정책의 일환으로 강력하게 추진하였으며, 그들은 이를 '교육실제화 정책'이라고 불렀습니다. 이러한 직업과의 도입에 의해 보통학교에서는 매주 2~3시간씩 학생들이 풀베기, 가축 돌보기, 실습지 청소에 동원되었습니다. 그러나 이것은 공식적인 시간이고 실제로는 이보다 초과하는 경우가 많았으며, 방과 후에나 방학 중에도 직업과 교육이라는 이름하에 학생들을 노역에 동원하였습니다. 특히 태평양전쟁 도발 이후에는 모든 남학생들을 비행장이나 공장 등에 근로 동원하고, 여학생들은 학교에서 위문대 제작, 군복깁기, 위문편지 쓰기에 동원하였습니다.

황민화 교육의 가장 극단적인 정책은 역시 창씨개명이었습니다. 일본 제국주의의 어용단체였던 '녹기 일본문화연구소'에서 주도한 창씨개명은 교원을 포함한 공직자와 학생들에게 가장 먼저 강요되었습니다. 어떤 학교에서는 창씨하지 않은 사람은 교원으로 쓰지 않았을 뿐만 아니라, 창씨를 하지 않은 학생은 아예 받아주지도 않는 학교도 있었습니다.

전통교육의 단절

일제 식민교육으로 인한 최대 피해는 우리 전통교육의 단절이라고 할 수 있습니다. 이로 인해 우리는 수많은 전통교육의 장점을 계승하지 못하고 오히려 일제 식민교육을 우리의 전통교육으로 생각하게 되었습니다. 그 대표적인 것이 전통적 교사상의 파괴라고 할 수 있습니다.

일제는 우리의 전통적 교육이 스승에 대한 존경(尊師)에서 비롯되고 이에 따라 교사에 대한 일반인들의 인식이 매우 높다는 것을 알고 전통문화의 파괴 차원에서 전통적 교사상의 파괴에 상당한 노력을 경주하였습니다. 강제 병합 직후인 제1차 조선교육령 하에서 일제는 모든 교사로 하여금 군복을 입고 각반을 차고 또 군도를 찬 채로 교실에 들어가도록 하였습니다. 이러한 복장은 문무 구별이 엄격했던 우리의 문화에서 커다란 충격으로 받아들여졌으며, 일반인들의 교사관에도 상당한 변화를 가져오게 되었습니다. 우선 교육에 있어서 모든 것이 지시와 명령으로 이루어졌으며, 전통적 교육방식인 개별식 토론식 수업이 아니라 주입식 획일식 수업을 당연한 것으로 받아들이게 하였습니다.

제2차 조선교육령부터 이러한 군대식 복장은 사라졌지만 교사들의 군사적인 자세는 변하지 않았습니다. 더구나 교사들에게는 일제 식민교육의 첨병으로서의 역할이 강요되어 결코 학생들의 존경과 경원의 대상이 되기 어려웠습니다. '우리는 일본신민이다', '우리는 우리말을 절대로 쓰지 말자', '우리는 일본에 충성하자', '일본의 것은 무엇이나 좋다', '일본인의 조선에 대한 정치는 무엇이나 다 옳다', '우리가 총독정치를 비평하는 것은 죄다', '조선 민족적 사상이나 민족적 운동에 감염되거나 참가하면 국민이 아니다' 등의 발언을 하는 교사들을 학생들은 결코 존경할 수는 없었던 것입니다. 1933년 경성의 한 공립중학교에서는 3학년 학생이 일본인 교장을 구타한 사건이 일어났습니다. 이 사건으로 3명의 학생이 구속되고 60여 명의 학생들이 퇴학을 당하게 되었습니다. 그때 조선인 교원 한 사람은 퇴학당한 학생들의 억울함을 동정하였으나 교내에서는 한마디 반대의 말을 하지 못하였습니다. 이에 학생들이 조선인 선생이라고 믿고 그의 사택을 방문하여 직원회의 결과를 물었을 때 그는 자기 존재의 가치가 없는 것을 고백하고 학생들 앞에서 울고 말았다고 합니다. 이런 교사가 어떻게 학생들의 존경을 받을 수 있겠습니까?

학술원 최고령 회원이었던 최태영 박사는 20세기 마지막 과제는 일제가 왜곡하고 말살한 역사를 회복하는 작업이라고 하였습니다. 우리가 진정으로 일본과 일본문화를 받아들이려고 한다면, 우리는 먼저 우리 내부에 남아 있는 일제 식민사관을 극복하고 우리 주위에 남아 있는 식민지 잔재를 청산해야 할 것입니다.

5

민족교육운동

일제의 강제 병합 이후 사립학교에 대한 탄압과 교사에 대한 감시, 그리고 일제 경찰의 집요한 추적으로 학교에서 공개적으로 민족교육을 하는 것은 점점 어렵게 되어갔습니다. 특히 3·1운동의 실패로 인한 좌절감 속에서 많은 학부형들은 서당이나 사립학교보다는 일제가 학력을 인정해주는 공립학교를 선택하기에 이르렀습니다. 이에 따라 국내의 민족교육은 점차 비정규 교육기관인 야학으로 대체되고, 우리 민족교육운동의 주도권은 간도와 연해주 그리고 하와이에 설립된 민족교육기관으로 이관되었습니다.

야학을 통한 민족교육운동

3·1운동 이후 우리 국민의 정치적 각성이 고조되면서 노동자 농민을 대상으로 하는 야학이 급속하게 일어났습니다. 1919년까지 50여 개에 불과했던 야학은 20년대를 거치면서 1931년에는 2,345개로 증대되었습니다. 이 시기의 야학은 그 대상이 노동자인 경우 노동야학이라고 하고 농민들을 대상으로 하는 야학을 농민야학이라고 하는데, 주로 노동자·농민 단체가 그 설립을 주도하였습니다. 특히 조선농민사와 같은 단체는 야학의 설립과 운영에 적극적으로 나서 산하 모든 지부에 야학을 운

영하였으며 317개의 모범 야학을 골라 표창하기도 하였습니다.

또한 1920년 이후 노동야학들도 급격히 늘어났는데, 그 대표적인 것이 진주 제1노동야학(1920년 5월), 인천노동야학(1920년 6월), 송정리노동야학(1920년 7월), 원산노동야학(1920년 8월), 서울노동공제회 야학(1920년 9월), 창원노동야학(1920년 10월), 남포노동야학(1921년 3월), 군산공제회 야학(1921년 6월), 청주현암노동야학(1921년 7월), 강진노동야학(1922년) 등으로, 그 설립의 열기는 어느 한 지역에 한정된 것이 아니었습니다.

노농야학에서는 농민과 노동자와 도시 빈민의 자제들로서 공립보통학교에 가지 못하는 학령아동을 대상으로 조선어, 한문, 산술 등의 기본 과목과 농업, 양잠, 노동독본 등 실용적인 과목을 가르쳤습니다. 뿐만 아니라 시사, 토론, 조선역사, 지리, 창가 등의 과목을 통해 민족 자주의식과 반일 의식을 고취하였습니다. 이 중에서 특히 창가는 민족해방을 위한 혁명의식을 고취하는 데 중요한 역할을 했는데, 농민조합의 활동이 가장 활발했던 함경남도 정평 농업조합의 야학에서는 학생들이 모두 혁명가를 배워 달밤에 골짜기 사이의 마을마다 서로 호응하여 혁명가를 합창하기도 했다는 기록이 전해지고 있습니다.

야학의 교사는 노동자·농민 단체에서 설립한 야학의 경우 조합의 책임자들이 직접 맡았으며, 그 밖의 경우 그 지역의 진보적 지식인이나 보통학교 교사들이 담당하였습니다. 이들은 대개 신교육을 받은 인물들로 보통학교 이상의 교육을 받은 자라면 누구나 자원하여 교사가 될 수 있었습니다. 1920년대 노농야학의 숫자가 늘어나자, 야학 교사들은 야학 교재의 통일, 연합행사, 순회강연 등의 상호 협력을 위해 야학연합회 혹은 야학연맹을 결성하였습니다. 1922년 1월의 대전노동야학연합회, 1924년 9월의 서울조선노동교육회, 1928년 신흥야학연합회, 그리고 1929년 2월의 언양노동야학연합회 등이 대표적입니다. 그러나 이러한 노농야학은 1930년 이후 일제의 집중적인 탄압의 대상이 되어, 대부분의 학교가 폐쇄되고 교사들도 체포됨으로써 부득이 지하로 숨어들게 되었습니다.

국외의 민족교육운동

1906년 8월에 이상설 선생이 간도 용정 부처골(大佛洞)에 설립한 서전서숙瑞甸書塾은 해외 민족교육운동의 도화선을 그었습니다. 이상설 선생은 주지하시피 1907년 6월 네덜란드 헤이그에 파견된 고종의 밀사로서, 일본의 사주로 국내에서 궐석재판에 의해 사형선고를 받자 귀국을 단념하고 해외에서 독립운동을 전개하였습니다. 그는 1909년에 미국에서 국민회를 조직하고, 1910년에 연해주에서 성명회를, 그리고 1911년에 블라디보스톡에서 권업회를 조직하고, 1914년에는 대한광복군정부를 구성하여 정통령에 취임한 인물로, 3·1운동 이전 해외에서 가장 포괄적으로 독립운동을 전개한 인물이었습니다. 서전서숙은 설립 당시 4명의 교원이 22명의 학생들을 가르쳤는데, 교육내용은 역사, 지리, 수학, 정치학, 국제공법, 헌법 등 근대 학문 일색이었습니다. 그러나 서전서숙의 교육에서 보다 중점을 둔 것은 이들 신학문을 통한 철저한 반일 민족교육이었습니다. 그래서 서전서숙은 이름만 서숙이지 실제로는 독립군 양성소와 다름없었다고 합니다.

서전서숙은 이상설의 평화회의 참석과 재정곤란으로 1907년 10월에 문을 닫았으나, 이 학교 출신인 김학연이 1908년 화룡현 명동촌에 명동서숙을 세움으로써 재건되었습니다. 명동서숙은 이후 1909년에 명동학교로 개편되었으며, 1910년에는 중학교를 병설하여 간도지역의 대표적인 민족교육기관으로 성장하였습니다. 명동학교 이후 간도지역에는 사람들이 모인 곳에는 어디에나 학교가 설립되어 1916년 일제의 조사기록에 의하면 간도지역의 조선인 학교 수는 총 161개교, 학생 수는 4,094명에 이르렀습니다. 이들 학교에는 보통 30명 미만의 학생들이 있었는데, 대부분 학비를 받지 않고 배우겠다는 열의를 가진 학생이 있으면 누구에게든지 무상으로 가르쳤습니다.

간도지역의 민족학교에서는 농업·주산·부기 등의 실업 과목과 수학·물리·화학 등의 근대 학문을 주로 가르쳤습니다. 보다 중점을 두어 가르친 교과는 국어, 국문법, 역사, 지리 과목과 함께 창가, 악대, 체조, 교련 등으로 이들 교과를 통한 학생들의 애국심 함양을 학교교육의 가장 큰 목표로 삼았습니다. 특히 『대한역사』, 『유년필독』, 『대동역사략』, 『월남망국사』, 『오수불망』, 『최신동국사』 등 국내에서 금지된 책들을 주로 교과서로 사용함으로써, 이들 학교의 목표가 장차 독립운동가 및 교육가를 양성함에 있음을 분명히 하였습니다. 명동학교에는 안창호가 세운 대성학교 역사교사를 역임한 황의돈이라는 교사가 있었습니다. 황의돈은 대성학교 교사 시절 '국권의 회복'이라는 작문 제목을 학생들에게 주고 '폭탄과 암살이 최선책'이라고 쓴 답안지에 만점을 준 것이 문제가 되어, 1912년에 대성학교가 폐교처분을 받게 한 장본인이었습니다. 그는 명동학교에서도 작문 시험에 애국과 독립의 내용을 쓰지 않으면 성적을 주지 않았으며, 매주 토요일에는 독립사상을 고취하기 위한 토론회를 주관하기도 하였습니다. 또 체육시간에는 병식체조를 위주로 하여 학생들에게 목총으로 군사훈련을 시켰는데 이들 군사훈련은 신흥무관학교 등 무관학교를 졸업한 사관들이 담당하였습니다.

간도지역 민족학교들의 민족교육은 1919년 3월에 일어난 독립 만세운동에서 그 작은 결실을 나타냈습니다. 3월 13일에 서전 들판에서는 독립 축하식이 거행되었습니다. 이 집회에는 관헌들의 방해에도 불구하고 명동학교를 필두로 12개교의 교사와 학생들의 주도하에 1만여 명의 한

인들이 참석하여 간도 거류 80만 한인의 이름으로「독립선언 포고문」을 낭독하였습니다. 낭독이 끝나고 한인들은 명동학생대의 선두로 가두 행진을 하였는데 중국 군인의 발포로 17명이 사망하고 수십 명의 중상자가 발생하였습니다. 이후 독립 만세 운동은 일본에 대한 무장투쟁으로 확대되는데, 이러한 무장투쟁에 명동학교 및 정동학교 학생들로 조직된 충열대원 320명이 중심적인 역할을 담당하였습니다. 또 일본인과 친일파 한인, 일본 영사관에 근무하는 한인 순사들을 암살하고, 국내 진공시에 결사대 역할을 담당하도록 하기 위해 충열대원 중 20세 이상의 청년을 선발하여 암살대라는 조직이 결성되기도 하였습니다. 암살대는 광성학교 교사인 김상호가 명동학교 학생 15명, 정동학교 10명, 국자가 중국 도립학교 한인 학생 3명, 배영학교 학생 2명 등 총 30명으로 조직한 비밀 조직이었습니다.

한편 1910년 4월에 국내 비밀결사인 '신민회'의 주동인물인 이동녕, 이시영, 양기탁 선생 등이 서간도 삼원보로 망명하여 자치기관인 경학사耕學社와 교육기관인 신흥강습소를 설치하였습니다. 이것이 바로 2,100명의 독립군 사관을 배출하여 독립운동에 커다란 공헌을 한 신흥무관학교의 전신입니다. 신흥무관학교는 한국무관학교 출신인 이세영이 교장으로 부임하여 낮에는 학생들과 교관이 함께 개간과 농업에 종사하며 틈틈이 군사훈련을 시켰습니다. 신흥무관학교에는 4년제의 본과과정과 6개월 또는 3개월 과정의 속성 별과가 설치되어 있었는데, 속성과는 국내외에서 끊임없이 찾아오는 젊은 인재들을 받아들여 교육하였습니다.

신흥무관학교는 졸업생들에게 졸업 후 적어도 2년간은 민족독립운동에 직접 참여한다는 서약을 받고 입학을 시켰습니다. 이러한 의무에 따라 1913년 3월, 제1회 졸업생들인 김석, 강일수, 이근호 등은 '신흥학우단'을 조직하였습니다. 신흥학우단은 그 본부를 삼원포 대화사에 두고

① 군사학을 중심으로 각종 학술을 연구하고, ② 각종 간행물을 발행하여 혁명이론을 선전하며, ③ 교민 50호 이상인 지역에 소학교를 설치하여 아동교육을 실시하고, ④ 농한기를 이용하여 농민들에게 군사훈련 및 계몽교육을 실시하고, ⑤ 민중에게 자위대를 조직케 하여 주구(走狗)의 침입을 방지한다는 사업목표를 설정하고 실천하였습니다. 신흥무관학교 이후 1913년에는 왕청현 나자구에 '대전무관학교'가 설립되고, 밀산현 봉밀산자에는 '밀산무관학교'가 설립되어 이른바 '민족교육=무장독립투쟁'의 등식이 완성되었습니다.

한편 연해주 지역의 민족교육운동은 1907년 대한청년교육연합회의 결성과 함께 불이 붙기 시작하였습니다. 최초로 설립된 학교는 1907년 블라디보스톡의 신한촌에 설립된 계동학교로서, 7~8세에서 12~13세 사이의 학생들을 대상으로 한문, 한글, 습자, 산술, 수신, 체조, 한국지리, 역사, 러시아어를 가르쳤습니다. 이 학교는 1911년 이상설, 이종호 등이 조직한 '권업회'의 지원에 의해 대규모의 한민학교韓民學校로 확대 개편되어 연해주 민족교육운동의 중심이 되었습니다. 이후 연해주 지역의 민족 학교는 점차 그 수가 늘어, 1925년 연해주 교육부의 조사에 의하면 학교 수 180여 개에 학생 수는 8,000명에 이르렀습니다.

이러한 간도와 연해주의 민족교육은 일제의 만주사변과 러시아의 볼셰비키 혁명을 계기로 끝내 쇠퇴하고 말았습니다. 간도지역은 1931년 9월 일제가 만주를 강점한 후, 이듬해 만주국이라는 괴뢰 정권을 세워 대대적으로 한인 사립학교를 탄압하기 시작하면서, 민족교육을 실시하던 대부분의 학교가 폐교당하였습니다. 그리고 연해주의 경우 1922년 10월 볼셰비키가 완전히 연해주 지역을 장악한 후, 완전한 소비에트화를 실시하는 교육령을 공포함으로써 민족교육은 더 이상 발붙일 곳을 찾을 수 없게 되었습니다. 더구나 소비에트 정권은 1937년 일부 한국인들이 소련

지역에서 활동하는 일본의 비밀 첩보 부대의 첩자로 활동했다는 구실을 만들어, 연해주의 한인들을 대거 중앙아시아로 강제 이주시킴으로써 연해주의 민족교육은 사실상 소멸되었습니다.

미국에서의 민족교육운동은 박용만(1881~1928) 선생에 의해 시작되었습니다. 1904년 미국에 건너간 박용만은 1909년 네브라스카 주 키어니 농장에 '한인 소년병 학교'를 설립하여, 1912년 12명의 졸업생을 배출했습니다. 이 소문을 듣고 하와이 교포들이 그를 초청하여 그는 '대한인 국민회' 하와이 지방 총회 대표가 되었으며 1914년 6월 10일 '대조선 국민군단'을 창설하였습니다. 대조선 국민군단은 일본에 대항할 군사력을 양성하기 위해 가할루 지방 아하마루 농장을 빌려 군사훈련을 실시하였는데, 훈련생은 처음에는 103명이었으나 점차 지원자가 늘어 311명까지 늘어났습니다. 그러나 박용만의 초청으로 하와이에 온 이승만의 분열책동으로 박용만은 1915년 하와이를 떠나게 되고 대조선 국민군단도 결국 재정난에 빠져 해체되고 말았습니다.

사회주의 교사들의 교육운동

1930년대 국외에서는 러시아 혁명이 성공을 거두고 국내에서는 종래의 민족주의자들이 실력양성론으로 돌아섬에 따라, 민족교육은 점차 국내에 보급되기 시작한 사회주의자들의 몫이 되기 시작하였습니다. 사회주의 사상은 주로 지식인들을 중심으로 받아들여졌는데 교사들은 당시 우리 사회의 가장 중요한 지식인 집단이었기 때문입니다.

1935년의 총독부 학무국의 집계에 따르면, 1930~34년까지 5년 동안 조선 내 각 초등학교, 중등학교, 전문학교에서 교원들의 사회주의 운동으로 적발된 건수는 85건에, 그 인원수가 120명에 달했습니다. 대표적인 사건이 1929년 여름에 검거되어 세상에 알려진 대구지역 보통학교 훈도들의 비밀결사 조직인 '마르크스 주먹단 사건'과 1930년 12월의 교육 노동자조합 조선지부 결성사건인 '교육노동자 조합사건', 1932년 1월의 '대구사범 비밀결사 사건', 1932년 2월의 '적색 교원동맹 사건', 같은 해 4월에 적발된 '의주 적색교원 사건', 또 같은 해 10월의 '충북교원 사건', 1933년 5월의 '교육자협의회 사건', 같은 해 8월의 봉산·서흥·평산 지역의 '적색 교원동지회 사건', 1934년 6월의 '신천 수양계 사건' 등입니다.

이들 사건들에서 나타나는 교원들의 공통적인 활동은 교내에서 비밀 조직을 통해 학생들에게 독립의식과 사회주의 사상을 고취하는 한편 대외적으로 농촌 청소년이나 노동자들에게 반일의식과 사회주의 이론을 학습시켜 각종 농민운동이나 노동운동을 배후에서 지원하는 것이었습니다. 교내의 일상적인 투쟁은 학교 내에서 일어나는 여러 행사나 교육방침을 비판 폭로하고 민족적·계급적 입장에서 이를 재해석하여 학생들에게 지도하는 활동이 주류를 이루었습니다. 구체적으로 교육노동조합 사건으로 구속된 교원들의 경우를 살펴보면, 이들은 수업시간에 총독부에서 발행한 교과서 내용과는 반대되는 의미를 가르치고, 작문시간에 민족의식을 고취하는 작문을 하도록 하였습니다. 또 학생들로 하여금 조선인 농민 생활의 곤궁함에 관한 내용을 조사케 하거나, 학생들을 산으로 데리고 가서 민족의식을 교육하고 창가를 부르게 하기도 하였습니다.

이러한 활동의 목적은 단기적으로는 수업료 철폐, 의무교육 실시, 교육상의 민족적 차별 철폐, 강제적 일본어 교육 철폐 등을 달성하고자 하는 것이었고, 궁극적인 목적은 물론 조선의 완전한 독립과 제국주의 교육의 타도였습니다. 특히 학생들을 대상으로 한 독립의식 고취는 중등 교육 이상의 학교에서 활발하게 이루어졌습니다. 예컨대 대구사범 비밀 결사 사건에서는 사범학교 교수인 현준혁이 사범학교 학생들을 중심으로 비밀결사를 조직하여 활동한 바, 현준혁의 검거 이후에도 문예부, 연

구회, 다혁당 등의 3개 비밀결사 조직을 통해 지속적인 독립운동을 가능
케 하였던 것입니다.

중등교육자 대회

이러한 사회주의 교사들의 교육운동도 1930년대 후반부터는 점차 소
멸되고 국내의 교사들은 적극적 친일파 내지는 소극적 친일파만이 살아
남을 수 있었습니다. 특히 적극적 친일파 교사들은 총독부 당국자에게
자진하여 아첨하고 학생들에게 의식적으로 친일 훈화를 하였습니다. 심
한 경우는 일본인 교육자들과 교제하여 신도辛島의 황도학회皇道學會 간
부가 되기도 하고, 혹은 진전津田의 녹기연맹綠旗聯盟 회원이 되고, 혹은
조선총독의 처妻가 운영하는 청담회淸潭會 회원으로 활약하였습니다. 이
러한 교사들의 친일 행적은 1945년 9월 휘문중학교 강당에서 450여 명
이 모인 '중등학교 교육자대회' 석상에서 스스로 폭로되었습니다. 즉 이
대회에서 교사들은 "우리 교육자는 과거에 조선인을 일본 정신으로 가
르쳤다. 우리가 우리 새 나라의 자녀를 가르칠 자격이 있느냐, 스스로 비
판하자. 우리는 다 사직을 하자. 신정부가 들어설 때까지 교단을 지키며
대죄하고 적어도 제일선에서 활약한 교장급은 다 물러나라"는 결의를
하였던 것입니다. 그리하여 시내 중등학교 교장 9명 외에는 모두 다 자
신이 있던 학교를 떠났습니다.

6

미군정기의 교육 주도 세력

미군정기의 중요성

교육이념과 학제가 학교교육의 양대 기둥이라고 한다면, 이 두 가지 기둥은 미군정기에 그 초석이 마련되었습니다. 미군정은 1945년 9월 8일 미군의 인천 상륙에서부터 1948년 8월 15일 대한민국 건국에 이르기까지 약 2년 11개월간에 걸쳐 실시되었습니다. 이 기간 동안 미군정은 교육원조추진심의회의 설치와 이에 따른 교육조사단의 내한, 교육조사단의 권고에 따른 교원연수소 설립으로 수천 명의 미국 지향적 교사를 양산해내고, 또 미국식 교육이론과 방법을 소개한 교사 재교육을 통하여 7,800여 명의 교사들을 정치적으로 사면하여 현장에 투입하였습니다. 이와 동시에 조선교육위원회, 조선교육심의회 등의 자문기구을 통하여 친미적 성향을 가진 교육 주도 세력을 만들어냈습니다. 그리고 이들 교육 주도 세력으로 하여금 미국을 모델로 한 교육이념과 학제를 만들어내도록 했던 것입니다.

미군정 하에서 최종적으로 교육이념과 학제가 결정된 것은 조선교육심의회를 통해서였습니다. 1945년 11월 23일 군정청 학무국은 조사기획실로 하여금 교육계와 학계의 권위자 80여 명을 초청하여 조선교육심의회朝鮮敎育審議會를 구성했습니다. 이 회의는 10개의 분과위원회(교육이념, 교육제도, 교육행정, 초등교육, 중등교육, 직업교육, 사범교육, 고등교육, 교과서, 의학교육)로 구성되었는데, 미군정은 각 분과로 하여금 학무국에서 마련한 여러 가지 의제를 협의·결정하게 하고, 그 결과를 전체 회의에 제출하여 최종 결정 토록 하였습니다.

제4차 전체 회의에서 한국의 교육이념으로 '홍익인간弘益人間'이 채택되었습니다. 이때 제1분과위원장 안재홍安在鴻이 보고한 내용은 다음과 같습니다.

홍익인간의 건국이상에 기하여 인격이 완전하고 애국정신이 투철한 민주국가의 공민을 양성함을 교육의 근본이념으로 함. 위의 이념을 관철하기 위하여 아래의 교육방침을 수립함.

1. 민족적 독립자존의 기풍과 국제우호, 협조의 정신이 구전한 국민의 품성을 도야함.
2. 실천궁행과 근로역작勤勞力作의 정신을 강조하고, 충실한 책임감과 상호애조의 공덕심을 발휘케 함.
3. 고유문화를 순화 앙양하고, 과학기술의 독창적 창의로서 인류문화에 공헌을 기함.
4. 국민체위의 향상을 도모하여, 견인불발의 기백을 함양케 함.
5. 숭고한 예술의 감상, 창작성을 고조하여 순후원만한 인격을 양성함.

또한 제2분과인 교육제도분과위원회(당시 위원으로는 김준연, 김원규, 이훈구, 이인기, 유억겸, 오천석, 에레트 소장 등 7명)에서는 새로운 교육제도의 골격과 방향을 심의하여 전체회의에 회부하였는데, 이때 결정한 새 학제는 당시에는 매우 생소한 6·3·3·4의 단선형 학제였습니다. 이 두 가지는 1949년

제정된 교육법에 그대로 반영되어 우리 교육의 기본 골격으로서 오늘날에 이르고 있는 것입니다.

현상유지 정책과 교육 주도 세력의 형성

미군정의 기본정책은 남한의 공산화 방지와 친소 정권의 대두를 저지하는 것이었습니다. 따라서 이들은 남한에서의 어떠한 급격한 변화도 원치 않았습니다. 그래서 미군정의 정책을 '현상유지 정책'이라고 부르는 것입니다. 교육정책에 있어서도 이러한 기본정책은 그대로 관철되었습니다. 이러한 기본정책을 관철하기 위해 미군정은 미국인을 잘 이해하고 반공사상에 투철한 유능하고 실천적인 인사를 적극 선발하여 교육 주도 세력으로 형성하였습니다. 미군정이 한국 내 교육 주도 세력의 형성에서 고려한 요소는 세 가지였습니다. 먼저 미군정은 정치적으로 그들의 현상유지 정책에 호응하는 보수적인 집단을 선택하였습니다. 이러한 고려에 적극 협력한 세력은 미국의 외교정책에 맹목적으로 편승하여 정권 장악의 기틀을 마련하고자 했던 한민당이었습니다. 현상유지라는 미군정의 정책은 극우세력 집단으로서 일제하의 기득권을 상실하지 않을까 전전긍긍하고 있었던 한민당의 이해관계와 맞아떨어졌던 것입니다.

두 번째로 고려된 요소는 학문적인 것이었습니다. 미군정은 미국 유학생 출신들을 중심으로 교육 주도 세력을 형성코자 하였습니다. 따라서 한민당에 소속되었으면서도 이른바 독일 유학 출신들은 미군정의 교육정책에서 철저하게 소외되었습니다. 베를린 대학에서 박사학위를 받고 런던 대학에서 수학한 이극로는 조선어학회의 중추적인 인물이었음에도 불구하고 핵심세력에서 소외되었으며, 독일 예나 대학 출신으로 초대 문교장관을 지낸 안호상은 미군정에 의해 처음부터 배제되었습니다.

세 번째로 고려된 요인은 종교적인 것이었습니다. 미군정은 교육 주도 세력을 기독교 신자를 중심으로 발탁하였습니다. 그 과정에는 당시 군정청에서 한국인을 추천하는 일을 맡았던 하지의 정치고문 윌리엄스(George A. Williams) 소령의 영향력이 매우 컸습니다. 윌리엄스 소령은 일제 하 조선에서 선교 활동을 펼친 미국인 선교사의 아들로 인천 출생이었으며, 당시 한국에 상륙한 1만여 미군 중에서 한국어를 구사할 수 있는 유일한 미군이었습니다. 이러한 배경으로 인해 윌리엄스 소령의 한국인 발탁은 기독교 신자를 중심으로 이루어질 수밖에 없었던 것입니다.

1945년 9월 9일, 주한 미군사령관 하지(John R. Hodge) 장군은 중앙청 제1회의실에서 조선총독부로부터 정식으로 항복을 받았습니다. 9월 10일에는 군정장관으로 아놀드(A. B. Arnold)를 임명하고 9월 11일에 공식으로 군정을 열었습니다. 아놀드 장관을 위시한 군정장교들은 앞에서 언급한 세 가지 조건을 중심으로 쓸 만한 한국인의 물색에 들어갔습니다. 당시 교육은 미육군 직제에 따라 공보부문의 일부였는데, 이날부터 미육군 대위인 라카드(E. N. Lockard)에 의해 중앙청 2층에서 교육 사무가 이루어졌습니다. 라카드 대위는 원래 시카고의 어느 초급대학 영어교사 출신으로, 2차 대전 중에 육군민정훈련학교에서 일본의 교육에 대한 훈련을 받은 경력이 교육 사무를 담당토록 한 계기가 되었습니다.

라카드가 최초로 접촉한 인물은 오천석이었습니다. 오천석이 선택된 계기는 당시 하지 사령관의 통역관이었던 이묘묵의 추천에 의한 것으로 보입니다. 이묘묵은 백낙준, 하경덕, 유영채 등 미국 유학생 출신들과 함께 미군이 서울에 도착하는 9월 9일을 기해 영자신문 『코리아 타임스』를 창간한 인물이었습니다. 9월 12일 라카드의 부탁을 받은 오천석은 아무런 보수도 없이 적극적으로 그에게 협조하였습니다. 그 둘은 9월 14일 일제하 학무국이 있던 중앙청 별관으로 가서 간부직원을 모아놓고 "오늘로 미군정은 학무국을 접수한다"고 선언하였습니다. 그 후 라카드는 오천석의 추천으로 한국인으로 구성되는 자문기관을 만들기로 하고, 9월 16일 한국의 교육지도자 16명을 불러 교육계의 각 분야를 대표할 인사를 선택할 것을 제의하였습니다. 그 결과 7명의 인사가 선출되어 한국교육위원회(The Korean Committee on Education)를 조직하였습니다. 이들은 초등교육의 김성달, 중등교육의 현상윤, 전문교육의 유억겸, 고등교육의 김성수, 교육 전반의 백낙준, 여자교육의 김활란, 일반교육의 최규동이었습니다. 그러나 9월 22일에는 김성수가 교육담당관의 고문이 되고, 그 대신 군정장관의 추천에 의해 백남훈이 위원으로 취임하였습니다. 11월에는 3인이 추가되어 10인의 위원회를 만들었습니다.

한국교육위원회는 미군정의 자문기관이었으나 실질적으로 교육의 모든 분야에서 중요한 문제를 심의 의결하였으며, 각 도의 교육책임자와 기관장을 임명하는 등 주요 인사문제를 다루었습니다. 한편 학무국의 조직은 여러 번의 변화를 거쳐, 1946년 3월 군정법령 제64조에 의해 문교부로 승격되고 7국 1관 21과 20계로 개편되어 1948년 정부수립까지 약간의 수정이 있었을 뿐 그대로 존속되었습니다. 학무국이 문교부로 승격되어 개편됨에 따라 학무국장이던 유억겸은 초대 문교부장으로, 차장에는 오천석이 임명되었습니다. 유억겸 문교부장은 1947년 11월 9일 갑자기 서거하여 그 후임으로 오천석이 취임하였습니다.

천연동 교육간담회

결국 미군정의 교육정책 결정에 가장 중요한 영향력을 행사한 인물은 오천석과 유억겸, 그리고 김성수 등입니다. 그리고 이들은 미군과 소련이 진주하기 전에 '교육간담회'라는 모임을 통해 조선교육심의회에서 결정한 교육이념과 학제를 이미 결정해놓은 상태였습니다. 교육간담회는 해방 후 약 2주일 후 김성수, 유억겸, 백낙준, 김활란, 오천석 등 5명이 김활란의 친구 집인 서대문구 천연동에서 만나 해방 후의 새로운 교육에 대해 의논했던 모임입니다. 이 모임은 3~4회에 불과했지만 이를 통해 그들은 우리나라의 새로운 교육이념과 제도를 미국을 모델로 삼기로 결정했던 것입니다.

미군정이 개시되자 이들 중 유억겸은 군정청 문교부장으로 오천석은 문교차장에 임명되었으며, 김성수는 고문을 담당하였습니다. 이후 이들에 의해 미군정에 전문적인 조언을 해주기 위해 1945년 9월 16일 구성된 한국교육위원회 최초의 성원 7명 중에는 유억겸, 백낙준, 김활란, 김성수가 있었습니다. 또 한국교육위원회가 구성을 제안한 새로운 자문기관인 조선교육심의회 구성원들의 인선에도 유억겸과 오천석이 커다란 영향력을 행사하였습니다. 그렇다면 미군정 교육 주도 세력의 핵심 인물은 오천석, 유억겸, 김성수, 백낙준, 김활란 등 천연동 모임의 주인공들이라고 할 수 있을 것입니다. 그런데 이들은 과연 우리 교육의 기본 골격을 만들 자격이 있는 사람들일까요?

유억겸은 『서유견문』으로 우리에게 잘 알려진 유길준의 둘째 아들입니다. 그의 형인 유만겸은 일제하 대표적인 친일 관료였습니다. 유억겸은 초기에는 형과는 다른 길을 걸었습니다. 그는 1922년 동경제국대학 법학부를 졸업하고 바로 연희전문 교수와 부교장 겸 학감을 역임하였습니다. 또한 일제하 기독교 신앙을 바탕으로 YMCA를 중심으로 많은 사회 활동을 하였습니다. 그는 1938년 '흥업구락부 사건' 이후 친일의 길로 들어서게 되었습니다. 즉 그는 1939년 10월 조선기독교 청년회를 만국기독교 청년회에서 탈퇴시켜 일본 기독청년회에 가맹시켰으며, 1939년 7월에는 시국대응전선사상보국연맹의 경성 분회 제3분회장을 맡았습니다. 그리고 1941년 8월에는 흥아보국단 준비위원회와 임전대책협의회에도 참여하였습니다. 또 그해 11월에 결성된 친일 단체의 총집합인 임전보국단에 이사로 참여하여, 각종 강연과 글을 통해 국민들을 전장으로 몰아 넣었던 것입니다.

한편 김성수는 1891년 전북 고창에서 만석꾼의 아들로 출생하여 1908년 군산 금호학교를 졸업하였습니다. 1914년 일본 와세다 대학 정경학부를 졸업한 그는 1915년 중앙학교를 인수하고 1920년 동아일보를 창간하였습니다. 그러나 김성수는 1938년 국민정신총동원조선연맹 발기인 및 이사로 참석하고, 이듬해 협화회의 재경성유지간담회에 참석하였으며, 흥아보국단 준비위원, 임전보국단 감사 등 각종 친일 단체에 중심 인물로 기록되었습니다. 그는 1943년 11월 6일자 『매일신보』에서 "나는 교육자의 한 사람으로서 소중한 제군을 제군의 부모로부터 훌륭한 완성된 인간으로 만들어달라는 부탁을 받은 자로서 조금도 허위와 양심에 없는 말을 할 수는 없다. 이러한 중대 책임을 가진다는 이곳에 대담 솔직하게 말하려 한다. 현하 우리가 당면한 의무라고 하면 제군도 잘 알고 있을 것이다. 새로운 여명을 맞이하여 인류 역사에 위대한 사업을 건설하려는 대동아 성전에 대한 제군과 및 우리 반도 동포가 가지고 있는 의무인 것이다"라고 말하였던 것입니다.

김활란은 1899년 인천에서 출생하여 1906년 헬렌으로 세례를 받고 이름을 활란으로 개명하였습니다. 1907년 서울로 이사하여 영화소학교를 다니다가 그만두고 이화학당에 입학하였습니다. 1918년까지 이화학당을 졸업한 그녀는 이화학당에서 교편을 잡다가, 1922년부터 4년간 미국 오하이오 웨슬리안 대학과 보스턴 대학 대학원을 거쳐 1931년 컬럼비아 대학에서 박사학위를 받고 귀국하였습니다. 귀국 후 그녀는 이화학당에서 다시 교편을 잡았습니다. 그러나 1937년부터 그녀는 총독부가 주관하는 방송선전협의회, 조선부인연구회, 애국금차회 등에 참여하였으며, 이후 국민정신총동원 조선연맹, 임전대책협의회, 조선교화단체연합회, 임전보국단 등 각종 친일 단체에 참가하여 활동하였습니다. 그리고 일제의 창씨개명 요구에 맞추어 이름을 아마키 카츠란(天城活蘭)으로 개명하였습니다. 1942년 12월 『신세대』라는 잡지에 그녀는 다음과 같은 글을 썼습니다.

> 이제야 기다리고 기다리던 징병제라는 커다란 감격이 왔다. 허둥지둥 감동에만 빠지는 것도 부질없는 일이지만 어쩔지를 모르고 눈을 휘둥그렇게 뜨고 갈래를 못 찾는 것도 현명한 태도는 아니다. 지금까지 우리 반도 여성은 그저 내 아들 내 남편 내 집이라는 범위에서 떠나보지를 못했다. 떠나볼 기회가 없었다. 따라서 자칫하면 국가라는 것을 잊어버린 것처럼 보인 일도 있었을 것이다. 그러나 반도 여성에게 애국적 정열이 없는 것은 아니다. 그것을 나타낼 기회가 적었을 뿐이다. 지금까지 우리는 나라를 위해서 귀한 아들을 즐겁게 전장戰場으로 내보내는 내지內地(일본을 말함-인용자)의 어머니들을 물끄러미 바라만 보고 있었다. 막연하게 부러워도 했다. 장하다고 칭찬도 했다. 그러나 이제는 반도 여성 자신들이 그 어머니 그 아내가 된 것이다. 우리에게 얼마나 그 각오와 준비가 있는 것인가? 실제로 내 아들이나 남편을 나라에 바쳐보지 못한 우리에게는 대단히 막연한 일이다. 그러나 우리는 아름다운 웃음으로 내 아들이나 남편을 전장으로 보낼 각오를 가져야 한다. 따라서 만일의 경우에는 남편이나 아들의 유골을 조용히 눈물 안 내고 맞아들일 마음의 준비를 가져야 한다.

오천석과 백낙준은 위의 세 사람과는 달리 일제하의 친일 경력이 발견되지 않았습니다. 오천석은 1921년 미국 유학을 떠나 코넬 대학을 졸업하고 노스웨스턴 대학 대학원을 거쳐 1929년 컬럼비아 대학교 사범대학에 입학하여 1931년 5월 「민족동화 수단으로서의 교육」이란 제목의 논문으로 박사학위를 받았습니다. 귀국 후 그는 유학시절 미국에 관광 온 김성수를 안내해주었던 인연으로 보성전문에 자리를 잡았습니다. 백낙준은 미국 예일대학에서 신학박사학위를 받고 연희전문 교수로 봉직하였습니다. 그러나 오늘날과는 달리 당시 일제는 그들의 학문적 업적을 크게 인정하지 않았습니다. 이것이 아마 그들이 친일의 기회를 갖지 못한 이유는 아니었을까요?

미군정기 우리 교육의 기본골격을 형성하는 데 커다란 영향을 미친 이들 5인을 우리는 어떻게 평가해야 하며, 그들에 의해 마련된 교육이념과 학제 등을 어떻게 받아들여야 할까요?

우월 김활란상

몇 년 전 이화여자대학교에서는 '우월又月 김활란상'을 제정한다고 발표하였습니다. 즉 한국이 낳은 20세기 세계적 여성 지도자인 김활란의 탄생 100주년을 기념하여, 국제적으로 탁월한 업적을 이룩한 전문여성을 선정 1999년 5월 첫 시상식을 갖겠다는 것이었습니다. 상금 5만 달러가 수여되는 우월 김활란상은 19세기 말 한국 여성으로 태어나 세계적 지도자로 활약했던 김활란 박사의 정신과 삶을 계승하여 탁월한 세계적 전문여성에게 수상될 것이며 이는 '여성 노벨상'의 수준에 견줄 세계적인 상으로 발전하게 될 것이라고 당시 총장이던 장상은 밝혔습니다. 그러나 이러한 계획이 발표되기 무섭게, 1998년 11월 6일 민족운동단체와 독립운동계 원로들은 김활란상 제정과 각종 기념사업의 철회를 요구하기 위해 '김활란상 제정 반대를 위한 공동운동본부'를 발족시켰습니다. 이들에 의하면 김활란은 일제강점기에 누구보다도 앞장서 징용·징병을 선전하고 해방 이후에도 반성 없이 독재정권에 아부하여 자신의 영달을 지켜온 전형적인 반민족·반민주 인물이므로, 이러한 민족과 사회에 씻

을 수 없는 과오를 저지른 인물을 기리는 상을 만든다는 것은 이화여자
대학교와 한국 여성계의 수치이자 나아가 민족의 자존심을 크게 상하게
한다는 것이었습니다.

어느 주장이 맞든지 간에 미군정기의 우리 교육을 보는 입장도 이와
비슷합니다. 미군정기의 교육이 일제 식민지 교육의 잔재를 청산하고 민
주교육의 기틀을 마련했다는 주장도 있는 반면 오히려 미국의 문화식민
지 교육의 단초를 제공했다고 보는 입장도 강력하게 제기되고 있는 것입
니다.

7

새교육운동

서양 교육의 두 가지 모형

해방 후 우리나라에 들어온 두 가지 대표적인 교육사조는 진보주의와 행동주의였습니다. 진보주의는 미군정기와 제1공화국 시기에 존 듀이의 교육이론과 방법을 소개하는 새교육운동으로, 그리고 행동주의는 박정희 정권 하에 교육이 국가발전과 경제발전의 수단이 되어야 한다는 발전교육론으로 나타났습니다. 이 두 가지 교육사조는 서양 교육의 두 모형, 즉 도토리모형과 주물모형을 대표하는 것으로 볼 수 있습니다.

도토리모형이란 학습자를 성장 가능성을 가진 존재로 파악하여 교육이란 이러한 학생들의 성장 가능성을 최대한 발현하도록 도와주는 것이라는 교육관입니다. 이러한 교육관은 멀리는 그리스의 소크라테스로부터 시작되어 루소와 페스탈로치, 그리고 미국의 존 듀이에 이르기까지 면면하게 전개되어왔습니다. 한편 주물모형은 교육이란 그 사회의 요구에 따라 학습자를 일정한 모형으로 만들어내야 한다는 교육관입니다. 주물모형이 상정하는 학습자는 어떤 모양이든지 만들 수 있는 진흙이나, 어떤 그림이든지 그릴 수 있는 백지로 간주됩니다. 이러한 교육관 역시 소크라테스 시대의 소피스트로부터 근대의 행동주의에 이르기까지 면면하게 지속되어왔습니다.

이 두 가지 교육사조 말고도 수많은 교육사조와 이론이 미국을 통해 유입되었습니다. 해방 후 우리나라의 학교교육은 미국 교육이론의 수입 및 실험장이라고 해도 과언이 아닐 정도로 다양한 교육이론이 이식, 적용되었던 것입니다. 그러나 크게 보아 우리에게 유입된 교육사조와 이론은 이 두 가지 모형에서 크게 벗어나지 않는다고 볼 수 있습니다. 그렇다면 현재 우리 교육은 두 모형 중 어떤 모형에 가까이 가 있을까요?

새교육운동의 전개

일제가 남긴 교육 유산은 주입식·획일식·군대식 교육이라는 것은 재론의 여지가 없습니다. 따라서 해방 후 우리 교육의 최대 과제는 일제가 남긴 주입식·획일식 교육을 어떻게 빨리 탈피하느냐였습니다. 이 요청에 가장 먼저 응답한 것은 새교육운동의 교육방법 개선 노력이었습니다. 새교육운동은 그 주창자들에게 일제의 전체주의 교육을 극복하기 위한 민주주의 교육과 동의어로 받아들여졌으며, 그들의 주된 활동은 교수학습 방법의 개선을 위한 노력으로 나타났습니다.

새교육운동은 미군정청에 의해 시작되었습니다. 미군정은 '새교육운동=미국식 민주주의의 보급'이라는 인식 하에 일제 식민교육을 미국식 교육으로 대체하려고 하였습니다. 이와 함께 미군정청은 사회교육을 통한 민주주의 사상의 보급에 나서 '민주주의의 목표', '민주주의와 교육', '민주주의 강의' 등의 라디오 프로그램을 운영하고, 연극이나 활동사진 등을 통하여 지방에까지 민주주의를 선전하였습니다. 한편 교사들도 새교육운동에 적극 참여하였습니다. 일제 식민교육의 대리자라는 죄의식에 사로잡혀 있던 교사들은 새교육운동에 대한 참여를 친일 교육에 대한 면죄부로 간주하였던 것입니다. 이들은 불과 2~3일의 새교육 강습회를 마치고 이제는 친일 교사가 아니라 친미 교사라고 행세하였습니다.

새교육운동은 1945년 겨울 방학부터 초중등 교사에 대한 단기간의 강습회 형태로 시작되어 미군정 내내 지속되었는데, 이 기간에 무려 3만 명에 달하는 현직 교원이 재교육을 받았습니다. 1947년 당시 초중등학교 교사 수가 4만 4,000여 명이었다는 점을 고려하면 거의 대부분의 현직 교사가 자발적으로 참여하였던 것입니다. 이 강습회에서 교사들은 아동의 개성과 자율성 신장을 위한 새로운 교수법이라는 프로젝트 메소드(Project Method), 돌턴 플랜(Dalton Plan), 게리 시스템(Gary System) 등을 소개받았습니다.

새교육 강습회는 이후 현직 교사들이 중심이 된 연구단체를 통해 그 열기가 계속되었습니다. 가장 먼저 결성된 연구단체는 1946년 9월 12일 효제국민학교 윤재천 교장을 중심으로 한 '신교육 연구협회'였습니다. 이에 뒤질세라 안호상을 중심으로 조직된 '조선교육연구회'에서도 1946년 11월 8일에서 10일까지 1,000여 명의 초중등학교 교원을 대상으로 '민주교육 연구강습회'를 개최하였습니다. 이 강습회에서 당시 서울사대 부속국민학교 교감인 심태진은 새교육운동의 교육방법을 다음과 같이 정리하여 발표하였습니다.

- 교사 중심 교육방법 → 아동 중심 지도방법
- 주입식 교육 → 자발적 교육
- 일률적 교육 → 개성 적응의 교육
- 교과서 지상 → 경험 중심
- 기억 본위의 지도 → 생활 본위의 지도

새교육운동을 통해 나타난 눈에 띄는 변화는 사회생활과의 도입이었습니다. 원래 미국의 사회생활과는 다양한 인종과 문화를 통합하기 위해 도입된 과목이었습니다. 그러나 미군정에서는 미국의 가치와 제도의 보편성에 대한 신념과, 일본의 군국주의 교육을 극복하는 가장 효과적인 길은 민주사회에 대한 교육이라는 믿음에 의하여 이를 도입했던 것입니다. 사회과의 도입은 그 과정이 그리 순탄하지만은 않았습니다. 미군정 편수국 고문관인 앤더슨과 대부분의 문교부 관리들은 획일적 지식을 주입하는 일제의 전체주의적 교육 잔재를 청산하기 위해서는 사회과의 창설이 바람직하다는 견해를 표명하였습니다. 특히 문교부 차장이었던 오천석은 종래에 공민·역사·지리로 나뉘어 있던 학과들을 통합함으로써 종래 학문 중심으로 조직되었던 학과를 아동의 생활 본위로 재조직하고, 지식 중심의 교육이 생활 중심의 교육으로 전환하게 되었다는 것을 높이 평가하였습니다. 그러나 당시 편수관이었던 황의돈은 사회과는 미국 교육과정의 무비판적 도입이며, 학문의 체계에도 맞지 않는다고 반발하였습니다.

크게 교육내용이 달라지는 것도 아니고 거저 지리, 역사, 공민을 합쳐서 미국식을 본떠보려고 하는 '사회생활과'라는 과목을 둔다면 이것은 우리 역사를 팔아먹는 것이나 다름없다. 순수한 우리의 것이 엄연히 존치하고 있는데 무엇 때문에 외국의 것을 수입해 와서 잡탕을 만들려고 하느냐? 이것은 우리의 문화를 매장하려는 것이지 무엇이냐? 나는 국사를 팔아먹지 못하겠다.

이러한 비판에도 불구하고 사회생활과는 1946년 9월 1일에 각급 학교 교육과정이 제정되면서 1946년 12월 7일 공포된 국민학교 사회생활과 교수요목부터 모든 학교에 적용되었습니다. 특히 1946년 10월 효제 국민학교 교장 윤재천은 전국에서 모인 700여 명의 교육자들에게 사회

생활과가 포함된 신교육과정 운영 연구발표회를 개최하였습니다. 여기
서는 새 교육방법에 의거 이과, 국어, 사회생활과의 공개 수업이 실시되었
는데 당시『조선일보』는 그 모습을 다음과 같이 보도하였습니다.

이날의 연구회에서는 일반 학과와 운동경기가 공개되었는데, 가장 특색
있는 점은 선생의 강의가 거의 없는 것이었다. 선생은 교단에서 직접 교수를
하지 않고 아동들이 스스로 연구한 결과를 자기네끼리 토론하게 되면, 그
진행방법을 필요한 범위 안에서 지도하여주었다. 아동들은 각자의 토론에
있어서 때로는 맹렬한 논쟁을 거듭하였다.

윤재천 교장은 교육과정과 교육방법뿐만 아니라 학교경영의 민주화
도 새교육운동에 있어서 중요한 요소라고 하였습니다. 즉 그는 1947년
4월,『조선교육』창간호에서 '학교경영의 민주화'라는 글을 통해 학교의
민주화는 교장이 아무런 외부의 간섭도 받지 않고, 오로지 학교장의 자
유의사와 그 책임 하에 학교를 운영하는 것이라고 규정하였습니다. 그리
고 이를 위해 윤재천은 학교장이 부형회나 이사회 같은 데서 초청을 받
고 부임하도록 하고, 초청을 받은 교장은 교사의 초청권을 갖도록 하자
고 제안하였습니다.

새교육운동은 1948년 8월 1일 설립된 '중앙교원훈련소(Teacher Traning
Center)'의 개소로 제도화됩니다. 중앙교원훈련소는 강사진을 모두 현장
경험이 풍부한 21명의 미국 전문가로 구성하여 한국의 교사들을 재교육
하였습니다. 재교육의 대상은 각 도로부터 파견된 초중등학교 교장, 교
감, 장학사, 평교사들이었는데, 연수기간은 8주로 결코 짧지 않은 기간
이었습니다.

일민주의와 미국교육사절단

새교육운동은 제1공화국의 수립 후 초대 문교부 장관으로 안호상이 임명되자 주춤거리기 시작했습니다. 그것은 안호상이 '홍익인간의 이념에 입각하여 남북이 통일되어야 한다는 민족적 염원'을 '일민주의', 혹은 '민주적 민족교육'으로 표방하면서, 미국식 민주주의를 강하게 비판하였기 때문이었습니다. 안호상은 독일 예나 대학과 동경제국대학 대학원을 마치고 일제하 보성·혜화 전문학교 등에서 교편을 잡다가 해방 후 서울대학교 교수가 된 인물이었습니다. 그래서 그는 미군정기 교육 주도 세력에서 철저하게 소외되어 있었으며, 비미국계 출신으로 구성된 '조선교육연구회'의 중심 인물이었습니다. 이러한 배경을 가진 안호상이 초대 문교부 장관으로 발탁된 데에는 당시의 정치집단의 갈등과 사회적 배경이 중요한 요인으로 작용하였습니다. 정치적 기반이 취약했던 이승만은 한민당 세력을 견제하고 독자적인 권력 기반을 마련할 필요가 있었으며, 이를 위해 족청계의 이범석과 제휴하였습니다. 안호상은 당시 민족청년단 부단장이었습니다. 안호상과 이승만의 개인적인 만남은 1946년 5월경 국대안 반대운동의 우익학생 대표들의 주선에 의해 이루어졌으며, 이승만은 안호상의 일민주의가 이데올로기적 갈등을 수습하고 통치의 정당성을 확보할 수 있을 것으로 생각하였습니다.

일민주의, 혹은 민주적 민족교육이란 '구미식 개인·자본주의적 민주교육'도 배척하고 '소련식 계급·공산주의적 민주교육'도 배척하는 교육 이념으로, 안호상의 이데올로그인 손진태는 이를 '주체적 민주주의'라고 주장하였습니다.

비록 최고의 재봉사에 의하여 최량의 옷감으로 된 의복일지라도 이 개체에 맞지 아니하면 그것은 결코 그 개인에게 적합한 최선의 의복이 될 수 없는 것과 마찬가지로, 민주주의 사상은 원칙적으로 좋은 것이나 다른 민족이 그들을 주체로 그들을 위하여 그들에게 이롭도록 성장 발전시킨 그들의 민주주의를 우리가 맹종할 필요는 없는 것이다. 지난 3년 동안 우리는 미국의 민주주의를 배웠고 소련식 민주주의를 들었다. 그러나 그것들은 모두 우리에게 반드시 맞는 것은 아님을 깨달았다. 그래서 우리는 우리에게 가장 적절하다고 생각하는 민주주의를 세우게 되었다. 그것은 곧 민족적인 민주주의이며 그것이 교육상에는 민주주의적 민족교육이란 표어로 나타나게 된 것이다.

일민주의 교육의 이름하에 안호상이 실천한 교육정책은 크게 두 가지였습니다. 그 한 가지는 '사상정화'였습니다. 이 조치에 의해 모든 학교에는 학생위원회가 설치되어, 좌익운동에 가담한 교사와 학생의 행적을 당국에 보고하도록 하였습니다. 안호상은 "공산주의자이거나 좌경 또는 자유민주주의에 대해 명확한 신념이 없는 교사는 교육 분야의 모든 직위에서 몰아내야 한다"고 역설하여, 충북·제주·강원을 제외한 전국 국민학교 교직원 중 무려 1,641명을 파면·숙청하였습니다. 또 한 가지는 학도호국단의 창설이었습니다. 즉 안호상은 1949년 9월 '대한민국 학도호국단 규정'을 제정하여 중학교 이상 재학생 전원과 교직원을 군대식 조직 속으로 몰아넣었던 것입니다.

이러한 상황 하에서 미국식 민주주의와 동일시된 새교육운동은 살아남기 어렵게 되었습니다. 뿐만 아니라 안호상은 초대 문교부 직원 구성에서 미국계로 분류된 연희전문 출신을 배제하고 보성전문학교와 서울대 출신의 제자들만 채용하였습니다. 이것은 오천석을 중심으로 한 미군정기의 교육 주도 세력이 자신을 소외시킨 데 대한 반발이라고도 할 수 있을 것입니다. 미국계 인사들의 배제와 미국식 민주주의 비판에 대해,

오천석은 일민주의를 "스파르타식으로 아동을 훈련하고 지식을 주입해야 한다는 보수파의 주장이었으며, 그들에게는 무슨 확고한 신념이나 이론적 근거가 있는 것이 아니라 일본식 교육에 대한 열정과 타성이 있을 뿐"이라고 혹평하였습니다.

2대 국회의원 선거에서 이범석계가 몰락하자, 안호상 장관은 1950년 5월 장관직에서 물러났습니다. 후임으로 친미 인사인 백낙준이 제2대 문교부 장관으로 임명되었습니다. 백낙준은 장관이 되자 안호상 장관에 의해 중단되었던 새교육운동에 다시 불을 붙이고자 적극 노력하였습니다. 그러나 당시에는 이미 교사들 사이에서 새교육에 대한 열정이 식어버린 후였습니다. 따라서 이 시절의 새교육운동은 교사들의 자발성보다는 미국의 대한교육사절단의 역할에 크게 의존할 수밖에 없었습니다.

1952년 한국전쟁 중에 내한한 제1차 교육사절단은 부산의 영선국민학교와 서울의 남산국민학교에서 3회에 걸쳐 6주간의 워크숍을 개최하였습니다. 이 워크숍을 통해 이들은 경험 중심적 개별학습지도, 생활 중심의 교육과정 편성, 학생의 정신위생을 주로 하는 생활지도, 상대적인 성적평가 등을 지도하였습니다. 한편 이듬해 9월 내한한 2차 교육사절단은 중심적인 활동을 교원의 직전교육에 두고, 1953년 3월 설립된 중앙교육연구소와 협력하여 교육철학, 교육과정 개선, 학습지도, 생활지도 등에 관해 지도해주었습니다. 1954년 방한한 3차 교육사절단도 진보주의 교육철학에 입각한 교육과정의 제 원리에 대해 지도하였으며, 3차 교육사절단 이후 방한한 피바디 사절단(1956. 8~1962. 6) 역시 교원양성 교육과 교원의 현직 교육을 위해 미국식 교육방법과 이론을 가르치고 각종 연구 활동 및 새교육 강습을 지도하였습니다

이러한 노력에도 불구하고 새교육운동의 교육방법이 현장에 미친 영향은 미미하였습니다. 각종 강습회를 통해 새교육 방법을 연수받은 교

사들은 형식적인 모방에 그쳐, 실제 교육방법은 일제식·획일식 수업을 탈피하지 못하였습니다. 예컨대 아동 중심 교육을 한다고 교사는 가만히 서 있고 학생들만 시키거나, 공연히 시간을 끌어 교재의 진도를 한없이 늦추기도 하였습니다. 또 어떤 교사들은 부모도 감당하기 어려운 문제를 숙제로 내주어 원성을 사기도 하였습니다. 토론식 수업이 무엇인가를 보여주는 공개 수업을 위하여 교사는 학생들에게 몇 날 며칠 동안 예행연습을 시켜서 새교육 방법이 오히려 커다란 수업손실을 가져온다는 비판이 일기도 했습니다. 또한 책상 배열을 바꾸어 학생들이 서로 마주보게 하였으나, 실제 수업은 교과서와 흑판에 의지하는 과거의 교육방법과 전혀 다르지 않은 경우도 적지 않았습니다.

당시 새교육운동을 통해 다양한 수업방법이 소개되었지만 실제 수업에 활용한 방법은 주로 분단학습을 통한 토론 수업과, 발견학습 혹은 탐구학습 등에 불과한 것으로 알려져 있습니다. 그나마도 거의 현장에 뿌리를 내리지 못하였습니다. 이것은 당시 교육현장에 몸담았던 원로 교육자 200명을 대상으로 한 설문조사에서도 새교육 방법이 실제 현장에 실천된 정도는 단편적인 실천과 구호에 그쳤다는 응답이 87%에 달하고 있음을 통해 단적으로 드러납니다.

새교육운동의 실패 원인으로는 무엇보다 당시의 열악한 교육환경을 지적할 수밖에 없습니다. 실험실습 기재나 교수 보조자료는 말할 것도 없고 70명이 넘는 과밀학급에 2부제, 3부제 수업을 하는 마당에, 아동 중심의 프로젝트 메소드니 탐구학습이니 하는 것들은 어쩌면 개발에 편자와 같은 것이었는지도 모릅니다. 더구나 초등학교 저학년에서는 새교육 방법을 열심히 흉내 내던 교사들도 고학년을 맡으면 입시 준비에 보다 효율적이라고 간주되는 강의식 수업으로 돌아가고 말았던 것입니다.

1950년대 중반에 이르러 진보주의에 대한 비판이 새교육운동 진영 내부에서도 제기되었습니다. 비판의 초점은 새교육이 학생들의 학력을 떨어뜨리고 훈육상의 많은 문제를 야기한다는 것이었습니다. 그동안 새교육운동을 지원하는 역할을 자임하였던 잡지『새교육』1955년 3월호와 4월호에는, 진보주의 교육을 비판하는 글이 게재되었습니다. 특히 4월호에는 그해 10월에 방한 예정인 피바디 사절단장 가슬린(Willard E. Gosline) 교수를 직접적으로 비판하는 글이 실렸습니다. 이 글에 의하면 가슬린은 캘리포니아 주 파사디나 시의 교육감으로 재직 시 학교훈육과 교육과정에 수많은 변혁을 시도하였는데, 학생들이 수년간 한 일이라고는 한 교사와 같이 지내면서 자기들이 흥미를 느낀 활동만을 했을 뿐이라는 것이었습니다. 이로 인해 학생들의 기초학력이 저하되고 청소년들의 복종심이 결여되어, 마침내 1950년 6월 3일 교육위원회는 부모들의 압력에 못이겨 가슬린의 사임을 요구했다는 것입니다. 이에 대해 가슬린은 그를 해임한 캘리포니아 당국을 반동적 파시즘이라고 비난하여 전국적인 물의를 빚게 되었다는 내용이었습니다.

오천석의 착각

새교육운동이 실패한 것은 물론 열악한 교육환경 때문이라고 할 수 있습니다. 그러나 과연 그 원인뿐일까요? 교육환경이 개선되면 미국식 진보주의 교육이 가능하게 될까요? 혹시 새교육운동의 근원적인 실패 원인은 우리의 전통적인 교육 풍토와 무관하게 받아들여졌기 때문은 아닐까요?

적어도 개화기 근대 교육기관에서는 학생들의 능력에 따른 학급편성과 진급, 그리고 학생 개개인의 학습진도에 따른 개별식·토론식 수업이 진행되었습니다. 그럼에도 불구하고 우리는 '전통교육=일제 식민지 교육'으로 착각해왔습니다. 그 대표적인 인물이 바로 새교육운동의 핵심

인물인 오천석입니다.

> ……우리는 아무런 준비 없이 해방을 맞게 되었다. 이것은 교육에 있어서도 마찬가지였다. 아무런 준비도 없었지마는 우리는 반항정신으로써 용감히 출발하였다. 우리에게는 그때까지의 전통적인 교육에 대한 끓는 적개심이 있었다. 새 나라를 만듦에 있어 옛 교육으로써는 불가능하다는 굳은 신념이 있었던 것이다. 새로운 사회의 건설은 오직 새로운 교육으로써만 가능하다는 믿음이 있었던 것이다. 이처럼 옛 교육에 반항하는 교육, 새로운 사회를 세우는 데 요구되는 교육을 우리는 '새교육'이라고 불렀다.

오천석이 '끓는 적개심'을 나타낸 전통적인 교육은 물론 전통사회의 교육뿐만 아니라 일제 식민지 교육까지 포함하고 있습니다. 그러나 그는 여전히 전통교육과 일제 식민지 교육이 다르다는 것을 인식하지 못하였습니다.

앞에서 서양 교육의 두 모형으로 도토리모형과 주물모형을 언급한 바 있습니다. 그런데 우리의 전통적인 학습자관에서는 학습자의 마음속에 궁극적인 진리가 다 들어 있다고 보고 있습니다. 불교에서는 이를 부처가 될 씨앗, 즉 불성이라고 하고, 불교로부터 커다란 영향을 받은 성리학에서는 이를 인성人性 혹은 심성心性이라고 하였습니다. 이러한 학습자관은 새교육운동에서 보는 학습자관과 일견 유사하게 보입니다. 하지만 우리의 전통교육에서는 교사가 학습자를 도와주는 것이 아니라 학생이 교사를 보고 따름으로써 교육이 이루어진다고 생각하였습니다. 또한 교육은 학습자의 흥미나 관심을 밖으로 돌리는 것이 아니라 자신의 내부로 돌리게 함으로써 그 목표를 달성할 수 있다고 생각하였습니다. 이러한 차이가 의미하는 것이 무엇일까요?

향후 우리의 교육은 교사 중심에서 아동 중심으로, 또 주입식 교육에서 계발식 교육으로 변화해나갈 것임에 틀림없습니다. 그러나 해방 후 60여 년간 우리 교육을 개선하기 위한 숱한 노력이 경주되었지만 번번이 그 시도가 좌절되었다는 점을 고려한다면, 그 과정은 결코 순탄하지만은 않을 것입니다. 여전히 학급당 30명을 넘는 과밀 학급, 대학입학에 대한 과열 경쟁에서 비롯되는 초중등 교육의 왜곡, 경직된 교육제도와 행정, 획일화된 학교문화와 교직풍토 등 넘어야 할 수많은 장애요인들이 가로놓여 있습니다. 그러나 교사 중심 교육에서 아동 중심 교육으로, 또 주입식 교육에서 계발식 교육으로 나아가는 데에는 이것보다 훨씬 더 커다란 장애요인이 가로놓여 있습니다. 그것은 다름 아닌 지식의 생산이 아닌 유통이 중심이 되고 있는 우리의 학문 풍토입니다.

우리 교육학자들은 해방 이후 줄곧 미국의 학자들이 생산한 지식을 국내에 유통시키는 지식 유통업에만 매달려왔습니다. 제1세대 유학생들이 열심히 배워 가지고 오면, 제2세대 유학생들은 제1세대 유학생들을 가르쳤던 선생들의 제자들이 생산한 지식을 다시 배워서 돌아왔습니다. 따라서 학생들로 하여금 지식을 생산하도록 가르치려고 해도, 모델로 삼을 만한 학자 자체가 아예 존재하지 않는 것입니다. 물론 이것은 교육 외적인 문제라고 할 수 있을지 모르겠습니다. 그러나 교육여건이나 입시제도 등 교육 내부의 문제가 모두 해결된다고 해도 이 부분이 바뀌지 않는 한 아동 중심 교육도 흉내 내기에 불과할 것이고, 우리는 계속해서 이미 생산된 지식을 전달하는 주입식 교육방법에 만족하고 있어야 할 것입니다.

생산자를 만드는 교육이 되기 위해서는 외국의 교육이론을 통해 교육현장을 보는 것이 아니라 우리의 교육현장의 심층을 분석해서 우리의 교육이론을 만들어내야 합니다. 그리고 우리 교육의 심층을 이해하기 위해서는 먼저 우리 고유의 교육전통이 무엇인지를 알아야 할 것입니다.

8

교원노조운동

교육의 시민사회화

이명박 정부의 출범 이후 전국교직원노동조합은 집중적인 탄압을 받고 있습니다. 1989년 5월 28일 전국교직원노동조합 결성 이후 다시 한 번 위기를 맞고 있는 것입니다. 그러나 이러한 탄압은 1999년 7월 전교조의 합법화 이후 오히려 그동안 전교조에 무관심했던 많은 교사들에게 전교조의 역할과 기능에 관심을 갖게 하는 계기가 될 것으로 보입니다. 아마 국가가 교원노조에 대한 탄압을 계속하는 한 전교조는 오히려 더욱 강해질 것입니다. 왜냐하면 교육에 대한 국가의 통제와 간섭이 커질 때 이에 대한 저항도 커지고 따라서 교원노조를 중심으로 한 결집력도 커지기 때문입니다.

포괄적인 의미에서 교원노조의 합법화는 교육이 국가의 영역에서 마침내 벗어났음을 의미합니다. 이를 '교육의 시민사회화'라고 부릅니다. 일반적으로 시민사회는 국가의 대비어로 사용됩니다. 즉 시민사회는 하나의 국민국가 내에서 행정부를 중심으로 하는 국가기구를 제외한 잔여 범주로서의 개인이나 집단을 의미합니다. 서구의 경우 시민혁명이 성공했을 때, 국가의 기능은 이러한 시민사회에 대한 최소한의 간섭에 한정되었습니다. 시민사회는 '보이지 않는 손'에 의해 저절로 조화롭게 운영되며, 국가는 이러한 조화를 파괴하는 자들을 처벌하는 역할만 담당했던 것입니다. 그러나 보이지 않는 손이 제대로 작동하지 않아 시민사회의 위기가 도래하자 국가의 기능은 급속도로 확대되기 시작하였습니다. 이를 '복지국가'라고 합니다. 복지국가는 복지의 이름하에 시민사회 구석구석에 국가의 역할을 확대하였습니다.

우리나라를 포함한 제3세계의 경우 해방된 조국은 시민혁명 당시의 서구하고는 달랐습니다. 식민지 구석구석을 통치하기 위해 비대해진 식민지 국가기구를 미군정이 인수하였으며, 그 권력은 제1공화국으로 그대로 이어졌던 것입니다. 이를 '과대성장 국가'라고 부릅니다. 과대성장 국가란 말 그대로 시민사회에 비해 국가기구가 너무 비대한, 가분수의 '국가-시민사회' 구조를 뜻합니다. 따라서 과대 성장된 국가에서는 마땅히 시민사회 영역에 포함되어야 할 경제·문화·교육 등이 국가의 영역에 편입되어 있었습니다. 그래서 서구의 공식대로 하자면 경제·문화·교육 등 시민사회 영역에서 위임한 사항만을 처리해야 할 국가가 우리나라의 경우에는 오히려 이들 영역을 통제하고 육성하는 역할을 담당해왔던 것입니다.

4·19혁명이 미완의 시민혁명이라면 1987년의 6월 항쟁은 그 시민혁명의 완성을 의미합니다. 그리고 마찬가지로 1960년의 교원노조가 미완의 시민사회화라고 한다면 1999년 7월의 교원노조 합법화는 교육의 시민사회화의 완성을 의미합니다. 이제 더 이상 교육부문은 국가의 수족이나 정당성 창출의 수단이 될 수 없게 된 것입니다.

교원노조의 결성과 교육의 정치적 중립

1960년 4월 29일 대구 경북여자고등학교에서 대구시내 중·고등학교 교사 60여 명이 4·19 순국학생들에 대한 묵념을 위해 모였습니다. 이 자리에서 교사들은 자주적인 교원노조를 결성하기로 결의하고 '전국 교원 동지들의 분기를 촉구한다'라는 결의문을 채택하였습니다. 이 결의문의 내용은 다음과 같습니다.

……정치에 가장 엄정한 중립을 지켜 양심과 진리에 따라 청소년을 교육하는 교원들에게까지 일당독재의 도구로서 협박과 공갈로 위협하고 그 잔학한 강도적 수법을 사용하여 전국 국민이 저주하는 독재정권의 연명책으로 동원하였다…… 선생님! 정의와 국가와 민족을 위하여는 생명을 바쳐 싸워야 한다고 말하지 않았습니까? 하고 정열에 불타던 그 눈동자! '비겁합니다! 선생님.' 하고 외치던 그들의 울부짖음! 그들의 모습! 우리는 어찌 양심의 가책과 자괴가 없을쏘냐! ……우리들은 정치적 중립성과 교육의 자주성은 여하한 억압으로도 침해되어서는 안 된다는 우리들의 4·19 학생 국민주권투쟁의 성과를 보장하기 위하여 자유 시민적 권리투쟁에는 솔선 참여할 의무와 권리를 갖자. 오직 이 길만이 민족의 앞길에 뿌린 그들의 피에 보답하고 속죄하는 길이다.

5월 3일 대구시내 초등학교 교사들도 초등교원노조 준비위원회를 개최하였으며, 마침내 5월 7일 중등교원은 대구상업고등학교에서 그리고 초등교원은 대구국민학교 강당에서 각각 대구시 중등교원노조와 대구시 초등교원노조를 결성하였던 것입니다.

대구를 시발로 하는 교원노조의 결성은 마치 요원의 불길처럼 전국적으로 확산되었습니다. 1960년 5월 21일 부산지구 교원노동조합연합회가 결성되었고, 5월 22일에는 동숭동 서울대학교 문리과 대학 운동장에서 대학교수를 포함한 각급 학교 교원 300여 명이 참석하여 한국교원노동조합연합회를 결성하였습니다. 그리고 5월 29일에는 경북지구 교원노동조합연합회가 결성되었으며, 6월 19일에는 서울 동성고등학교에서 서울시 중·고등학교 교원노동조합이 결성되었습니다.

교사들의 교원노조 가입도 활기를 띠어 당시 초·중등 교원 8만 3,873명 중 22.3%인 1만 8,678명이 가입하였습니다. 특히 영남지역 교사들의 노조 가입은 두드러져, 경북지역은 1만 2,896명의 교사 중 3분의 2에 달하는 8,142명이, 경남지역은 1만 4,083명의 교사 중 8,087명의 교사가 교원노조에 가입하였던 것입니다.

교사들은 왜 그렇게 열심히 교원노조에 참여했을까요? 아니 무엇이 교사들로 하여금 교원노조에 적극적으로 참여하도록 만들었을까요? 앞의 결성 취지문에서 밝혔듯이 교원노조 결성에 있어서 교사들이 기치로 내건 것은 '교육의 정치적 중립'이었습니다. 그들로 하여금 교원노조에 참여할 수밖에 없도록 한 것은 그러한 정치적 중립을 지키지 못한 자신들에 대한 부끄러움이었으며, 동시에 그들로 하여금 부끄러운 일을 하도록 강요한 국가권력에 대한 분노였습니다.

제1공화국 하에서 교육은 철저히 정치에 종속되어 있었습니다. 이승만 정권은 자신의 권력기반을 경찰과 교원에 두었습니다. 이 두 가지 권력기반은 이승만 정권 내내 충성스럽게 자신들에게 부여된 역할을 수행하였습니다. 경찰에게 부여된 임무는 이승만 정권에 반대하는 정치세력에 대한 물리적인 탄압이었으며, 교원들에게 부여된 임무는 자유당 선거운동이었습니다. 5·16 군사 쿠데타 이후 구속된 교원노조의 한 간부는 이승만 정권 하에서 교사들에게 부여된 불법 선거운동을 항소이유서에서 다음과 같이 밝혔습니다.

대개의 학교는 직원회의 석상 또는 교장실에서 교장, 교감의 강요에 의하여 자유당 입당원서에 서명 날인해야 했고, 때때로 오후 수업은 폐지되고 학부형 가정으로 자유당 선거운동을 해야 하며, 3인조 5인조 구성 모의 투표를 동원, 학부형 성분 조사, 동회 사무소에 출장하여 선거유권자 조사, 공무원 친목회 동원, 자유당 완장 하의 투표 등의 일체의 부정행위 및 그 잘못을 알고 있으면서도 많은 부양 가족을 지닌 약한 평교사의 입장에서 어찌할 수 없이 정치 도구화가 되었으며 불의를 보고도 항변 하나 할 수 없는 비굴함을 맛보았습니다.

이뿐만이 아니었습니다. 교사들은 자유당과 관련된 각종 정치집회에 학생들을 동원해야 했습니다. 심지어 중·고등학교 학생뿐만 아니라 초등학교 학생들까지 동원하여 1959년 12월 야당 국회의원들이 문교부 장관 최재유에게 항의하기도 했습니다. 4·19의 도화선이 된 대구지역 중·고등학교 학생들의 2·28의거도 이러한 정치부역에 대한 학생들의 항의였던 것입니다. 1960년 2월 27일 자유당의 선거강연회가 수성천 변에서 개최되자 교육당국에서는 교사들의 참여를 위해 오후 수업을 전폐하였습니다. 그러나 다음 날인 28일 야당인 민주당의 부통령 입후보자인 장면 일행의 선거 강연이 같은 장소에서 개최되자 공휴일임에도 불구하고 대구시내 모든 중·고등학교에 학생 등교령을 내렸던 것입니다.

이러한 학원의 정치도구화의 선봉에 선 것은 물론 문교부였습니다. 문교부는 각종 지시, 감독, 통제를 통해 학교와 교사들을 일사불란하게 통제하였습니다. 예컨대 1960년 2월 15일에는 전국의 초·중등학교 첫째 시간에 '리 대통령 탄신 85주년 경축 전국 초·중·고등학교 학생 글짓기 대회'를 개최하도록 지시하였습니다. 글짓기 제목은 '우리 리승만 대통령'이었습니다. 당시 초등학교부 대통령상 수상작품을 소개하면 다음과 같습니다.

(중략)

올해 여든다섯 살,

젊으셨을 땐 감옥에서

고생이 많으셨다죠?

그것이 민족을 건지신 위대한 보람이죠.

왜 벽에 (대통령 사진-인용자) 붙여두었냐구요?

집안이 환해지는 것 같아요.

(중략)

백두산처럼, 동해물처럼, 소나무처럼,

머리 위에 흰 눈을 받으신

우리 리승만 대통령 모습이죠.

(이하 생략)

  교과서도 예외는 아니었습니다. 당시 발간된 초등학교 6학년 1학기 『도의생활』에는 속표지에 이승만의 사진이 게재되어 있으며 제1과 '빛나는 독립정신'에는 다음과 같이 이승만의 정치적 노선을 정당화하는 글이 실려 있었습니다.

  ……(전략) 선생은 곧 미국으로 건너가셔서 여러 대학교에서 공부를 하셨습니다. 그 결과 박사의 칭호도 받으시게 된 것입니다. 그리고 당시의 미국 대통령 웰손과도 친분이 두터우셨는데, 이 박사께서 역설하시는 뜻은 찬성을 받았으나 너무나 힘이 없던 우리나라의 사정이 뜻대로 통하지 않았습니다. 그뿐만 아니라 유럽과 그 밖에도 여러 곳으로 우리나라의 독립운동을 전개하셨습니다. 이리하여 8·15 해방을 맞이하여 조국에 돌아오신 뒤에도 박사는 다만 자주독립, 이것 하나에만 온몸을 바쳐 싸우셨던 것입니다.

교원노조의 실패와 그 원인

교원노조는 중앙에 대한교원노동조합 연합회를 두고 각 지역에 도연합회를 또 도 연합회 산하에 시군 연합회를 두는 전국 조직을 표방하였으나, 실제로 충북지역과 강원지역은 교원노조에 참여하는 교사가 한 명도 없었습니다. 또한 서울지역의 참여 교사들도 218명에 불과해 서울지역 전체 교사의 2.7%에 불과하였습니다. 따라서 교원노조는 실질적으로 영남지역의 교사들이 주도하게 되었는데, 이들의 모든 노력은 조직의 합법화에 소진될 수밖에 없었습니다. 왜냐하면 4·19 이후 과도 정부의 이병도 문교부 장관이나 제2공화국의 오천석 장관 모두 교원노조의 합법화에 반대했기 때문이었습니다.

1960년 7월 3일 교원노조는 대구에서 전국교원노동조합 대표자 회의를 개최하여 임원 개편과 조직체 구성을 완료하였습니다. 그러나 다음 달인 8월 9일 경북 교육당국은 경북과 대구 교원노조 간부 22명을 벽지로 이동 발령하였습니다. 이에 경북교원노조에서는 8월 11일부터 경북 학무과장실에서 연좌 농성에 들어갔으며, 8월 15일 경북지구 교원노조 긴급대회를 개최하였습니다. 또 8월 20일 대구 달성공원에서 '교원노조 탄압반대 전국 조합원 총궐기대회'를 개최하기도 하였습니다.

민주당 장면 정권 수립 후에도 정부는 교원노조에 대한 탄압을 멈추지 않았으며, 오히려 노동조합법 수정안을 통해 교원노조를 불법화하려고 시도하였습니다. 이러한 탄압에 맞서 9월 26일 1,500여 명의 교사들이 대구 역전에서 집단 단식 농성을 시작하였습니다. 이들은 단식 농성에도 불구하고 수업은 계속하여 교실에서 수업을 하다가 쓰러지는 교사가 속출하였습니다. 이에 마침내 학생들도 궐기에 나서, 9월 29일 대구시내 중·고등학교 학생 1만 4,000여 명이 "스승 없는 학원 없다"라는 구호를 외치며 시위를 벌였습니다. 같은 날 서울 사직공원에서도 교원노조 불법화 반대 전국 대표자 회의가 개최되어 400여 명의 교원노조 대표가 국회와 문교부에 항의 방문하기도 하였습니다.

1960년 12월 11일 부산 동광초등학교에서 열린 제4차 전국 대의원대회의 주된 안건도 교원노조 설립신고증 교부를 위한 대정부 경고 결의문 채택이었습니다. 그리고 1961년 초 정부에서 노동운동과 반정부시위 통제를 위해 '반공임시특례법'과 '데모규제법' 시안을 발표하자 '2대 악법 반대 운동'에 적극 동참하였습니다. 이후 5·16 군사 쿠데타에 이르기까지 교원노조의 모든 역량은 여타 노동단체와 사회단체와 함께 벌인 2대 악법 반대 투쟁에 결집되었던 것입니다.

교원노조 운동이 실패한 직접적인 원인은 5·16 군사 쿠데타라고 할 수 있습니다. 박정희는 쿠데타 직후 교원노조를 해체하고 노조 간부들을 검거하기 시작하여 약 1,500여 명을 체포하여 파면시켰습니다. 6월 8일 당시 문교부 장관이던 문희석은 서울대 강당에서 열린 전국 국·공·사립대학 총학장 회의에서 교원노조는 민주당 정부를 전복하고 대한민국을 공산화하려고 했기 때문에 해체하였으며, 또 노조 간부 1,500여 명을 파면할 수밖에 없었다고 주장하였습니다. 그러나 파면 교사들 중 1,000여 명은 다시 심사를 거쳐 복직되고 나머지 500여 명의 교사들만 5년간 공직에서 추방되었습니다. 재판을 통해 최종 구속된 인원은 8명에 불과하였습니다. 이를 볼 때 교원노조가 정부 전복과 공산화를 꾀했다는 장관의 주장은 터무니없는 것이었음을 잘 알 수 있습니다.

문희석 장관의 발언은 당시의 교원노조의 실패뿐만 아니라 이후 30년 가까이 교육계에 교원노조를 발붙이지 못하게 하는 중요한 메시지를 내포하고 있었습니다. 즉 어떤 집단이나 사업이든지 일단 '붉은 칠'을 하면 선악 시비에 관계없이 매도될 수밖에 없다는 우리의 이데올로기 구조를 단적으로 드러내 보였던 것입니다. 사실 교원노조가 당시 국민들의 광범

위한 지지를 얻지 못하고 또 교사들의 참여에 있어서도 지역적으로 커다란 편차를 보여준 것은 정부의 이데올로기 공세에 있었습니다. 이러한 이데올로기 공세는 1960년 9월 당시 치안국장이던 강서룡이 "교조 운동에 대남 간첩 자금이 유입되었다"는 발언으로 시작하여 끊임없이 확대 재생산되었던 것입니다.

노동자적 교육관

이승만 정권 하에서 교사들이 정권의 시녀 역할을 할 수밖에 없었던 것은 '친일'이라는 원죄 때문이었습니다. 이승만 정권의 또 하나의 기둥인 경찰도 마찬가지로 일제강점기 경찰직에 몸담았던 사람이 경찰 고위 간부의 70%, 검찰관의 40%를 차지하였으며, 전체 경찰 3만 3,000명 중 약 20%의 사복 형사들과 10%의 정복 경찰이 일제 경찰에 복무했던 자들이었습니다. 이승만 정권은 이들을 보호해주었습니다. 그리고 그 대가로 엄청난 불의를 요구했던 것입니다.

만약 이러한 요구에 불응하거나 저항할 경우 정권은 가차 없이 이들을 해고하였습니다. 이승만 정권은 교장을 포함해 모든 공립학교 교원들을 정부의 피고용자로 간주하였습니다. 교원들은 각 지역의 도지사가 교육장을 통해 임명했고, 도지사는 내무부 장관에 의해 임명되었습니다. 비록 도나 시군 단위의 교육위원회가 있었지만 명목상의 기구에 불과하였습니다. 교원노조의 출범으로 가장 커다란 타격을 입은 대한교육연합회에서도 정부의 이러한 이데올로기 공세에 적극 협력하였습니다. 당시 대한교련 회장이던 유진오는 교원노조는 사상적으로 불온한 단체라고 주장하고, 교련산하 서울시 교육회장이던 김기석은 한술 더 떠서 "교조는 국제 공산주의 교육자 단체에 가입했다"고 신문기자에게 제보하여 교원노조로부터 무고죄로 고소당하기도 하였습니다. 또한 당시 대한교련도 고위 교육 관리들의 완전한 지배하에 있어 교원들의 권익을 대표하지 못하고 오히려 교원들을 통제하기 위한 기구로 이용되었던 것입니다.

반정부적 입장을 가진 교사들을 추출하는 데 이승만 정권은 철저하게 이데올로기를 이용하였습니다. 1948년 국가보안법 제정은 그 시발로, 정부는 1949년 3월 남한의 각 대학 중학교 초등학교에 걸쳐서 학원의 민주화를 파괴하는 불순 교직원의 숙청을 각 시도 당국에 요청, 충북 제주 강원을 제외한 여섯 개 도에서 초등학교 교사 1,641명을 파면하였습니다. 또 한국전쟁을 통해 교사들에 대한 사상통제를 더욱 강화하여 부역자 처벌법의 일환으로 '교원정화선별위원회'를 조직, 초·중등 교사 4분의 1의 자격증을 박탈하거나 교직에서 물러나도록 했던 것입니다.

교원노조의 합법화는 교육이 더 이상 정권의 시녀 역할을 하지 않게 되었음을 의미합니다. 또 더 이상 교사들을 이데올로기를 통해 통제하기 어렵게 되었음을 의미하기도 합니다. 그럼에도 불구하고 이명박 정부의 교원노조에 대한 탄압은 역사의 시계를 거꾸로 돌리려는 시대착오적인 것이라고 할 수 있습니다. 그렇다고 해서 교원노조가 추구하는 교육의 시민사회화가 우리가 지향해야 할 궁극적인 목표라고도 할 수 없습니다. 왜냐하면 교원노조가 지향하는 자유와 민주, 인권 등의 이념은 그 자체가 목표가 될 수 없는 것이기 때문입니다. 그것은 단지 수단에 불과한 것입니다. 무엇을 위한 수단일까요? 그것은 인간의 행복을 위한 수단입니다.

9

발전교육론

발전교육론과 인간개조

발전교육론이란 1960~70년대 우리 교육을 풍미했던 교육사조로, 한 마디로 교육이 경제발전·국가발전을 위한 중요한 수단이라는 이론입니다. 새마을 교육, 유신 교육 등의 교육정책에서 잘 나타나듯이 박정희 정권 하에서 교육은 경제개발과 조국 근대화라는 지상목표를 위해 다른 어느 분야보다 중요시되었습니다. 이것은 아마 박정희가 사범학교를 나와 초등학교 교사로 근무했던 경력과 무관하지 않을 것입니다.

발전교육론의 관점에서 교육이 경제발전·국가발전에 기여할 수 있는 측면은 두 가지로 나타납니다. 그 한 가지는 근대화를 추진하는 데 요구되는 인간의 행동 특성입니다. 여기에는 물론 태도, 가치관, 인성 등이 포함됩니다. 다른 하나는 경제발전에 필요한 지식과 기술의 습득입니다. 이러한 두 측면은 바로 학교교육을 통해 이루어집니다. 학교교육을 통해 인간의 정신작용, 사고방식을 변화시킴과 동시에 이러한 지식과 기술을 전수함으로써 경제발전을 추진하는 원동력을 양성할 수 있다는 것입니다.

발전교육론에서 제시하고 있는 근대적 인간의 특성으로 당시에 많이 회자된 것은 슘페터(Schumpeter)의 기업가 정신, 맥크릴랜드(McClelland)의

성취동기, 클러크혼(Cluckhorn)의 가치관 모형이었습니다. 발전교육론의 형성에 커다란 영향을 미친 정범모도 발전지도성의 특성을 활동성, 불굴성, 창조성, 독립성으로 제시하였습니다.

군사정부는 5·16 쿠테타 직후 4대 교육목표를 제시하였습니다. 『혁명정부 문교시책』이라는 책자를 통해 문교정책의 목표를 간접침략 분쇄, 인간개조, 빈곤타파, 민족문화 창달의 네 가지로 제시하였습니다. 이 중에서 박정희 정권 하의 교육에서 가장 중요한 의미를 갖는 것은 바로 인간개조였습니다. 박정희가 보기에 국가발전·경제발전의 최대의 장애는 국민들의 낙후된 의식이었습니다. 이러한 낙후된 의식을 개조해야만 조국 근대화가 가능하다는 것이 박정희의 신념이었으며 이것이 바로 인간개조라는 교육목표로 표현되었던 것입니다. 5·16 쿠테타 이후 군정기간 중 성균관대 허현 교수는 『최고회의보』에 「상록수 운동과 인간개조」라는 글을 통해 인간개조를 다음과 같이 정의하였습니다.

인간을 개조할 수 있다고 믿는 것은 과연 무엇을 의미하는 것인가? 그것은 인간이 인간 자체를 과학적으로 이해한다는 것을 의미하는 것이다. 그러면 인간을 객관적으로 이해한다는 것은 무엇을 의미하는 것인가? 인간을 이해한다는 것은, 첫째 생물학적인 말이며, 둘째는 인간이 살고 있는 사회를 이해한다는 의미이다. ……이와 같이 관찰하면 인간개조라 하는 것은 인체를 생물학적으로 개변한다는 말이 아니라 사회적 존재인 인간의 제도, 가치, 사고방식, 생활방식을 개변한다는 것을 의미함이 분명하다. 즉 간단히 말하면, 인간의 이데올로기를 개변하는 것을 의미하는 것이다.

박정희가 보기에 한국인의 이데올로기, 즉 사고방식은 만사에 수구적·부정적·회의적·소극적·수동적·의타적이었습니다. 그는 이러한 국민들의 사고방식을 긍정적·적극적·낙관적·주체적 의식으로 바꾸지 않고서는 경제발전과 조국 근대화는 불가능하다고 생각하였습니다. 그리고 이러한 의식을 개조하는 것이 경제발전의 토대가 된다고 하여 교육을 '제2경제'라고 표현하기도 하였습니다. 바로 그 즈음 군사정부는 교육을 통해 이러한 사고방식을 바꿀 수 있다는 행동주의 교육학 이론에 크게 고무되었습니다. 특히 교육을 '인간행동의 계획적 변화'로 정의한 정범모 교수의 주장은 인간개조의 이론적 바탕을 갈구하던 군사정부에 커다란 힘이 되었습니다.

정범모 교수가 군사정부의 인간개조에 적극 협조한 것은 5·16 직후부터였습니다. 김종필을 위시한 쿠데타 주역들은 혁명 직후 서소문 정동호텔과 서대문 그랜드호텔을 중심으로 사무실을 마련, 혁명공약 실현을 위한 구체적인 프로그램 마련에 착수하였는데, 바로 여기에 정범모 교수와 김성희 교수, 윤천주 교수, 이종극 교수 등이 참여하였던 것입니다. 이후 이 프로그램은 김종필이 만든 중앙정보부의 산하기관인 정책연구실로 이관되었습니다.

행동주의 교육학의 선구자인 정범모 교수는 『동아일보』(1964년 11월 7일자)에 「국민운동의 전개원리」라는 기사를 통해 이러한 인간개조의 가능성에 대한 강한 신념을 나타냈습니다. 그는 문화인류학자 클러크혼(C. Kluckhorn)의 말을 인용하여 인간이 그 자신의 노력에 의해 자연과 자신의 사회를 원하는 대로 통제·개조할 수 있다는 신념이, 진취·창의·탐색의 원동력이라고 주장하였습니다. 또한 그는 1968년 4월 대한교육연합회에서 주최한 '제2경제와 교육개혁에 관한 공청회'에서 제2경제를 통한 의식구조를 개혁하기 위해 의타적 인간상과 요행에 의한 성공을 바라는 전형적 인간인 「흥부전」을 교과서에서 삭제하라고 요구하여 논란을 일으키기도 하였습니다.

프로그램 수업

발전교육론은 학교현장의 교육방법에도 커다란 변화를 초래하였습니다. 미군정과 제1공화국을 풍미했던 새교육운동과 교육방법은 1950년대 말부터 흔적도 없이 사라져버리고, 1960년대 초부터는 미국의 행동주의 심리학에 기초한 프로그램 학습법이 대거 현장에 도입되기 시작하였습니다. 프로그램 수업은 학생들이 공부해야 할 교육목표를 상세히 설정하고, 또 이에 따른 교육내용을 가능한 한 잘게 쪼개어-스몰 스텝(Small Step)의 원리, 난이도에 따라 한 단계씩 나아가게 하는 교육방법으로-1950년대 중반 미국에 유학한 유학 1세대들을 열광시켰습니다. 또 프로그램 수업의 정의를 "주어진 학습목표에 도달하기 위해 자극-반응 관계에 대해서 학습자의 경험을 계획적으로 계열화시키는 것"이라고 하듯이, 프로그램 수업을 위해서는 학생들의 특성과 능력에 대한 정확한 파악이 필수적이었습니다. 따라서 프로그램 학습법과 함께 1960년대에는 학생들의 지능, 적성, 흥미, 학업성취에 대한 대대적인 검사운동(Test Movement)이 일어났으며, '과학적'이라는 이름하에 블룸(B. S. Bloom)의 분류학(Taxonomy)에 의한 교육목표 상세화와 행동적 교육목표의 진술이 불길처럼 번져나갔습니다.

1963년 초등학교 4, 5, 6학년용 산수 및 자연과를 프로그램화한 교재가 처음으로 출판되어 시중에 유통되었습니다. 이후 프로그램 수업에 대한 많은 연구물과 책자가 쏟아져 나왔으며, 이러한 연구물들은 프로그램 수업이 여타 수업방법에 비해 월등히 우월하다는 것을 통계적으로 검증한 것이 대부분이었습니다. 프로그램 수업이 본격적으로 학교현장에 보급되기 시작한 것은 1969년 한국행동과학연구소의 완전학습 프로젝트에 의해서였습니다. 완전학습이란 "보통의 혼성학급에서 약 95%에 달하는 학생들에게 교육과정이 구성하는 바 학습내용을 완전히 학습하는 것을 목표로 하는 수업방법"으로 그 주된 원리는 프로그램 학습법이었습니다.

완전학습의 원리에 의거 한국행동과학연구소에서는 연구원과 현장 교사들이 합동으로 중학교 1학년 수학 교과서를 완전학습 프로그램으로 제작, 1969년 5월 서울 광희중학교 4개 학급 272명을 대상으로 실험을 실시하였습니다. 이후 실험학교는 30개로 확대되고 실험과목도 과학, 영어, 국어 등으로, 그리고 학년 수도 중학교 전 학년으로 확대되었습니다. 만약 여기서 그쳤다면 완전학습 프로그램 또한 해방 후 미국 유학생들에 의해 도입된 수많은 수업이론과 마찬가지로 쉽게 망각 속으로 사라져버렸을지도 모릅니다. 그러나 완전학습 프로그램은 1971년 문교부의 '인정교재' 승인을 계기로 전국의 모든 중학교로 확대되었습니다. 주지하다시피 당시 문교부는 모든 참고서 사용을 학교에서 일절 금지하고 있었습니다. 이런 상황에서 완전학습 프로그램은 문교부와 시·도 교육위원회의 협조로 판매가 허용되고, 게다가 그 판매 대금의 일부가 학교 운영비라는 명목으로 학교장에게 기증됨으로써, 각 학교에서는 거의 강제적으로 학생들로 하여금 완전학습을 구매토록 하였던 것입니다. 결국 완전학습은 현장의 많은 교사, 학생, 학부모의 원성을 사게 되었고, 문교부의 후원이 사라지자 일시에 모든 학교에서 종적을 감춰버렸습니다.

프로그램 학습법은 행동과학연구소의 완전학습 프로그램에 이어 한국교육개발원의 '새교육체제' 연구로 70년대 말까지 교육현장에 영향을 미쳤습니다. 새교육체제 연구는 교육과정에 규정된 교육내용을 가급적 상세히 분류하여, 이에 따라 교사용 수업지도서와 학생용 배움책 등의 교수-학습 자료를 개발, 이를 수업에 활용토록 한 것으로, 그 근본 원리는 역시 프로그램 학습법의 원리와 동일하였습니다. 새교육체제가 교육현장에 영향을 미친 통로는 실험학교와 협력학교를 통해서인데, 이러한 학교의 선정에 문교부와 시·도 교육위원회는 역시 협조를 아끼지 않았습니다. 협력학교는 교수-학습 자료를 한국교육개발원으로부터 실비로 지원받고, 또 각종 교원 연수를 통해 새교육체제를 운영한 학교를 말하는데, 시·군 단위로 1개교씩 선정되는 방대한 규모였습니다. 그 규모는 1차 종합 실험이 실시되던 1975년에는 127개 학교, 697개 학급이었던 것이, 제5차 종합시범이 실시된 다음 해인 1980년에는 234개교, 5,970개 학급으로 확대되었던 것입니다.

막대한 자금과 인력이 소요되었던 새교육체제의 교육방법 또한 과연 모든 종류의 교과목, 모든 종류의 학습자, 모든 상황에 적용될 수 있는 단일한 교육방법이 가능한가라는 비판과 함께, 문교부가 새교육체제의 실험이 끝난 직후 부교재를 금지시키고 또 예산상의 어려움이라는 이유로 학생용 배움책의 구매를 금지시킴으로써 더 이상 확대되지 못하고 학교현장에서 잊혀버렸습니다.

새마을 교육

프로그램 학습법과 함께 발전교육론의 이름하에 학교현장에 큰 영향을 미친 것은 새마을 교육이었습니다. 새마을 교육은 교육이 국가발전·경제발전의 수단이 되어야 한다는 발전교육론이 보다 직접적인 형태로 표현된 것으로, 어쩌면 박정희 정권의 가장 전형적인 교육 형태라고 할수 있을 것입니다. 새마을 교육은 1970년 4월 22일 전국 지방장관 회의에서 박정희가 다음과 같은 말을 함으로써 시작되었습니다.

우리 스스로가 우리 마을을 우리 손으로 가꾸어간다는 자조·자립 정신을 불러일으켜 땀 흘려 일한다면 모든 마을이 머지않아 잘살고 아담한 마을로 그 모습이 바꾸어지리라고 확신한다…… 이 운동을 새마을 가꾸기 운동이라 해도 좋을 것이다.

박정희의 제안은 곧 실행에 옮겨져 1971년 정부는 당시 수출부진으로 과잉 생산된 시멘트를 전국 3만 3,267개 마을에 335부대씩 무상으로 지급하여, 마을 진입로 확장 등의 사업에 활용하도록 하였습니다. 그리고 이듬해 3월 7일 대통령령으로 위원장 1인과 15인의 위원으로 구성된 '새마을 운동 중앙협의회'를 출범시켰던 것입니다.

'새마을 운동 약진의 해'로 지정된 1975년에 이르러서 새마을 운동 중앙협의회는 그 기능이 대폭 확대되었습니다. 모든 정부 부처의 차관급 이상 간부가 중앙위원으로 참여하고, 또 각 부처 실무국장으로 구성되는 실무협의회가 구성되어, 새마을 운동은 중앙협의회-시·도 협의회-시·군 협의회-읍·면 촉진협의회-이·동里洞 개발위원회에 이르는 전국적인 조직으로 확대되었던 것입니다. 최말단 조직인 이·동里洞 개발위원회는 청년부·부녀부·향보부鄕保部·감사회로 구성되며, 또 각 부서는 15명 내외로 이루어지는 산림계, 흥농계興農契, 농협 부락회, 농사개량 구락부, 새마을 청소년회, 부녀교실, 자생조직, 마을금고를 두도록 하였습니다.

새마을 운동을 통해 국가가 목표로 내세운 것은 두 가지였습니다. 그 한 가지는 농민의 근면, 자조, 협동하는 정신계발이고, 또 한 가지는 농촌의 생활환경을 개선하여 실질적으로 농촌의 소득을 증대시키는 것이었습니다. 이 두 가지 측면 모두에서 새마을 운동은 상당한 성공을 거두어, 이후 도시 새마을 운동, 공장 새마을 운동으로 확대되었습니다. 이에 따라 새마을 운동은 명실공히 전 국민을 대상으로 한 운동으로 전개되었던 것입니다.

새마을 운동과 새마을 교육은 어떤 관계에 있는 것일까요? 새마을 교육에 대한 정의는 다음과 같습니다.

　　새마을 교육은 일부 국민만을 대상으로 하는 교육이 아니라 전 국민을
대상으로 하는 국민교육이다. 직업별, 성별, 연령별, 계층별, 신앙별 차별이
없이 실시되는 교육이다. 농어민만을 교육하는 것이 아니라 공장의 근로
자도, 상업인도, 군인도, 관리도, 교육자도 누구나 받는 교육, 다시 말하여
농, 공, 상, 군, 관, 사(士) 할 것 없이 전 국민이 받는 교육이고, 이 점에서 종
래의 어떤 교육과도 다르다. 남자나 여자나, 어른도 아이들도, 지위가 높
은 자도 낮은 자도, 시골에서나 도시에서나 어디서나 실시되는 것이 새마
을 교육이다.

　　새마을 교육은 형식상 학교 새마을 교육과 사회 새마을 교육, 그리고
새마을 기술교육으로 대별되었지만 사실 학교와 사회, 마을이 혼연일
체된 교육이었습니다. 학교 새마을 교육의 목표가 "국민교육헌장의 이
념 하에 학교교육을 통하여 학생과 향토 주민에게 새마을 정신을 함양
함으로써 향토 개발과 국가발전에 공헌하는 실천적인 한국인을 육성한
다"고 되어 있듯이, 그 대상은 학생들에게 한정되지 않았던 것입니다. 실
제로 학교 새마을 교육은 가정과 학교를 직결한 어머니교실, 주부교실
의 장소가 되고 있으며, 학교주변 환경정비, 미화작업, 청소, 이웃돕기, 교
통정리, 사회정화 캠페인, 봉사 활동 등의 제반 활동에 있어서도 학생과
지역 주민이 함께 참여하였습니다. 1972년부터는 전국 2,000여 개의 학
교를 개방, 새마을 학교를 개교하여 일반 성인들을 대상으로 정신계몽
교육을 시행하고, 158개의 실업계 고등학교를 상설 새마을 학교로 만들
었습니다. 새마을 학교의 교육내용은 정신 계몽이 절반이고 나머지 절반
은 새마을 기술교육으로 1973년부터 10년간 47만 명의 국민에게 증산

기술, 건전한 국민윤리, 합리적인 생활태도 등에 대한 교육을 시행하였습니다. 그리고 1974년부터는 모든 마을을 순회하며 농민들을 대상으로 영농 기술교육, 가족계획교육을 실시하였습니다.

학교를 중심으로 한 새마을 교육뿐만 아니라 1972년 7월 2일, 수원에 새마을 지도자 연수원을 설립한 것을 시작으로 전국에 80여 개의 교육 기관이 설립되어, 새마을 지도자, 사회 지도층 인사, 고급 공무원부터 일반 국민에 이르기까지 정신교육 및 기술교육을 실시하였습니다. 그 교육 실적은 1980년 10월 말까지 연인원 6,800만 명에 이른 것으로 집계되고 있습니다. 이 밖에 TV, 영화, 라디오, 신문, 잡지, 사진전시, 포스터, 새마을 문예창작, 종합월간지, 학술 강연회, 연구논문 발표대회, 연구논문 책자 발간, 기타 유인물 등의 방법을 통해 새마을 운동은 광범위하게 홍보되었습니다.

결론적으로 새마을 운동과 새마을 교육은 두 가지 별개의 것이 아니라 바로 같은 것이었습니다. 새마을 운동의 주관 부서인 내무부에서도 새마을 교육은 "주지주의적 교과나 지식의 전달이 아닌 체험적 상호 교육의 방법을 채택하고 있으며" 따라서 "결과적으로 새마을 사업 자체가 국민교육의 과정이었으며, 잘살 수 있는 길이 무엇인가를 배우고 익히는 주민 훈련장으로서의 역할을 하였다"고 말하였습니다.

이상에서 살펴본 바와 같이 새마을 교육은 전 국민을 교육의 장으로 내몰아 경제발전에 적합한 인간으로 개조하는, 이른바 발전교육론의 이념을 잘 드러내주고 있습니다. 단지 그것뿐일까요? 발전교육론은 특정한 교육적 인간상을 설정하고 이를 만들어내는 데 적합한 교육내용을 주입하는 '주물모형'의 한 종류이기 때문에, 그것은 언제든지 독재정권의 정권유지 수단으로 활용될 소지를 안고 있습니다. 새마을 교육 역시 박정희 정권의 정치적 정당성 창출의 주요 수단으로 적극 활용되었으며 이후 영구 집권을 정당화하는 유신 교육으로 이어졌던 것입니다.

전통교육의 단절

교육이 국가발전·경제발전의 수단이 되어야 한다는 발전교육론은 두 가지 측면에서 비판을 받고 있습니다. 그 한 가지는 발전교육론은 교육의 내재적 가치를 부정하고 동시에 교육의 주체인 학생을 대상화하고 있다는 윤리적인 비판이며, 또 한 가지는 과연 발전교육론이 60~70년대 우리나라 경제발전에 실질적으로 기여했는지 의심스럽다고 하는 사실적인 비판입니다. 전자의 경우 그 비판의 주체는 물론 서양의 두 가지 교육 모형 중 '주물모형'을 지지하는 사람들입니다. 즉 교육이란 학습자가 가지고 있는 성장 가능성을 최대한 신장시키도록 도와주는 것이라는 입장에서, 특정한 교육목표를 설정하고 이에 적합한 인간을 붕어빵 찍어내듯이 만들어내는 발전교육론은 용납하기 어려웠던 것입니다.

후자의 경우 비판의 논지는 60~70년대 우리나라의 산업구조상 발전교육론에서 제시한 인간형은 불필요하였다는 것입니다. 즉 당시의 경제성장은 새로운 상품의 개발보다는 외국의 부품을 수입하여 그것을 단순히 조립·가공하여 수출하는 것에 의존하였기 때문에, 발전교육론을 통해 양성코자 했던 진취적이고 창의적인 인간상은 실제로 양성되지도 않았고, 또 양성되었다고 해도 산업현장에 전혀 도움이 되지 않았을 것이라는 비판입니다. 사실대로 말하면 새마을 교육은 오히려 발전교육론자들이 인간 행동의 계획적 변화를 통해 박멸하려 했던 전통적인 윤리 규범, 즉 근면성·순종심·질서의식과 같은 유교적인 윤리 규범을 재생산하였습니다. 그리고 이러한 교육을 통해 양성된 순종적이고 근면한 기능 인력은 "내가 만든 물건이 세계에 수출되어 사용된다고 하니 기뻐요." 하면서 열악한 작업 환경과 극도의 저임금을 감내해냈던 것입니다.

이 두 가지 비판은 우리가 지금 누리는 있는 경제적 풍요의 필연적 대가인지도 모릅니다. 그보다도 우리가 간과해서는 안 될 발전교육론의 보다 근본적인 문제는 발전교육론을 통해 우리의 전통교육이 단절되었다는 것입니다. 박정희는 우리 교육의 뿌리를 끊어 발전교육론이라는 화분에 옮겨 심었습니다. 그는 '조국 근대화'라는 이름으로 동구 앞 정자나무를 잘라내고, 초가집의 지붕을 강제로 철거한 대신 회색빛 슬레이트를 얹었습니다. 또 미신을 유포한다며 무속인을 잡아 가두고 농악과 남사당패의 공연을 금지시켰습니다. 일제하 40년을 통하여 뿌리째 잘려 나가 근근이 명맥을 유지해오던 전통문화와 전통교육은 박정희의 인간개조와 발전교육론을 통해 그리고 새마을 교육과 유신 교육을 통해 완전히 박멸되었던 것입니다.

박정희 시대의 교육 이후 우리는 전통교육을 일제 식민지 교육과 같은 것으로 착각하면서 살아왔습니다. 그래서 우리의 전통교육은 교사 중심, 교과서 중심, 주입식·일제식·강의식 교육방법이라고 생각해왔습니다. 그리고 왜 우리 교육이 획일식·주입식 교육을 탈피하지 못하는가 하는 원인이 바로 우리의 전통교육의 잔재가 강고하게 영향을 미치기 때문이라고 주장해왔던 것입니다. 누누이 언급하였듯이 우리의 전통교육과 일제 식민지 교육은 전혀 다릅니다. 물론 전통교육이 박정희가 추진했던 근대화 교육의 장애 요인이었던 것은 분명합니다. 그러나 '압축적 근대화'가 초래한 온갖 모순들이 가장 첨예하게 드러나고 있는 우리나라에서 우리의 전통교육은 향후 우리 교육이 나아가야 할 방향을 가장 분명하게 제시하고 있습니다.

10

우리의 교육지표 사건

유신 말기의 교육

1975년 5월 13일 긴급조치 9호를 선포한 박정희 정권은 일주일 후 전국 98개 대학 총학장회의에서 전국 고교 및 대학에 학도호국단을 결성하고 대학에서는 군사교육을 강화하도록 지시하였습니다. 또한 이듬해 문교부는 교수 재임용제를 단행하여 416명의 교수를 대학에서 추방하였습니다. 대학에는 기동타격대 버스가 상주하고 중앙정보부 요원, 사복형사, 형사기동대 요원들은 학생과 교수들의 언동을 샅샅이 감시하고 있었습니다. 1978년 9월 14일 고려대 기관원 초소에서 발견된 '경비일보'라는 이름의 일일 보고서에는 ㉠ 학내 분위기, ㉡ 교수 및 학생의 언동, ㉢ 교수의 지도력과 영향력, ㉣ 어제 있었던 일, ㉤ 경찰의 조치, 그리고 강의실, 도서관, 학생회관, 나무그늘 등 장소별로 학생들이 얼마나 모여 있는지 매일 보고하도록 기록되어 있었습니다.

그럼에도 1975년부터 시작된 학원 시위는 1976년부터 점차 격화되어 77년 봄과 가을에는 대규모 유혈 시위로 전개되기 시작하였습니다. 77년 10월 7일 서울대에서 전개된 시위에는 1,500여 명의 학생들이 참여하여 400여 명이 연행되고 8명 구속, 23명 제적, 38명 정학 등 대량의 학사 징계를 초래하였습니다. 또한 무장 경찰의 군사작전을 방불케 하는 시위진압은 경찰 학생 쌍방 간에 수많은 부상자를 발생시켰습니다.

이러한 학생 시위에 대해 교수들은 침묵으로 일관하였습니다. 교수 재임용제의 실시 후 교수들은 학생들의 동태를 감시하고 시위를 막는 역할까지 맡아야 했으며, 연구 활동과 교수가 아니라 학생들의 시위 참여 저지로 자신의 능력을 평가받게 되었습니다. 초·중등 교육도 마찬가지였습니다. 유신헌법이나 정부에 대한 어떠한 비판도 결코 용납되지 않았습니다. 수업시간에 정부에 비판적인 발언을 한 교사들은 당장 그 다음 날부터 학교에서 보이지 않게 되었습니다. '우리의 교육지표 사건'은 이러한 상황 속에서 발생하였습니다. 절대 권력의 강압에 맞서 양심적인 교수들이 민주교육, 인간교육을 주장하며 일어섰던 것입니다.

「우리의 교육지표」 선언

1978년 6월 27일 전남대학교 교수 11명은 국민교육헌장의 내용을 조목조목 비판한 뒤, 이러한 헌장은 우리의 교육지표가 될 수 없다고 주장하여 다음과 같은 성명서를 발표하였습니다.

······대학인으로서 우리의 양심과 양식에 비추어 볼 때 오늘날 교육의 실패는 교육계 안팎의 모든 국민으로 하여금 자발적인 일치를 이룩할 수 있게 하는 민주주의에 우리 교육이 뿌리박지 못한 데서 온 것이다. 국민교육헌장은 바로 그러한 실패를 집약한 본보기인 바, 행정부의 독단적 추진에 의한 그 제정경위 및 선포절차 자체가 민주교육의 근본정신에 어긋나며 일제하의 교육칙어를 연상케 한다. 뿐만 아니라 그 속에 강조되고 있는 형태의 애국애족교육도 그냥 지나칠 수 없는 문제를 안고 있다. 지난날의 세계역사 속에서 한때 흥하는 듯하다가 망해버린 국가주의 교육사상을 짙게 풍기고 있는 것이다. 부국강병과 낡은 권위주의 문화에서 조상의 빛난 얼

을 찾는 것은 잘못이며, 민주주의에 굳건히 바탕을 두지 않은 민족중흥의 구호는 전체주의와 복고주의의 도구로 떨어질 위험이 있다. 또 능률과 실질을 숭상한다는 것이 공리주의와 권력에의 순응을 조장하고 정의로운 인간과 사회를 위한 용기를 소홀히 하는 결과가 되어서는 안 된다……

이에 우리의 교육자들은 각자가 현재 처한 위치의 차이나 기타 인생관, 교육관, 사회관의 차이를 초월하여 다음과 같은 우리의 교육지표를 합의하고 그 실천을 다짐한다.

1. 물질보다 사람을 존중하는 교육, 진실을 배우고 가르치는 교육이 제대로 이루어지기 위하여 교육의 참 현장인 우리의 일상생활과 학원이 아울러 인간화되고 민주화되어야 한다.
2. 학원의 인간화와 민주화의 첫걸음으로 교육자 자신이 인간적 양심과 민주주의에 대한 현실적 정열로써 학생들을 가르치고 그들과 함께 배워야 한다.
3. 진실을 배우고 가르치는 일에 대한 외부의 간섭을 배제하며, 그러한 간섭에 따른 대학인의 희생에 항의한다.
4. 3·1정신과 4·19정신을 충실히 계승전파하며 겨레의 숙원인 자주평화통일을 위한 민족역량을 함양하는 교육을 한다.

이 성명서가 발표되자 그날로 서명한 전남대학교 11명의 교수들은 중앙정보부 전남지부로 연행되었습니다. 이들은 이틀씩 조사를 받고 풀려났지만, 그 가운데 송기숙 교수는 긴급조치 9호 위반혐의로 구속되었습니다. 물론 풀려난 교수들도 전원 해직되었습니다.

당초 이 성명은 연세대 해직교수인 성내운 교수와 전남대 송기숙 교수가 작성하여 전남대 교수들뿐만 아니라 광주 및 서울의 각 대학 교수들에게 서명을 받아, 내외 언론에 동시에 발표하기로 계획되어 있었습니다. 그러나 서울에서 서명 작업이 늦어지고 또 기관에서 눈치를 채는 바람에 전남대 교수들만의 서명으로 발표되었던 것입니다. 이후 서울에서 서명에 참여한 이화여대 이효재 교수가 수사기관에 연행되어 조사를 받았으며, 성내운 교수도 마침내 1979년 1월 체포되어 긴급조치 9호 위반으로 구속되었습니다.

우리의 교육지표 선언은 오늘날의 시각으로 보면 지극히 당연한 주장이라고 할 수 있습니다. 그럼에도 불구하고 이러한 성명서를 발표했다는 것 자체로 구속되고 해임되는 사태가 초래되었던 이유는 무엇일까요? 송기숙 교수에 대한 검찰의 공소사실에 기록되어 있듯이 "국민교육헌장과 현재의 교육제도를 비방하는 내용의 성명서"를 발표한 것이 죄가 되는 것일까요? 한마디로 국민교육헌장에 대한 비판은 왜 금지되었던 것일까요?

국민교육헌장과 유신 교육

국민교육헌장은 1968년 6월 15일 박정희 대통령이 권오병 문교장관에게 제정을 지시함으로써 시작되었습니다. 박대통령은 이 자리에서 "한국의 근대화 과정에서 국민교육의 장기적이고 건전한 방향의 설정과 시민생활의 건전한 생활윤리 및 가치관의 확립은 민족 만년의 대계를 위해 중요하니, 각계각층을 총망라해서 민족주체성의 확립에 기여할 수 있도록 연구할 것"을 지시하였습니다.

국민교육헌장 제정을 위한 기초 작업은 박성탁, 김동욱 장학관 및 은용기, 김종빈 편수관 등에 의해 이루어졌으며, 이러한 기초 작업을 통하여 바람직한 인간상 내지는 국민상의 정립에 필요한 덕목들이 범주별로 분류되어 정리되었습니다. 이 덕목을 근거로 박종홍, 이은상, 이인기, 유형진, 정범모 등 26인의 헌장 초안 기초위원들은 약 일주일간의 작업 끝에 초안을 완성하여 7월 26일 청와대에서 박정희 주재 아래 첫 심의회를 열었습니다.

한편 문교부는 7월 23일 44명의 국민교육헌장 심의위원을 발표하였습니다. 심의위원은 교육계, 문화계, 종교계, 언론계, 경제계, 정계, 정부 대표를 망라하는 인물로 구성된 바, 결코 박정희 개인에 대해 호의적인 인물만을 선정한 것은 아니었습니다. 헌장 심의위원 명단은 다음과 같습니다.

교 육 계 – 박종홍, 이인기, 최문환, 임영신, 이종우, 김옥길, 이선근, 엄경섭, 한홍수, 고황경, 권오익, 유형진, 백현기, 정범모 (이상 14명).

문 화 계 – 이병도, 박종화, 김팔용, 이은상, 안호상(이상 5명).

종 교 계 – 한경직, 최덕신, 이청담, 김수환(이상 4명).

경 제 계 – 박두병, 홍재선(이상 2명).

언 론 계 – 고재욱, 장기영, 장태화, 최석채(이상 4명).

정　　계 – 이효상, 윤제술, 길재호, 박순천, 육인수, 백남억, 김성희, 고흥문(이상 8명).

정부대표 – 정일권, 박충훈, 권오병, 이석제, 홍종철, 김원태, 박희범 (이상 7명).

헌장 심의위원 명단에 대해서는 이견이 있습니다. 즉 유형진은 50명이라고 하고(「국민교육헌장 제정의 비화」, 『교육평론』 1978년 11월, 23쪽), 국민교육협의회의 『국민교육헌장의 자료총람』(22~23쪽)에서는 44명, 한국청년문화연구소의 『한국교육2000년사』(377쪽)에는 48명으로 기록하고 있습니다.

위의 명단에서 보듯이 국민교육헌장은 당시 각 분야의 지도급 인사들이 참여하여 작성하였습니다. 이들은 6차에 걸친 수정 작업에 참여하여, 11월 26일 정기국회 본회의에 수정안을 상정, 마침내 국회 24차 본회의에서 만장일치로 통과시켰습니다. 이어 박정희 대통령은 12월 5일 시민회관에서 국민교육헌장을 전 국민에게 선포하였던 것입니다.

국민교육헌장은 제정 직후 그 실천을 위해 강력한 행정조치가 내려졌습니다. 우선 전국의 학생, 공무원에게 국민교육헌장을 암송하도록 하는 한편, 필요한 곳에 반드시 이를 게시하고, 행사 때에는 이를 반드시 낭송하도록 하였습니다. 학교교육에도 국민교육헌장 실천을 위한 강력한 조치가 내려졌습니다. 첫째, 교육과정 개편 시 헌장이념 구현을 기본 방향으로 하고, 둘째, 헌장이념을 기반으로 교과서의 모든 내용을 재검토하여 개편하고, 셋째, 모든 장학자료를 통해 헌장이념 구현의 구체적 방법을 제시하고, 넷째, 학생들의 일상생활도 반드시 헌장의 규범에 입각하도록 하였습니다. 물론 새마을 교육을 위시한 사회교육의 경우도 이와 유사한 방식으로 강력한 시행조치가 내려졌습니다. 그리고 문교부는 『국민교육헌장 독본』 265만 부, 초등학교 학생들을 위한 『헌장 그림책』 130만 부를 제작·배포하였고 또 헌장이념을 담은 영화와 음반을 제작·보급하였습니다.

그러나 헌장 속에 들어 있는 온갖 미사여구에도 불구하고 국민교육헌장은 1994년 초 모든 교과서의 속표지에서 사라졌습니다. 폐지의 이유는 '우리의 교육지표'에서 주장하였듯이, 국민교육헌장이 권위주의 시대에 만들어진 국가주의적 교육이념이라는 것이었습니다. 그렇다면 어떤 점에서 국민교육헌장이 국가주의의 교육이념을 담고 있다고 할 수 있을까요?

국민교육헌장 선포 1주년 기념식에서 박정희는 국민교육헌장의 제정 의의를 "우리 민족이 지녀야 할 시대적 사명감과 윤리관을 정립한 역사의 장전이며, 조국 근대화의 물량적 성장을 보완, 촉진시켜 나갈 정신적 지표이며, 국가의 백년대계를 기약하는 국민교육의 실천지침"이라고 요약하였습니다.

이러한 내용은 2주년 기념사에서는 "고도성장의 추세를 보완, 촉진시켜 나갈 정신사의 혁신과 우리 고유의 정신적 전통의 재현 그리고 70년대의 우리들의 사명감을 간결히 집약한 국민교육의 지표"라고 재정리되고, 3주년 기념사에서는 "근대화의 물량적 성장을 이끌어 나아갈 올바른 윤리관과 민족을 규정한 정신계발의 지침"으로 전개되었습니다. 이처럼 박정희는 국민교육헌장을 '경제발전을 위한 국민정신의 개조'로 재해석하기 시작하였으며, 이러한 재해석의 결론은 그가 창안했다고 주장되는 '제2경제'의 개념과 정확하게 일치하게 됩니다. 이러한 사실을 박정희는 결코 숨기려 하지 않았습니다.

……제2경제라는 용어 자체는 확실히 정신이, 물질적 가치를 뜻하는 경제보다 앞서야 되리라고 보는 측에서는 아무래도 '제2'라는 표현이 선뜻 납득이 가지 않았던 것이고 그만큼 물의도 있었던 것이다. 이리하여 보다 순화된 표현 내지 좀 더 구체적인 교육지표의 설정 제시가 요망케 되자 그것은 '국민교육헌장'의 제정, 공포로 발전했던 것이다. 실로 제2경제는 그 용어의 표현 이상으로, 당시 한국교육계 및 국민 일반사회에 팽배해 있던 가치관의 혼란, 교육이념의 부재현상이라는 것의 대증요법으로서 정부가 취한 긴급조치였다는 점에서 그 교육사적인 의의를 찾아볼 수 있는 것이다.

이러한 말에서 분명히 알 수 있듯이 국민교육헌장은 그 수많은 개념과 덕목의 압축에도 불구하고 그 핵심개념은 '근대화'이고, 또 근대화를 위한 '의식의 개조'였다고 할 수 있습니다. 즉 교육을 국가발전·경제발전의 수단으로 보는 '발전교육론'의 구체적 장전이었던 것입니다. 따라서 국민교육헌장은 70년대의 안보교육, 국적 있는 교육, 민족주체성 교육의 토대가 되었습니다. 그리고 마침내 1972년 10월 유신의 선포 후, 박정희는 국민교육헌장 선포 4주년 기념사에서 "10월 유신의 정신이 국민교육헌장의 이념과 그 기조를 같이하는 것이며, 이 헌장이념의 생활화는 곧 유신과업을 주체적으로 실천하는 첫길"이라고 선언하여 '10월 유신=국민교육헌장'의 등식을 완성하였던 것입니다. 따라서 국민교육헌장에 대한 비판은 유신헌법에 대한 비판과 동일한 것으로 간주되어, 송기숙 교수는 당연히 유신헌법에 대한 어떠한 "부정·반대·왜곡 또는 그 개정 또는 폐기를 주장·청원·선동 또는 선전하는 행위를 금하는" 긴급조치 9호를 위반한 것이 되었던 것입니다.

1993년 7월, 야당 국회의원들이 오병문 문교장관에게 국민교육헌장의 폐지 용의를 묻자, 오장관은 "폐지 쪽으로 방향을 잡고 관계기관과 협의하겠다"고 답변하였습니다. 다음 달 오장관은 서울대 교육연구소에 국민교육헌장 폐지의 타당성 여부를 연구토록 의뢰하였습니다. 그리고 그 연구 결과에 관계없이 1994년 이후 모든 교과서에서 국민교육헌장을 삭제하였습니다.

'우리의 교육지표 사건'의 의미

송기숙 교수는 '우리의 교육지표 사건'의 1심 공판에서 당시의 교수들의 처지를 다음과 같이 증언하였습니다.

······4·19날에 우리 교수들이 무엇을 하는지 아는가? 4월 19일은 물론 그 앞뒤로 며칠간을─그리고 바로 지난번 통일주체국민회의 대의원 선거 때도 그랬다─교수들이 마치 강의시간표 짜듯이 누구는 도서관 앞에서 몇

시부터 몇 시, 누구는 사범대학 벤치 옆에서 몇 시부터 몇 시, 이런 식으로 보초를 서서 학생들을 감시해야만 했다. 뿐만 아니라 학생들이 학원 안에서 진실을 얻어들을 기회가 없기 때문에 교회나 강연회 같은 데에서 소위 문제 인사들이 이야기하는 것을 들으러 가면 교수들은 또 시내에서조차 지정된 시간, 지정된 장소에서 보초를 서야 된다. 서 있다가 자기가 맡은 학생이 오면 어떻게든지 그를 붙들어서 강연이 끝나는 시간까지 딴 데서 보내도록 해야 된다. 나도 YMCA 앞에서 보초를 섰다가 내가 맡은 학생들을 데리고 가서 저녁을 사주었고 술도 사주었다.

8월 28일 광주지법 합의 3부는 송기숙 교수에게 징역 및 자격정지 각 4년을 선고하였습니다. 그러나 우리의 교육지표 사건은 광주지역의 전남대학교와 조선대학교 학생들의 대규모 시위를 촉발하여, 2년 후 광주민주항쟁의 씨앗이 되었습니다. 또한, 자유실천문인협의회, 양심수가족협의회, 한국인권운동협회, 한국기독교협의회 인권위원회 등 수많은 민주단체들이 이를 '한국교육사의 새로운 장'을 연 사건이라고 지지 성명을 발표하여, 우리의 교육지표 사건은 1980년대 교육 민주화운동의 이념적 지표가 되었습니다.

11

무즙 파동과 창칼 파동

입시문제의 기원

우리나라 교육의 최대 문제가 대학입시인 것은 의심의 여지가 없습니다. 대학입시는 현상적으로 보면 대학에 진학하려는 학생과 대학 정원과의 불균형에서 비롯됩니다. 그러나 보다 정확하게 말하면 현재 우리나라의 대학이 1등부터 100등까지 서열화되어 있기 때문이라고 할 수 있습니다. 학생과 학부형들은 한 단계라도 높은 대학에 진학하기 위해 수단과 방법을 가리지 않습니다. 그리고 고등학교뿐만 아니라 모든 학교급에서도 궁극적인 목적을 대학입시에 두고 있기 때문에 교육과정의 파행적인 운영은 불가피합니다. 그래서 대학입시가 모든 교육문제의 근원이 되고 있는 것입니다. 따라서 대학입시 문제, 나아가 교육문제의 근본적인 해결은 대학의 서열을 없애는 것이라고 할 수 있습니다. 물론 이러한 시도가 없었던 것은 아닙니다. 여러 정권을 거쳐 대학을 특성화하여 서열을 파괴하려는 시도가 있었지만 결국 실패하고야 말았습니다. 그렇다면 이제 남은 방법은 모든 대학을 평준화하는 것밖에는 없지 않을까요?

대학 평준화가 입시문제 해결의 궁극적인 방법이 될 수밖에 없음은 1968년 7월 15일 공포된 중학교 무시험 진학과 이에 따른 중학교 평준화 정책을 통해 잘 알 수 있습니다. 중학교 평준화 이전 모든 교육문제는 중학교 진학에 달려 있었습니다. 소위 일류 중학교에 입학만 하면 일류 고등학교를 거쳐 일류 대학에 들어가는 것은 당연한 것이었습니다. 따라서 모든 학부형들의 관심은 일류 중학교 입학에 쏠려 있었고, 이로 인해 과외문제와 초등학교 교육과정의 파행적 운영이 심각한 문제로 대두되었습니다. 초등학교 학생들은 4학년만 되면 중학교 입시 공부로 인해 제대로 수면을 취할 수 없어, 정서적·신체적 발달에 심각한 장애를 초래하였습니다. 그러나 1968년의 중학교 평준화 정책의 결과, 모든 교육문제는 다시 고등학교 입시문제로 이관이 되었습니다. 그리고 1974년 마침내 고교 평준화가 이루어지자 이제 대학입시가 모든 교육문제의 근원이 되어버렸던 것입니다.

입시문제는 댐에 비교될 수 있습니다. 중학교 평준화로 중학교 입시라는 댐이 파괴되자 그 입시의 물은 고등학교라는 댐으로 유입되어 고등학교 입학이 모든 학생과 학부형들의 최대 관심이 되고, 다시 고교 평준화 정책으로 고등학교 입학의 댐이 파괴되자 그 물결이 대학입학으로 유입된 것입니다.

이렇게 볼 때 무즙 파동과 창칼 파동은 오늘날의 대학입학과 관련된 각종 부정과 고액 과외문제와 고등학교까지의 파행적 교육과정 운영의 기원이라고 말할 수 있습니다.

무즙 파동과 창칼 파동

무즙 파동은 1964년 12월 7일 실시된 서울시내 전기 중학 입시문제의 정답 시비를 말합니다. 선다형으로 출제된 자연과 18번 문제는 "엿기름 대신 넣어서 엿을 만들 수 있는 것이 무엇인가?"라는 것이었습니다 그런데 답지 중 공동 출제위원들이 정답으로 생각한 '디아스타아제' 대신 '무즙'도 정답이 될 수 있다는 것이 문제가 되었던 것입니다. 정답이 두 가지가 될 수 있다는 것이 문제가 되자 당시 서울시 교육감이었던 김원규는 시험 당일 저녁, 문제가 된 18번의 모든 답을 맞는 것으로 처리한다고 발표하였습니다. 그러나 이번에는 디아스타아제를 정답으로 표기한 학부형들이 가만히 있지 않았습니다. 한 문제를 맞고 틀리는 것에 따라 합격과 불합격이 결정되고 나아가 일류대학의 진학 여부가 결정되는 마당에 이를 감내할 학부형은 없을 것이기 때문입니다. 이에 11일 서울시 교육위원회는 당초대로 디아스타아제만을 정답으로 한다고 최종 결정하고 말았습니다.

무즙을 정답으로 표기한 학부형들은 모든 일을 팽개친 채 집단으로 서울시 교육위원회와 문교부를 찾아가 거세게 항의하였으며, 12월 22일 무즙으로 만든 엿을 솥째로 들고 교육위원회를 찾아와 시위를 벌이기도 하였습니다. 그래도 이들의 요구가 전혀 받아들여지지 않자 마침내 입시 합격자 확인 소송을 서울 고등법원에 제기하였습니다. 그리고 서울 고등법원은 1965년 3월 30일 무즙과 디아스타아제가 모두 정답이라는 판결을 내렸던 것입니다. 이 판결에 따라 무즙 때문에 낙방했던 38명이 모두 구제되었습니다. 이들은 경기중 30명, 경복중 3명, 서울중 4명, 경기여중 1명 등이었습니다. 그리고 이 사건의 결과 경기중학과 경복중학의 두 교장은 전보 발령되고 서울시 교육감은 사퇴하였습니다.

창칼 파동도 마찬가지입니다. 무즙 파동 4년 후인 1968년 서울시내 전기 중학교 입시문제 중 미술과 13번 문제의 정답이 분명하지 않았던 것입니다. 문제는 "목판화를 새길 때 창칼을 바르게 쓰고 있는 그림은 어떤 것인가?"인데 교육위원회에서 정한 정답이 애매하였습니다. 이에 경기중학에서는 정답이 될 수 있다고 판단된 답지 2번과 3번을 모두 정답으로 채점하였습니다. 이러한 이중 정답으로 채점하는 바람에 낙방한 학부형들은 경기중학교 교장, 교감, 서무과장 등 3인을 호텔에 연금하고 서울시 교육위원회 채점표대로 채점해줄 것을 요구하였습니다. 그리고 요구가 받아들여지지 않자 이들도 역시 법정투쟁에 나서 서울고등법원 특별부에 합격 확인 소송을 제기하였습니다. 이듬해 서울고등법원 재판부는 문제가 된 미술과 13번 문제에 대해 경기중학에서 복수 정답을 채택한 것은 재량권 남용이라는 판결을 내리고 이로 인해 떨어진 17명을 구제하라고 판결을 내렸습니다. 그러나 1968년 10월 22일 대법원은 경기중학의 정답 처리가 정당하고 재량권을 벗어난 것이 아니라고 판결하여 이를 고등법원에 환소함으로써 이 사건은 종결되었습니다.

무즙 파동과 창칼 파동은 중학입시가 모든 것을 결정하는 따라서 모든 교육문제가 중학입시에 귀결되는 상황에서 필연적인 것이었습니다. 그리고 이러한 파동은 결국 1968년 7월 15일 소위 '7·15 교육혁명'이라고 불리는 중학교 무시험 진학 정책을 낳게 되었던 것입니다.

중학교 무시험 진학 정책과 문제점

1968년 7월 15일에 발표된 중학교 무시험 진학제도는 그것을 '7·15 교육혁명'이라고 부를 만큼 급작스러운 것이었습니다. 1967년 5월 21일 제17대 문홍주 문교장관이 물러나고 제18대 장관으로 취임한 권오병은 다음 해 2월 중학교 무시험 진학을 골자로 하는 입시제도 개선안을 발표하고, 그해 10월에는 대학입학 예비고사 제도의 실시를 공포하고, 그리고 마침내 그해 12월 국민교육헌장을 제정하였던 것입니다. 이 세 가지 교육개혁을 당시 언론은 세 개의 폭탄에 비유하였습니다.

중학교 무시험 진학제도의 골자는 1969학년도부터 중학교 입학시험을 폐지하고, 중학교를 군으로 나누어 추첨으로 입학을 결정한다는 것이었습니다. 그리고 세칭 일류 중학교로 불리는 공사립 중학교 50여 개를 연차적으로 폐지하고 그 시설을 고등학교로 전용한다는 것이었습니다. 문교부가 발표한 중학교 무시험 진학제도로의 개혁 이유는 철저히 '교육적'인 것이었습니다. 즉 "첫째, 충분한 수면과 운동을 통해 어린이의 정상적 발달을 촉진한다. 둘째, 초등학교의 입시준비 교육을 지양하고 과열 과외공부를 해소하며, 입시로 인한 가정의 부담을 경감한다. 셋째, 극단적인 학교 차를 해소하고, 학교의 균형적 발전을 도모한다"는 것이었습니다.

무시험제도 발표 당시 문교부가 세운 실시 계획에 따르면 추정된 중학교 지원자 수는 10만 1,409명이었습니다. 그리고 이 지원자들을 수용하기 위해 소요되는 학급 수는 1,406개로 계산하였습니다. 이 계산에 따르면 482개 학급 증설이 필요하게 되는데 문교부는 이에 대해 263개 학급은 23개 학교를 신설하여 해결하고 나머지 219개 학급은 기존의 64개 학교에 증설토록 하겠다고 발표하였습니다. 그리고 추첨 실시에 따른 사무처리를 위해 각 학군별로 국민학교장, 중학교장, 학부모, 법조계, 언론계, 행정기관 대표로 구성되는 추첨관리위원회를 구성하겠다고 발표하였습니다.

그런데 7·15 입시개혁이 발표되던 당시 서울시내 초등학교에 재학하고 있는 학생 수는 10만 1,000명이 아니라 10만 4,000명이었으며, 여기에 무시험 진학에 자극되어 시골에서 2,500명의 학생이 전입하였습니다. 그리고 중학교 수용 능력도, 폐지키로 한 경기, 서울, 경복, 경기여중, 이화여중을 제외하면 6만 5,000명에 불과하였습니다. 이러한 상황에 직면하여 문교부가 행한 대처 방식은 철저하게 '비교육적'인 것이었습니다. 먼저 문교부는 서울시 교육위원회로 하여금 전입 학생 중 공무원, 군인, 국영기업체 직원의 직계 자녀만을 전입생으로 인정하고, 나머지는 본래 학교로 되돌려 보냈습니다. 이렇게 해서 6학년 재학생 수는 10만 5,600명으로 줄게 되었으나 이 숫자도 수용 능력의 160%를 상회하는 것이었습니다. 다음으로 문교부는 교육법 시행령을 개정하여 당시 64명 한도로 되어 있는 중학교 학급당 학생 수를 70명으로 늘리고, 또 학년당 학급수도 15학급으로 늘려 과밀학급, 과대학급을 조장하였습니다.

뿐만 아니라 문교부는 소위 '진학지도'라는 것을 통해 지능이나 경제적으로 능력이 없는 학생들과 신체적으로 학업을 계속하기 어렵다고 판단되는 아이들을 선별하여 진학을 포기하도록 종용하였습니다. 이러한 진학지도는 문교부의 독려에 의한 일선 교사들의 적극적인 협조로 성공적으로 수행되어 무려 3,000명의 학생이 진학을 포기하였습니다. 그럼에도 불구하고 학교 신설과 학급 증설이 계획대로 진행되지 않자 문교부는 또 한 가지 교묘한 방법을 사용하게 되는데 이것은 소위 수혜자 부담의 원칙하에 등록금을 사립학교 수준으로 인상하고, 인상된 등록금을 사전에 예치한 학생에게만 추첨권을 준다는 것이었습니다. 이 방법은 특히 7·15개혁의 표방 명분인 '중학교 의무교육의 실시'라는 주장과 정면으로 배치되는 것으로서, 당시 여론에서도 등록금 사전 납부제를 '추첨권의 매입'이라고 격렬히 비판하였습니다. 그럼에도 불구하고 사실은 이 방법이 가장 큰 효과를 거두어 1969년 1월 25일 마감된 등록금 예치자는 9만 451명에 불과하였던 것입니다.

수용 능력 문제와 함께 해결해야 할 또 한 가지 시급한 과제는 중학교의 평준화 문제였습니다. 평준화 문제는 크게 교원과 시설의 평준화로 나눌 수 있는 바, 이 두 가지는 결코 단기간에 해결할 수 있는 것이 아니었습니다. 그럼에도 불구하고 문교부는 행정명령을 통해 즉각적인 해결을 시도하였습니다. 먼저 교원 평준화를 위해 1968년 9월 공립 중학교 교사를 대폭 이동시키고, 또 무능 교사를 적발하여 교단에서 추방하겠다는 것이었습니다. 그러나 중등학교 교사는 5년 순환 주기가 이미 관례화되어 있어 교사들은 이 조치에 크게 반발하였습니다. 결국 힘싸움 끝에 문교부는 폐쇄되는 5개 중학교 교사들을 신설 학교에 배치하고, 또 5년 기한이 찬 교사만 소폭 이동하는 것으로 그치고 말았습니다. 무능 교사 적발도 결과는 비슷해서 200명의 무능 교사를 적발하였지만 결과적으로는 25명의 무자격 교사들만 자격이 정지되고, 자격 상치 교사들에 대해서는 1969년 2월에 자격증 변경 시험을 보도록 문교부가 주선하는 것으로 그치고 말았습니다. 그리고 나머지 무능 교사들에 대해서는 겨울방학을 이용하여 5일간의 강습을 받도록 조치하였으나 해당 교사들의 반발과 심리적 영향을 고려하여 일반 교사들을 포함하여 2,000여 명의 교사들이 같이 강습을 받는 것으로 매듭이 지어지고 말았습니다. 결과적으로 교원 평준화는 교사들의 권위와 사기만 떨어뜨리고 실질적인 효과는 없었다고 평가할 수 있겠습니다.

시설 평준화의 경우도 무시험제도 발표 당시에는 거액의 국고 지원을 통해 해결하겠다고 해놓고 결국 '예산상의 이유'로 유명무실하게 되었습니다. 최복현 서울시 교육감은 1969년 1월 기자회견을 통해 추첨 전까지 교원 평준화와 시설 평준화 실적을 발표하겠다고 해놓고 추첨 전에도 후에도 그 결과를 발표하지 않았습니다.

무시험제도 실시 이후 입시지옥과 과열과외 문제는 크게 해소되었습니다. 무시험 진학이 처음 실시된 1969년 8월의 한 연구결과에 따르면 초등학교 학부형의 82.5%, 중학교 학부형의 75.1%, 그리고 초등학교 교사의 81.5%가 무시험 진학이 과열된 과외공부를 해소하는 데 공헌하였다고 답변하였습니다. 그러나 중학교 교육은 심각한 혼란에 빠져버렸습니다. 당시의 비판적인 논의가 7·15개혁이 '학교 간 차이'를 '학교 내 차이'로 전환한 것에 불과하였다는 것이었듯이, 중학교 교육은 다양한 이질집단의 지도가 심각한 과제로 등장하였습니다. 무시험으로 배정된 학생들의 IQ는 80부터 150까지이고, 몇몇 기초과목의 성적 차이는 0점부터

100점까지 크게 벌어졌습니다. 교사들은 한 학년 안에 실질적으로 2~3개 학년이 존재한다고 불평하며, 학습지도 및 교육과정의 정상적 운영이 불가능하다고 주장하였습니다. 그리고 학부형들은 학부형대로 학교교육에 대한 신뢰를 상실하여 학원이나 과외공부에 의존하려는 경향을 나타냈습니다. 또한 평준화가 확대 실시되면서 도시의 중학생 수용 능력의 한계로 농어촌 학생들의 도시 진학이 사실상 불가능해짐에 따라 지역 간, 계층 간 학력 격차를 심화시켰다는 비판도 제기되었습니다. 그리고 사립학교들은 등록금 인상이 제한받게 됨에 따라 심각한 재정난에 빠져들었고, 특히 종교계 사립학교들은 종교교육의 실시 금지 조처에 강력한 반발을 보였습니다.

중학교 무시험 진학제도를 현재의 입장에서 보면 일견 당연한 것처럼 보입니다. 특히 전후 베이비붐 시기에 태어난 아동들이 중학교에 진학하게 되는 1965년 이후 중학교 진학 경쟁은 앞서 무즙 파동과 창칼 파동 같은 커다란 사회문제로 비화될 만큼 심각한 것이었습니다. 그리고 당시 중학교의 진학 여부가 오늘날의 대학입학과 같이 사회적 출세를 위한 결정적인 계기였다는 점을 생각한다면, 중학교 무시험 진학제도는 하루라도 빨리 실시해야 하는 필연적인 것이었다고 생각하기 쉬울 것입니다. 하지만 앞에서 살펴본 바와 같이 중학교 무시험 진학제도는 1968년 당시에 실시하기에는 너무나도 무리가 많은 정책이었습니다. 당시는 초등학교 의무교육도 제대로 실시하기 벅찬 상황이었으며, 이를 위한 의무교육 시설확충 제2차 5개년 계획이 한참 추진 중이었습니다. 하물며 중학교 의무교육은 계획조차도 마련되지 못한 상황이었습니다. 그럼에도 불구하고 중학교 무시험 진학제도는 강행되었습니다. 그것도 아무런 준비나 계획도 없이 급작스럽게 실시되었던 것입니다. 그 이유는 다음에 살펴보겠지만 철저하게 정치적인 것이었습니다.

중학교 무시험 정책의 정치적 배경

정치적 요구는 끊임없이 권력의 확대 재생산을 추구한다는 것은 동서고금을 통해 변함없는 진리입니다. 어느 정권이든지 그 정권의 궁극적인 목적은 권력의 확대 재생산이며, 그 정권에 의해 이루어지는 제반 정책들은 궁극적으로 권력의 확대 재생산과 관련을 갖게 됩니다. 교육정책 또한 예외가 될 수는 없습니다. 일반적으로 교육정책의 정치적 기제는 국민들의 교육적 욕구에 대해 적절한 처치를 가해 그것이 결과적으로 권력의 확대 재생산에 기여하는 방식으로 나타나도록 합니다. 말하자면 교육정책의 동인이 표면화되면 그것을 해결하기 위한 정책입안으로부터 정책결정에 이르는 과정이 정치적 속성을 띠게 된다는 것입니다.

중학교 무시험 진학제도의 주체는 박정희가 아니라 권오병 문교장관입니다. 그러나 권오병 장관은 박정희의 분신이었다고 할 만큼 박정희의 신임이 두터웠습니다. 그는 이미 1965년 8월부터 1966년 9월까지 제16대 문교부 장관을 역임하여 박정희의 신임을 얻은 인물이었던 것입니다. 그러다가 당시 정일권 내각이 김두한 의원 오물투척 사건으로 일괄 사표를 제출할 때 잠시 법무부 장관으로 자리를 옮겼다가 다시 문교부 장관으로 복귀하였습니다. 그의 독선적 자세는 당시 여당 국회의원들도 못마땅하게 받아들여 소위 6·27항명 파동까지 일어나게 되어, 양순직 의원 등 5명의 여당 중진의원이 제명되는 사태가 발생하는데, 이는 박정희의 김종필 세력에 대한 견제의 의미도 있지만 박정희가 그만큼 권 장관을 아꼈다는 의미도 있다고 할 수 있습니다.

과연 박정희의 기대대로 권 장관은 취임 직후인 1967년 6월 15일 전국 28개 대학과 57개 고교에 휴학령을 내려 부정선거 반대 데모를 저지하는 등 각종 학생운동에 강경책으로 대응하였습니다. 여기서 잠시 박정희 시대 중 1968년의 의미를 살펴볼 필요가 있습니다. 바로 전해 5월 3일 실시된 제6대 대통령 선거에서 박정희는 윤보선을 백만 표 이상의 표 차로 따돌리고 대통령에 당선되었습니다. 그리고 6월 8일 실시된 국회의원 선거에서도−비록 상당한 부정이 있었다는 것이 밝혀지기는 했지만−전체 175석 중 129석을 차지해 안정적인 권력 기반을 확보하였습니다. 돌이켜 보면 1961년 5월 16일 이후 1967년까지는 한시도 마음을 놓을 수 없는 상황이었습니다. 1963년 실시된 대통령 선거에서 박정희는 윤보선을 겨우 15만 표 차로 가까스로 이겼을 뿐만 아니라 그 이후에도 한일협정 반대 데모 등 거센 도전이 끊임없이 이어져왔던 것입니다. 다행히 1967년에 제1차 경제개발 5개년 계획이 성공적으로 끝나게 되고, 이에 따라 민족이 니 통일이니 하는 구호 대신 성장률, GNP, 국민소득 등이 주요 관심으로 부상하면서 비로소 박정희 시대의 탄탄한 권력기반이 마련되었던 것입니다.

뿐만 아니라 1968년은 대외적으로도 위기의식이 고취되어 이를 대내적 통합으로 이용할 수 있는 사건이 많이 발생하였습니다. 1968년 1월 21일 김신조 등 31명의 무장공비가 서울에 침입하는 사건이 발생하였으며, 이틀 후인 1월 23일에는 동해상에서 미해군 정보 수집 보조함 푸에블로호가 승무원 83명을 태운 채 납북되어 미 핵항모인 엔터프라이즈호가 원산 앞바다에 긴급 출동하였으며, 오키나와 주둔 2개의 미 전투 비행 대대가 한국으로 이동하여 긴장이 극도로 고조되었습니다. 이런 상황에서 박정희는 2월 7일 향토예비군의 창설을 지시하여, 4월 1일 대전에서 향토예비군 창설식이 거행되었습니다. 그리고 4일 후인 4월 5일 국방부는 전국 고교생과 대학생 전원에 군사훈련을 실시키로 결정하였습니다.

중학교 무시험 진학제도는 바로 이러한 정치적인 상황에서 전격 발표되었습니다. 따라서 교육정책 시행의 일반적인 설명 방식인 국민들의 다양한 교육적 욕구가 있고, 이에 대해 정치 지도자들이 자신들을 지지하는 계층의 욕구를 선별적으로 수렴하는 방식으로 교육정책을 입안하여 집행하는 것으로 중학교 무시험 진학 정책을 설명하기는 어렵다고 할 수 있습니다. 중학교 무시험 진학 정책은 다양한 정책 대안 중 하나를 선택하는 방식으로 이루어진 것이 아니라 국가의 일방적인 구상으로 시행되었습니다. 물론 대한교련을 중심으로 하여 당시 사회 각계에서는 "600만 어린이를 입시지옥으로부터 구출하자"라는 슬로건 하에 '과외 추방 운동'과 '즐거운 과외공부 펴기 운동' 등을 활발히 전개하기도 하였다. 또한 50년대 중반 이후 중학교 입시 폐지론이 몇 차례 대두되기는 하였지만, 이것은 입시 대신 내신이나 다른 방법으로 선발하자는 것이지 선발 자체를 폐지하자는 것은 아니었습니다. 그리고 1968년을 전후해서도 교육계의 관심은 입시제도보다는 시험 출제 방식에 쏠려 있었습니다. 중학교 무시험 진학제도와 관련하여 사전에 수행된 유일한 연구가 있다면 1968년 4월 26일 발표된 대한교련 '교육혁신 추진위원회'의 「중학교 입시제도 개선방안 연구」입니다. 그러나 이 연구는 문교부의 위촉에 의해 시행된, 그것도 4월 12일에 위촉받아 2주도 안 되는 짧은 기간에 이루어진 것이었습니다.

중학교 무시험 진학제도는 계층이나 계급의 이해관계를 반영한 정책이라고도 보기 어렵습니다. 앞에서 살펴본 바와 같이 당시 무즙 파동이나 창칼 파동 같은 입시 파동은 경기중학교를 비롯한 소수의 학교와 관련되어 일어났으며, 파동의 주범인 학부형들은 막대한 재판 비용을 부담할 수 있으며, 또한 이를 여론화할 수 있는 계층의 사람들이었습니다. 따라서 이들 학부형들에게 중학교 무시험 진학제도는 결코 바라던 바는 아니었던 것입니다.

결론적으로 중학교 무시험 진학제도는 교육자로서의 국가가 피교육자인 국민에게 강압적으로 베푼 교육정책이었다고 평가할 수 있습니다.

물론 국민들에게 베푼 내용은 '평등'이라는 것이었습니다.

공교육과 교육의 공공성

IMF 충격과 이에 따른 신자유주의 교육정책으로 공교육이 다시 우리 교육계의 심각한 문제로 부상하고 있습니다. 문제의 핵심은 신자유주의 교육정책으로 국가가 관장하고 있는 많은 교육 부문이 민간으로 이양되고, 그나마 남은 재원도 각 부문 간 경쟁을 통해 배분함으로써 결과적으로 공교육 예산이 대폭 감축되고 있다는 것입니다.

따라서 이러한 인식에서 비롯된 대안은 당연히 공교육체제의 확대 강화로 귀결될 수밖에 없습니다. 그래서 일부에서는 현재의 공교육체제에 많은 문제점이 있지만 그럼에도 불구하고 이제는 공교육이 자본의 영향력을 막을 수 있는 유일한 보호막이기 때문에 이를 사수해야 한다고 주장하는 것입니다.

공교육이란 국가가 모든 국민에게 일정기간 무상으로 실시하는 교육이라고 정의할 수 있습니다. 공교육이 잘 발달한 나라에서는 그 기간이 길고 그렇지 못한 나라는 짧습니다. 그렇다면 국가는 왜 무상으로 일정기간 교육 기회를 제공해야 할까요? 우리는 그것이 국민이 가진 '평등'이라는 당연한 권리이기 때문이라고 주장합니다. 그런데 우리의 공교육은 그 기간이 짧고 또 실질적으로 무상이 아니기 때문에 우리는 이러한 권리를 박탈당하고 있다고 할 수 있는 것입니다. 중학교 무시험 진학과 고등학교 평준화 정책으로 사실상 우리 국민 모두가 적어도 고등학교를 졸업하게 되었습니다. 뿐만 아니라 고등학교 졸업자 중 80% 이상이 대학에 진학하고 있습니다. 이런 상황에서 최소한 고등학교까지 공교육으로 담당해야 한다는 주장은 당연한 것처럼 보입니다. 그러나 초·중등 교육 모두가 대학입시를 위한 준비 교육으로 되어버린 현 상황에서 공교육은 무슨 의미가 있는 것일까요?

공교육이란 모든 국민이 동일한 교육을 받는 평등권의 의미만이 아니라 그 교육이 사익이 아니라 공공의 정의를 위한 것이 되어야 함을 의미합니다. 우리가 신자유주의에 의해 파괴될까 두려워하는 것은 교육에 대한 예산 감소가 아닙니다. 우리는 신자유주의가 전가의 보도처럼 사용하는 시장논리가 가뜩이나 대학입시를 위한 사적 이익의 투쟁의 장이 되어버린 교육의 공공성을 완전히 파괴할 것을 우려하고 있는 것입니다. 우리의 학교는 과연 공공의 장이라고 할 수 있을까요? 학생들이 서로를 적으로 인식하고, 조금만 틈을 보이면 여럿이 한 사람을 따돌리는 현장이 어떻게 공공의 장이 될 수 있나요? 성적이 조금 떨어졌다고 아파트 옥상에서 뛰어내리도록 하는 곳이 공교육인가요? 퇴직금을 조금 더 받겠다고 담임도 없는 학생들을 버려두고 명예퇴직을 하는 것이 과연 공의인가요?

공공이란 사익에 반대되는 개념입니다. 즉 시혜자와 수혜자 공히 사적인 이익을 위해 공교육을 이용해서는 안 된다는 것을 의미합니다. 국가나 정권의 사적인 이해관계, 예컨대 유신정권과 같이 정당성 없는 정권의 정당성 창출을 위해 교육을 이용하거나, 일부 대학에서 실시하고 있는 주문형 교육과 같이 기업의 이익을 위해 기업이 요구하는 인력을 양성하는 것도 사익을 위한 교육입니다. 수혜자의 입장에서도 공동체에 대한 자기헌신을 전제로 하지 않고 개인의 출세와 영달을 위한 교육은 공교육이 아닙니다.

우리는 공교육을 논함에 있어 무엇이 평등이고 무엇이 불평등인지를 논의하는 것과 함께, 무엇이 사익이고 무엇이 공의인가를 분명하게 구분해야 합니다. 평등교육의 원리에 의거 모든 국민이 자신이 가지고 있는 능력을 최대한 발현할 수 있는 교육 기회를 제공해야 하는 것도 물론 중요하지만, 더욱 중요한 것은 공의公義의 원리에 의거 그러한 교육을 통해 기르고자 하는 자율적이고 창의적인 인간이 공공의 정의를 위해 얼마나 헌신할 수 있는지를 고려하는 일입니다. 교육의 공공성은 수요자 중심 교육에서 강요하는 이기심과 자기주장이 아니라, 공동체를 통한 자기극복과 공동체에의 헌신을 배우는 데서 찾아야 합니다.

12

7·30 교육조치

교육에서 평등의 의미

'평등한 교육'이란 어떤 것일까요? 모든 사람이 원하는 만큼의 교육을 아무 대가 없이 받을 수 있다면 평등한 교육일까요? 아니면 지역이나 신분, 피부색, 가정형편과 무관하게 오직 학습자의 '능력'에 따라 교육기관과 기간이 결정된다면 그것이 평등한 교육일까요? 전자의 의미에서의 평등교육은 이상이기는 하지만 현실적으로 도달하기가 불가능합니다. 특히 우리 사회에서는-만약 이러한 평등교육을 실시코자 하면-모든 사람들이 자녀를 서울대학교에 보내 그곳에서 박사학위를 받아야 만족할 것이기 때문입니다. 그러나 후자의 의미에서의 평등교육은 사회적 노력 여하에 따라 어느 정도는 달성 가능합니다.

플라톤의 공화국에서는 후자의 평등교육이 완벽하게 실현됩니다. 모든 아이들은 태어나자마자 국가가 운영하는 탁아소에 강제 수용됩니다. 그리고 20년간 공화국의 국민으로서 가져야 할 기본 소양을 교육받습니다. 20년간의 교육을 통해 능력이 뛰어난 아이들은 선발되어 다시 10년간 교육을 더 받게 됩니다. 그리고 이 중에서 뛰어난 사람들은 다시 20년간 교육을 더 받을 수 있습니다. 이들이 이른바 '철학자 왕들 (Philosopher Kings)'이 됩니다. 그리고 30년간 교육만을 받은 사람들은 나라를 지키는 수호자 계급이 되고, 20년만 교육을 받은 사람들은 생산자 계급이 됩니다.

플라톤의 평등교육은 유토피아적 이상이 아니라 고대 스파르타의 교육을 모델로 구상한 것이었습니다. 뿐만 아니라 그의 구상은 서구 근대 공교육체제의 형성에도 일정 부분 영향을 미쳤습니다. 로베스피에르가 주도한 몽테뉴파의 일원인 르펠르티에(M. Lepeletier)는 "인간을 형성하는 것, 지혜를 보급하는 것, 이것이 우리가 해결해야 하는 문제의 두 부분이다. 전자는 훈육을 후자는 지육을 구성한다. 지육은 모든 사람에게 개방되어 있다고 할 수 있어도 사물 본연의 이치에 의해 소수의 사회 구성원의 독점적 재산으로 된다. 그러나 훈육은 모든 사람에게 공통되어야 하고 만인에게 적용되는 혜택이어야 한다"고 주장하였습니다. 이러한 주장에 의거 그는 타고난 계층이나 신분의 불평등이 영향을 미치는 것을 차단하기 위해 남자의 경우 5세부터 12세까지, 여자는 11세까지 의무적으로 입학해야 하는 국민교육사(Maison d'education nationale)를 제안하였습니다. 그의 국민교육사에서는 모든 학생이 평등이라는 신성한 규칙 하에 동일한 의복, 동일한 식사, 동일한 교육, 동일한 배려를 받게 됩니다.

이처럼 능력에 따른 평등교육이 가능하기 위해서는 무엇보다도 교육격차에 미치는 가정환경의 영향이 철저히 차단되어야 합니다. 그러나 근대 자본주의 사회에 있어서 이러한 차단은 불가능합니다. 그래서 등장한 것이 '보상적 평등'이라는 정책입니다. 보상적 평등이란 가정형편이 어려워 자신의 능력을 충분히 발휘할 수 없는 학생들에게 국가가 경비를 부담하여 보상교육을 제공하는 것을 말합니다. 즉 출발선상에서의 불평등을 교육의 과정에서 만회하도록 한다는 것입니다. 이러한 보상교육은 복지국가 시대의 평등교육의 핵심적인 슬로건이었지만 결국 효율성의 결여로 실패로 끝나고 말았습니다.

비록 복지국가는 아니었지만 우리나라에서도 가정환경의 영향을 차단하여 이러한 플라톤식의 평등교육을 실현시키고자 하는 시도가 있었습니다. 그것이 바로 1980년의 7·30 교육조치였습니다.

7·30 교육조치와 과외금지

1979년 12·12사태를 통해 권력을 탈취한 전두환 정권은 1980년 5월 17일 비상계엄령을 전국으로 확대하고, 이어 5월 27일 국가보위 비상대책위원회(국보위)를 구성하여 국가 전권을 장악하였습니다. 국보위는 군부세력이 주도하는 13개의 분과위원회로 구성되었는데, 7·30 교육조치는 이 중 문교·공보위원회(문공위원회, 위원장 오자복 장군)에 의해 이루어졌습니다. 문공위원회는 6월 중순 한국교육개발원 김영철 박사 팀에게 '학교교육 정상화를 위한 과열과외공부 해소 대책 연구'를 지시하였습니다. 그리고 그 결과에 따라 7월 11일 국보위 자체 비공개 소규모 세미나와 7월 22일 세종문화회관 대강당에서 개최된 공청회를 거쳐, 마침내 7월 30일 '학교교육의 정상화 및 과열과외 해소 방안'이라는 제목의 혁명적 조치를 전격적으로 발표하였던 것입니다.

7·30 교육조치의 주요 내용은 ① 대학입시에 고등학교 내신성적을 반영토록 하고, ② 초·중·고등학교 교육과정을 축소 운영하며, ③ 대학 졸업정원제를 실시하고, ④ 대학 수업을 전일제로 운영하도록 하며, ⑤ 대학입학 인원을 확대하고, ⑥ 방송통신대학의 수업연한과 정원을 확대하며, ⑦ 교육방송을 실시하고 ⑧ 교육대학의 수업연한을 4년으로 연장한다는 것이었습니다. 이러한 여덟 가지 안은 사실 교육대학 수업연한을 제외하면 모두 과외금지라는 한 가지에 초점을 맞춘 것이었습니다.

먼저 고등학교 내신제는 기존의 대학별 본고사가 교과서의 범위를 벗어나 난해하게 출제됨으로써 학생들이 학교교육을 불신하고 과외수업에 의존한다는 명분 하에 실시되었습니다. 따라서 국보위는 1981년도 입시부터 고교 내신성적의 반영 비율을 대학입시 총점의 20% 이상 50% 이하로 하고, 이듬해에는 입시 총점의 30% 이상 50% 이하로 반영하도록 하였습니다. 궁극적으로 고교 내신성적으로만 대학입학이 이루어지도록 한다는 계획을 수립하였던 것입니다. 물론 고등학교 내신성적 산출은 고교 교육 평준화를 위해 지역 간 학교 간 격차를 무시하도록 하였습니다.

그러나 내신성적의 산출에 있어 지역 간, 학교 계열 간, 주·야 간, 남·여 간의 차이가 무시됨으로써 학생들의 학습능력 산출이 불공정하게 이루어진다는 비판이 끊임없이 제기되었습니다. 또 내신성적이 대학입학에 반영됨으로써 학생들 상호 간에 경쟁을 유발하고, 학교에서의 평가가 객관식 위주로만 이루어짐으로써 결국 학생들의 단편적 지식에 대한 평가에 한정된다는 비판도 지속적으로 제기되어 결국 내신 비율의 확대는 계획대로 추진되지 못하였습니다.

교육과정의 축소도 물론 과열과외를 줄이기 위한 방안으로 제시되었습니다. 국보위는 1981년 개편된 교육과정에서 그 기본방침과 교과목 수를 조정하여 시행토록 하였습니다. 이와 함께 TV 가정 고교방송의 내용을 확대하여 고등학교 전 과목을 방영하도록 하였습니다. 이를 위해 1982년 2월 UHF 채널 및 FM 교육 라디오 방송을 통한 교육방송 채널을 구성하여 학생들의 과외공부를 방송으로 대체토록 하였습니다.

졸업정원제는 입학정원이 아니라 졸업정원에 따라 학생을 모집하여 졸업 시까지 일정 비율을 강제 탈락시키는 제도였습니다. 이 제도에 따라 각 대학은 1981학년도에는 정원의 130%를 모집하고 1982년도에는 150%를 모집하도록 허용되었습니다. 졸업정원제의 구체적인 실시를 위해 문교부는 대학 2학년 말까지 졸업정원 초과 인원의 60%, 즉 전체 졸업정원의 18%를 강제 탈락시키고, 4학년 등록 학생은 졸업정원의 10%를 초과할 수 없도록 하였습니다. 이와 함께 대학의 학기제를 개편하여 학기당 16주의 수업이 실시되도록 하고 국민정신교육의 강화대책으로 반공 안보교육에 바탕을 둔 이데올로기 비판 교육을 강력하게 실시하였습니다.

국보위는 졸업정원제의 기대효과를 ① 대학입학 기회의 확대로 인한 과열과외 해소, ② 대학의 면학 분위기 조성, ③ 사립대학의 재정난 극복, ④ 산업체의 인력 수요에 보다 민감하게 대응할 수 있다는 것이라고 주장하였습니다.

이러한 기대효과 중 사립대학의 재정난 극복 이외에는 어느 것도 기대대로 이루어지 못하였습니다. 특히 대학과 학과 특성을 무시하고 무조건 졸업정원의 30%를 더 뽑아 강제 탈락케 한 것은 시행 초기부터 강한 비판에 직면하였습니다. 따라서 당초 계획대로 모집정원을 150%로 확대하지 못하고, 1985학년도부터는 졸업정원의 100~130% 범위 안에서 대학 자율로 신입생을 모집할 수 있도록 수정되었습니다. 그 결과 1985학년도 국립대학의 경우 졸업정원의 115%, 사립대학은 126%를 모집하였습니다. 그러나 상대 평가에 의한 강제 탈락의 비교육성은 끊임없이 문제를 일으켜 마침내 1988년에는 졸업정원제를 완전 폐지하고 입학정원제로 다시 환원하였습니다.

졸업정원제와 대학 정원의 증가로 대학의 문호는 크게 넓어졌습니다. 1981년도 대학입학 인원은 전년도에 비해 10만 1,045명이나 증가하여, 1980년 20만 6,000명이던 대학입학 인원은 30만 7,000명으로 급증하였습니다. 특히 서울대, 연세대, 고려대 등 서울의 주요 대학 입학인원은 거의 배 이상 증가했습니다.

그러나 7·30 교육조치의 제목에서 볼 수 있듯이 결국 이러한 정책들은 모두 '망국적인' 과열과외를 해소하기 위한 주변 환경 조성에 불과했습니다. 국보위는 과외 망국의 근거로 다음의 세 가지를 들었습니다. 그것은 첫째 과다한 과외비 지출은 결국 전 국가적 재정의 낭비라는 것이며, 둘째 과외로 인해 과외를 시킬 수 있는 계층과 시킬 수 없는 계층 간의 심각한 위화감을 조성하고 있으며, 그리고 마지막으로 과외가 학생들의 정상적인 정신적·신체적 발달을 왜곡하고 고등학교 교육을 파행으로 이끌고 있다는 것이었습니다. 그리고 이러한 명분 하에, 1980년 8월 1일 이후 모든 초·중·고 재학생은 어떤 형태의 과외수업도 받지 못하도록 하였습니다. 물론 이러한 조치를 위반하는 학생은 교칙에 따라 엄격하게 처벌하도록 하였으며, 자녀에게 과외를 시킨 공직자와 과외를 한 현직 교사는 모두 면직토록 조처하였습니다. 또한 학원 수강생 중에 한 사람의 재학생이라도 있으면 그 학원은 인가를 취소토록 공표하였던 것입니다.

정권의 오산誤算

7·30 교육조치가 정당성 없이 집권한 정권의 정당성 창출을 위한 수단이었다는 것은 의심의 여지가 없습니다. 자녀들의 대학 진학이 모든 국민들의 가장 중요한 열망이 되고 있는 상황에서 전두환 정권은 대학 문호를 과감히 확대함으로써 그들의 갈증을 풀어주었던 것입니다. 그리고 일부 부유층 자녀의 과외공부를 근절시킴으로써 과외공부를 시킬 수 없는 대다수의 국민들로부터 큰 호응을 받을 것으로 기대했던 것입니다. 당시 한 연구소의 조사에 따르면 과외금지 조치에 대해 국민들의 82.9%가 찬성을 표시하였던 것으로 알려졌습니다.

물론 전두환 정권은 입학정원 확대나 과외금지보다는 입학정원 증가로 인한 대학교육의 질 저하를 막는다는 명분으로 실시한 졸업정원제에 더 큰 의미를 두었을지도 모릅니다. 즉 졸업정원제를 시행하게 되면 학생들이 공부에 열중함으로써 당시 정권 유지에 커다란 위협이 되고 있는 학생 시위가 크게 감소하리라고 예상하였을 것입니다. 졸업정원제는 그런 의미에서 정당성 창출과 반대 세력 감소라는 일석이조의 정책으로 받아들여졌다고 생각할 수 있습니다. 그러나 전두환 정권의 이러한 의도는 과연 성공했다고 평가할 수 있을까요?

대학 정원의 확대와 졸업정원제는 초기에는 정권의 안정에 상당한 기여를 하였던 것으로 평가됩니다. 특히 졸업정원제는 대학생들에게 중도 탈락의 위기감을 느끼게 하여 면학 분위기 조성에 크게 기여하여, 시행 초기에는 상당수 대학에서 학생 시위가 감소하였습니다. 그러나 시간이 흐르자 강제 탈락의 위기감은 오히려 탈락 가능성이 있는 학생들에게 반정부 시위에 적극 참여토록 하는 계기로 작용하기도 했으며, 엄청나게 증가한 대학생 수는 결국 학생 시위에 참여하는 집단의 규모를 키워 놓은 꼴이 되고 말았습니다. 주지하다시피 1989년 6·29 선언을 이끌어 낸 민주화 운동의 주체는 바로 대학생 집단이었으며, 이 집단은 바로 반정부 시위를 억제하기 위해 마련한 졸업정원제에 의해 형성된 집단이었던 것입니다.

과외금지 조치 또한 초기에는 전두환 정권의 의도대로 소수의 상류층 집단을 적으로 삼아 대다수 국민들을 자기 편으로 끌어들이는 데 일조한 것처럼 보였습니다. 1980년 과외 현황 조사에 따르면 전국 초·중등 학생 중 14.9%가 과외수업을 받은 것으로 나타났습니다. 전두환 정권은 과외금지 조치를 통해 나머지 85.1%를 동지로 삼을 수 있을 것으로 생각하였던 것입니다.

하지만 과외금지 조치는 두 가지 측면에서 난관에 봉착하였습니다. 한 가지는 과외금지 조치가 근대 시민권의 한 범주인 교육권을 침해한다는 것이었습니다. 즉 과외를 금지하는 것은 자본주의의 근간인 소유권을 부정하는 것과 같다는 비판이었습니다. 물론 이러한 비판은 다른 형태, 예컨대 어느 학자가 말했듯이 "공부하는 것이 죄가 되는 유일한 나라"라는 식으로 제기되었던 것입니다. 결국 이 말은 "내가 돈이 있고 또 자식의 교육에 관심이 많아서 과외공부를 시키는데 자본주의 사회에서 그것이 왜 문제가 되느냐"라는 주장과 같은 것이었습니다. 이처럼 소유권의 한 범주로서의 교육권에 대한 의식은 중산층의 증가와 함께 점차 확대되어갔습니다.

또 한 가지 문제는 과외금지를 실질적으로 실천하기 어렵다는 것이었습니다. 1989년 2월 대학생 과외의 전면 허용과 재학생의 방학 중 학원 수강을 허용하는, 과외금지 조치의 사실상 폐지가 발표된 이듬해 조사한 연구에 따르면, 고등학교 학생의 57%가 과외를 받은 적이 있으며, 이 중 66%가 과외금지 완화 이전에 과외를 받은 것으로 나타났습니다. 고등학교 학생들의 38%가 과외가 엄격하게 금지되었던 기간에 불법 과외를 받았다는 것입니다.

실제로 엄격한 단속에도 불구하고 불법과외는 근절되지 못하고 비밀스럽게 계속되었습니다. 당국의 단속이 강화될수록 과외방법도 교묘해졌습니다. 하숙생을 위장한 과외와 친척에 의한 과외, 운전사나 가정부를 가장한 입주 과외를 비롯, 방학 중에 별장이나 콘도미니엄을 이용한 지방원정 과외까지 다양한 형태의 불법 과외가 성행하였습니다. 대학생들과 중고생들 사이에서는 이를 '몰래바이트'라고 불렀으며, 과외비도 적발에 대한 위험수당이 붙어 크게 상승하였습니다. 특히 1985년 4월 서울 형사지법의 "과외를 했다 해도 가르친 날짜가 30일을 넘지 않으면 형사처벌을 할 수 없다"는 판결은 비밀 과외를 성행시키는 데 크게 기여했다고 평가됩니다. 1987년까지 불법 과외 단속건수는 206건에 단속인원은

2,474명에 불과하였습니다.

1989년 마침내 정부가 과외금지 조처를 철폐한 것에 대해서는 다양한 해석이 나오고 있습니다. 어떤 이는 이를 핵가족화와 소득 증가로 과외를 시킬 수 있는 중산층이 증가함으로써 정부가 이들의 요구에 부응할 수밖에 없었다고 해석하기도 하고, 또 어떤 이는 대학생들의 반정부 운동을 과외 허용으로 막으려고 했다고 해석하기도 합니다. 결과적으로 과외금지의 철폐는 소유권으로서의 국민의 교육권과 계층 간 교육격차 해소라는 평등교육의 이념 중에 전자가 승리한 것으로 이해할 수 있습니다.

공의를 위한 평등교육

그것이 정권의 정당성 창출을 위한 불순한 목적으로 시행된 것임에도 불구하고, 7·30 교육조치는 우리 시대의 마지막 평등주의적 교육정책이었습니다. 경제적 불평등을 현실화하는 사교육을 강제로 금지시킴으로써, 가급적 학생들 자신의 능력에 따라 대학 진학을 하도록 해야 한다는 평등교육의 이념은 앞으로는 더 이상 정책으로 입안되기 어려울 것입니다.

1985년 3월 7일 구성된 교육개혁심의회는 교육의 자율화와 수월성 추구라는 기본 방향을 제시하여 결과적으로 7·30 교육조치를 전면 부정하였습니다. 그리고 이러한 방향은 노태우 정부의 기본적인 교육노선이 되었습니다. 김영삼 정부의 교육개혁위원회 역시 수요자 중심의 교육개혁이라는 슬로건을 통해 교육의 다양화와 차별화만을 강조하였으며, 김대중 정부의 신자유주의 교육정책 역시 경쟁을 통한 수월성만을 추구하고 있을 뿐입니다. 그래서 이제는 서울대학교 학생들 중에 더 이상 가난한 학생들을 보기 어렵게 되었습니다. 이제는 본인의 능력이 아니라 돈이 공부하는 시대가 되었기 때문입니다.

평등교육을 실현하기 위한 국가의 노력은 7·30 교육조치의 실패에서 볼 수 있듯이, 국민의 소유권으로서의 교육권을 침해하는 한 달성되기 어려울 것입니다. 그럼에도 불구하고 공공을 위한 교육에 있어서 국가의 평등교육을 위한 노력은 그만둘 수도 없고 또 그만두어서도 안 됩니다. 여기서 공공의 교육이란 '사익私益'이 아닌 '공의公義', 즉 공공의 정의를 위한 교육을 말합니다. 자본이나 국가의 이익을 위한 교육은 물론 공공의 정의를 위한 교육이 아니고, 더군다나 개인의 사적 이익을 위한 교육은 공교육이라고 할 수 없습니다.

공공의 정의를 위한 교육은 공동체의 한 구성원으로서 공동체의 정의正義를 실현하는 인간을 육성하는 것입니다. 자신의 내면을 주시함으로써 공동체에 헌신하도록 하는 인성교육, 자연과 내가 하나라는 것을 깨닫도록 하는 환경교육, 남북한의 대립과 갈등을 넘어서 평화와 공존을 배우는 통일교육, 세계시민으로서 자국의 문화적 전통을 체득하고 나아가 상대 문화의 장점을 이해하는 세계시민교육, 죽음을 삶의 선택 기준으로 삼는 죽음교육 등, 이러한 공공의 정의를 위한 교육에 관한 한 평등교육은 오히려 확대되어야 합니다.

비록 신자유주의가 사적 영역인 시민사회를 끊임없이 확대하여 공적 영역을 파괴하고 있지만, 그리고 더 나아가 이러한 사적인 이해관계는 세계화의 추세와 더불어 국민국가의 경계선을 넘어 세계 전체로 확대되고 있지만, 그러면 그럴수록 교육의 공공성과 평등성은 더욱더 절실하게 필요해질 것이기 때문입니다.

13

5·31 교육개혁

문명의 대전환

1995년 4월 27일 제1기 교육개혁위원회에서 발간한『교육의 세계화를 위한 대통령의 신교육 구상』이라는 책은 첫 머리를 다음과 같은 글로 시작하고 있습니다.

세상이 크게 바뀌고 있다. 근대화, 산업화 시대는 가고 정보화, 세계화의 시대가 오고 있다. 오늘날 우리는 단순한 양적 변화의 시대가 아니라 질적 전환의 시대, 문명의 대전환 시대를 맞이하고 있다.

문명의 대전환이란 무엇일까요? 인류 최초의 문명은 원숭이가 나무에서 내려와 두 발로 걷게 되면서 시작되었습니다. 이것이 첫 번째 문명의 대전환입니다. 두 발로 걷게 된 '털 없는 원숭이'는 자연계에서 유일하게 자신을 자연에서 분리된 존재로 여기게 되었습니다. 흔히 도구의 제작과 불의 사용을 인류 초기 문명의 특징으로 언급하지만, 이것은 단순히 도구와 불을 사용했다는 사실 이상의 의미를 가지고 있습니다. 즉 도구와 불의 사용이 의미하는 것은 인류가 자신을 자연과 분리된 존재로 여기고, 그 자연을 두려움의 대상, 극복의 대상으로 삼게 되었다는 뜻입니다. 전 세계에 산재한 인류 최초의 예술품인 동굴 벽화는 인간이 대자연과 분리된 자아를 슬퍼하고 두려워하는 내용으로 가득 차 있습니다.

정보화, 세계화라는 변화가 문명의 대전환이라는 의미는 무엇일까요? 만약 그것이 토플러가 말하는 농업혁명이니 산업혁명, 그리고 앞서 인용한 교육개혁위원회에서 언급한 근대화, 산업화와 같은 의미라면 그것은 인류 문명의 대전환이 아니라 '소전환'에 불과하다고 할 수 있습니다. 그것은 원숭이가 나무에서 내려온 것과 같은 의미의 큰 변화가 아니라 생산력 발전의 한 계기에 지나지 않기 때문입니다. 그러나 세계화와 정보화는 단순히 생산력의 획기적인 발전만을 의미하지는 않습니다. 세계화, 정보화는 두 가지 점에서 기존의 농업혁명이나 산업혁명과 구별됩니다.

먼저 정보화의 가장 큰 결과는 곧 노동의 종말입니다. 노동의 종말은 농업혁명이나 산업혁명과 같이 그것을 통해 생산력이 증대하고, 이에 따라 노동시간이 줄어들고 여가시간이 늘어나는 것만을 의미하지는 않습니다. 노동의 종말은 문명 형성 이후 인류의 자아정체성 자체에 혁명적인 변화를 초래할 근원적인 사건입니다.

문명 이전의 인류에게 노동이란 개념은 존재하지 않았습니다. 대부분의 동물이 그렇듯이 인간의 경우에도 노동과 노동이 아닌 것은 구별되지 않았던 것입니다. 예컨대 원숭이가 나무에서 열매를 채취하는 것은 노동이고 그것을 먹는 것은 여가일까요? 아니면 최초의 인류가 짐승을 사냥하는 것은 노동이고, 그것은 나누어 먹고 나무 그늘 밑에서 쉬는 것은 여가일까요?

인류 최초의 노동은 노동계급의 형성과 더불어 시작되었습니다. 집단 구성원 모두가 생산 활동, 즉 먹을 것을 구하는 활동에 종사해야만 생존할 수 있을 정도로 생산력이 지극히 낮은 사회에서는 노동과 노동이 아닌 것이라는 구별이 존재할 수 없었습니다. 생산력의 발전으로 육체노동을 하지 않고 다른 사람의 잉여 노동을 착취해서 먹고사는 유한계급이 형성되면서 비로소 노동이 발생하였습니다. 즉 노동의 발생은 계급의 발생과 시기적으로 일치하는 것입니다.

인류 문명과 더불어 발생한 노동은 인류의 자아정체성 형성에 결정적인 역할을 하였습니다. 즉 자신이 행하는 노동이 곧 자기 자신의 정체성을 규정하는 핵심적인 것이 되었던 것입니다. 자신을 농부와 대장장이, 목수 등으로 규정하는 것이 그것입니다. 그런데 이러한 노동은 전근대 사회에서는 집단 노동으로, 그리고 근대 사회에서는 개인 노동으로 전개되었습니다.

집단 노동이란 분리 독립된 개체로서의 개인이 나타나기 전에 자신이 속한 집단의 일원으로서 자아정체감을 형성하는 노동입니다. 고대 노예제 사회나 중세 봉건제 사회에서 자신의 출생과 더불어 노동의 형태가 정해지는 것이 바로 집단 노동이라고 할 수 있습니다. 이러한 집단 노동의 시대에는 노동의 선택이 집단 내에 한정되고, 그러한 노동이 평생의 삶을 지배하였습니다. 그러나 근대 문명과 함께 노동은 여타 상품과 함께 팔고 사는 대상이 되었으며, 개인은 '자유롭게' 자신의 노동을 팔고 그 대가로 임금을 받아 삶을 영위하게 되었습니다. 이것이 바로 마르크스가 자본주의의 기준으로 설정한 "이중으로 자유로운 임금 노동의 출현"인 것입니다.

노동의 종말이란 이러한 전근대 문명의 집단 노동과 근대 문명의 개인 노동이 정보화의 진척과 함께 사라져가고 있음을 지적한 것입니다. 이제 인류는 다시 한 번 최초의 인류와 같이 노동이 없는 사회로 진입하고 있는 것입니다. 다시 말해 노동이 아닌 다른 것으로 자신의 자아정체감을 형성해야만 하는 시기에 들어서게 된 것입니다.

세계화는 정보화의 필연적인 결과입니다. 세계화는 단순한 세계화가 아니라 정보혁명에 따른 세계화입니다. 정보화의 확대에 따라 전 세계는 하나의 네트워크로 연결되고 있습니다. 앞으로는 세계의 어느 지역에서 어느 누구와도 자유롭게 연결하고 소통할 수 있게 될 것입니다.

불교 화엄사상에는 인드라망이라는 것이 있습니다. 제석천을 다스리는 제석천왕의 궁전을 덮고 있는 인드라라는 그물은 한없이 넓고, 그 그물의 이음새마다 구슬이 있습니다. 그 구슬은 서로를 비추고 비추어주는 관계라고 합니다. 이를 화엄사상에서는 상입相入이라고 표현합니다. 즉 하나의 구슬 안에 다른 모든 구슬이 있고, 다른 모든 구슬 안에 하나의 구슬이 있다는 뜻입니다. 그 구슬들은 서로를 비출 뿐만 아니라 그물로써 서로 연결되어 있습니다. 인간을 포함한 자연계의 모든 존재는 바로 이와 같이 서로 비추고 연결되어 있다는 뜻입니다.

정보혁명에 따른 노동의 종말과 인드라망의 구축이 뜻하는 것이 무엇일까요? 그것은 인간이 다시 자연에서 분리 독립된 개체가 아니라 모든 존재와 서로 연결되어 있음을 깨닫게 될 수 있다는 뜻입니다. 인류 최초의 문명의 대전환 시기 이전에 인류는 자연과 무의식적으로 하나가 된 상태 속에 존재했습니다. 정보화, 세계화로 인한 문명의 대전환을 통해 인류는 이제 자연과 의식적으로 하나가 될 수 있을 것입니다. 이처럼 의식적으로 자연과 하나가 된 존재를 불교에서는 부처라고 하고, 유학에서는 성인聖人이라고 하며, 도가에서는 진인眞人이라고 합니다. 이제 정보화, 세계화라는 물질적 토대에 힘입어 인류는 모두 부처와 성인과 진인이 될 수 있다는 뜻입니다.

수요자 중심의 교육

5·31 교육개혁의 슬로건은 수요자 중심의 교육입니다. 교육개혁위원회에서는 이를 다음과 같이 말하고 있습니다.

종래의 교육은 교육자가 선택한 교육내용을 피교육자는 수동적으로 받아들이기만 하는 교육이었다. 교육내용, 교육방식 등에 대한 결정권은 교육공급자인 학교와 교사들에게만 있었고, 교육수요자인 학생과 학부모 등의 선택권은 극히 제한되었었다. 또한 학생과 학부모들은 치열하게 경쟁하고 학교와 교사 그리고 교육프로그램 간에는 경쟁이 적었다. 이제는 달라져야 한다. 학교와 프로그램을 경쟁시키고 학부모와 학생의 학교 선택의 폭을 넓혀야 한다. 교육의 내용과 방식을 교육공급자가 혼자 결정하는 제도가 아니라 교육수요자들도 함께 결정하는 제도로 바꿔야 한다. 또한 앞으로는 교육결과에 대한 평가에도 교육수요자의 참여가 크게 확대되어야 한다.

이석희 위원장 외 총 25명의 위원으로 1994년 2월 5일 출범한 제1기 교육개혁위원회는 이듬해 5월 31일 제1차로 48개 과제의 교육개혁 방안을 발표하였습니다. 방안의 주요 내용은 초중등학교에 학교운영위원회를 설치 운영하고, 학교장 및 교사 초빙제도를 도입하며, 수익자 부담의 방과 후 교육 활동의 시행, 조기 영어교육 실시, 중고등학교의 선 복수지원 후 추첨제 도입, 교육과정평가원의 설립, 단설전문대학원 설치, 학점은행제 도입, 교육재정을 GNP 5% 수준으로 확대 등입니다.

이어 1996년 2월 9일 58개의 개혁방안을 담은 제2차 교육개혁 방안이 발표되고, 1996년 4월 9일에는 김종서를 위원장으로 46명의 위원으로 구성된 제2기 교육개혁위원회가 구성되어, 같은 해 8월 20일 제3차 교육개혁 방안을 발표하였습니다. 제2차 교육개혁의 내용은 크게 네 가지입니다. 먼저 고등학교부터 전문대학, 평생교육 차원에서 직업교육체계를 구축하는 것이고, 또 한 가지는 초등학교 1학년부터 고등학교 1학년까지 국민공통기본 교육과정으로 묶는 것이며, 세 번째는 법학전문대학원과 의학전문대학원을 설치하는 것입니다. 그리고 마지막으로 현행 교육법을 교육기본법, 초중등교육법, 고등교육법, 사회교육법으로 분할하여 제정하는 것입니다. 제3차 교육개혁 방안은 지방교육자치제도 개선 등 5개 분야 53개 개혁 항목을 제시하였습니다.

5·31 교육개혁의 기본 논리는 교육을 수요자 중심으로 개편하여 교육경쟁력을 강화시켜 이를 국가경쟁력의 강화로 연결시키는 것이었습니다. 그리고 5·31 교육개혁은 문민정부뿐만 아니라 그 후의 국민의 정부, 그리고 참여정부, 현재의 이명박 정부에까지 큰 변화 없이 이어지고 있습니다.

5·31 교육개혁 발표 초기에 전교조를 위시한 많은 진보진영 인사들은 이를 긍정적으로 평가하였습니다. 그것은 그동안 군부정권 하에서 교육이 정권의 시녀 역할을 한 것에 대해 5·31 교육개혁이 교육민주화를 위한 좋은 계기가 되리라고 생각했기 때문입니다. 전교조에서 주장한 민족, 민주, 인간화 교육에서 민주교육이란 교육의 삼 주체인 교사, 학생, 학부모가 교육의 실질적인 주체가 되는 것을 말합니다. 이러한 민주교육의 내용이 5·31 교육개혁 안에 포함되어 있다고 생각했던 것입니다.

그런데 5·31 교육개혁은 넓은 시각에서 보면 전교조의 합법화에 따라 시작된 '교육의 시민사회화'의 완성이라고 할 수 있습니다. 즉 해방 후 과대국가에 의해 국가 영역에 포함되었던 교육이 이제 시민사회 영역으로 이관된 것입니다. 교육의 시민사회화는 교육이 정치의 논리가 아니라 시장의 논리에 의해 이루어진다는 것을 의미합니다. 이처럼 5·31 교육개혁의 주된 논리가 결국 '공교육의 시장화'라는 것을 간파하고 난 이후 진보진영에서는 이를 '신자유주의 교육정책'으로 명명하고 비판하기 시작합니다. 5·31 교육개혁은 공공영역에 있는 학교를 시장경제에 맡겨 상품논리에 따라 자본주의 체제를 재생산한다는 것입니다. 따라서 필연적으로 사회 불평등을 조장하고 학생들 간의 무한 경쟁을 더욱 가속화하게 된다고 비판하고 있는 것입니다.

이명박 정부에 들어서서 공교육 시장화와 학교 민영화 정책은 더욱 가속도를 붙이게 됩니다. 초·중등교육에서의 영어교육 강화, 고교평준화를 부정하는 자율형 사립고와 특수목적고의 증대, 학업성취도 평가 등은 고등학교를 서열화하고 나아가 학부모들의 사교육비 부담을 더욱 가중시키고 있습니다. 전교조 참교육연구소 한만중 소장은 이명박 정부의 교육정책은 '학교교육 만족 두 배, 사교육비 절반'을 모토로 내세웠으나 '입시 경쟁교육 두 배, 교육비 폭등'을 초래하였다고 비판하였습니다.

저는 앞에서 주물모형 학교를 공장모형으로, 도토리모형 학교를 시장모형으로 명명하였습니다. 그리고 주물모형은 소품종 대량생산이라는 전기 자본주의 생산방식에 적합한 노동력의 양성 모델이고, 도토리모형은 다품종 소량생산이라는 후기 자본주의에 적합한 노동력의 생산방식이라고 하였습니다. 우리나라 교육에서 도토리모형의 출발은 해방 후 전개된 새교육운동이지만, 그것은 소품종 대량생산이라는 60~70년대 산업구조에는 적합하지 않았기 때문에 교육현장에 직접적으로 영향을 미칠 수 없었습니다. 5·31 교육개혁은 80년대 이후 이루어진 우리나라 산업구조의 재편에 따라 필연적으로 나타난 결과라고 할 수 있습니다. 즉 다품종 소량생산으로의 산업구조 재편에 따라 자율적이고 창의적인 노동력이 필요하게 되어, 다시금 과거에 실패했던 도토리모형 교육체제를 도입하게 된 것입니다.

우리 시대의 진보

우리 시대에서 진보란 무엇일까요? 자신의 욕망대로 마음대로 할 수 있는 자유, 인간이 존재계의 주인이라는 인권과 민주, 조화를 용납하지 않는 평등이 진보가 추구하는 길일까요? 진정한 자유는 자신의 욕망으로부터의 자유입니다. 진정한 부자는 최고의 부를 소유한 사람이 아니라 더 이상 필요한 것이 없는 사람이듯이, 진정으로 자유로운 사람은 더 이상 욕망으로부터 고통을 받지 않는, 자기 자신으로부터 자유로운 사람입니다. 인권과 민주도 역시 극복되어야 할 이념입니다. 인간은 더 이상 자연계의 주인이 아닙니다. 자연계의 모든 존재는 동등한 권리를 가지고 있습니다. 그리고 진정한 평등이란 분별심이 없는 마음의 상태를 의미합니다.

이명박 정부의 독선적이고 권위주의적 통치 행위는 다시금 민주와 평등을 주장하는 진보진영의 결속을 가져왔습니다. 전교조에 대한 대대적인 탄압은 그동안 전교조에 대해 무관심했던 많은 국민들의 지지를 불러일으키고 있습니다. 2010년 지방선거에서 진보 성향의 교육감이 대거 당선된 것은 과거 독재정권으로 회귀하려는 이명박 정부의 반동 정책에 대한 반발이라고 할 수 있을 것입니다.

그러나 이제 더 이상 반독재 민주화가 진보의 이념이 되는 시대는 지났습니다. 우리는 이제 무엇을 위한 자유이고 무엇을 위한 평등인지 물어야 합니다. 자유와 평등은 그 자체가 목적이 아니라 모두 인간의 행복을 위해 필요한 조건에 불과한 것입니다. 그리고 인간의 행복은 욕망의 충족이 아니라 욕망으로부터 자유로울 때, 자신과 우주 삼라만상의 통일성을 인식할 때 비로소 얻을 수 있습니다.

진보의 방법 역시 변화되어야 합니다. 우리 현대사에서의 진보는 항상 투쟁과 갈등을 통해 정권과 자본에 대항하였습니다. 투쟁과 갈등은 증오심을 중요한 에너지로 삼게 됩니다. 니체는 괴물과 싸우는 왕자는 자신이 괴물이 되지 않도록 조심해야 한다고 갈파하였습니다. 증오심은 상대방뿐만 아니라 자기 자신에게도 독이 되기 때문입니다. 우리 시대 진보의 방법은 투쟁과 갈등이 아니라 마음과 마음의 교류, 즉 감동感動을 통해 이루어져야 합니다. 그렇기 때문에 정치적·사회적 개혁보다도 교육이 무엇보다도 중요할 것입니다. 러시아의 반체제 인사 솔제니친은 1978년 하버드 대학에서 강의하면서 다음과 같이 말했습니다.

우리는 너무나 많은 희망을 정치적인 사회적인 개혁에 두어왔다. 그러나 결국 깨달은 것은 우리는 우리에게 가장 중요한 것, 즉 영적인 생활을 상실하였다는 것이다.

마더 테레사는 역시 『일일 묵상집』에서 다음과 같이 말하였습니다.

서방 세계의 정신적 빈곤은 인도 국민의 물질적 빈곤보다 훨씬 더 심합니다. 서방 세계에는 지독한 고립감과 자신의 무가치함을 느끼는 사람들이 수백만 명에 달하고 있습니다. 그들은 자신들을 아무도 사랑해줄 사람이 없는 쓸모없는 존재라고 생각하고 있습니다. 이 사람들은 물질적인 의미에서 굶주리고 있는 것이 아니라 또 다른 의미로 굶주리고 있습니다. 그들은 돈보다 더 중요한 것이 필요하다고 느끼면서도 그것이 무엇인지 모르고 있습니다. 실제로 그들이 잃어버린 것은 하나님과의 살아 있는 관계입니다.

장자는 우리에게 두 가지 하늘이 있다고 하였습니다. 그 한 가지는 사람의 하늘(人之天)이고 또 한 가지는 하늘의 하늘(天之天)입니다. 사람의 하늘은 우리가 천성적으로 부여받은 재능이고, 하늘의 하늘은 모든 사람들이 부여받은 도道, 곧 자연입니다. 이를 유학에서는 인仁이라고 하고, 불교에서는 불성佛性이라고 하며, 기독교에서는 성령이라고 합니다. 장자 시대나 오늘날이나 우리는 하늘의 하늘보다는 사람의 하늘을 더 중요시합니다. 조기교육과 영재교육에서는 가급적 빨리 아이의 재능을 발견해서 키워주어야 한다고 강조합니다. 그렇지만 이런 재능은 자칫 아이가 가진 하늘의 하늘을 해칠 수도 있습니다. 아니 반드시 해치게 됩니다. 그래서 장자는 "사람의 하늘을 열지 않고 하늘의 하늘을 열어야 한다. 하늘을 여는 자는 덕을 낳고 사람을 여는 자는 삶을 해친다. 하늘을 싫어하지 않고 사람에 대해 소홀하지 않으면 사람들은 그의 그 진리에 가까워진다"고 하였습니다.

장자가 주장했듯이 세속적인 공부로 본성을 닦아 하늘의 하늘을 깨달으려는 사람은 어리석음에 가린 인간입니다. 세속적인 공부란 사람의 하늘인 세상에 쓰이는 재주를 키우는 것입니다. 그러나 한 가지 재주뿐인 사람, 요즘 말로 하자면 소위 전문가에게 하늘의 하늘이 있다는 것을 알려주기는 더욱 어렵습니다. 장자는 이를 "교육에 속박되어 있기 때문"이라고 하였습니다.

오늘날의 공부도 역시 마찬가지가 아닐까요? 장자는 당시의 유가儒家들을 평가하여 시경詩經이나 예기禮記라는 무덤을 파헤쳐, 좋은 구절이 하나 있으면 마치 죽은 사람의 턱뼈를 부수고 입에 든 진주를 빼내 훔쳐가는 것처럼 자신의 것으로 인용한다고 비판하였습니다. 저를 포함한 요즈음 학자들 역시 성인의 찌꺼기를 인용하면서 "살아서 보시를 하지 않은 자가 죽어서 무슨 진주를 물고 있는가?(生不佈施, 死何含珠)"하며, 죽은 사람들의 턱뼈를 부수고 진주를 빼내고 있는 것은 아닐까요?

세계화, 정보화는 인류가 새로운 문명으로 나아갈 수 있는 절호의 기회입니다. 정보혁명은 기계가 인간의 두뇌를 대신함으로써 인류의 오랜 소망인 노동으로부터의 해방을 가져올 것입니다. 또한 정보혁명을 통한 세계화는 모든 인간을 인드라망과 같은 그물로 서로 연결하여 모든 존재가 서로 연결되어 있음을 깨닫게 할 수 있을 것입니다. 물론 정보혁명을 통한 노동의 종말은 과도기적으로 줄어드는 노동을 확보하기 위한 경쟁을 더욱 치열하게 만들 수도 있습니다. 그러나 우리가 현대 문명을 통해 획득한 자유와 평등이라는 가치를 십분 활용한다면 줄어드는 노동을 공평하게 분배할 수 있을 것입니다. 그리고 증대된 여가시간을 활용하여 '노동으로서의 자아ego 실현'이 아니라 '수행으로서의 자기self 실현'을 통해 자신 속에 있는 하늘의 하늘을 발견할 수 있을 것입니다.

인드라망 공동체

현대 문명은 지금 심각한 위기에 처해 있습니다. 계몽주의자들은 이성을 활용한 과학기술의 발전을 통해 인간의 욕망을 충족시켜주면 그들이 행복해질 것으로 믿었지만, 오히려 인간은 더 깊게 불행을 느끼고 있습니다. 또한 인간 욕망 충족을 위한 자연의 파괴는 인간뿐만 아니라 지구상의 모든 생명의 멸종을 앞당기고 있습니다. 그리스의 철학자 피타고라스는 "만물은 친족성親族性이 있다"는 위대한 말을 남겼습니다. 즉 지구상의 모든 존재가 친척관계로 서로 연관되어 있다는 말입니다. 비단 생물체뿐만이 아니라 무생물에 이르기까지 삼라만상은 인과관계에 의해 조화롭게 연결되어 있습니다. 따라서 요즈음 많이 회자되고 있는 생물 다양성 보호는 사실은 인간 스스로를 보호하기 위한 것입니다. 생물 다양성 없이 인간만이 독존獨存할 수 없기 때문입니다.

현대 문명 속에서 생물 다양성은 심각한 위협을 받고 있습니다. 매년 개발 및 환경오염에 의해 2만 5,000~5만 종의 생명이 사라져가고 있습니다. 이 추세대로라면 2010년 말까지는 100만 종이 사라질 것으로 보입니다. 그리고 향후 20~30년 내에는 지구 전체 생물종의 25%가 멸종될 것으로 전문가들은 예측하고 있습니다. 마트 라이너스는 화석연료 사용에 따른 지구 온난화를 '지옥으로 가는 여섯 단계(Six steps to hell)'라고 표현하고 있습니다. 그는 지구 온도가 1도씩 상승할 때마다 지구상에 어떤 변화가 일어날지 경고하고 있습니다. 그에 따르면 지옥으로 가는 마지막 단계, 즉 지구 온도가 6도 상승하게 되면 지구는 2억 5100만 년 전 페름기 말과 비슷해져, 현존하는 생물종 95%가 사라질 것이라고 합니다. 피타고라스의 지적과 같이 생태계의 모든 생물은 친척이며, 그물망과 같은 상호 연관 속에서 공생과 상생하며 조화롭게 살아가고 있습니다. 그러한 조화를 깰 때 인류는 큰 재앙에 직면하게 될 것입니다.

인드라망 생명공동체 운동의 중심에 서 있는 도법 스님은 창립 선언문에서 다음과 같이 말했습니다.

첨단 과학기술에 대한 환상적 미래를 노래하고 있는 현대 사회가 총체적 비인간화, 생명위기의 문제로 불안·초조하다. 전혀 뜻하지 않았던 결과인 오늘의 역사현실은 우주(存在)의 실상에 대한 무지의 세계관과 방법으로 살아온 필연적 귀결일 뿐 그 이상도 이하도 아니다. 너무 오랫동안 길 아닌 길을 달려왔다. 본래의 큰길, 유일한 영원의 길을 잃고 헤맨 것이다. 본래의 길을 찾아야 한다. 영원의 길을 따라 걸어가야 한다. 우리들의 희망이 그곳에 있다.

도법 스님이 말하는 본래의 길, 영원의 길은 장자가 말하는 하늘의 하늘과 다르지 않습니다. 인류는 문명의 소전환이 아니라 문명의 대전환을 통해 새로운 문명을 만들어나가야 합니다. 그리고 새로운 문명은 장자가 말한 하늘의 하늘을 발견하게 해주는 교육을 통해 가능합니다. 교육을 통해 현대 문명이 발견한 '나'라는 분리 독립된 개체를 넘어 모든 존재가 인드라망의 그물같이 연결되어 있음을 깨닫도록 해야 합니다. 모든 존재와 그물같이 연결되어 있는 나를 '우주적 자아'라고 합니다. 이 우주적 자아가 바로 하늘의 하늘입니다. 정보화, 세계화는 이런 '우주적 자아'를 깨닫기 위한 인류의 마지막 기회인지도 모릅니다.

참고문헌

『南冥先生文集』(영인본), 민족문화추진회.

『南冥集』(영인본), 민족문화추진회.

『論語』(영인본), 1989, 학민문화사.

『孟子』(영인본), 1989, 학민문화사.

『어린이』 창간호, 1924.

李滉, 「答李平叔」, 『陶山全書』 3.

張載(1978), 『張載集』, 中華書局.

曹守初, 『筆語』, 제50조 「語言遊山」.

『中庸』(영인본), 1989, 학민문화사.

朱熹, 『朱子語類』, 黎靖德(編), 王星賢(點校), 1994, 中華書局.

『太祖實錄』(영인본), 민족문화추진회.

『退溪全書』(영인본), 1971, 成均館大學校 大東文化研究院.

『退溪集』, 陶山書院刊.

강대민(1992), 『한국의 향교연구』, 경성대학교 출판부.

경상북도·영남대학교(1991), 『경북향교지』.

關口眞大, 이영자 역(1989), 『선종사상사』, 홍법원.

권덕주 역, 權近(1981), 『入學圖說』, 을유문고.

국사편찬위원회(1981), 『한국사론8-조선전기 서원과 향약』.

김교신 역(2001), 『노동의 종말에 반하여:필리프 프티와의 대담』, 동문선.

김무득 역주, 法藏(1998), 『華嚴學體系(華嚴五教章)』, 우리출판사.

김병채 역, 슈리 푼자(2005), 『그대는 누구인가』, 슈리크리슈나다스 아쉬람.

김보경(2002), 『禪과 파블로프의 개』, 교육과학사.

김석진(1997), 『周易傳義大全譯解(상·하)』, 대유학당.

김열권(2007),『보면 사라진다』, 정신세계사.

김영민 역, 陳淳(1993),『北溪字義』, 예문서원.

김영우(1997),『한국 개화기의 교육』, 교육과학사.

김정우 역(1992),『요가난다』, 정신세계사.

김종석 역주(1999),『心經講解』, 이문출판사.

김종철·김태언 역, 헬레나 노르베리-호지(1996),『오래된 미래』, 녹색평론사.

김태오(2001),『아동교육의 철학적 탐구』, 특수교육.

김형효 외(1997),『퇴계의 사상과 그 현대적 의미』, 한국정신문화연구원.

노호상 역, Osho Rajneesh(2001),『법구경(1-6)』, 황금꽃.

대구사범학생 독립운동 동지회(1993),『대구사범학생 독립운동』.

대한불교조계종 교육원 역경위원회(2001),『화엄종관행문』, 조계종출판사.

대한불교조계종 교육원 역경위원회(2001),『화엄오교장』, 조계종출판사.

류시화 역, Osho Rajneesh(2000),『또 하나의 여인이 나를 낳으리라(1-3)』, 정신세계사.

류시화 역(1995),『티벳 사자의 서』, 정신세계사.

류안진(1986),『한국의 전통육아방식』, 서울대학교출판부.

문진희 역, David Hokins(2001),『나의 눈』, 한문화.

박연호(1994),『조선전기 사대부교양에 관한 연구』, 한국정신문화연구원 박사학위논문.

박은주 역(2002), 제이 그리피스,『시계 밖의 시간』, 당대.

백련선서간행회 편(1999),『信心銘·證道歌 講說』, 장경각.

불교간행회(1997),『해심밀경』, 민족사.

서명석·김종구 역, 스즈키 다이세츠(1998),『가르침과 배움의 현상학-선문답』, 경서원.

성백효 역주(1993),『論語集註』, 전통문화연구회.

성백효 역주(1993),『孟子集註』, 전통문화연구회.

성윤갑(2005),『행복한 삶을 위한 유식삼십송』, 불교시대사.

손민규 역, Osho Rajneesh(1999),『십우도』, 태일출판사.

손민규·백운 역, Osho Rajneesh(1999),『소중한 비밀-까비르 강론』, 태일
　　출판사.

심임섭 편역(1989),『교육행정』, 서울:거름.

심임섭 역(1988),『근대교육사상 비판』, 서울:남녘.

아라키 겐고(荒木見悟), 심경호 역(2000),『불교와 유교』, 예문서원.

안경식(1994),『소파 방정환의 아동교육운동과 사상』, 학지사.

안정복, 이채구 역(1991),『下學指南』, 신성문화사.

양억관·Dakahashi Iwao 공역(1999),『초감각적 세계인식』, 물병자리.

然觀 역주, 晦山戒顯(1993),『禪門鍛鍊說』, 불광출판사.

오경웅(吳經熊), 류시화 역(1998),『선의 황금시대』, 경서원.

오진탁 역, Alfons Deeken(2003),『죽음을 어떻게 맞이할 것인가』, 궁리.

오진탁(2003),『죽음, 삶이 존재하는 방식』, 청림출판.

오진탁 역, Sogyal Rinpoche(2006),『티베트의 지혜』, 민음사.

유가효(1995),「한국과 미국의 자녀양육방식의 비교」, 조복희 편,『아동발달
　　의 이해』, 교육과학사.

유승무,「'좋은 노동'을 위한 발상의 전환」,『동양사회사상학회 2009 기획학
　　술대회 발표논문집』.

윤종혁(1994),『근대 한일 공교육 사상의 비교 연구』, 고려대학교 박사학위
　　논문.

윤희면(1990),『조선후기 향교연구』, 일조각.

이광호 역, 이황(2001),『聖學十圖』, 서울:홍익출판사.

李德懋(1985),『士小節』, 김종근 역, 명문당.

이만규(2010),『다시 읽는 조선교육사』, 살림터.

이복규(2000),「출산과 육아」, 한국고문서학회 지음,『조선시대의 생활사 2』,
　　역사비평사.

이수환(1990),『조선시대 서원의 인적구성과 경제적 기반』, 영남대학교 박사

학위논문.

이영욱 외 역, M. 칼리니쿠스(2001),『모더니티의 다섯 얼굴』, 시각과 언어.

이영호 역, Jerrmy Rifkin(2003),『노동의 종말』, 민음사.

李珥(1966),『擊蒙要訣』, 장성택 역, 문왕출판사.

이재숙 역(1998),『우파니샤드 1·2』, 한길사.

이지(2004),『분서 1·2』, 김혜경 역, 한길사.

이찬수 역, Garma C, C Chang(1990),『華嚴哲學』, 경서원.

임채우 역, 왕필(1997),『왕필의 노자』, 예문서원.

이현정·조경숙 역, Neale Donald Walsch(2001),『신과 나눈 교감』, 한문화.

이현주 역, 焦竑弱候(2000),『老子翼』, 두레.

이현지(2005),「남녀속의 유교」,『오늘의 동양사상』제12호 봄·여름.

이현지(2005),「탈현대적 가족 여가를 위한 구상」,『동양사회사상』제12집.

이혜영 외(1990),『교육이란 무엇인가』, 한길사.

이홍우 역(1991),『대승기신론』, 경서원.

장윤수 편저(1992),『정주철학원론』, 이론과 실천.

전병욱 역(2003), 陳來,『양명철학(원제:有無之境)』, 예문서원.

정병조 역(1997),『불교의 심층심리』, 현음사.

정순목(1979),『한국서원교육제도연구』, 영남대 출판부.

정순목 편(1985),『한국유학교육자료집성I(아동교육 편)』. 학문사.

정순우(1984),『18세기 서당연구』, 한국정신문화연구원 한국학대학원 박사
　　　　학위논문.

정순우(2009),『공부의 발견』, 현암사.

정승석 역(1995),『유식의 구조』, 민족사.

정승석(2005),『상식에서 유식으로』, 정우서적.

정영호 편역, 朱熹·呂祖謙(1993),『近思錄』, 자유문고.

정종진 엮음(1998),『뉴질랜드의 교육』, 교육과학사.

정재걸(1988),「제3공화국의 교육개혁과 정치」, 안기성 외,『한국교육개혁의

정치학』, 학지사.

정재걸·이혜영(1994), 『한국 학교교육 100년사 연구-개화기의 학교교육』, 한국교육개발원.

정재걸(1995), 「개화기 공립소학교 연구」, 『대구교대논문집』 제30집.

정재걸(1998), 「신자유주의와 전통적 자유의 개념」, 『민족문화연구』 18-19 합집.

정재걸(2001), 『만두모형의 교육관』, 교육신문사.

정재걸(2002), 「전통교육, 근대교육, 탈근대교육」, 『동양사회사상』 제6집.

정재걸(2006), 「죽음교육에 대한 일 연구-華嚴의 事事無碍法界를 중심으로」, 『동양사회사상』 제13집.

정재걸(2006), 「『論語』와 탈근대교육의 설계」, 『동양사회사상』 제14집.

정재걸(2007), 「나는 누구인가?-유식 30송의 경우」, 『교육철학』 제32집.

정재걸(2007), 「노인을 위한 죽음준비교육 프로그램 개발 연구」, 『동양사회사상』 제16집.

정재철(1985), 『일제의 대한국 식민지 교육 정책사』, 일지사.

조연현(2001), 『나를 찾아 떠나는 17일간의 여행』, 한겨레신문사.

중국철학연구회 편(1991), 『동양의 인간이해』, 형설출판사.

진우기·신진욱 역, Allen Watz(2001), 『자신이 누구인지를 아는 것을 막는 터부에 관한 책』, 부디스트웹닷컴.

첸리푸, 서명석·이우진 역(2000), 『동양의 인간과 세계-물리에서 인리로』, 철학과현실사.

최봉영(1994), 『한국인의 사회적 성격 (1)·(2)』, 느티나무.

최승자 역(2003), 막스 피카르트, 『침묵의 세계』, 까치.

최재목(2003), 『내 마음이 등불이다』, 이학사.

푸른나무 편집부 편(1990), 『분단시대의 학교교육』, 도서출판 푸른나무.

편집부 편(1990), 『교과서와 친일문학』, 동녘.

한국교육연구소 편(1990), 『한국교육사-근·현대 편』.

한자경(2004), 『일심의 철학』, 서광사.

허탁·이요성 역주(1998), 朱熹, 『朱子語類』, 청계.

홍사성 편역(1988), 『불교입문』, 우리출판사.

홍성규 역, 유지 크리슈나무르티(1999), 『깨달음은 없다』, 마당기획.

홍승표(2002), 『깨달음의 사회학』, 예문서원.

홍승표(2003), 『존재의 아름다움』, 예문서원.

홍승표(2005), 『동양사상과 탈현대』, 예문서원.

홍승표(2005), 「통일체적 세계관과 새로운 여가관의 모색」, 『동양사회사상』 제12집.

홍승표(2007), 『노인혁명』, 예문서원.

Thich Nhat Hanh(1987), 『Being Peace』, Parallax Press.